Outline of China's
Market-Based Allocation
of Factors

2024年主题出版重点出版物

# 中国
# 要素市场化配置
# 大纲

常修泽 蔡继明 等 著

SPM 南方传媒 | 广东经济出版社
·广州·

图书在版编目（CIP）数据

中国要素市场化配置大纲 / 常修泽　等著. -- 广州 : 广东经济出版社, 2024.12. -- ISBN 978-7-5454-9490-7

Ⅰ. F723.0

中国国家版本馆 CIP 数据核字第 2024E6W327 号

**策划编辑：**王成刚　张晓兰　冯　颖
**责任编辑：**冯　颖　蒋先润　黄奕瑕　梁雪莹
**责任校对：**梁燕飞
**责任技编：**陆俊帆
**封面设计：**张伟樾

**中国要素市场化配置大纲**
**ZHONGGUO YAOSU SHICHANGHUA PEIZHI DAGANG**
**出 版 人：**刘卫平
**出版发行：**广东经济出版社（广州市水荫路 11 号 11 ～ 12 楼）
**印　　刷：**珠海市国彩印刷有限公司
（珠海市金湾区红旗镇永安一路国彩工业园）

**开　　本：**787 毫米 ×1092 毫米　1/16　　**印　　张：**30.25
**版　　次：**2024 年 12 月第 1 版　　**印　　次：**2024 年 12 月第 1 次
**书　　号：**ISBN 978-7-5454-9490-7　　**字　　数：**540 千字
**定　　价：**108.00 元

发行电话：（020）87393830
广东经济出版社常年法律顾问：胡志海律师
如发现印装质量问题，请与本社联系，本社负责调换。

# 前言 preface

各位读者：您看到的这本书，是我们研究团队探讨21世纪20年代之后中国改革战略走向的一部学术著作。

## 一

20世纪80年代中期，笔者开始尝试对“单个要素（劳动力、资本）”的市场化进行初探[1]。当时，我在南开大学经济研究所的同事、本书作者之一蔡继明博士还与他的博士生导师、著名经济学家谷书堂教授一起提出了“按生产要素贡献分配”的理论[2]，深度探讨生产要素问题。

进入21世纪，2003年5月，笔者在为中共十六届三中全会《中共中央关于完善社会主义市场经济体制若干问题的决定》起草工作提供的内部研究报告中，提出“要素产权体系完整化”的配置改革命题[3]，虽有“完整化”的提法，但自认为仍属于“初探”。

在多年“初探”的基础上，2020年9月，《改革与战略》杂志发表了拙作《关

[1] 如文章《论城市劳动力市场》（1986）、学术发言“建立企业产权市场和经营权市场的构想”（1987）等，见书中正文介绍。

[2] 谷书堂，蔡继明. 按贡献分配是社会主义初级阶段的分配原则［J］. 经济学家，1989（2）.

[3] 常修泽. 论建立与社会主义市场经济相适应的现代产权制度［J］. 宏观经济研究，2004（1）.

于要素市场化配置改革再探讨》[1]，这次“再探讨”引起学术界和出版界重视。

与唐朝诗人杜甫《夔府书怀四十韵》那两句——“社稷经纶地，风云际会期”类似：位于中国改革开放前沿阵地——广东省（“社稷经纶地”）的广东经济出版社，敏锐抓住这一选题，约请笔者写成学术专著，可说是“风云际会”吧。

在出版社的支持下，笔者于2021年完成一份研究写作大纲，几经磋商，确定全书基调。

但笔者自己感到：在中国，要素市场化配置改革是一个涉及面很广、“水又很深”的课题，非修泽独力所能支撑也。经多方沟通、反复研磨，遂邀请蔡继明教授及多位在要素相关领域长期从事理论研究和实务工作的志同道合的朋友，组成研究团队，齐心协力，集体“攻坚”。

研究团队的14位成员名单，已在本书前面“和盘托出”。各位在书中的责任分工，也在本书后记中载明。

现在出版的这本著作，是笔者和蔡继明教授带领研究团队一起，合力“攻坚”、潜心探讨的学术成果。

## 二

中国的经济体制改革面临历史性的“战略提升”，即由前一阶段的“商品市场化”和初级层次的市场体系，向着“要素市场化”和“高标准市场体系”的新境界发展。这不仅是新阶段国家全面改革的现实课题，也是中华民族从未遇到和理应担当的历史使命。

——在中国，任何人、任何组织都绕不开这个命题。

为什么本书前言一开始就提出这个问题？我不得不从中国传统经济理论及其“体制基因”的“实然”说起。

从理论渊源角度分析，传统社会主义经济理论把市场经济看成是“与社会主义水火不容”的东西，其底层逻辑是“反市场”的。后来的马克思主义经典作家虽然开一“小口”，承认“消费品是商品”，但仍然咬定“生产资料不是商品”，说它“脱出了价值规律发生作用的范围”，至于“生产要素更不是商品”，更不在市场

[1] 常修泽. 关于要素市场化配置改革再探讨［J］. 改革与战略，2020，36（9）.

体系之内。这种理论所造成的体制“基因”，在中国尤其根深蒂固。

从实践角度看，中国于20世纪50年代建立的计划经济体制，就是这种“基因”的产物。其显著特征是由政府“看得见的手”对国民经济进行集中统一的计划管理，形成“整个社会联系体制的官僚化”，从而导致市场经济——这一人类文明的结晶被“打入冷宫”。这是人所共知的。

改革开放伊始，国家面临的一个重大改革课题就是：中国经济体制改革的理论依据究竟是什么?

恰好此时，笔者有幸跟随老一辈经济学家谷书堂教授，参与了他主持的国家“六五”重点科研项目“中国经济体制改革的理论依据研究”。经过三年的研究和写作，于1983年夏完成研究报告《社会主义商品经济和价值规律》[1]，上报中央有关部门参阅。与此同时，北京、上海、广东等地学者也提出同样的“按社会主义商品经济推进改革”的理论主张。

1984年10月中共十二届三中全会通过的《中共中央关于经济体制改革的决定》，是以社会主义商品经济理论为基础的。理论指导实践，后经历史锤炼，终于在1992年春天，推进到社会主义市场经济改革阶段。

## 三

如果把中国经济体制改革设为“上半场”“下半场”的话，可以说，“上半场”的“商品市场化改革”之战，打得很艰苦，但也有一定成效：如今97%的商品和服务已基本实现市场定价。大体判断：商品市场化和初级层次的市场体系已见端倪。

但是，相形见绌的是，要素市场化改革长期滞后，土地、劳动力、知识、技术、资本、管理等要素市场发育很慢，其自由流动受到很大限制，要素价格信号也遭扭曲而失灵，至于数据等新的要素更是明显滞后。我国的要素市场化“短板”，已然成为建设高标准市场体系必须突破的难点。

基于此，笔者在2022年春完成，并于中共二十大前发表的长篇研究报告《中国

[1] 该内部报告《社会主义商品经济和价值规律》（谷书堂、杨玉川、常修泽著），在1984年10月中共十二届三中全会通过《中共中央关于经济体制改革的决定》后，由上海人民出版社于1985年出版。

经济三型趋势论》中提出："发展重民富，改革重要素，开放重制度。"[1]其中经济体制改革的关键词，就是"要素型改革"。

为什么？这是由要素市场在整个市场体系中的地位决定的。"如果说构成市场体系大厦有三大要件，那么三大要件是什么？笔者认为：第一，'市场主体是根基'。中国有多少市场主体？1.6亿户（2022年8月）[2]，基础雄厚，必须保护好。第二，'要素市场是钢筋'。市场体系里固然有商品市场，但'最硬核'的东西是要素市场，这是中国市场体系的支撑。第三，'三大机制是水泥'。三大机制即市场经济的供需机制、价格机制、竞争机制，这三大机制贯通于整个市场体系之中。"[1]

结论："既然'要素市场是钢筋'，下一步，应该特别关注要素市场化配置改革问题"[1]。很显然，如果"最硬核"的要素市场缺失，中国高标准市场体系则无从谈起。

写到此处，笔者不胜感慨：在中国建立"最硬核"的要素市场谈何容易！一则，传统体制流传下来的"反市场基因"依然存在（而且不时沉渣泛起）；二则，长期掌握"要素市场钢筋"的利益集团不易松手；三则，要素市场化本身错综复杂，一些领域确有 "红线"和"雷区"，需要谨慎从事。

# 四

怎么把要素市场化改革这盘大棋下好？近年来，国家在深化这一改革方面已发出一系列重磅文件，各地方也相继出台要素市场化改革的配套文件。与此同时，社会也希望理论工作者能站在改革前列，对要素市场化改革的理论架构和推进方略做出探索，至少能回答一些现实难题。

本书研究团队不揣简陋，围绕中国要素市场化这一主题，尝试进行较系统的深层次探讨。

全书分为三篇十三章，以"总论—分论—深论"的形式，将我国经济社会中要素市场化改革的整盘大棋局呈现出来，结合团队多年的研究积淀，提出要素市场化

[1] 常修泽. 中国经济三型趋势论［J］. 上海大学学报（社会科学版），2022，39（5）.

[2] 据国家市场监督管理总局发布的数据，2023年全国登记在册经营主体达1.84亿户。

改革的总体思路、理论基础，各要素（劳动力、土地、环境资源、资本、知识、技术、数据、管理）市场化配置的源流、现状、改革成效、存在问题，特别是对未来趋势做出分析，并对要素市场化改革的路径和配套措施提出我们团队的见解，也算是对要素市场化改革难题做出的一点回应。

本书在写作上兼顾理论探讨和实践运作，通过数据、案例和新的调研成果，力求讲清我国要素市场化改革“是什么、为什么、怎么做”。尽管全书各章语言风格不尽相同，但团队全体同仁约定，力求做到：理论更深透一点，靶向更精准一点，操作更实在一点，文风也更活泼一点，以供对要素市场化改革感兴趣的读者阅读。

2024年是中国历史上第一个具备市场思维的改革决定——《中共中央关于经济体制改革的决定》颁布四十周年。自1984年10月中共十二届三中全会通过此决定以来，四十年筚路蓝缕，中国的市场体系“从0到1、从小到大”，现在已进入“从低到高、从边缘到核心”的历史性转型阶段。相信具有改革创新传统的中国理论工作者和实务工作者将继续大胆探索，开创要素市场化改革新天地。这部专著只是“抛砖引玉”的一块“砖头”。

最后提一句，随着要素市场化改革的开展，估计会出现一些新情况、新问题，本书研究团队愿与社会各界共同努力，探索“未知”，期待交流。

常修泽

2023年9月初稿

2024年3月定稿

目录

contents

# 第一篇 总论

# 第二篇 分 论

# 第三篇　深　论

# 第一篇

# 总论

# 第一章

# 要素的内涵、性质
# 及“市场化改革攻坚论”的提出

要素市场化配置改革是中国经济改革和发展中的重大理论和实践问题，也是笔者作为研究者长期关注并努力探讨的课题。要说清楚它，还需要使出“砸核桃”的韧劲，剥离出“最硬核”的东西，这就要从要素市场中最基本的问题——要素是什么说起。本章力求讲清楚要素的内涵、类型和性质，同时梳理历史演进脉络和当下的争论，立足于中国经济改革的大前提，以研究者的认识过程来说明，如何从大局观上理解要素改革，为什么瞄准的目标、攻坚的关键是要素市场化配置。

## 第一节　要素的内涵：应准确全面把握

### 一、生产要素的内涵：现代“经济过程”所投入的“各种资源”

生产要素是经济学用语，通常简称为要素。什么是生产要素？人们大多引用张卓元先生主编的《政治经济学大辞典》（1998）中的定义：“生产要素是生产某种商品时投入的各种资源。”对于上述定义，需作两点说明：

---

本章撰稿人：常修泽（中国宏观经济研究院教授、博士生导师）。

第一，这里所说的“生产”除了直接的生产过程外，还应包括流通过程、分配过程等。

第二，这里所说的“商品”，除了第一、二产业生产的有形的物质产品外，还应包括第三产业中的各种“服务”。从现在国内生产总值结构来看，2023年，中国国内生产总值中，服务业已经占54.6%，往后比重还会上升，因此要以“大产出观”看待要素。

综合上述两点，本书将生产要素定义为“在现代经济活动（包括生产、流通、分配等）形成商品和服务过程中所投入的各种资源”。

在把握要素内涵时，应有这一理念：从人类社会发展的长河来看，生产要素的内涵是随着时代的发展而不断丰富、发展的，人类对生产要素的使用及认识也在不断进步和深化之中，应该与时俱进。

## 二、要素内涵全面观：土地不只“地面”，资本不只“物本”

把握生产要素的定义，应该树立“要素内涵全面观”。上文给出的定义，是就生产要素“整体”而言的，进一步分析，在把握生产要素“分体”时，我们也不应狭隘化。

人类迄今有多少种生产要素？我们将在下一节，同时代的发展一起一一展开讲解。这里只从要素内涵角度具体举两个实例，强调对于要素内涵要全面把握：

以土地为例。土地要素不只是“地面”或“地表”（把“土地”等同于“地面”或“地表”，那是一般人的土地观，中国历史上历代农民起义，就是围绕这种含义的“土地”而展开的，又如清代小说家曹雪芹，也曾在《红楼梦》中把“石头”归于“土地”[1]）。在当代社会，生产要素视阈下的土地内涵更为宽泛，除人们熟知的内涵以外，还包括地下的矿产资源，地上的森林、草原、江河湖泊，以及海洋等自然资源。

中国有约960万平方千米的陆地国土面积，这是大家都知道的，但不要忘了中国

---

[1] 曹雪芹在《红楼梦》中讲了一个“钗、黛、宝三人之间恋爱”的故事，从《易经》角度研究，实际是展示了一个“金克木、木克土”的三维小循环，钗代表“金”，黛（姓“林”且前世为“绛珠草”）代表“木”，宝（一块石头）代表“土”。可见《红楼梦》是把“石头”归于“土”的。当然，这只是笔者读《红楼梦》的一点体会而已。

还有约300万平方千米的海洋国土面积，仅海南省就有约200万平方千米。这些蓝色国土也应列入土地内涵（如果只计陆地国土，海南省确实是“小省”，但如果包括蓝色国土，海南省则是大省）。

再以资本为例。资本不只是物力资本，还包括人力资本（笔者称之为“人本要素产权”）。笔者曾写道：“在以知识为基础、以智力为资源的社会，人力资源将成为第一资源、第一资本和第一财富，它将带来产权关系的重大变革，从物力产权到人力产权的演变将呈加速运行趋势。”（常修泽，2020a）[102]

既然资本中包含人力资本，甚至将来人力资本有可能成为第一资本，那我们就不该将资本概念狭隘化、凝固化。本书将资本分成广义资本和狭义资本。广义资本包括人力资本（人本要素）；狭义资本不包括人力资本（人本要素），而本书把四个“人本要素”（劳动力、知识、技术、管理）单独列出，与狭义资本平行，以便讨论现实问题。

另外，对于管理要素，如果要细分的话，可有“一般管理”和“指挥管理”之别。自工业化社会以来，虽然学术界对“一般管理”与“指挥管理”作了区分，但是，总体上还局限于在一般管理意义上理解管理要素这一范畴。

但是，在智能化新条件下，“一般管理”是继续归于管理要素范畴，还是归于劳动力要素范畴呢？严格意义上的管理是指决策、指挥并承担风险，属于企业家管理要素范畴。而在智能化新条件下，“一般管理”会不会扩大到操作人员范围内呢？这个问题值得研究。

简言之，笔者的意思：对土地要素、资本要素，不可窄化；对管理要素，不可泛化，适度为好。

# 第二节 “要素–文明因应论”：从大历史观与大格局观审视要素

本节尝试从纵横两个方向来分析要素：一条是纵向大历史，要素是“应”人类文明之“运”而生的，在时间上具有继起性；另一条是横向大格局，要素是“应”人类文明之“盛”而存的，在空间上具有并存性。纵横分析，得出结论：“要素–文明因应论”。

## 一、农耕文明：劳动、土地二要素

人类在很长的时期内，产出商品和劳务所使用的资源比较简单，相应地，对要素范围的认识也比较有限。如生于1623年的英国古典政治经济学家威廉·配第（曾任爱尔兰土地测量师）在英国资本原始积累时期提出“二要素论”——“所有物品都是由两种自然单位——即土地和劳动——来评定价值”，因为物品都是由土地和劳动创造的。“土地为财富之母，而劳动则为财富之父和能动的要素”（配第，1981）[66]成为他留给后世的经济学名言。关于威廉·配第“二要素论”仅就使用价值而言，还是同时包括价值的问题，虽然后人有不同的理解，但是，他明确提出“二要素论”是有贡献的，人类不会忘记这位开先河的古典政治经济学家。

## 二、工业文明：资本要素横空出世

随着工业革命的推进和资本主义生产关系的发展，要素的范围明显扩展，人们对其的认识也有了新的跃升。

19世纪初，正值英、法两国工业革命时期，出现了包括资本要素在内的“三要素论”，其主要代表者是法国经济学家让·巴蒂斯特·萨伊。萨伊于1803年在《政治经济学概论》中提出，生产商品就是生产效用，而效用是由生产要素提供的服务决定的，这些服务也就决定了商品的价值。他指出生产要素有三种：以土地为代表的自然资源、资本和劳动（正是在此基础上，他提出了著名的“三位一体”分配公式）（萨伊，1963）[60，325-326]。

对第三生产要素资本的研究最具突破意义的学者，当属马克思。在《资本论》中，马克思发现并揭示了能够“带来剩余价值的价值”——资本，即在经济活动中表现为生产要素投入的能够增殖的价值。

从萨伊到马克思，在要素问题上，除了威廉·配第提出的劳动和土地以外，又增加了资本要素，特别是马克思的《资本论》，更具突破性，或称革命性。

笔者要补充的是，马克思不仅揭示并提出了资本要素，而且提出了有关科技和管理要素的某些有价值的思想。如在《1857—1858年经济学手稿》和《1861—1863年经济学手稿》中，马克思分别指出：“生产力中也包括科学”（马克思，恩格斯，1980）[211]；“科学的力量也是不费资本家分文的另一种生产力”（马克思，恩格斯，1979）[553]。同时，马克思在《资本论》中也讲到管理的作用：“一个单独的提琴手是自己指挥自己，一个乐队就需要一个乐队指挥。”（马克思，恩格斯，1972）[367]

马克思虽然讲到科技、管理的作用，但是给后世留下深刻印象的还是资本要素。马克思提到的科技和管理只是思想，尚没有系统的“创新”理论和“企业家”理论被提出，因此，科技要素和管理要素没有被后人提到与资本要素并列的地位。从发展史来看，科技和管理作为要素得到完整且清晰的确立，是工业文明演进之后的事情了。

## 三、工业文明演进：知识、技术与管理要素作用凸显

随着工业文明演进，特别是进入20世纪以来，人类科学技术加速发展，经济社会急剧变革，与此相对应，科学技术要素明显发展，人们越来越清醒地认识到科学技术已经成为新资源。这在西方国家大量经济学著作中均有论述。

19世纪90年代，英国新古典经济学家阿尔弗雷德·马歇尔提出，在生产三要素以外，还应增加“企业家经营”这个新要素。他指出企业家是生产经营活动的组织

者和领导者，负有重大的社会责任，理应列为一个独立的要素和价值创造源泉，而企业家的报酬就是企业家利润。马歇尔还将单纯的生产要素价值论发展为供给和需求均衡价值论。20世纪中叶，经济学家们认识到，一种新的生产要素已经上升为世界社会生产力和商品价值的决定性要素，这就是科学技术。

在中国，改革开放后，科学的春天终于到来。1978年3月18日，邓小平在全国科学大会开幕式上论述了“科学技术作为生产力，越来越显示出巨大的作用”（邓小平，1994）[87]，并鲜明提出“科学技术是第一生产力”（邓小平，1993）[274]。

此后，1997年，中共十五大报告在“把按劳分配和按生产要素分配结合起来”部分，第一次加入了“按生产要素分配”。这里的“生产要素”包括什么呢？报告明确提出，“允许和鼓励资本、技术等生产要素参与收益分配”，十分清晰地写明了“技术要素”。

与此同时，进入20世纪以来，在“科学技术是第一生产力”作用彰显之际，管理（企业家）的作用也日益凸显。尤其是奥地利著名经济学家、创新理论的创始人熊彼特1912年在《经济发展理论》中系统阐述“创新”理论时，明确提出了“企业家”理论（熊彼特，1990），使人认识到管理要素成为发展生产力的新资源。

改革开放以来，中国以企业家为代表的管理者队伍应运而生并茁壮成长。2002年11月8日，中共十六大报告明确提出“确立劳动、资本、技术和管理等生产要素按贡献参与分配的原则”，这里增加了一个新的要素——管理（具体指企业的经济管理者，以企业家为代表）。11年后，2013年中共十八届三中全会通过的《中共中央关于全面深化改革若干重大问题的决定》中，增加了“知识”要素，提出“健全资本、知识、技术、管理等由要素市场决定的报酬机制”。

从以上文献可以看出，中国共产党人对于知识技术和管理要素的重视程度，不仅继承了马克思和熊彼特等思想家的思想，而且在新的历史时期将其理论更加明晰化。

## 四、数字文明：数据要素大显身手

随着社会的发展，特别是进入21世纪以后，以互联网为代表的信息革命发展迅速，一种新的资源随之产生，这就是信息资源，包括大数据、5G、云计算等。这些资源用什么来代表呢？就是数据。欧美有学者在研究中指出，数据也是一种新的资源，而且是非常宝贵的资源。

对于信息或者数据，笔者有一个认识过程。2016年5月26日，笔者在接受辽宁日报记者访谈时曾提道：“生产要素有老有新，但基本上就是资本、土地、劳动力、技术（包括信息）和管理。”在这里，虽然笔者把“信息”提出来了，但是将其与“技术”放在了一块儿。

2017年，笔者在国家行政学院所作的《用新思维推进新旧动能转换》报告中，开始把信息（数据）作为一个独立的要素来论述：“我们要寻找新的动能，很大程度要找新的技术。当然，现在还有一种信息，信息将来有可能变成一种新的资源，跟技术并立。”这里讲的是“将来”，实际上这种预计还是滞后了——不久之后，即2017年12月8日，中共中央政治局组织了主题为“实施国家大数据战略”的集体学习，习近平总书记主持学习时指出：“在互联网经济时代，数据是新的生产要素，是基础性资源和战略性资源，也是重要生产力。”这就明确地把数据作为一种新的生产要素。

此后，国家专门发布文件，强调要加强对数据的研究、开发和管理。特别是2022年12月发布的《中共中央　国务院关于构建数据基础制度更好发挥数据要素作用的意见》，成为“构建数据基础制度”的基础性指导意见。《经济参考报》报道：“（我国）数据资源体系加快建设——2022年数据产量达8.1ZB，同比增长22.7%，全球占比达到10.5%，位居世界第二位。大数据产业规模达1.57万亿元，同比增长18%。”（郭倩，董建国，2023）

## 五、文明之盛：七大要素的空间并存性

2019年10月，中共十九届四中全会讨论了国家治理体系现代化问题，通过了《中共中央关于坚持和完善中国特色社会主义制度　推进国家治理体系和治理能力现代化若干重大问题的决定》，其中讲到要素时，增加了数据要素，并在知识和技术要素中间加了一个顿号，这就变成了两个要素，再加上前面的要素，就形成了“七要素论”[1]。

[1]　土地要素是在2015年中共十八届五中全会上被加入的。

2020年4月9日发布的《中共中央　国务院关于构建更加完善的要素市场化配置体制机制的意见》，延续了中共十九届四中全会文件的要素范围，即把数据正式列入，同时把知识和技术分成两个独立的要素，从而形成如下完整的话：“健全生产要素由市场评价贡献、按贡献决定报酬的机制”“充分体现技术、知识、管理、数据等要素的价值”。

至此，完整的“七要素论”体系形成。

## 第三节　当代七大要素的类型与性质

### 一、要素类型：人本要素、物本要素、人–物混合要素

当代七大要素按类型区分，大体可分为三种类型：劳动力、知识、技术、管理四要素可归于人本要素，土地、资本可归于物本要素，数据要素可归于人–物混合要素。

关于人本要素，这里多说几句。2004年，笔者在杨林林女士根据采访所著的《转型中国——顶级学者访谈》一书中提出一个理念：“在改革中要让人民群众拥有自己的产权”（常修泽，2004a）。2005年4月25日，在《瞭望新闻周刊》发表的《国企改革十大深层思考》里，笔者进一步阐述和拓展了这个观点，写道：“要使广大人民群众在改革中拥有自己的产权，而不是从这一方面或那一方面偏离人们产权关系的基本均衡点。”这里讲的“有自己的产权”，主要指“人本要素产权”。文中写道：“社会主义不仅把劳动者创造的物质财富归还给劳动者，而且把劳动力产权也归还给劳动者。”（常修泽，2005）

未承想，此观点不被理解，甚至遭到批判。2006年，有人发表文章，批判说：这“就是要把国有产权量化到个人”，是“闪烁其词地端出了他的私有化方案”。这很莫名其妙。笔者讲的“社会主义不仅把劳动者创造的物质财富归还给劳动者，而且把劳动力产权也归还给劳动者”，怎么就是“闪烁其词地端出了他的私有化方案”了呢？（常修泽，2020a）[102]笔者之所以强调人本要素产权，是基于这样的认

识：在以知识为基础、以智力为资源的社会，人本要素将成为第一资源、第一资本和第一财富，它将带来产权关系的重大变革，从物力产权到人本要素产权的演变将呈加速运行趋势，当然，对于人本要素产权是否能超越或消融物力产权的问题，尚需观察和研究。

## 二、生产要素的“工具性质”：“要素中性论”探讨过程

无论是人本要素、物本要素，还是人-物混合要素，都是工具而已。若问它姓啥，尽管其中既有“劳”又有“资”，但是它既不姓“社”，也不姓“资”，而是属于“中性”范畴。它就好比是一节节车厢，看它挂在哪个火车头上，若挂在社会主义的火车头上，就为社会主义服务；若挂在资本主义的火车头上，就为资本主义服务。实事求是：此曰“中性”范畴论。

提出“中性”范畴论，是受著名经济学家谷书堂教授思想的影响。

1979年初，笔者进入南开大学经济研究所。1981年随谷书堂教授从事的第一个研究课题，就是国家“六五”重点科研项目“中国经济体制改革的理论依据研究”。核心问题是写什么：写“计划经济”，还是写“商品经济”？而写“商品经济”，就遇到一个症结性问题：如何看待社会主义与商品经济的关系？

商品经济是否姓“私”或姓“资”？其本质属性是不是资本主义的经济范畴？谷书堂教授带领笔者经过反复研究，认定商品生产、商品交换是社会发展到一定阶段的产物，商品经济不姓“私”，也不姓“资”，它姓“商”，是一个“中性”的范畴（谷书堂，常修泽，1990）。正是“商品经济中性论”帮笔者解开社会主义与商品经济的“死结”。由“商品经济中性论”推进到“股份制中性论”“公司治理结构中性论”等，使笔者对“中性”事物和“中性”原则有了更深的认识。

那么，资本的属性呢？1990年和1991年笔者独立主持科研课题“资产重组：中国企业兼并研究”时，就遇到资本的属性问题。当时，社会普遍认为资本姓“资”，有关方面也只许说“资产运营规则”，不许说“资本化规则”。

正是受“商品经济中性论”的启发，笔者认识到，资本范畴也是“中性”的，于是，1992年2月在课题最终成果《资产重组：中国企业兼并研究》这本书中，笔者斗胆使用了“资本化规则”一词（常修泽，1992）。

邓小平发表南方谈话后，人们的思想进一步解放，“资本化规则”一词首先引起新华社注意和重视。1992年11月13日，新华社以《常修泽建议按“资本化规则”重塑我国国有资产的运营体系》（刊发于新华社内参《国内动态清样》第2717期），报决策层参考。

此后由“商品经济中性论”以及衍生的“资本中性论”一路探讨下去，在多年研究中，逐步形成一种理念：事物不只有“正”，有“反”，还有“中”，对此，我们应该有理性和更大的包容性，以形成自己的观点，即“中性、理性、包容性应作为经济理论研究的一种思维方式”（常修泽，2020a）[241-242]。

## 三、现在争论的焦点：对所谓“资本的趋利性”的辨析

现在争论的焦点在于所谓的“资本的趋利性”问题。一个时期以来，“资本的趋利性”“资本逐利”等成为人们热议的话题，有人甚至把“资本的趋利性”作为“资本的丑陋”之处。2020年以来，与资本相关的平台经济，以及部分民营企业等，明显受到打压。在权贵主义的操弄下，某些民粹主义的代表人物裹挟不明真相的“粉丝”，对国企混改和民企发展进行了长时间的“污名化”。仅从理论或认识的角度来谈，这是缺乏理性分析的。

按照市场经济的规律和资本的自身属性，资本确实是“趋利”的。但笔者认为，“资本的趋利性”也是一个中性范畴。商品经济是一种中性的生产方式，那么，植根于这种生产方式的范畴如工资、利润、企业等也都是中性的，按照这种逻辑，资本范畴也是中性的。资本范畴的“中性”表现在，就它本身的属性而言，它只是通过生产资料与劳动力的结合，实现价值增殖的一种手段（常修泽，1992）。

关键在于，所指的是哪种社会条件下的资本？即使同为社会主义条件下的资本，对每种具体资本，它是如何趋利的，它为谁趋利，利到手之后归于谁，尤其是在中国现阶段“资本的趋利性”同时引发“资本创造价值”和所谓“资本野蛮生长”的情况下，究竟哪一方面是主流，哪一方面是支流，这些都要具体分析，不可任意贬损。

我们要面对现实。

根据笔者调研，2012年到2021年，国企税收占全国税收的比重从30.7%下降到24.7%；与此同时，民企税收占比从48%上升到59.6%。《2021中国民营企业500强调研分析报告》显示，2020年，500家民营企业税后净利润为1.96万亿元，纳税总额达1.36万亿元（全国4000多万家民营企业纳税超过50%，一度超过60%）。试问：这些民营企业资本的趋利性，何丑之有？

以全国工商联发布的“2023中国民营企业前十强”为例，这前十强民营企业入围门槛营业收入约为4200亿元，以互联网、先进制造业企业为代表。其中位居第一的为京东，阿里巴巴、腾讯位居第二、第六。正威国际集团、山东魏桥作为有色金属企业居第四、第七，万科作为房企居第八，联想作为计算机先进制造业企业居第九，比亚迪作为汽车制造代表企业居第十。网上不断有人贬损这些民营性质的“头部企业”，尤其是阿里巴巴、联想等所遭“污名化”最重。试问：这些民营“头部企业”资本的趋利性，何丑之有？

同时，在中国，也不只有民营资本，还有国有资本呢。虽然从2012年到2021年，国企税收占全国税收的比重从30.7%下降到24.7%，但绝对量依然可观。这些国有资本没有趋利性吗？

据写作本章时的数据，2022年前十一个月，国有及国有控股企业营业收入730011亿元，利润总额（税后）38596亿元，税费收入总额53393亿元。这些国有及国有控股企业资本没有“趋利性”吗？倘若资本没有“趋利性”，其税后38596亿元的利润是哪来的？倘若资本没有“趋利性”，其上缴国家的53393亿元税费收入又是哪来的？试问：这些“资本的趋利性”何丑之有？

详见表1.1和表1.2中的数据。

**表1.1　2015—2022年各经济类型企业税收收入**

| 年份 | 全国税收/亿元 | 国有控股企业税收/亿元 | 涉外企业税收/亿元 | 私营企业税收/亿元 | 民营企业税收/亿元 |
|---|---|---|---|---|---|
| 2015年 | 136021 | 43186 | 24763 | 13012 | 68073 |
| 2016年 | 140504 | 43052 | 25613 | 15195 | 71834 |
| 2017年 | 155735 | 44472 | 29201 | 20121 | 82062 |
| 2018年 | 169957 | 43163 | 30328 | 26200 | 96466 |
| 2019年 | 172102 | 42639 | 28596 | 28466 | 100867 |

续表

| 年份 | 全国税收/亿元 | 国有控股企业税收/亿元 | 涉外企业税收/亿元 | 私营企业税收/亿元 | 民营企业税收/亿元 |
|---|---|---|---|---|---|
| 2020年 | 166000 | 40327 | 26625 | 29133 | 99048 |
| 2021年 | 188737 | 46586 | 29704 | 34883 | 112447 |
| 2022年 | 160744 | 44282 | 25050 | 31045 | 91412 |

注：私营企业指按国家统计局口径，在工商行政管理部门注册为私营企业的企业，即非公企业。民营企业是指除了国有及国有控股、外资及外资控股以外的其他形态的企业、个体户等。

资料来源：北京大成企业研究院。

**表1.2　2015—2022年各经济类型企业税收增速**

| 年份 | 全国税收增速/% | 国有控股企业税收增速/% | 涉外企业税收增速/% | 私营企业税收增速/% | 民营企业税收增速/% |
|---|---|---|---|---|---|
| 2015年 | 5 | 8.4 | −0.6 | 3.7 | 10 |
| 2016年 | 3.3 | −0.3 | 3.4 | 16.8 | 5.7 |
| 2017年 | 10.8 | 3.3 | 14 | 32.7 | 14.5 |
| 2018年 | 9.1 | −2.9 | 3.9 | 30.2 | 17.6 |
| 2019年 | 1.3 | −1.1 | −5.4 | 9.0 | 4.6 |
| 2020年 | −3.5 | −5.4 | −6.9 | 2.3 | −1.8 |
| 2021年 | 13.7 | 15.5 | 11.6 | 19.7 | 13.5 |
| 2022年 | −6.2 | 7.6 | −15.7 | −9.4 | −18.7 |

注：同表1.1注。

资料来源：北京大成企业研究院。

在此不一一列出数据。

当然，在市场经济条件下，不排除在形形色色的各类企业中，某些微观主体确实存在“资本的不合理趋利”问题，应当加强监管、引导与规范，促其健康发展。但是不应该把支流当成主流，尤其不应该把资本主义社会（前期）流行的那句“资本来到世间，从头到脚，每个毛孔都滴着血和肮脏的东西”（马克思，恩格斯，1972）[829]搬到今天来审视社会主义制度下的资本。我们需要利用资本发展生产力，把资本“作为提高生产力的手段、途径、方法和方式”（列宁，2017）[217]。

至于有些政治家提出的“不能让资本渗透到政治领域”，这个命题已经超出经济领域，本书还是限定在经济领域讨论“资本趋利性”的问题。政治领域问题将由政治学者另题研究。

总之，政府决策者、企业家和理论工作者应正确认识和把握资本的特性和行为规律，但不应该把资本的特性和行为规律等同于资本主义制度的本性和资本主义经济的运行规律。中国确实需要依法对资本实施有效监管，以支持和引导资本的规范和健康发展，但是，对“资本的趋利性”这样一个“中性范畴”，不应该将其作为一个负面的经济范畴加以贬损（常修泽，2022a）。否则，一方面大讲要“建立强大资本市场”，另一方面又大讲“资本每个毛孔都滴着血和肮脏的东西”，人们就会问：究竟是想“建立强大资本市场”，还是想“遏制”甚至“扼杀”由弱转强的资本市场？

## 第四节　改革开放四十年：笔者探索要素市场化改革的四个阶段

改革开放四十多年来，笔者对要素市场化改革的认识，有一个逐步加深的过程，这也是一个漫长的探讨过程。大体经历了以下四个阶段。

### 一、启迪：“商品”市场化探讨阶段（1979—1985年）

改革开放一开始，碰到的还不是要素市场化问题，而是“商品”市场化问题。

社会主义制度下商品经济的命运到底如何？1981年在随谷书堂教授从事国家“六五”重点科研项目关于“中国经济体制改革的理论依据研究”一开始，笔者就遇到这个症结性问题：如何看待社会主义与商品经济的关系？

在谷书堂教授的带领下，经过反复研究，课题组对商品经济与社会制度长期“缠绕”在一起的这种“复合体”实施了一个剥离“手术”，即把商品经济从私有制和资本主义制度的“缠绕”下解放出来，界定商品生产、商品交换是社会发展到一定阶段的产物，它不姓“资” 也不姓“社”，而姓“商”。现在它完全可以与社会主义制度相兼容，为社会主义经济服务。这就推导出商品经济与社会主义制度的

"兼容论"。经过3年的研究和写作，完成了《社会主义商品经济和价值规律》（谷书堂等，1985）研究报告并公开出版，该报告于1983年先作为内部研究成果报送北京，供中央有关部门参阅。

1984年，中共十二届三中全会提出"有计划的商品经济"（虽然残留"有计划的"痕迹，但中心词为"商品经济"）后，商品市场化改革在实践中随之展开。

这里说的"商品"市场化，不仅包括所有消费品和劳务，而且包括生产性的资料。这种"一般生产性的资料"虽然也是生产过程中不可或缺的因素，但是，按分类，我们并没有把它放在生产要素中，而是放在商品中。

这一阶段，虽然探讨的是"商品"市场化问题，但是其理论分析框架为研究要素市场化奠定了基础。

## 二、起步："单个要素"市场化探讨阶段（1986—2002年）

从认识发展过程来看，笔者探讨要素市场化是从"单个要素"的市场化开始的。

继20世纪80年代前半期着力探讨"商品"市场化之后，从1985年开始笔者致力"单个要素"市场化的探讨。这个探讨是从"劳动力市场"开始的。

从大的背景来说，这与前面所述1984年中共十二届三中全会通过《中共中央关于经济体制改革的决定》，进而在实践中推进改革有关。

1985年，笔者在从事"城市经济体制改革的理论与实践"课题研究过程中，从建立并完善社会主义商品经济体系的思路出发，写了一篇题为《论城市劳动力市场》的文章[1]。文中主要论及三个问题：（1）城市开放劳动力市场的客观必然性；（2）我国城市劳动力市场的萌芽；（3）开放城市劳动力市场的具体意见。

因为当时研究的课题是"城市经济体制改革的理论与实践"，所以文章瞄准"城市"（故使用的概念是"城市劳动力市场"），严格地说，这还只是劳动力市场的一部分。

探讨并使用规范的完整意义上的劳动力市场命题的，是1986年8月在《改革》

[1] 此篇文章当年发表在内部刊物《劳动工作与研究》上。

杂志[1]第4期发表的《商品经济与计划体制改革》一文。

该文提出了“需要建立完善的市场体系”观点，并指出“当前，争论最大的是劳动力市场问题。我认为，既然要建立完善的市场体系，当然包括开放劳动（力）市场在内。所谓劳动力市场，可以从两方面看。从微观上看，它是劳动者出让并引渡劳动过程，从而获得劳动机会这样一种经济关系；从宏观来看，则是投入社会生产过程中的劳动资源与配置这些劳动资源的经济主体之间的经济关系。有的同志说，开放劳动力市场在我国没有必然性。我不赞成这种观点。我认为，在当代中国，开放劳动力市场是有客观必然性的”（常修泽，1986）。

上面两篇文章发表后，引起很大争议。为回应批评和质疑，笔者还针对批评者提出的几个问题专门写了《关于城市劳动力市场几个问题的答辩》一文（常修泽，1987）。

在此期间，在探讨劳动力市场问题的同时，笔者也尝试探讨资本市场的问题，在《商品经济与计划体制改革》一文中提出：“根据我国目前的情况，我认为，应当首先开放债券市场，这样，可以达到‘一箭双雕’的目的”“待条件进一步成熟后，再考虑开放股票市场问题”（常修泽，1986）。无论是债券市场，还是股票市场，都属于“标准化资本市场”。在这方面，1984年的莫干山会议上，蔡重直等青年朋友就已明确提出股票市场等“标准化资本市场”，笔者只是“相随者”而已。

在这一探讨过程中，笔者的研究成果是：较早地提出了一种“非标资本市场”即“产权市场”的创建构想。这与当时面临的企业改革的“天时”有关。

1987年10月，在中共十三大报告《沿着有中国特色的社会主义道路前进》中，中央提出并系统阐述了社会主义初级阶段理论，特别是在“关于经济体制改革”部分明确指出“一些小型全民所有制企业的产权，可以有偿转让给集体或个人”，引发笔者思考：既然“一些小型全民所有制企业的产权，可以有偿转让给集体或个人”，那么，到哪里去“有偿转让”呢？

经过一番研究，1987年11月，在全国高校社会主义经济理论与实践研讨会（杭州会议）上，笔者尝试提出《建立企业产权市场和经营权市场的构想》（常修泽，1988）[2]。具体来说，“包、租”可到经营权市场，“有偿转让”；“卖”可到产

---

[1]　当时名为《体制改革探索》（双月刊）。

[2]　中国产权界称此构想为“建立产权市场‘第一构想’”，把2023年笔者提出的《“全要素　多资源”：产权交易市场新构想——产权交易市场改革实践考察之后的思考》称为“第二构想”。

权市场。此文先于1988年2月16日在中共天津市委研究室内部刊物《对策研究》上刊登，后于1988年4月22日在新华社《经济参考报》理论版公开发表。

当然，这里提出的“企业产权市场”只是一种“非标资本市场”，而不是标准化的资本市场，但是，它毕竟成了笔者研究资本要素市场化的切入点。

## 三、上路：“要素体系市场化”探讨阶段（2003—2017年）

如果说，20世纪80—90年代笔者探讨的重点还是“单个要素”市场化的话，那么，对于整个“要素体系市场化”的探讨，则是在进入21世纪之后。

这种探索的标志，是笔者于2003年5月为中共十六届三中全会《中共中央关于完善社会主义市场经济体制若干问题的决定》起草工作提供的一个关于“产权问题”的“要素产权体系完整化”基础性研究报告。

2003年春，中共中央决定在2003年10月中共十六届三中全会上讨论《中共中央关于完善社会主义市场经济体制若干问题的决定》，其中拟写一段“关于产权制度”的内容。根据中央起草组的部署，国家发展和改革委员会责成宏观经济研究院提供一份内部基础性研究报告。宏观经济研究院把任务交给笔者。在宏观经济研究院原常务副院长林兆木先生的支持下，以及过去多年积累的基础上，经过几个月研究，笔者完成了基础性研究报告——《论建立与社会主义市场经济相适应的现代产权制度》，于2003年5月20日上报中央起草组。

该报告建议中央从广义上把握“产权”，即：在产权概念上，不应局限于狭隘的“企业产权制度”，而应超越企业层面，建议从更高的层次、更大的范围提“现代产权制度”；在产权内涵上，建议应包括物权、债权、股权、知识产权，以及劳动力产权和管理产权，“从而使要素产权体系完整化”（常修泽，2004b）。

这是笔者第一次使用“要素产权体系完整化”的概念。

由此，开始了对“要素产权体系完整化”的更深入探讨。此后十几年时间，先后出版了《人本体制论——中国人的发展及体制安排研究》（2008）、《广义产权论——中国广领域多权能产权制度研究》（2009）、《包容性改革论——中国新阶段全面改革的新思维》（2013）和《创新立国战略》（2013）等著作，对人本要素、物本要素和人-物混合要素进行了多角度的探讨。

## 四、寻求突破：“要素市场化攻坚论”提出阶段（2018年以后）

2018年是中国改革开放40周年。为总结40年经验，中国（海南）改革发展研究院与广东经济出版社联合策划出版一套“复兴之路——中国改革开放40年回顾与展望丛书”，该丛书被列入国家主题出版重点出版物。按照专业，责成笔者负责主持“所有制改革40年”一册。经与团队合作研究，于2018年4月23日世界读书日，出版《所有制改革与创新——中国所有制结构改革40年》一书。

这部著作重点研究的是所有制结构改革问题（常修泽等，2018）。在研究中笔者感到，中国所有制结构改革与要素市场化配置改革是紧密相连、融为一体的，所有制结构改革将强烈呼唤并倒逼深化要素市场化配置改革。

基于此，此书出版后，笔者在所有制结构改革基础上从更广阔视野研究中国改革的深层问题。在2018年11月发表了《中国改革40年若干规律性问题认识》一文。此文指出：“社会主义一定要与人类共同文明的市场经济结合，并适时由1.0版向2.0版的高标准的社会主义市场经济迈进。”（常修泽，2018）

那么，如何向2.0版的高标准的社会主义市场经济迈进呢？几年内，这种探讨走了三步，提出“三论”：

第一步，提出“改革升级论”。2018年，在《中国改革40年若干规律性问题认识》一文中，提出“改革升级论”。文章指出，中国“改革需要升级”，往哪里升？此文明确瞄准以下几个重大的制度性变革：（1）放宽和扩大市场准入、推进垄断性行业改革；（2）各种所有制“一视同仁、公平竞争”及相应倒逼国有企业“凤凰涅槃、浴火重生”；（3）完善各类产权的界定、配置、交易、保护制度；（4）资本、土地、劳动力、技术和管理等各类要素的市场化配置；（5）政府自身管理体制改革及公正化等。在这五条里，鲜明地把“资本、土地、劳动力、技术和管理等各类要素市场化配置问题”，纳入“由1.0版向2.0版的高标准的社会主义市场经济迈进”的升级版命题，特别强调：“这应是我们新的历史使命”。

第二步，提出改革“双突破”论。2019年8月，笔者在《改革与战略》杂志上发表了《开放倒逼下的中国经济改革“双突破”论》，所谓“双突破”，即产权制度和要素市场化配置改革两个“突破”。这样，就在前一年提出瞄准的几个要点中，把“产权制度”和“要素市场化配置改革”突显出来。

既然改革要“双突破”，按照这个思维逻辑，实施两线推进：在第一条线着重探讨产权制度改革［如《改革进入新阶段：完善产权是重点——访著名经济学家常修泽教授》，《浙江日报》长篇访谈录（潘如龙，2018）］的基础上，着重开辟第二条线，即在2020年9月《改革与战略》发表了《关于要素市场化配置改革再探讨》。

在这篇论文中，就要素市场化配置改革作了以下三方面的再探讨：其一，生产要素的内涵以及如何从大历史观维度把握要素体系的发展过程；其二，为什么要推进要素市场化配置改革，特别是为什么必须与完善产权制度共同作为新阶段的改革重点一体推进；其三，新阶段如何推进要素市场化配置改革——六大要素市场着力点分析（常修泽，2020b）。

第三步，系统提出“要素型改革论”。为研究中共二十大之后的改革大趋势，2022年4月，笔者完成了长篇研究报告《中国经济三型趋势论》。所谓三型，即“民富型发展、要素型改革、制度型开放”。主张“发展重民富，改革重要素，开放重制度”。此稿完成后，先在北京“学习俱乐部”内部报告，后在《上海大学学报（社会科学版）》公开发表（常修泽，2022a）。多家报刊媒体全文转载。

值得关注的是，此文在第二部分提出并系统论述了“要素型改革”的命题，这不仅是探讨要素领域市场化改革，而且把未来改革直接定位为“要素型改革”，这就点破了新阶段中国改革的“命门”。有刊物甚至把这一部分单独抽出来，以《论大历史观和大格局观下的中国要素型改革趋势》为题转载，肯定这一新的概括。

论文发表以后，在2022年10月29日的中国（海南）改革发展研究院第88次中国改革国际论坛上，笔者应邀作了“专论要素型改革”的专题发言。

该发言开门见山地提出市场体系大厦的三大要件：第一，“市场主体是根基”；第二，“要素市场是钢筋”（它是 “最硬核”的东西，是中国市场体系的支撑）；第三，“三大机制是“水泥”，（包括供需机制、价格机制、竞争机制，其贯通于整个市场体系之中），此言论在中国改革国际论坛引起较大反响。

“要素型改革”命题的提出，特别是“要素市场钢筋论”的定位，意味着要素市场化配置改革将进入“攻坚”阶段。

# 第五节　新阶段要素市场化改革“攻坚”的必然性

既然要素市场化配置改革将进入“攻坚”阶段，那么，这种“攻坚”的必然性是什么呢？需要沿着以下三大逻辑深入分析。

## 一、经济改革自身的逻辑：改革“下半场”攻坚

中国改革开放是从1978年12月开启的，迄今已46年。经过“上半场”的努力，根据国家发展改革委的资料，中国商品市场这一领域已经放开97%，政府控制的、攸关国计民生的重要部分只占3%（常修泽，2020b）。商品市场部分大体可以说“轻舟已过万重山”。

但是，要素市场的放开则比较迟缓。一方面，土地、资本领域放开不够，无论是土地的市场化，还是利率的市场化，都是短板；另一方面，在人本要素领域，无论是知识的市场化，还是技术的市场化，无论是劳动力的市场化，还是企业家的市场化，更是“短板中的短板”。这种短板现象，意味着中国改革的“战车”，不可避免地要开到要素市场面前。这是改革自身逻辑的贯通延伸使然。

同时，新阶段的制度型开放也倒逼改革。2021年，中国政府正式提出申请加入《全面与进步跨太平洋伙伴关系协定》（*Comprehensive ard Progressive Agreement for Trans-Pacific Partnership*，简称CPTPP），深入研究CPTPP的相关章节及条款，可以发现以下亮点：

其一，在企业运用要素的运营方面，CPTPP文本中的非商业援助规则与世界贸易组织（WTO）的《补贴与反补贴措施协定》（*Agreement on Subsidies and Countervailing Measures*）相比，约束的范围更大，它不仅限于货物贸易的补贴行为，也涵盖服务和投资领域的补贴行为。这里非商业援助规则所约束的，就是不能再对国企进行“非商业性即行政性”的补贴。

其二，在要素流通涉及的消除市场壁垒方面，中国的外资准入负面清单已经由

此前的93项减少为33项，幅度很大。但是，CPTPP进一步提出所谓“隐形壁垒”的问题，这种更严格的市场公平竞争，必然涉及企业的各种要素（包括企业家即管理要素）。

其三，在与人本要素相关的保护知识产权方面，尤其涉及知识要素、技术要素。CPTPP对知识产权的规定大幅超越 WTO《与贸易有关的知识产权协定》（*Agreement on Trade-Related Aspects of Intellectual Property Rights*）的范围和水平。例如，扩大知识产权保护范围，延长知识产权保护期。以著作权保护为例，CPTPP的条款载明，除著作人生前全程保护外，著作人去世以后再保护70年，他的后人享受其知识产权，这比我们要完善很多。

总之，这体现了一种高水平的开放态势，特别是在制度型开放方面，随着规则、标准等的严格化，各种要素的市场化改革面临新课题。当然，我国的改革也会进一步推动制度型开放。

实际上，对于要素市场的短板和制度型开放的倒逼，中共中央已经明确并且及时作出部署。

——2020年3月，《中共中央　国务院关于构建更加完善的要素市场化配置体制机制的意见》出台，这是一个专门的以推动要素市场化配置改革为宗旨的文件。

——继之，2020年5月，《中共中央　国务院关于新时代加快完善社会主义市场经济体制的意见》出台，其中一大部分内容就是推动要素市场化配置改革。

——2022年4月，《中共中央　国务院关于加快建设全国统一大市场的意见》发布，“大市场”的一大亮点是：打造包括劳动力、技术和数据市场在内的要素市场。

## 二、经济发展的逻辑：“堵点”就在这里

上面分析的是改革的逻辑，下面沿着经济发展的逻辑分析。

从发展新格局来看，中国经济发展呼唤要素市场化配置改革必须攻坚。因为，这关系构建新发展格局能否成型。

第一，新发展格局的关键是什么？从经济领域来说，关键是“双循环”，即以国内大循环为主体，国内国际双循环相互促进的新发展格局。

第二，新发展格局最本质的特征是什么？是实现更高水平的自立自强，注意：不只是科技一个方面的高水平自立自强，而且是整个国家全面的高水平自立自强。

第三，整个国家全面的高水平自立自强之基础在哪里？1938年抗日战争时期，毛泽东在《论持久战》中说过一句名言：“战争的伟力之最深厚的根源，存在于民众之中。”（毛泽东，1991）[511]今天，我们说，整个国家全面的高水平自立自强之基础，在于每个人的自立自强。

这三点，每一点都需把握要素市场化的趋势，特别是其中人本要素市场化的大趋势。

现在的问题是，虽然国家已经明确提出“畅通国内国际双循环”大原则，但对“双循环”概念的理解，一些论者还是停留在商品的自由流通和商品市场的统一化方面。殊不知，中国国内国际双循环不畅的关键堵点，就“堵”在要素市场上。相对于畅通的产业链、供应链、价值链来说，现实中要素的合理流动是远远不够的。

现在中国发展面临的问题是“增长乏力”，固然有疫情的影响，但并不完全为疫情所致，另有深层原因。其中之一，就是一些地方传统的要素配置方式导致的要素僵滞与低效阻碍当地经济的发展：例如，就自立自强来说，不仅作为物本要素的土地与资本市场处于分割状态，而且作为人本要素的劳动力市场、知识技术市场和企业家市场也处于隔离状态；至于人–物混合的数据市场因其复杂性更没有畅通循环。

总之，中国要解决结构性矛盾，构建产业链、供应链、价值链，实现更高水平的自立自强，真正做到“创新立国”（常修泽等，2013），需要靠要素的合理流动，尤其需要挖掘知识、技术、劳动力、管理以及土地、资本的内在潜力。

要看到，在中国，七大要素的潜力是相当可观的，其中蕴藏的潜力远远没有发挥出来。国家的经济政策需要更加大胆、更加管用，以便把这些潜力激发出来。自囿于过时的传统思维和体制，对于中国的经济发展是极其不利的。

专栏

# 三个自由贸易港（新加坡、中国香港与中国海南）三大要素（土地、劳动力、资本）效益比较分析

以下尝试对新加坡、中国香港、中国海南三个自由贸易港的土地、劳动力、资本三大要素效益进行比较。

表1.3　新加坡、中国香港与中国海南土地要素效益比较（2022年）

| 自由贸易港 | 土地面积/平方千米 | 生产总值/亿元 | 每平方千米土地创造GDP/亿元 |
|---|---|---|---|
| 新加坡 | 735 | 31414 | 42.74 |
| 中国香港 | 1114 | 24204 | 21.73 |
| 中国海南 | 35400 | 6818 | 0.19 |

比较表1.3中三个自由贸易港每平方千米土地所创造的GDP发现，中国海南仅为新加坡的0.44%，仅为中国香港的0.87%。中国海南土地要素价值潜力大，有待进一步释放。

表1.4　新加坡、中国香港与中国海南劳动力要素效益比较（2022年）

| 自由贸易港 | 劳动力人口/万人 | 生产总值/亿元 | 每万人创造GDP/亿元 |
|---|---|---|---|
| 新加坡 | 349 | 31414 | 90.01 |
| 中国香港 | 381 | 24204 | 63.53 |
| 中国海南 | 655 | 6818 | 10.41 |

对表1.4中三个自由贸易港的劳动生产率（每万人创造GDP）做比较，中国海南的劳动生产率仅为新加坡的11.57%，仅为中国香港的16.39%。中国海南的劳动力要素效益有待开发提升。

此外，经数据测算，三个自由贸易港"边际资本产出比"（每单位新增GDP所需新增资本），中国海南为新加坡的1.64倍，为中国香港的1.07倍。中国海南的资本价值蕴藏着更大的潜力空间，需进一步激发。

## 三、人的全面发展逻辑：新角度的探讨

中国改革发展的本质或根本目标是什么？是“促进每个人的自由全面发展”，这应是新体制的本质。

在笔者看来，“产权”“人本”不是两个彼此孤立的事物，而是可以融为一体的。前面曾讲到拙著《广义产权论——中国广领域多权能产权制度研究》（2009），其第一要义就是“广到天，广到地，广到人”，即“天地人产权”。请注意：这里，天地之间，有个与“人”有关的产权命题——“人力资本产权”（或称“人本要素产权”，虽术语不同，但实质相同）。

2004年，经济日报出版社出版了杨林林女士的《转型中国——顶级学者访谈》，书中有篇题为《常修泽：在改革中要让人民群众拥有自己的产权》的文章，曾引起争议。笔者这里讲的“拥有自己的产权”，重点针对人们并不熟悉的“非经济物品”的权利，即包括劳动力产权、管理产权和科学技术产权在内的“人本要素产权”。

在此坦露笔者自己的心境：“人本要素产权”应该是产权与人本的最关键的契合点，也是最难啃的和麻烦最多的要害性命题。一位老社科学者奚广庆先生曾以微信告知笔者，“这个问题如能妥善解决，那应该是理论上的一个跃升，恐怕也可以解决即将面对的‘机器人’的经济学问题”。

在这里，人的全面发展逻辑的根本出发点和落脚点是“保护人民的人身权、财产权、人格权”，这“三权”在中共十九大报告中已写明，但是并未得到广泛宣传，以至于很多人至今尚不知晓。这句话才是真的“高屋建瓴，思想深刻”，也才是真的“具有政治性、指导性、针对性”（社会流行语），可惜，对此的宣传并不到位。

人民的“三权”，牵涉的社会面很广：劳权涉及劳动者；知识产权涉及知识分子、科研工作者；技术产权涉及技术工程人员，包括大国工匠；管理产权，涉及指挥管理者；至于人–物混合要素产权，更涉及公民的各种信息权利及隐私。因此，今天研究要素市场化问题，应该有 “人的发展及其体制安排研究”这样一个视角。

以2022年中共二十大为标志，中国开启全面建设社会主义现代化国家新征程，

但是，笔者认为：社会主义现代化强国的内涵，不只是“物”的现代化，更重要的是“人”的现代化；不只是“物质文明和精神文明两方面”相协调的现代化，更重要的是政治方面“治理体系与治理能力”的现代化。离开“人”的现代化这一核心命题，离开政治方面“治理体系与治理能力”的现代化这一关键命题，谈中国式现代化，到头来究竟如何？值得观察。

通过以上对经济改革、经济发展、人的全面发展三大逻辑的分析，笔者认为，中国的要素市场化进程，是一场系统、深刻的社会变革。可先从生产力领域切入，但切入之后，改革的“战车”将会开到生产关系领域，引发生产关系的变革；再深入进去，就不可避免地呼唤上层建筑的变革。这种生产力—生产关系—上层建筑的系统性改革，正是“要素型改革”命题的必然结果。

参考文献：

常修泽，1992. 资产重组：中国企业兼并研究［M］. 西安：陕西人民出版社.

常修泽，2008. 人本体制论：中国人的发展及体制安排研究［M］. 北京：中国经济出版社.

常修泽，2009. 广义产权论：中国广领域多权能产权制度研究［M］. 北京：中国经济出版社.

常修泽，2013. 包容性改革论：中国新阶段全面改革的新思维［M］. 北京：经济科学出版社.

常修泽，等，2013. 创新立国战略［M］. 北京：学习出版社.

常修泽，等，2018. 所有制改革与创新：中国所有制结构改革40年［M］. 广州：广东经济出版社.

常修泽，2020a. 常修泽学术自传［M］. 广州：广东经济出版社.

邓小平，1993. 邓小平文选：第三卷［M］. 北京：人民出版社.

邓小平，1994. 邓小平文选：第二卷［M］. 北京：人民出版社.

谷书堂，等，1985. 社会主义商品经济和价值规律［M］. 上海：上海人民出版社.

列宁，2017. 列宁全集：第四十一卷［M］. 北京：人民出版社.

马克思，恩格斯，1972. 马克思恩格斯全集：第二十三卷［M］. 北京：人民出版社.

马克思，恩格斯，1979. 马克思恩格斯全集：第四十七卷［M］. 北京：人民出版社.

马克思，恩格斯，1980. 马克思恩格斯全集：第四十六卷（下）［M］. 北京：人民出版社.

毛泽东，1991. 毛泽东选集：第二卷［M］. 2版. 北京：人民出版社.

配第，1981. 配第经济著作选集［M］. 陈冬野，马清槐，周锦如，译. 北京：商务印书馆.

萨伊，1963. 政治经济学概论［M］. 陈福生，陈振骅，译. 北京：商务印书馆.
熊彼特，1990. 经济发展理论［M］. 何畏，易家详，张军扩，等译. 北京：商务印书馆.
张卓元，1998. 政治经济学大辞典［M］. 北京：经济科学出版社.
常修泽，2004a. 常修泽：在改革中要让人民群众拥有自己的产权［C］//杨林林. 转型中国：顶级学者访谈. 北京：经济日报出版社.
常修泽，1986. 商品经济与计划体制改革［J］. 改革（4）.
常修泽，1987. 关于城市劳动力市场几个问题的答辩［J］. 天津师大学报（2）.
常修泽，2004b. 论建立与社会主义市场经济相适应的现代产权制度［J］. 宏观经济研究（1）.
常修泽，2005. 国企改革十大深层思考［J］. 瞭望新闻周刊（17）.
常修泽，2012. 史料版1984年莫干山会议［J］. 学术研究（11）.
常修泽，2018. 中国改革40年若干规律性问题认识［J］. 学术界（11）.
常修泽，2020b. 关于要素市场化配置改革再探讨［J］. 改革与战略，36（9）.
常修泽，2022a. 中国经济三型趋势论［J］. 上海大学学报（社会科学版），39（5）.
常修泽，2022b. 论大历史观和大格局观下的中国要素型改革趋势［J］. 产权导刊（11）.
常修泽，何亚斌，2020. 要素市场化配置与产权市场命运：产权“生产要素生命论”探讨［J］. 产权导刊（6）.
谷书堂，常修泽，1990. 社会主义与商品经济论纲［J］. 经济研究（6）.
常修泽，1988. 建立企业产权市场和经营权市场的构想［N］. 经济参考报，04-22.
郭倩，董建国，2023. 向“数智”要动能　开辟增长新空间：从第六届数字中国建设峰会感受行业新风向［N］. 经济参考报，04-28（A01）.
潘如龙，2018. 改革进入新阶段：完善产权是重点——访著名学者常修泽教授［N］. 浙江日报，11-30（5）.

# 第二章

# 要素市场化配置及按生产要素贡献分配的价值基础

市场经济就是由市场决定资源配置的一种经济形态。这里所说的市场既包括产品市场也包括要素市场，前者主要是借助于产品的价格机制解决生产什么的问题，后者则主要是通过要素的价格机制解决如何生产和为谁生产的问题。如此说来，要素配置的市场化不仅是市场经济的题中应有之义，而且是市场经济主体的生产要素按贡献参与分配的必要条件。

## 第一节　要素市场的双重功能：资源配置与收入分配

要素市场价格的高低和变动，一方面会影响和决定生产者采用何种技术和要素组合生产既定的产量，另一方面会影响和决定要素的功能性分配，也就是说，要素市场具有资源配置与收入分配双重功能。

### 一、要素市场的资源配置功能

与产品市场的需求不同，要素市场的需求来自厂商（firm）而不是消费者，而

本章执笔人：蔡继明（清华大学社会科学学院教授、博士生导师）。

厂商对要素的需求是一种派生的需求或“引致需求”，也就是说，消费者对最终产品的需求间接地派生出了厂商对要素的需求。厂商是以盈利为目的而从事生产或销售某种（些）物品或劳务的组织。经济学家通常假定厂商是以利润最大化为目标的，而实现最终净利益最大化的一般原则是边际利益等于边际成本，即MB＝MC。厂商利润最大化的实现，一方面取决于其生产函数，另一方面取决于其成本函数，而厂商的成本是由劳动、资本、土地等生产要素的价格，即工资、利息、地租构成的。在生产函数的技术比例可变的情况下，厂商利润最大化的均衡条件就是任意两种生产要素，如劳动和资本的边际技术替代率要等于相应两种要素的价格之比，即$MRTS_{L/K}=P_L/P_K$。如果劳动的价格即工资率相对较低，厂商将倾向于采用劳动密集型技术；如果资本的价格即利息率相对较低，厂商将倾向于采用资本密集型技术。所以说，要素市场价格的高低，直接影响厂商对不同生产要素的使用量，从而决定各种生产要素在不同生产领域的配置。

## 二、要素市场的收入分配功能

要素价格对于厂商来说就是成本，而对于要素所有者来说，则是要素的报酬，即要素所有者的收入。如果说在市场经济中，理性的消费者追求的是效用最大化，理性的生产者追求的是利润最大化，那么，理性的要素所有者所追求的则是收入最大化。毫无疑问，要素所有者总是希望以一定的要素贡献获取尽可能高的报酬，而要素使用者则总是试图对给定的要素贡献支付尽可能低的报酬，双方公平竞争和讨价还价的结果，只能共同遵守要素报酬与要素贡献相一致的原则，而这一原则也只有通过由要素市场评价要素贡献，根据要素贡献决定要素报酬的机制才能实现。

## 三、配置功能与分配功能的关系

要素市场的资源配置功能和收入分配功能是相辅相成、互为实现的必要条件。只有使要素的报酬与要素的贡献相一致，才能激励各种生产要素的所有者最大限度地发挥其要素的潜力，做到人尽其才、物尽其用、地尽其利，从而实现资源的有效配置；反过来，只有通过要素市场的充分竞争，使各种要素都能根据各自的比较优势投入相应的生产领域，通过各要素的均衡价格实现要素的供给与需求的均衡，才能使生产要素按贡献参与分配的原则得以实现。如果要素的报酬偏离了要素的贡献，要素的配置就会发生扭曲，而要素市场的供求长期失衡，资源配置发生严重扭曲，也必然会导致要素的报酬偏离要素的贡献，使要素市场的分配功能发生紊乱。

## 第二节　按生产要素贡献分配理论的提出、争论与发展

### 一、按生产要素贡献分配理论的提出

在传统的社会主义经济理论中，按劳分配作为公有制在经济上的实现形式，一向被当作社会主义的唯一分配原则，谁否定按劳分配，谁就是否定社会主义基本经济制度。所以，在分配领域的改革，最初仅仅着眼于按劳分配的实现形式，如：到底是国家对劳动者按劳动一次性分配呢，还是国家先根据企业的整体劳动对企业实行一次分配，企业再根据劳动者的劳动实行二次分配呢？是按活劳动分配呢，还是按物化劳动或潜在的劳动（劳动力）分配呢？（《经济研究》编辑部，1985）

但是，随着我国计划经济体制向市场经济体制的转变和多元所有制结构的形成，在分配领域也出现了多种分配方式：除了传统的公有制经济中的按劳分配以外，还有个体劳动者通过合法经营既获得劳动收入，又得到一定的资产和经营收入；当企业发行债券筹集资金时，债券所有者就会凭债权取得利息；随着股份经济的产生，股份分红出现；在企业经营者的收入中，包含部分风险补偿；在私营企业雇工经营中，企业主会得到部分非劳动收入。所有这些收入分配形式，概括起来，不过是劳动收入和非劳动收入，前者既包括公有制经济中的按劳分配，又包括个体劳动者和私营企业中的雇佣劳动者的收入，还包括经营管理者作为劳动者获得的部分收入；后者表现为企业家收入（利润）、利息［含存款利息、股息（含红利和股票增值）和债息］和地租（土地转租得到的租金），它们本质上都是各种非劳动要素所有者凭借要素所有权得到的非劳动收入。

正是在这种情况下，中共十三大提出，社会主义初级阶段要实行以按劳分配为

主体的多种分配方式，这就至少在政策层面上承认了非劳动要素参与分配的合理性与合法性。

那么，按劳分配以外的分配方式又是指什么呢？10年之后召开的中共十五大对此做出了进一步解释：在社会主义初级阶段，“要坚持按劳分配为主体、多种分配方式并存的制度，把按劳分配与按生产要素分配结合起来”。这一提法与中共十三大报告相比，对社会主义初级阶段的分配关系做出了更加具体和清晰的描述。

然而，“按劳分配为主体、多种分配方式并存”，也还仅仅是对社会主义初级阶段收入分配现象的一个总体描述，而“按劳分配”和“按生产要素分配”中都存在“劳动”要素，按照传统的理论，前者适用于公有制经济，后者适用于非公有制经济，如何使两种貌似对立的分配原则相结合，也还有待于从理论上做出逻辑一致的解释。

正是在这个背景下，谷书堂、蔡继明在1988—1989年发表的文章和出版的专著中，提出了按生产要素贡献分配理论，把社会主义初级阶段以按劳分配为主体的多种分配方式，统一概括为按各种生产要素对社会财富即价值的创造所做的贡献进行分配，并具体分析了在社会主义初级阶段，劳动、资本、土地、管理等生产要素按贡献参与分配的形式及其量的规定，阐明了按生产要素贡献分配与平等和效率的关系（谷书堂，蔡继明，1988、1989；谷书堂，1989；蔡继明，1988a、1988b、1989）。

## 二、按生产要素贡献分配理论的争论与发展

按生产要素贡献分配理论一提出，立即在学术界引起热烈的讨论。一些学者认为按生产要素贡献分配理论是对按劳分配理论的突破，是社会主义经济理论的创新（张卓元，1999；柳欣，刘刚，2008；陈东琪，2004）[402-403；352；17-18]；而另一些学者则认为，该理论否定了按劳分配原则，是反马克思主义的（卫兴华，1991；陈德华，1990）。在1989年之后，这一理论还被当作资产阶级自由化观点受到批判（宁向东，1991）。邓小平南方谈话发表后，为了进一步从理论上拨乱反正，应《改革》杂志主编吴敬琏教授特邀，谷书堂教授又撰写了《对“按贡献分配”的再探讨》，回答了理论界的各种批评，进一步阐述了按生产要素贡献分配理论（谷书

堂，1992）。随后，蔡继明又撰写了一系列文章和著作，进一步完善了按生产要素贡献分配理论（蔡继明等，1998；蔡继明，1998、1999a、2001、2003a、2003b、2004、2008a、2008b、2009）。

## 第三节　按生产要素贡献分配理论的价值基础

实事求是地讲，按生产要素贡献分配理论作为单纯的分配理论，本身并非谷书堂、蔡继明首创，正如一些批评者所指责的，萨伊的三位一体公式和新古典边际生产力分配论，秉持的也都是按生产要素贡献分配的思想。但我们所倡导的按生产要素贡献分配理论与萨伊和新古典分配理论有两点不同：其一，这里的按生产要素贡献分配是作为社会主义初级阶段分配原则提出来的，这在中国经济学界是首次；其二，由于价值的分配是以价值的创造为基础的，一定的分配理论也必然以一定的价值理论为基础，我们提出的按生产要素贡献分配理论是建立在与传统价值理论不同的广义价值论基础上的。

### 一、三大价值理论莫衷一是，价值理论有待重建

经过经济学家两个半世纪的探索，现已形成最有影响力的三大价值理论：劳动价值论、新古典价值论和斯拉法价值论。

传统的劳动价值论只承认活劳动是价值的唯一源泉，这种理论显然不能为生产要素按贡献参与分配提供理论依据，尤其不能说明资本、土地、技术、管理、知识和数据等各种非劳动生产要素按贡献参与分配的价值基础。进一步说，按照传统的劳动价值论，上述所有非劳动生产要素的收入必然被视为剥削收入，从而陷入一方面要消灭剥削，另一方面又要保护私有财产、发展非公经济的悖论。不仅如此，按照传统的劳动价值论，发达国家用一小时劳动产品换取发展中国家多个小时的劳动产品，就是不等价和不平等交换，是富国剥削穷国，这显然也不能成为我国倡导经济全球化和构建人类命运共同体的理论基础。

新古典价值论虽然对各种生产要素在价值决定中的作用以及功能性分配给出了数量解，但因其内在的逻辑矛盾（循环论证）和固有的辩护性（宣扬阶级调和），无论是从逻辑一致性的科学标准还是从意识形态的基本原则看，新古典价值论都不能作为我国按生产要素贡献分配的理论基础。

至于斯拉法价值论，虽然一方面通过揭示资本度量的循环论证和技术再转折给予边际生产力分配论致命一击，另一方面又通过揭示出交换比例与利润率形成的同一机制而使“价值向生产价格的转换”成为多余，从而独立于前述两种价值理论之外，但由于本身撇开了需求因素并以生产函数的技术比例不变为抽象的假定前提，将工资或利润率设定为外生变量，如此过度的抽象不具有可应用性，故该理论也不宜构成按生产要素贡献分配理论的基础。

上述三种价值理论，都是在不同的假定条件下才能成立的，因而都只是狭义的价值理论。从20世纪80年代中期开始，本章笔者及其研究团队经过三十多年的潜心研究，创立了一个新的价值理论，即广义价值论。研究团队借鉴了李嘉图比较优势原理、斯拉法价值论以及新古典价值论的合理成分，运用相对生产力、综合生产力、比较生产力以及比较利益率等概念，构建了一个融价值理论和分配理论、国别价值与国际价值为一体的广义价值论（蔡继明，1987、1988c、1999a、1999b、1999c、2004、2010；蔡继明，江永基，2009；蔡继明，李仁君，2001；蔡继明，李亚鹏，林森，2012）。

广义价值论自创立以来，在国内外学术界产生了重要影响（冯春安，2002；胡海峰，2012；胡世祯，2005；李萌，2015；刘玉勋，2005；柳欣，2002；罗雄飞，2008；魏埙，2002；叶祥松，2005；Cai，Jiang，2015）。这里根据全书和本章主题的需要，仅对广义价值论基本原理做简要介绍。

## 二、广义价值论基本原理

### （一）分工交换产生于生产者对比较利益的追求

广义价值论认为，不同经济行为主体之间的分工交换以比较利益的存在为前提。所谓比较利益（comparative benefit），就是生产者通过分工交换而得到的收益（效用）高于其所让渡的产品机会成本或自给自足时效用的差额。

设生产者1和生产者2均能分别生产产品1和产品2[1]。如果双方通过专业化生产产品1和产品2并通过交换得到的收益与各自的机会成本相等，这种交换就没有经济意义。由此，广义价值论做出第一个假设：

**假设1**：比较利益的存在是分工交换产生的必要条件。

对于由两个生产者和两种产品构成的经济体，假设1可以表示为[2]

$$\begin{cases} x_2t_{12}-x_1t_{11}>0 \\ x_1t_{21}-x_2t_{22}>0 \end{cases} \text{或} \begin{cases} U_1^{\mathrm{E}}-U_1^{\mathrm{A}}>0 \\ U_2^{\mathrm{E}}-U_2^{\mathrm{A}}>0 \end{cases} \tag{2.1}$$

## （二）均衡交换比例是根据比较利益率均等原则确定的

比较利益是指交换产品数量超过以该产品表示的机会成本的余额，是绝对量，如式（2.1）所示。比较利益率（rate of comparative benefit）是比较利益的相对量，定义为比较利益与机会成本的比率，即$\frac{x_2t_{12}-x_1t_{11}}{x_1t_{11}}$，$\frac{x_1t_{21}-x_2t_{22}}{x_2t_{22}}$。比较利益的存在是分工交换产生的原因和动力，由此提出第二个假设：

**假设2**：均衡价格的形成和贸易利益的分配是根据比较利益率均等原则确定的。

假设2用公式表示为

$$\frac{x_2t_{12}-x_1t_{11}}{x_1t_{11}}=\frac{x_1t_{21}-x_2t_{22}}{x_2t_{22}} \tag{2.2}$$

由此得出均衡交换比例$R_{2/1}$为

$$R_{2/1}=\frac{x_2}{x_1}=\sqrt{\frac{t_{11}t_{21}}{t_{12}t_{22}}}=\sqrt{\frac{q_{12}q_{22}}{q_{11}q_{21}}}=AP_{2/1} \tag{2.3}$$

式（2.3）中的$\sqrt{t_{11}t_{21}}$和$\sqrt{t_{12}t_{22}}$分别为生产者1和生产者2生产两种产品部门必要劳动时间的几何平均，可以看作生产产品1和产品2的社会必要劳动时间，二者之比即两种产品的社会必要劳动时间之比。由于单位产品劳动耗费是单位劳动生产力的倒数，所以$\sqrt{q_{12}q_{22}}$和$\sqrt{q_{11}q_{21}}$分别为两个生产者生产两种商品劳动生产力的几何平

[1] 这里的生产者可以是个人、企业、地区、部门或国家。

[2] $x$表示用于交换的产品数量，下标1、2对应产品1和产品2；$t_{i1}$和$t_{i2}$分别表示生产者$i$生产单位产品1和2劳动耗费；$U_i^{\mathrm{A}}$和$U_i^{\mathrm{E}}$分别表示生产者$i$自给自足和分工交换的效用。

均，可以分别看作产品2和产品1的社会平均生产力$AP_2$和$AP_1$，二者之比即$AP_{2/1}$为两种产品的社会平均生产力系数。由此可见，根据比较利益率均等原则确定的均衡交换比例同时等于两种产品的社会平均生产力之比。

根据式（2.3）得出第一定理：

**定理1**：均衡价格比（相对价值）与两个生产者生产单位同一种产品所耗费的劳动时间的几何平均之比正相关，与两个生产者生产同一种产品的生产力几何平均之比负相关。

### （三）单位商品价值量$V_i^c$（绝对价值）的决定

根据等价交换原则，有

$$V_1^c x_1 = V_2^c x_2 \tag{2.4}$$

因为生产者1和生产者2生产均衡交换量所需的劳动时间分别为$x_1t_{11}$和$x_2t_{22}$，所以两个生产者用于交换的商品价值总量等于两者为此投入的劳动总量：

$$V_1^c x_1 + V_2^c x_2 = x_1t_{11} + x_2t_{22} \tag{2.5}$$

通过式（2.3）~式（2.5）三式可得单位商品价值量公式：

$$\begin{cases} V_1^c = \dfrac{1}{2q_{11}}\left(1+\dfrac{\sqrt{q_{11}q_{12}}}{\sqrt{q_{22}q_{21}}}\right) \\ V_2^c = \dfrac{1}{2q_{22}}\left(1+\dfrac{\sqrt{q_{21}q_{22}}}{\sqrt{q_{12}q_{11}}}\right) \end{cases} \tag{2.6}$$

将式（2.6）中两个生产者在两种产品上的绝对生产力的几何平均分别定义为两个生产者的综合生产力（comprehensive productivity），即$cp_1=\sqrt{q_{11}q_{12}}$，$cp_2=\sqrt{q_{21}q_{22}}$，两个生产者综合生产力之比即综合生产力系数，定义为比较生产力（comparative productivity），即：

$$\begin{cases} CP_{1/2}=\dfrac{cp_1}{cp_2}=\dfrac{\sqrt{q_{11}q_{12}}}{\sqrt{q_{22}q_{21}}}) \\ CP_{1/2}=\dfrac{cp_1}{cp_2}=\dfrac{\sqrt{q_{21}q_{22}}}{\sqrt{q_{11}q_{12}}}) \end{cases} \tag{2.7}$$

这样，单位商品价值量公式，即式（2.6）可简化为

$$\begin{cases} V_1^c=\dfrac{1}{2q_{11}}(1+CP_{1/2}) \\ V_2^c=\dfrac{1}{2q_{22}}(1+CP_{2/1}) \end{cases} \quad (2.8)$$

由式（2.8）可以推出第二定理：

**定理2**：单位商品价值量（绝对价值）与其比较生产力正相关，与绝对生产力负相关。

### （四）单位劳动创造的价值量$V_i^t$与其比较生产力正相关

单位劳动创造的价值量$V_i^t$等于单位劳动产量乘单位商品价值，即$V_1^t=q_{11}V_1^c$；$V_2^t=q_{22}V_2^c$，代入式（2.8）得

$$\begin{cases} V_1^t=q_{11}V_1^c=\dfrac{1}{2}(1+CP_{1/2}) \\ V_2^t=q_{22}V_2^c=\dfrac{1}{2}(1+CP_{2/1}) \end{cases} \quad (2.9)$$

从式（2.9）可推出第三定理：

**定理3**：单位劳动创造的价值量$V_i^t$与其比较生产力正相关。比较生产力高的生产者单位劳动创造的价值量大于比较生产力低的生产者，其单位商品价值量大于所包含的劳动量；反之，比较生产力低的生产者，其单位商品价值量小于所包含的劳动量。

### （五）部门总价值量与比较生产力正相关

对于生产者，其总价值量等于总劳动量$T_i$乘单位劳动创造的价值量$V_i^t$：

$$\begin{cases} V_1=T_1V_1^t=T_1\dfrac{1}{2}(1+CP_{1/2}) \\ V_2=T_2V_2^t=T_2\dfrac{1}{2}(1+CP_{2/1}) \end{cases} \quad (2.10)$$

## 三、基于广义价值论的功能性分配

### （一）绝对生产力的变动及其对价值量的影响

1. 比较生产力的决定及其变动

由式（2.7）可知，比较生产力是由两个生产者在两种不同产品上的综合生产力

之比决定的，而每个生产者的综合生产力又是由该生产者在两种特定产品上的绝对生产力的几何平均决定的，因此，两个生产者在两种产品上的绝对生产力的变化必然引起两个生产者综合生产力的变动，进而引起各自比较生产力的变动。我们对公式全微分得

$$\begin{cases} \mathrm{d}V_1=\frac{1}{4}T_1CP_{1/2}=\left(\frac{\mathrm{d}q_{11}}{q_{11}}+\frac{\mathrm{d}q_{12}}{q_{12}}-\frac{\mathrm{d}q_{22}}{q_{22}}-\frac{\mathrm{d}q_{21}}{q_{21}}\right) \\ \mathrm{d}V_2=\frac{1}{4}T_2CP_{2/1}=\left(\frac{\mathrm{d}q_{22}}{q_{22}}+\frac{\mathrm{d}q_{21}}{q_{21}}-\frac{\mathrm{d}q_{11}}{q_{11}}-\frac{\mathrm{d}q_{12}}{q_{12}}\right) \end{cases} \tag{2.11}$$

式（2.11）表明，各个绝对生产力的变动依次通过综合生产力和比较生产力的变动而最终导致部门价值总量的变动。

2. 绝对生产力是由多种生产要素决定的

绝对生产力即马克思所说的劳动生产力，是由工人的平均熟练程度、科学的发展水平和它在工艺上应用的程度、生产过程的社会结合、生产资料的规模和效能，以及自然条件等五个因素决定的（马克思，恩格斯，1972）[53]。这五个因素可依次概括为劳动、技术、资本、管理和土地，按照中共十九届四中全会确认的七大生产要素，我们可以再加上知识和数据。

令部门$i$的劳动、资本、土地、管理、技术、知识、数据等投入分别为$L_i$、$K_i$、$N_i$、$E_i$、$T_i$、$Z_i$、$D_i$，且产品$j$的生产函数$Q_{ij}$（$L_i$，$K_i$，$N_i$，$E_i$，$T_i$，$Z_i$，$D_i$）为一阶齐次，则部门$i$在产品$j$上的绝对生产力$q_{ij}$为零阶齐次，可表示为

$$q_{ij}=q_{ij}\ (L_i, K_i, N_i, E_i, T_i, Z_i, D_i)=\frac{Q_{ij}}{L_i}，\ i，\ j=1，2 \tag{2.12}$$

对式（2.12）全微分后有

$$\mathrm{d}q_{ij}=q_{ij}^{L_i}\mathrm{d}L_i+q_{ij}^{K_i}\mathrm{d}K_i+q_{ij}^{N_i}\mathrm{d}N_i+q_{ij}^{E_i}\mathrm{d}E_i+q_{ij}^{T_i}\mathrm{d}T_i+q_{ij}^{Z_i}\mathrm{d}Z_i+q_{ij}^{D_i}\mathrm{d}D_i \tag{2.13}$$

根据两部门模型假设，两部门所使用的各种生产要素总量是给定的，则

$$h_1+h_2=\bar{h}\Rightarrow \mathrm{d}h_1=-\mathrm{d}h_2，\ h=L,K,N,E,T,Z,D \tag{2.14}$$

由式（2.13）、式（2.14）可得

$$
\begin{cases}
\dfrac{\mathrm{d}q_{11}}{q_{11}}=\sum\limits_{h_1} q_{11}^{h_1}\dfrac{\mathrm{d}h_1}{q_{11}}=-\sum\limits_{h_2} q_{11}^{h_1}\dfrac{\mathrm{d}h_2}{q_{11}} \\
\dfrac{\mathrm{d}q_{12}}{q_{12}}=\sum\limits_{h_1} q_{12}^{h_1}\dfrac{\mathrm{d}h_1}{q_{12}}=-\sum\limits_{h_2} q_{12}^{h_1}\dfrac{\mathrm{d}h_2}{q_{12}}
\end{cases}
\qquad
\begin{cases}
\dfrac{\mathrm{d}q_{21}}{q_{21}}=\sum\limits_{h_2} q_{21}^{h_2}\dfrac{\mathrm{d}h_2}{q_{21}}=-\sum\limits_{h_1} q_{21}^{h_2}\dfrac{\mathrm{d}h_1}{q_{21}} \\
\dfrac{\mathrm{d}q_{22}}{q_{22}}=\sum\limits_{h_2} q_{22}^{h_2}\dfrac{\mathrm{d}h_2}{q_{22}}=-\sum\limits_{h_1} q_{22}^{h_2}\dfrac{\mathrm{d}h_1}{q_{22}}
\end{cases}
\tag{2.15}
$$

## （二）各种生产要素的变动对部门总价值量的影响

将式（2.15）代入式（2.11），有：

$$
\begin{cases}
\mathrm{d}V_1=\dfrac{1}{4}T_1CP_{1/2}\sum\limits_{h_1}\left(\dfrac{q_{11}^{h_1}}{q_{11}}+\dfrac{q_{12}^{h_1}}{q_{12}}+\dfrac{q_{21}^{h_2}}{q_{21}}+\dfrac{q_{22}^{h_2}}{q_{22}}\right)\mathrm{d}h_1 \\
\mathrm{d}V_2=\dfrac{1}{4}T_2CP_{2/1}\sum\limits_{h_2}\left(\dfrac{q_{22}^{h_2}}{q_{22}}+\dfrac{q_{21}^{h_2}}{q_{21}}+\dfrac{q_{11}^{h_1}}{q_{11}}+\dfrac{q_{12}^{h_1}}{q_{12}}\right)\mathrm{d}h_2
\end{cases}
\tag{2.16}
$$

式（2.16）表明，各种生产要素的变动引起部门绝对生产力的变动，进一步引起综合生产力乃至比较生产力的变动，最终引起部门总价值量的变动。

1. 各生产要素对两部门总价值量的边际贡献

$$
\begin{cases}
\mathrm{d}V_1=\dfrac{1}{4}T_1CP_{1/2}\left(\dfrac{q_{11}^{L_1}}{q_{11}}+\dfrac{q_{12}^{L_1}}{q_{12}}+\dfrac{q_{21}^{L_2}}{q_{21}}+\dfrac{q_{22}^{L_2}}{q_{22}}\right) \\
\mathrm{d}V_1=\dfrac{1}{4}T_1CP_{1/2}\left(\dfrac{q_{11}^{K_1}}{q_{11}}+\dfrac{q_{12}^{K_1}}{q_{12}}+\dfrac{q_{21}^{K_2}}{q_{21}}+\dfrac{q_{22}^{K_2}}{q_{22}}\right) \\
\mathrm{d}V_1=\dfrac{1}{4}T_1CP_{1/2}\left(\dfrac{q_{11}^{N_1}}{q_{11}}+\dfrac{q_{12}^{N_1}}{q_{12}}+\dfrac{q_{21}^{N_2}}{q_{21}}+\dfrac{q_{22}^{N_2}}{q_{22}}\right) \\
\mathrm{d}V_1=\dfrac{1}{4}T_1CP_{1/2}\left(\dfrac{q_{11}^{E_1}}{q_{11}}+\dfrac{q_{12}^{E_1}}{q_{12}}+\dfrac{q_{21}^{E_2}}{q_{21}}+\dfrac{q_{22}^{E_2}}{q_{22}}\right) \\
\mathrm{d}V_1=\dfrac{1}{4}T_1CP_{1/2}\left(\dfrac{q_{11}^{T_1}}{q_{11}}+\dfrac{q_{12}^{T_1}}{q_{12}}+\dfrac{q_{21}^{T_2}}{q_{21}}+\dfrac{q_{22}^{T_2}}{q_{22}}\right) \\
\mathrm{d}V_1=\dfrac{1}{4}T_1CP_{1/2}\left(\dfrac{q_{11}^{Z_1}}{q_{11}}+\dfrac{q_{12}^{Z_1}}{q_{12}}+\dfrac{q_{21}^{Z_2}}{q_{21}}+\dfrac{q_{22}^{Z_2}}{q_{22}}\right) \\
\mathrm{d}V_1=\dfrac{1}{4}T_1CP_{1/2}\left(\dfrac{q_{11}^{D_1}}{q_{11}}+\dfrac{q_{12}^{D_1}}{q_{12}}+\dfrac{q_{21}^{D_2}}{q_{21}}+\dfrac{q_{22}^{D_2}}{q_{22}}\right)
\end{cases}
\tag{2.17}
$$

$$\begin{cases} dV_2 = \frac{1}{4}T_2CP_{2/1}\left(\frac{q_{22}^{L_2}}{q_{22}}+\frac{q_{21}^{L_2}}{q_{21}}+\frac{q_{11}^{L_1}}{q_{11}}+\frac{q_{12}^{L_1}}{q_{12}}\right) \\ dV_2 = \frac{1}{4}T_2CP_{2/1}\left(\frac{q_{22}^{K_2}}{q_{22}}+\frac{q_{21}^{K_2}}{q_{21}}+\frac{q_{11}^{K_1}}{q_{11}}+\frac{q_{12}^{K_1}}{q_{12}}\right) \\ dV_2 = \frac{1}{4}T_2CP_{2/1}\left(\frac{q_{22}^{N_2}}{q_{22}}+\frac{q_{21}^{N_2}}{q_{21}}+\frac{q_{11}^{N_1}}{q_{11}}+\frac{q_{12}^{N_1}}{q_{12}}\right) \\ dV_2 = \frac{1}{4}T_2CP_{2/1}\left(\frac{q_{22}^{E_2}}{q_{22}}+\frac{q_{21}^{E_2}}{q_{21}}+\frac{q_{11}^{E_1}}{q_{11}}+\frac{q_{12}^{E_1}}{q_{12}}\right) \\ dV_2 = \frac{1}{4}T_2CP_{2/1}\left(\frac{q_{22}^{T_2}}{q_{22}}+\frac{q_{21}^{T_2}}{q_{21}}+\frac{q_{11}^{T_1}}{q_{11}}+\frac{q_{12}^{T_1}}{q_{12}}\right) \\ dV_2 = \frac{1}{4}T_2CP_{2/1}\left(\frac{q_{22}^{Z_2}}{q_{22}}+\frac{q_{21}^{Z_2}}{q_{21}}+\frac{q_{11}^{Z_1}}{q_{11}}+\frac{q_{12}^{Z_1}}{q_{12}}\right) \\ dV_2 = \frac{1}{4}T_2CP_{2/1}\left(\frac{q_{22}^{D_2}}{q_{22}}+\frac{q_{21}^{D_2}}{q_{21}}+\frac{q_{11}^{D_1}}{q_{11}}+\frac{q_{12}^{D_1}}{q_{12}}\right) \end{cases} \tag{2.18}$$

2. 将两部门总劳动创造的价值量表示成下列函数形式

$$\begin{cases} V_1 = F_1(\underset{(+)}{L_1},\underset{(+)}{K_1},\underset{(+)}{N_1},\underset{(+)}{E_1},\underset{(+)}{T_1},\underset{(+)}{Z_1},\underset{(+)}{D_1}) \\ V_2 = F_2(\underset{(+)}{L_2},\underset{(+)}{K_2},\underset{(+)}{N_2},\underset{(+)}{E_2},\underset{(+)}{T_2},\underset{(+)}{Z_2},\underset{(+)}{D_2}) \end{cases} \tag{2.19}$$

式（2.19）中各生产要素下方的符号代表其对价值函数的影响方向。

3. 对式（2.19）进行一阶泰勒展开

设$V_1$、$V_2$皆有连续的二阶偏导数存在，则在（$L_1$，$K_1$，$N_1$，$E_1$，$T_1$，$Z_1$，$D_1$）=（$L_1^O$，$K_1^O$，$N_1^O$，$E_1^O$，$T_1^O$，$Z_1^O$，$D_1^O$）和点$O$附近分别对$V_1$、$V_2$进行一阶泰勒展开，其中$V_i^h$是$V_i$对$h$的偏导数：

$$V_1 = V_1(O)+V_1^{L_1}(O)\cdot(L_1-L_1^o)+V_1^{K_1}(O)\cdot(K_1-K_1^o)+V_1^{N_1}(O)\cdot(N_1-N_1^o)+V_1^{E_1}(O)\cdot(E_1-E_1^o)+ V_1^{T_1}(O)\cdot(T_1-T_1^o)+V_1^{Z_1}(O)\cdot(Z_1-Z_1^o)+V_1^{D_1}(O)\cdot(D_1-D_1^o)+R_1(L_1,K_1,N_1,E_1,T_1,Z_1,D_1)$$

$$V_2 = V_2(O)+V_2^{L_2}(O)\cdot(L_2-L_2^o)+V_2^{K_2}(O)\cdot(K_2-K_2^o)+V_2^{N_2}(O)\cdot(N_2-N_2^o)+V_2^{E_2}(O)\cdot(E_2-E_2^o)+ V_2^{T_2}(O)\cdot(T_2-T_2^o)+V_2^{Z_2}(O)\cdot(Z_2-Z_2^o)+V_2^{D_2}(O)\cdot(D_2-D_2^o)+R_2(L_2,K_2,N_2,E_2,T_2,Z_2,D_2)$$

1）如果展开点$(L_1^O,K_1^O,N_1^O,E_1^O,T_1^O,Z_1^O,D_1^O)$和$(L_2^O,K_2^O,N_2^O,E_2^O,T_2^O,Z_2^O,D_2^O)$选得足够好的话，在$(L_1,K_1,N_1,E_1,T_1,Z_1,D_1)\to(L_1^O,K_1^O,N_1^O,E_1^O,T_1^O,Z_1^O,D_1^O)$和

$(L_2,K_2,N_2,E_2,T_2,Z_2,D_2)\rightarrow(L_2^O,K_2^O,N_2^O,E_2^O,T_2^O,Z_2^O,D_2^O)$的同时，$R_1$、$R_2\rightarrow O$，则：

$$\begin{cases} V_1=V_1(O)+V_1^{L_1}(O)\cdot\Delta L_1+V_1^{K_1}(O)\cdot\Delta K_1+V_1^{N_1}(O)\cdot\Delta N_1+V_1^{E_1}(O)\cdot\Delta E_1+ \\ \quad V_1^{T_1}(O)\cdot\Delta T_1+V_1^{Z_1}(O)\cdot\Delta Z_1+V_1^{D_1}(O)\cdot\Delta D_1 \\ V_2=V_2(O)+V_2^{L_2}(O)\cdot\Delta L_2+V_2^{K_2}(O)\cdot\Delta K_2+V_2^{N_2}(O)\cdot\Delta N_2+V_2^{E_2}(O)\cdot\Delta E_2+ \\ \quad V_2^{T_2}(O)\cdot\Delta T_2+V_2^{Z_2}(O)\cdot\Delta Z_2+V_2^{D_2}(O)\cdot\Delta D_2 \end{cases} \tag{2.20}$$

2）当（$L_1$，$K_1$，$N_1$，$E_1$，$T_1$，$Z_1$，$D_1$，$L_2$，$K_2$，$N_2$，$E_2$，$T_2$，$Z_2$，$D_2$）$\rightarrow(L_1^O,K_1^O,N_1^O,E_1^O,T_1^O,Z_1^O,D_1^O,L_2^O,K_2^O,N_2^O,E_2^O,T_2^O,Z_2^O,D_2^O)$时，$\Delta V_i=V_i-V_i(O)$，所以公式可化为：

$$\begin{cases} \Delta V_1=V_1^{L_1}(O)\cdot\Delta L_1+V_1^{K_1}(O)\cdot\Delta K_1+V_1^{N_1}(O)\cdot\Delta N_1+V_1^{E_1}(O)\cdot\Delta E_1+ \\ \quad V_1^{T_1}(O)\cdot\Delta T_1+V_1^{Z_1}(O)\cdot\Delta Z_1+V_1^{D_1}(O)\cdot\Delta D_1 \\ \Delta V_2=V_2^{L_2}(O)\cdot\Delta L_2+V_2^{K_2}(O)\cdot\Delta K_2+V_2^{N_2}(O)\cdot\Delta N_2+V_2^{E_2}(O)\cdot\Delta E_2+ \\ \quad V_2^{T_2}(O)\cdot\Delta T_2+V_2^{Z_2}(O)\cdot\Delta Z_2+V_2^{D_2}(O)\cdot\Delta D_2 \end{cases} \tag{2.21}$$

## （三）生产要素的报酬取决于生产要素对价值创造所做的贡献

### 1. 各类生产要素对部门价值增量$\Delta V_i$的贡献的比例

各类生产要素对价值$V_i$的贡献的比例，等于各类生产要素对部门价值增量$\Delta V_i$的贡献的比例：

$$\frac{V_i^{h_i}(O)h_i}{\sum\limits_{(h=L,K,N,E,T,Z,D)}V_i^{h_i}(O)h_i}=\frac{V_i^{h_i}(O)\Delta h_i}{\Delta V_i} \tag{2.22}$$

### 2. 各部门各类生产要素对部门总价值贡献的份额

由式（2.22）可得到各部门各类生产要素对部门总价值贡献的份额等于投入各部门的各类生产要素对价值边际增量贡献的比例，乘以总的价值，即

$$\begin{cases} \frac{V_1^{L_1}(O)\Delta L_1}{\Delta V_1}V_1;\ \frac{V_1^{K_1}(O)\Delta K_1}{\Delta V_1}V_1;\ \frac{V_1^{N_1}(O)\Delta N_1}{\Delta V_1}V_1;\ \frac{V_1^{E_1}(O)\Delta E_1}{\Delta V_1}V_1;\ \frac{V_1^{T_1}(O)\Delta T_1}{\Delta V_1}V_1;\ \frac{V_1^{Z_1}(O)\Delta Z_1}{\Delta V_1}V_1;\ \frac{V_1^{D_1}(O)\Delta D_1}{\Delta V_1}V_1 \\ \frac{V_2^{L2}(O)\Delta L_2}{\Delta V_2}V_2;\ \frac{V_2^{K2}(O)\Delta K_2}{\Delta V_2}V_2;\ \frac{V_2^{N2}(O)\Delta N_2}{\Delta V_2}V_2;\ \frac{V_2^{E2}(O)\Delta E_2}{\Delta V_2}V_2;\ \frac{V_2^{T2}(O)\Delta T_2}{\Delta V_2}V_2;\ \frac{V_2^{Z2}(O)\Delta Z_2}{\Delta V_2}V_2;\ \frac{V_2^{D2}(O)\Delta D_2}{\Delta V_2}V_2 \end{cases} \tag{2.23}$$

式（2.23）所表示的部门总价值中各类生产要素的贡献如表2.1所示。

表2.1 部门总价值中各类生产要素的贡献

| 部门 | 劳动 | 资本 | 土地 | 管理 | 技术 | 知识 | 数据 |
| --- | --- | --- | --- | --- | --- | --- | --- |
| 部门1 | $\frac{V_1^{L1}(O)\Delta L_1}{\Delta V_1}V_1$ | $\frac{V_1^{K1}(O)\Delta K_1}{\Delta V_1}V_1$ | $\frac{V_1^{N1}(O)\Delta N_1}{\Delta V_1}V_1$ | $\frac{V_1^{E1}(O)\Delta E_1}{\Delta V_1}V_1$ | $\frac{V_1^{T1}(O)\Delta T_1}{\Delta V_1}V_1$ | $\frac{V_1^{Z1}(O)\Delta Z_1}{\Delta V_1}V_1$ | $\frac{V_1^{D1}(O)\Delta D_1}{\Delta V_1}V_1$ |
| 部门2 | $\frac{V_2^{L2}(O)\Delta L_2}{\Delta V_2}V_2$ | $\frac{V_2^{K2}(O)\Delta K_2}{\Delta V_2}V_2$ | $\frac{V_2^{N2}(O)\Delta N_2}{\Delta V_2}V_2$ | $\frac{V_2^{E2}(O)\Delta E_2}{\Delta V_2}V_2$ | $\frac{V_2^{T2}(O)\Delta T_2}{\Delta V_2}V_2$ | $\frac{V_2^{Z2}(O)\Delta Z_2}{\Delta V_2}V_2$ | $\frac{V_2^{D2}(O)\Delta D_2}{\Delta V_2}V_2$ |

3. 单位生产要素的价值即要素所有者的报酬

用各类生产要素的价值贡献总量除以该生产要素总量，即得到单位生产要素的贡献份额，即该要素所有者的报酬：

$$\begin{cases}\frac{V_1^{L_1}(O)V_1}{\Delta V_1}\frac{\Delta L_1}{L_1};\frac{V_1^{K_1}(O)V_1}{\Delta V_1}\frac{\Delta K_1}{K_1};\frac{V_1^{N_1}(O)V_1}{\Delta V_1}\frac{\Delta N_1}{N_1};\frac{V_1^{E_1}(O)V_1}{\Delta V_1}\frac{\Delta E_1}{E_1};\frac{V_1^{T_1}(O)V_1}{\Delta V_1}\frac{\Delta T_1}{T_1};\frac{V_1^{Z_1}(O)V_1}{\Delta V_1}\frac{\Delta Z_1}{Z_1};\frac{V_1^{D_1}(O)V_1}{\Delta V_1}\frac{\Delta D_1}{D_1}\\ \frac{V_2^{L_2}(O)V_2}{\Delta V_2}\frac{\Delta L_2}{L_2};\frac{V_2^{K_2}(O)V_2}{\Delta V_2}\frac{\Delta K_2}{K_2};\frac{V_2^{N_2}(O)V_2}{\Delta V_2}\frac{\Delta N_2}{N_2};\frac{V_2^{E_2}(O)V_2}{\Delta V_2}\frac{\Delta E_2}{E_2};\frac{V_2^{T_2}(O)V_2}{\Delta V_2}\frac{\Delta T_2}{T_2};\frac{V_2^{Z_2}(O)V_2}{\Delta V_2}\frac{\Delta Z_2}{Z_2};\frac{V_2^{D_2}(O)V_1}{\Delta V_1}\frac{\Delta D_2}{D_2}\end{cases} \quad (2.24)$$

式（2.24）所表示的各部门各类单位生产要素的价值如表2.2所示。

表2.2 各部门各类单位生产要素价值

| 部门 | 劳动 | 资本 | 土地 | 管理 | 技术 | 知识 | 数据 |
| --- | --- | --- | --- | --- | --- | --- | --- |
| 部门1 | $\frac{V_1^{L1}(O)V_1}{\Delta V_1}\frac{\Delta L_1}{L_1}$ | $\frac{V_1^{K1}(O)V_1}{\Delta V_1}\frac{\Delta K_1}{K_1}$ | $\frac{V_1^{N1}(O)V_1}{\Delta V_1}\frac{\Delta N_1}{N_1}$ | $\frac{V_1^{E1}(O)V_1}{\Delta V_1}\frac{\Delta E_1}{E_1}$ | $\frac{V_1^{T1}(O)V_1}{\Delta V_1}\frac{\Delta T_1}{T_1}$ | $\frac{V_1^{Z1}(O)V_1}{\Delta V_1}\frac{\Delta Z_1}{Z_1}$ | $\frac{V_1^{D1}(O)V_1}{\Delta V_1}\frac{\Delta D_1}{D_1}$ |
| 部门2 | $\frac{V_2^{L2}(O)V_2}{\Delta V_2}\frac{\Delta L_2}{L_2}$ | $\frac{V_2^{K2}(O)V_2}{\Delta V_2}\frac{\Delta K_2}{K_2}$ | $\frac{V_2^{N2}(O)V_2}{\Delta V_2}\frac{\Delta N_2}{N_2}$ | $\frac{V_2^{E2}(O)V_2}{\Delta V_2}\frac{\Delta E_2}{E_2}$ | $\frac{V_2^{T2}(O)V_2}{\Delta V_2}\frac{\Delta T_2}{T_2}$ | $\frac{V_2^{Z2}(O)V_2}{\Delta V_2}\frac{\Delta Z_2}{Z_2}$ | $\frac{V_2^{D2}(O)V_2}{\Delta V_2}\frac{\Delta D_2}{D_2}$ |

4. 按生产要素贡献分配的价值基础就是各种生产要素对价值创造所做的贡献

以上的分析表明，生产要素的价值即要素所有者的报酬是在交换中，根据各生产要素对价值增长的贡献确定的。价值的创造和价值的分配是统一的，是在同一个过程中完成的。广义价值论为生产要素按贡献参与分配奠定了坚实的价值基础。

## 四、非劳动生产要素按贡献参与分配不等于剥削

### （一）要素报酬与要素贡献是否一致是判断剥削与否的标准

英文exploit作为动词，有两种含义：（1）投入生产性使用（to put to productive use）[1]，利用（to take advantage of）、开发［to use or develop（a thing）fully so

[1] 据《韦氏新大学词典第9版》（*Webster's Ninth New Collegiate Dictionary*）。

as to get profit ][1]；（2）为牟取个人利益而吝啬地、不公正地利用（to make use of meanly or unjustly for one's own advantage）[2]，［贬］利用［他人］为自己谋私利，剥削（unfairly for one's own profit or advantage）。其中贬义的用法“剥削”与汉语中有关剥削的词义基本相同[3]。

根据广义价值论和按生产要素贡献分配理论，所谓剥削，就是在利用他人拥有的生产要素时所付报酬低于其贡献，剥削的实质是对他人要素贡献的无偿占有。判断剥削与否的标准是报酬与贡献是否一致：如果一个人（及其所拥有的要素）的报酬低于其贡献，他就是被剥削了；如果其报酬高于其贡献，他就剥削了别人；如果报酬与贡献一致，就是按贡献分配，其中既不存在剥削，也不存在被剥削。

### （二）私有制与剥削没有必然联系

根据以上分析，我们不能笼统地把私营业主等同于剥削者——只有当私营业主付给工人的工资低于其边际产品收益时，我们才能把私营业主界定为剥削者；我们也不能断言公有制企业中的劳动者就一定不受剥削，除非他们的劳动报酬等于他们的劳动贡献。

## 第四节　生产要素按贡献参与分配：从原则确立到制度健全和机制完善

### 一、生产要素按贡献参与分配的原则确立

随着我国非公有制经济由社会主义公有制经济的必要补充（中共十三大，

[1]　据《韦氏新大学词典第9版》（*Webster's Ninth New Collegiate Dictionary*）、《朗文当代高级英语辞典》（*Longman Dictionary of Contemporary English*）。

[2]　据《韦氏新大学词典第9版》（*Webster's Ninth New Collegiate Dictionary*）。

[3]　“剥削——社会上一部分人和某一社会集团凭借私有的生产资料或货币资本，无偿地攫取另一部分人或其他社会集团的劳动成果。”参见：辞海编辑委员会. 辞海（1979年版）：缩印本[M]. 上海：上海辞书出版社，1980：189.

1987）逐步发展为社会主义市场经济的重要组成部分，并与公有制经济一起成为社会主义初级阶段的基本经济制度（中共十五大，1997），基于多种所有制经济成分的多种分配方式亦有了长足的发展。在社会变革中出现的民营科技企业的创业人员和技术人员、受聘于外资企业的管理技术人员、个体户、私营企业主、中介组织的从业人员、自由职业人员等社会阶层，都已被认定为中国特色社会主义事业的建设者，各种非劳动要素的所有者凭借其生产要素的贡献参与分配的合理性日益得到社会的认可。为了放手让一切劳动、知识、技术、管理和资本的活力竞相迸发，让一切创造社会财富的源泉充分涌流，以造福人民，中共十六大（2002）在“三个代表”重要思想指导下，明确提出要“确立劳动、资本、技术和管理等生产要素按贡献参与分配的原则”，这实际上是对中共十五大所阐述的社会主义初级阶段按劳分配为主体、多种分配方式并存的分配制度的一个理论概括，它揭示了社会主义初级阶段分配关系的本质规定，也就是说，社会主义初级阶段按劳分配为主体、多种分配方式并存的分配制度，本质上就是按各种生产要素的贡献分配。这一理论概括是马克思按劳分配思想的一个重大发展，对于毫不动摇地鼓励、支持和引导非公有制经济发展和保护一切合法的劳动收入和合法的非劳动收入，有重大的理论意义和政策意义。

生产要素按贡献参与分配原则的确立，为保护私有财产和发展非公有制经济提供了合理的依据。“国家鼓励、支持和引导非公有制经济的发展”“公民的合法的私有财产不受侵犯”以及“国家依照法律规定保护公民的私有财产权和继承权”等条款，随即写入2004年的《中华人民共和国宪法修正案》中。

## 二、生产要素按贡献参与分配的制度健全

中共十六大以后，在“三个代表”重要思想和科学发展观指导下，我国开始实施全面建设小康社会和构建社会主义和谐社会等关系全局的重大战略部署，经过五年的奋斗，我国的混合所有制经济有了进一步发展，市场体系不断健全，城乡居民收入较大幅度增加，家庭财产普遍增多，这与合理的收入分配制度是分不开的。为了在新的形势下以现代产权制度为基础，进一步发展混合所有制经济，必须进一步深化收入分配制度改革，让各种财富的源泉充分涌流。为此，中共十七大（2007）

进一步提出，“要坚持和完善按劳分配为主体、多种分配方式并存的分配制度，健全劳动、资本、技术、管理等生产要素按贡献参与分配的制度，初次分配和再分配都要处理好效率和公平的关系，再分配更加注重公平”。

中共十七大在分配领域实现的一个重大变革，就是把生产要素按贡献参与分配，由中共十六大确定的一个“原则”，提升为一个“制度”，并将其与“按劳分配为主体、多种分配方式并存的分配制度”并列。由此可见，“劳动、资本、技术、管理等生产要素按贡献参与分配的制度”实际上是对“按劳分配为主体、多种分配方式并存的分配制度”的具体化和进一步说明。

## 三、生产要素按贡献参与分配的机制完善

自非公有制经济被确认为社会主义市场经济的重要组成部分并与公有制经济共同构成社会主义初级阶段基本经济制度（中共十五大，1997），特别是从生产要素按贡献参与分配被确立为“原则”（中共十六大，2002）旋即被提升为“制度”（中共十七大，2007）以来，我国的国民经济稳步增长，作为世界第二大经济体，与世界第一大经济体美国的差距逐步缩小，其中非公有制经济功不可没。截至2012年底，私营企业已达1086万户，从业人员超过1.2亿人，注册资金超过31万亿元，非公有制经济税收占全部税收比例已达73.1%，固定资产投资占全社会固定资产投资比例已达61.3%。改革开放40多年，非公有制经济对我国国内生产总值的贡献率已超过一半，新增就业岗位占80%以上，且已成为技术创新的生力军。

在这一新的历史背景下，为了加快完善社会主义市场经济体制，毫不动摇地鼓励、支持、引导非公有制经济发展，完善公有制为主体、多种所有制经济共同发展的基本经济制度，完善按劳分配为主体、多种分配方式并存的分配制度，更大程度、更广范围发挥市场在资源配置中的基础性作用，保证各种所有制经济依法平等使用生产要素、公平参与市场竞争、同等受到法律保护，中共十八大（2012）进一步强调要“完善劳动、资本、技术、管理等要素按贡献参与分配的初次分配机制”。

在初次分配领域强调发挥市场在资源配置中的基础性作用，保证各种所有制经济依法平等使用生产要素、公平参与市场竞争，贯彻按生产要素贡献分配，这充分

体现了效率优先的原则。那么，如何评价要素的贡献？生产要素按贡献参与初次分配的机制是什么呢？一年后召开的中共十八届三中全会（2013）对此作了进一步说明，就是要“健全资本、知识、技术、管理等由要素市场决定的报酬机制”。也就是说，各种生产要素的贡献只能由各要素市场来评价，其报酬由要素市场来决定。中共十八届五中全会（2015）通过的《中共中央关于制定国民经济和社会发展第十三个五年规划的建议》则进一步明确要“完善市场评价要素贡献并按贡献分配的机制”。

中共十九大（2017）继续强调要“完善按要素分配的体制机制”，中共十九届四中全会（2019）则更加具体明确地提出要“健全劳动、资本、土地、知识、技术、管理、数据等生产要素由市场评价贡献、按贡献决定报酬的机制”。这是改革开放以来我国首次全面地列出由市场评价贡献，按贡献决定报酬的劳动、资本、土地、知识、技术、管理、数据等七大生产要素的名单。中共十九届五中全会（2020）同样强调要“健全创新激励和保障机制，构建充分体现知识、技术等创新要素价值的收益分配机制”，“完善按要素分配政策制度，健全各类生产要素由市场决定报酬的机制”。

由此可见，从原则确立到制度健全再到机制完善，中共十六大（2002）以来按生产要素贡献分配的思想始终是一贯的，这标志着改革开放以来我国收入分配制度已经发生了根本变化，生产要素按贡献参与分配的原则、制度和体制机制已经基本形成。

## 四、生产要素按贡献参与分配制度纳入我国社会主义基本经济制度的规定之中

适合生产力发展要求的混合所有制结构以及与之相应的按生产要素贡献分配的制度，必然极大地调动各类市场经济主体和生产要素所有者参与经济发展、创造社会财富的积极性。截至2017年底，非公有制经济税收占全部税收比例已超过50%，对我国国内生产总值的贡献率已超过60%，创造了70%以上的技术创新成果，提供了80%以上的城镇劳动就业岗位，企业数量在企业总数中的占比在90%以上。2020年，我国国内生产总值达到1015986亿元，首次突破100万亿元大关，人均国内生产

总值超过1万美元，我国首次跨过中高收入国家的门槛。这是我国改革开放40年来所有制结构调整、收入分配制度变革和资源配置方式转变带来的经济发展的成果。

正是在全面总结了我国改革开放40年所发生的上述基本经济制度的变革的基础上，中共十九届四中全会（2019）对我国现阶段的基本经济制度做出了如下新的概括："公有制为主体、多种所有制经济共同发展，按劳分配为主体、多种分配方式并存，社会主义市场经济体制等社会主义基本经济制度，既体现了社会主义制度优越性，又同我国社会主义初级阶段社会生产力发展水平相适应，是党和人民的伟大创造。"与以往文件相比，这一新概括具有如下两大特点。

一是在过去只强调公有制为主体、多种所有制经济共同发展的基本经济制度的基础上，增加了按劳分配为主体、多种分配方式并存和社会主义市场经济体制，从而在空间外延上扩大了我国基本经济制度涵盖的范围。事实上，在一定的社会基本经济制度中，生产资料的所有制结构、资源配置方式和收入分配方式总是相互联系、互为基础的，单纯的所有制关系并不能独自决定一个社会基本经济制度的属性。

二是将上述基本经济制度直接定性为我国社会主义基本经济制度，而不仅仅是社会主义初级阶段的基本经济制度。这不仅意味着非公有制经济为社会主义市场经济的重要组成部分，同时也是社会主义整个经济体系的重要组成部分[1]，而且意味着把过去只适用于社会主义初级阶段的基本经济制度在时间跨度上扩展到了整个社会主义历史阶段，这是对中国特色社会主义基本经济制度特殊属性认识的一般化。

既然"按劳分配为主体、多种分配方式并存"的分配制度已经纳入社会主义基本经济制度的规定，那么顺理成章地，当初仅仅作为社会主义初级阶段原则、制度和机制的生产要素按贡献参与分配，自然也就有了社会主义基本经济制度的属性，按生产要素贡献分配理论亦将成为中国特色社会主义政治经济学体系的重要组成部分。

---

[1] 周叔莲指出，作为社会主义市场经济重要组成部分的非公有制经济，同样是社会主义经济的重要组成部分。参见：周叔莲. 非公有制经济是不是社会主义经济的重要组成部分［J］. 当代经济研究，2000（4）. 当然，也有一些学者认为社会主义基本经济制度只能是公有制，所谓公有制为主体、多种所有制经济共同发展仅仅是社会主义初级阶段的基本经济制度，而非公有制经济也仅仅是社会主义市场经济的重要组成部分，不是社会主义经济的重要组成部分。参见：刘国光. 关于社会主义初级阶段基本经济制度若干问题的思考［J］. 经济学动态，2011（7）. 卫兴华. 有关中国特色社会主义经济理论体系的十三个理论是非问题［J］. 经济纵横，2016（1）. 卫兴华. 中国政治经济学蕴含的根本原则［N］. 北京日报，2016-02-29. 周新城. 中国特色社会主义与马克思主义基本原理的关系：兼论关于我国社会主义初级阶段基本经济制度的若干认识问题［J］. 中国延安干部学院学报，2011，4（2）. 周新城. 关于社会主义基本经济制度问题的若干思考［EB/OL］.（2019-11-20）［2022-07-02］. http://m.szhgh.com/Article/opinion/xuezhe/2019-11-20/215088.html.

# 第五节　基于广义价值论的按生产要素贡献分配论为保护私有财产和发展非公有制经济提供理论依据

## 一、我国非公有制经济的存在与发展：从必要补充到基本经济制度的重要组成部分

传统的社会主义经济理论认为，公有制作为社会主义经济制度的基础是不能改变的，经济体制改革只能触及公有制的具体实现形式，比如：把单一的全民所有制改造成全民所有制和集体所有制两种形式；探讨全民所有制的实现形式是国有制，还是其他形式；国有制是采取承包制，还是租赁制，抑或股份制；农村土地集体所有制是采取承包制，还是股份合作制。

在上述传统观念束缚下，人们在很长时间内是讳言所有制改革的——因为这很容易被扣上否定社会主义基本经济制度的大帽子。正是在这种意识形态的背景下，一些有胆识的经济学家提出产权改革的主张，试图通过区分产权和所有制概念，绕过所有制这个“烫手的山芋”，达到优化所有制结构的目的。而这种主张理所当然地受到敏感的保守派的抨击，他们指责这种产权改革论是用产权概念偷换所有制概念，以产权改革为名，行所有制改革之实；以产权明晰为幌子，以推行私有化为目的。

中共十三大（1987）明确了我国尚处在社会主义初级阶段，并强调在社会主义初级阶段，尤其要在以公有制为主体的前提下发展多种经济成分，由此开启了公有制为主体、多种所有制经济共同发展的新局面。但从中共十三大到中共十五大（1997）之前，非公有制经济一直被看作是社会主义“异已”的东西，仅仅作为社会主义公有制经济的一种补充，被排除在社会主义基本经济制度的规定之外。

中共十五大（1997）对非公有制经济以及社会主义基本经济制度的认识有了新的突破，中共十五大报告首次把非公有制经济确定为社会主义市场经济的重要组成部分，并把“以公有制为主体、多种所有制经济共同发展”确定为我国社会主义

初级阶段的一项基本经济制度。由此，非公有制经济不再被视为公有制经济的对立面，而是被纳入社会主义基本经济制度的规定。

中共十六大（2002）在思想解放的进程中又取得了重大突破。中共十六大报告不仅提出了“两个毫不动摇”——既要毫不动摇地巩固和发展公有制经济，又要毫不动摇地鼓励、支持和引导非公有制经济的发展；而且提出了“两个保护”——既要保护合法的劳动收入，也要保护合法的非劳动收入，进而强调要完善保护私人财产的法律制度。

中共十九届四中全会（2019）则进一步把非公有制经济与公有制经济共同纳入社会主义基本经济制度的规定。

正是由于我国对非公有制经济思想认识上的转变，2004年的《中华人民共和国宪法修正案》才将私营企业家确认为社会主义事业的建设者，并自中华人民共和国首部宪法（1954）颁布之后，再次肯定公民合法的私有财产不可侵犯，使私有财产在2007年通过的物权法中受到与公有财产平等的保护。

总之，自改革开放以来，非公有制经济从作为公有制经济的对立面被绝对禁止，逐步成为公有制经济的必要补充，最终作为社会主义市场经济的重要组成部分，与公有制经济一起成为社会主义初级阶段基本经济制度，公民的合法私有财产也得到了宪法的保护。由此，我们完成了从公有制形式的改革向混合所有制结构的转变。

我国非公有制经济现状：以民营经济为例，截至2023年5月，我国登记在册民营企业数量达到5092.76万户，民营企业在企业中的占比提升至92.4%（国家市场监督管理总局数据）。民营企业创造了全社会70%的技术创新成果，涵盖了80%的国家专精特新“小巨人”和90%的高新技术企业（国家知识产权局数据）。“2023中国民营企业500强”纳税总额达1.25万亿元，占全国税收总额的7.51%。

## 二、传统的所有制理论难以对混合所有制结构的形成做出逻辑一致的解释

以上混合所有制在我国各自经历了一个否定之否定的过程，而每一次革命和变革，都是以一定的理论为基础的。

如果我们把目前中国社会所处的阶段界定为社会主义初级阶段，那么，单纯从所有制的角度来观察，始自1978年的改革开放，实际上是在使中国社会从虚幻的“社会主义高级阶段”矫正为社会主义初级阶段，而从目前私有制快于公有制的发展速度来看，中国所有制结构变革的路径似乎与马克思所预见的“过渡时期”的方向是相反的。这可以从图2.1中清楚地看出。

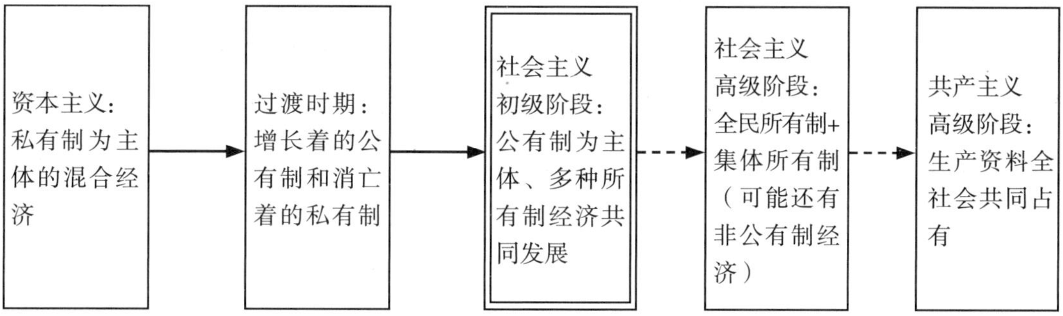


图2.1　中国所有制结构的演变路径

那么，中国的改革到底是在走社会主义道路，还是在走资本主义道路？到底是在进步，还是在后退？或者说，我国混合所有制结构的否定之否定的理论依据何在？看下面分析。

## （一）传统的公有制理论

一是“基本矛盾”说：在传统社会主义经济理论看来，社会主义公有制产生于资本主义社会的基本矛盾，即生产的社会化和生产资料私人占有的矛盾，只有通过用公有制代替私有制才能解决，这就是所谓社会主义必然取代资本主义的客观依据。问题在于，所谓资本主义社会的基本矛盾是否一定要通过建立公有制才能解决？资本主义周期性经济危机是否一次次对资本主义社会生产力造成绝对破坏？以公有制为基础的社会主义计划经济是否就可以避免危机的发生？

二是“保质”说：只有坚持公有制为主体（国有经济为主导，对于坚持单一公有制的理论来说，这已经是大大地“变调”），才能保持社会主义性质（或方向）。那究竟什么是社会主义性质（或方向）呢？我们听到的回答似乎是“社会主义性质就是以公有制为主体”，这显然是循环论证或同义反复。

三是“执政基础”说：“社会主义性质就是保证共产党的领导，而国有经济是共产党的执政基础。”若果真如此，曾有学者不禁发问：一统天下的苏联国有经济为什么没有保住苏共执政地位[1]？

还有一种流行的说法，认为有关国民经济命脉的领域一定要实行公有制。什么是国民经济的命脉？“民以食为天”，农业是国民经济的基础，为什么农业和餐饮业未实行国有也可以发展？电力、电信、石油、银行等倒是关系国民经济命脉，但2008—2012年垄断这些行业的央企共上缴红利3589亿元，占央企实现利润总额的7.9%。上缴红利中仅280亿元用于民生支出，占央企利润总额的0.6%，超过92%的上缴红利（3309亿元）又被返还至央企。同期，国资委控制的上市央企共获得财政补贴1736亿元，接近创业板企业利润总额的2倍。国民从这些央企中得到应得的福利了吗[2]？

四是“政府职能”说：一是为了实现政府的宏观调控职能。政府的宏观调控职能，即维持社会总供给和总需求的平衡，主要通过财政政策、货币政策、收入政策、产业政策来实现。二是为了实现社会公平目标。社会公平可以通过财政政策、社会保障政策、社会福利政策来实现；大力发展教育，鼓励中小企业发展，也是实现社会公平的有效途径。而通过建立和维持国有企业来为一般劳动者提供就业岗位的代价昂贵，据企业员工反映，有时反不如直接拿钱供养企业冗员和失业人员。三是为了提供公共物品。但通过合同、特许、承包等形式，一些原以为只能由政府提供的产品或服务，可以转由非国有企业提供。即使是军需产品，也可以先由政府同私人企业签订采购合同，再由私人企业依据合同组织生产（如美国）。一般而言，对于那些品质、用户、技术比较稳定的公共物品，可以通过这种方式提供，而未必需要建立国有企业。四是为了反垄断。但这不一定要求政府经营具有垄断性质的企业。政府可以把垄断业务的经营权拍卖给非国有企业，自己则负责对这些企业的行为进行规制。

五是“国际竞争”说：民企只能做大，国企才能做强；民企只能使民富，国企才能使国强。的确，2012年中国500强企业的前30强全是国企，但2012年世界500强企业的前30强除了中国3家，美国2家（通用汽车公司，财政部持股31.25%；房利

---

[1] 对“执政基础”说的批评，参见：高尚全. 坚持国有经济的正确定位［N］. 财新周刊，2012-06-04.

[2] 参见：网易侦查局. 民众分享国企收益情况调查［EB/OL］.（2013-05-06）［2022-07-02］. http://money.163.com/special/nbi_soes/2013.

美，2008年次贷危机后国有化），日本2家（日本邮政控股公司，财政省持股11%；电报电话公司，国家或公共主体持股32.63%），俄罗斯、巴西各1家（巴西国家石油公司，联邦政府持普通股50.26%）外，其他22家都是民企，而中国的这3家（中石化、中石油、国家电网）都是国家垄断企业。

六是“经济环境”说：在经济自由度低下、市场不完善的情况下，国有产权安排是社会最优的选择；在经济高度自由、市场接近完善的情况下，私有产权安排将优于国有产权安排和集体产权安排；当经济自由度、市场的不完善程度处于某种中间状态时，集体产权安排将是最优的。

## （二）传统的非公有制经济理论

在公有制为基础的社会主义生产方式中允许非公经济存在和发展，迄今为止官方和学界提出的最有力的理论依据就是“社会主义初级阶段”论，也就是“生产力落后”论。

马克思所设想的未来社会（全社会共同占有生产资料）是建立在生产力高度发展的资本主义基础上的。我国现阶段生产力发展水平还比较低，还处在社会主义初级阶段，所以必须实行以公有制经济为主体，多种所有制经济共同发展的混合所有制经济结构。这种观点实际上认为非公经济（私有制）只适合于比较落后的生产力和社会发展阶段，只有公有制才适应高度发展的社会生产力和社会化大生产。按照这种观点，我国的非公经济将随着社会生产力的高度发展和社会主义中高级阶段的到来而最终被公有制经济完全取代。

与前述社会主义市场经济理论所存在的逻辑矛盾类似，上述非公经济理论至少有两点在逻辑上难以自圆其说。一方面，这一理论不能解释为什么生产力水平已经高度发达的欧美日国家，仍没有任何迹象要用公有制经济取代私有制经济。另一方面，该理论也不能解释为什么新中国在经济发展水平很低的1956—1978年实行了单一的公有制，而在经过了几个五年计划的经济建设，社会生产力水平与新中国成立初期相比有了长足发展之后，又开始大力发展非公经济了呢。

与“生产力落后”论相联系的是“剥削有功”论。新中国成立前夕的1949年4月，为了恢复百孔千疮的国民经济，解决天津、上海数百万产业工人就业的燃眉之急，刘少奇受毛泽东委托，代表党中央到天津视察，着力纠正当时城市工作中存在的主要倾向——对待民族资产阶级的“左”倾情绪，解除资本家担心共产党将发动工人对他们的剥削进行清算斗争的疑虑。他在同天津资本家座谈时，曾说过“剥削有功”的话。直到1950年1月23日同安子文等谈话时他还说：现在剥削是救人，不准剥削是教条主义，现在必须剥削，要欢迎剥削，工人要求资本家剥削，不剥削就不能生活。今年关内难民到关外去，要东北的富农剥削他，他就谢天谢地（林蕴晖，1998）。

“剥削有功论”在当时带有明显的机会主义色彩，实际上是为发展经济、安置就业、支持解放战争而采取的一种权宜之计。因为新民主主义只是由资本主义到社会主义的一种过渡，而根据马克思列宁主义基本原理，社会主义社会作为共产主义的初级阶段，是要完全消灭私有制的。当时天津资本家问到“社会主义是不是可以不搞”时，刘少奇就曾斩钉截铁地说，社会主义一定要搞。不搞不行，这是肯定了的。而按照马克思列宁主义，搞社会主义就一定要打倒资产阶级，革资产阶级的命。

果然，原定需要二三十年过渡期的新民主主义，经过短短几年的“三大改造”就结束了，到了1956年资本主义工商业基本上都被改造成公有制企业。

由此可见，“剥削有功论”仅仅承认剥削在一个特定时期是“有功”的，按照马克思主义和共产党的纲领，剥削本质上是有罪的，而由于传统的社会主义理论把剥削与私有制看作孪生兄弟，要消灭剥削，就必须消灭私有制。所以，在国民经济刚刚获得短暂的恢复之后，私营经济很快就被取缔了。

由于在社会主义初级阶段，私有制还有利于促进生产力的发展，所以，虽然私有制必然产生剥削，但这种剥削是“有功的”，应该肯定其存在的必要性并承认其合理性。

按照上述理论，要消灭剥削，必须消灭私有制，现阶段发展非公经济和保护私有财产是不得已而为之，只是权宜之计。

## 三、排除非公有制经济进一步发展的思想障碍

中国的非公有制经济，从改革开放前的革命对象，到中共十三大（1987）被确认为公有制经济的必要补充；从中共十五大（1997）作为社会主义市场经济的重要组成部分从而被纳入社会主义初级阶段基本经济制度，到中共十六大（2002）与

公有制并列，成为毫不动摇地鼓励、支持和引导的对象；从中共十七大（2007）把“三个代表”重要思想确定为中共的指导思想，到中共十八大（2012）强调“保证各种所有制经济依法平等使用生产要素、公平参与市场竞争、同等受到法律保护”：应该说，非公有制经济在我国的发展，已经消除了政治上的障碍[1]。

从1982年的宪法只承认个体经济的合法地位，到2004年的《中华人民共和国宪法修正案》确认包括个体经济和私营经济在内的整个非公有制经济的合法地位，明确提出公民合法的私有财产不受侵犯，应该说，非公有制经济在我国的发展，已经消除了法律上的障碍。

“非公经济36条”（即《国务院关于鼓励支持和引导个体私营等非公有制经济发展的若干意见》）强调：要为非公有制经济创造平等竞争、一视同仁的法治环境、政策环境和市场环境，实行鼓励、支持和引导非公有制经济发展的政策措施，进一步放宽市场准入，鼓励和支持非公有资本进入基础设施、垄断行业、公用事业以及法律法规未禁止的其他行业和领域；加大财税金融支持，拓宽企业融资渠道；完善对非公有制经济的社会服务，建立健全社会化服务体系；加强和改进政府服务和管理，维护非公有制企业的合法权益，保护企业正常经营活动。“非公经济新36条”（即《国务院关于鼓励和引导民间投资健康发展的若干意见》）鼓励和引导民间资本进入基础产业和基础设施、市政公用事业和政策性住房建设、社会事业、金融服务、商贸流通、国防科技工业等领域，参与国有企业改革和国际竞争。这表明非公有制经济发展的政策障碍也正在消除。

但是，非公有制经济在发展中，仍然比较普遍地面临着“三难”（登记创业难、融资难、诉讼难）和“六乱”（乱审批、乱许可、乱检查、乱罚款、乱收费、乱摊派）的困扰，与国有企业甚至外资企业相比，在土地征用、人才引进、信息获取、户籍管理等方面，受到不公平待遇。造成这种状况的一个主要原因在于，“私有制是万恶之源”，“恐私、怕私、惧私”的传统观念还深深扎根于人们的头脑中。

然而，仔细分析便不难得知，人们之所以痛恨私有制，并不在于私有制本身，而在于人们赋予私有制的一个似乎是与生俱来的属性——剥削。按照传统的劳动价

[1]　在此期间，私营企业主获得了“社会主义事业建设者”的称号，并与民营科技企业的创业人员和技术人员、受聘于外资企业的管理技术人员、个体户、中介组织的从业人员和自由职业人员等构成新社会阶层。

值论和剩余价值论，价值是唯一由活劳动创造的，非劳动收入无一不是非劳动要素的所有者凭借着非劳动要素的所有权对劳动者所创造的剩余价值的无偿占有，这样，生产资料的私有者与剥削就成了孪生兄弟。而千百年来，人们痛恨剥削，渴望享有自己的劳动成果，而要消灭剥削，就必须消灭私有制这一产生剥削的根源。这就不难理解，在现实中，为什么我们在大力发展非公有制经济的同时，总是强调要对其进行引导、监督和管理；为什么在充分肯定非公有制经济的“三个有利于”的同时，总是不忘记提醒人们私有制体现着剥削关系；为什么当允许私营企业家加入共产党时会引起强烈的社会反响。追根溯源，正是传统的剥削理论，构成了非公有制经济进一步发展的理论障碍。而要消除这一障碍，必须重新定义剥削并重新认识剥削与私有制的关系。

### （一）剥削产生于报酬与贡献的脱节，与所有制没有本质的关系

无论是马克思把剥削定义为资本家对工人创造的剩余价值的无偿占有（马克思，恩格斯，1972）[243]，还是琼·罗宾逊（1961）[234-255]把剥削定义为垄断厂商获取的劳动的边际成本与劳动的边际收益产品或边际产值之间的差额，其实质都是对他人要素贡献的无偿占有，是要素报酬与要素贡献耦合点的偏离：如果要素报酬低于要素贡献，要素所有者被要素使用者剥削了；如果要素报酬高于要素贡献，要素所有者剥削了要素使用者；如果要素的报酬与贡献相一致，要素所有者与要素使用者之间就不存在剥削与被剥削的关系。从这个意义上讲，中共十六大确立的“劳动、资本、技术和管理等生产要素按贡献参与分配的原则”，已经原则上扫清了非公有制经济发展的理论障碍。

这里关键是要理解，所谓按生产要素贡献分配，是以承认各种生产要素（包括非劳动要素）都参与了社会财富的创造为前提的。我们知道，各种生产要素都参与了物质财富即使用价值的创造，这是不言而喻的，所谓“土地是财富之母，劳动是财富之父”（配第，1963）[71]，讲的就是这个道理。但在不同的生产方式下，物质财富总是采取相应的社会形式，而作为分配对象的财富，也只能是社会财富。根据内容和形式相统一的辩证法，参与物质财富创造的各种生产要素，同样参与社会财富的创造。在商品经济中，财富的社会形式就是价值，由此得出结论，各种生产要素都参与了价值创造。而所谓按生产要素贡献分配，就是按生产要素在社会财

富即价值的创造中所做的贡献进行分配，根据这一原则，只要各种生产要素的报酬与各自在社会财富的创造中所做的贡献相一致，就不存在剥削关系（蔡继明，2003b）。

更确切地说，根据非劳动生产要素的贡献获得的非劳动收入，不应被视为剥削收入。不仅如此，由于剥削从一般意义上说，不过是对他人生产要素所创造的社会财富的无偿占有，所以，严格地按生产要素的贡献进行分配，恰恰是对剥削关系的否定。这也就为保护合法的非劳动收入和私有财产提供了科学的理论依据。反过来，只有像中共十六大报告所强调的，既要保护合法的非劳动收入，又要保护私有财产，才能真正贯彻按生产要素贡献分配。因为合法的非劳动收入是根据非劳动要素的贡献得到的合理收入，而作为大多数非劳动收入源泉的非劳动要素，都属于私有财产。所以，按生产要素贡献分配与保护合法的非劳动收入和保护私有财产，在逻辑上是完全一致的。

### （二）按生产要素贡献分配是对剥削的否定

确立按生产要素贡献分配原则、健全按生产要素贡献分配制度和完善按生产要素贡献分配机制，对于正确认识剥削和私有制的关系，对于保护私有财产和发展非公有制经济，有重要理论意义和现实意义。判断是否存在剥削的标准是报酬与贡献是否一致：在要素所有者与要素使用者之间，如果一方的报酬低于贡献，一定是受到了另一方的剥削；反之，如果一方的报酬超过了贡献，那一定是剥削了另一方；如果双方的报酬与贡献都一致，那就既没有剥削也没有被剥削。所以，不能笼统地将私营企业家等同于剥削者，除非他们支付给工人的工资低于工人劳动所创造的价值，即低于其边际产品收益。同时，也不能断言公有制企业中的劳动者就一定不受剥削，除非他们的劳动报酬与他们的劳动贡献是相等的。将非劳动收入与剥削收入区分开来，将剥削与私有制区分开来，保护合法的非劳动收入与保护私有财产就会顺理成章，消灭剥削与发展非公有制经济就能并行不悖，从而彻底摆脱传统观念和思维模式的束缚，使保护私有财产逐渐成为人们的共识，为非公有制经济的进一步发展提供理论依据。

## （三）消灭剥削与保护私有财产和发展非公经济可以并行不悖

根据以上分析，我们得出的一个结论是，消灭剥削并不意味着一定要消灭私有制。人类社会的最终目的是要让人们获得自由全面的发展，这一目的也许可以通过多种途径和多种手段实现：可能通过公有制实现，是否也可能在私有制条件下实现呢？私有制是否更符合人的本性，人们有了自己的私有财产是否可以更自由全面地发展？社会如果保护了私有财产，是否能给人们提供更广阔的发展空间？既然私有制和剥削可以分开，私有制不等于剥削（它可能有剥削，也可能没有剥削），那么，消灭剥削并不意味着一定要消灭私有制。

这里特别要强调目的和手段的关系，不要把最终目的与实现目的的手段混淆起来，特别是在实现目的的手段不唯一的情况下。有些人以为消灭私有制是目的，搞计划经济是目的，搞按劳分配是目的，搞公有制也是目的，其实这些都是手段。马克思主义认为，人类最终的目的是要进入大同世界，是人类的解放和人的自由全面发展。实际上，私有制在自身发展过程中不断地被完善，它在不断地“否定之否定”。现在的私有制已不是100多年前的私有制，更不是原始社会、奴隶社会的私有制。公有制也在不断完善，现在的公有制也不是马克思当年所设想的公有制。因此，尽管我们仍然要把消灭剥削、实现共同富裕和人的自由全面发展作为奋斗目标，但是，要实现这样一个目标，手段可能是多样的，公有制是一个手段，但不一定是唯一的手段。

显然，只要我们全面地把握中共十六大确立的生产要素按贡献参与分配的思想，把非劳动收入和剥削区分开来，把剥削与私有制区分开来，我们就能够打破传统观念和思维模式的束缚，使保护私有财产逐步成为全社会的共识，从而为进一步完善社会主义市场经济体制、促进非公有制经济发展扫清思想上、理论上的障碍。

以上的分析实际上是从一定的价值理论反推出分配理论，进而得出与一定的价值和分配理论相一致的所有制理论。

传统的政治经济学理论一直强调所有制关系决定分配关系，但生产要素所有权只是要素所有者参与分配的法权基础，而生产要素报酬的多少取决于生产要素对财富创造所做贡献的多少，判断一种产权安排是否合理、是否符合公平正义原则，就要看基于这种产权关系产生的分配关系是否体现了要素报酬与要素贡献相一致的原则，而判断以同一种所有制关系为基础的分配关系的合理性，不同的价值理论会得出不同的结论：从劳动价值论出发，私有制必然导致剥削，导致贫富悬殊、两极分化，从而成为被诅咒的万恶之源，必须由公有制取而代之；从广义价值论出发，私有制与剥削之间没有必然的联系，只要报酬与贡献一致，保护私有财产和发展非公经济就不能作为权宜之计，而应该是天经地义的。

进一步说，根据生产力决定生产关系的历史唯物主义基本原理，在商品经济或市场经济中，生产要素的所有制关系是由生产要素的价值创造力决定的，在自由公平竞争条件下，价值创造与价值分配是统一的，基于广义价值论的按生产要素贡献分配是初次分配领域公平分配的原则。

以上论证都表明，分配理论和所有制理论都是以价值理论为基础的。

参考文献：

蔡继明，李仁君，2001. 广义价值论［M］. 北京：经济科学出版社.

蔡继明，2008a. 从按劳分配到按生产要素贡献分配［M］. 北京：人民出版社.

蔡继明，2010. 从狭义价值论到广义价值论［M］. 上海：格致出版社.

陈东琪，2004. 中国经济学史纲（1900—2000）［M］. 北京：中国青年出版社.

谷书堂，1989. 社会主义经济学通论：社会主义经济的本质、运行与发展［M］. 上海：上海人民出版社.

《经济研究》编辑部，1985. 建国以来社会主义经济理论问题争鸣（1949—1984）：下［M］. 北京：中国财政经济出版社.

柳欣，刘刚，2008. 中国经济学三十年［M］. 北京：中国财政经济出版社.

罗宾逊，1961. 不完全竞争经济学［M］. 陈良璧，译. 北京：商务印书馆.

马克思，恩格斯，1972. 马克思恩格斯全集：第二十三卷［M］. 北京：人民出版社.

配第，1963. 赋税论：献给英明人士　货币略论［M］. 陈冬野，等译. 北京：商务印书馆.

张卓元，1999. 论争与发展：中国经济理论50年［M］. 昆明：云南人民出版社.

谷书堂，蔡继明，1988. 论社会主义初级阶段的分配原则［C］//理论纵横：上篇. 石家庄：河北人民出版社.

蔡继明，江永基，2009. 广义价值论的基础及推广：兼答广义价值论的批评者［J］. 经济评论（6）.

蔡继明，李亚鹏，林森，2012. 分工体系与广义价值决定［J］. 南开经济研究（6）.
蔡继明，1987. 比较利益说与广义价值论［J］. 南开经济研究所季刊（1）.
蔡继明，1988a. 马克思的按劳分配理论与社会主义实践的矛盾［J］. 南开经济研究（3）.
蔡继明，1988b. 社会主义平等与效率［J］. 南开经济研究所季刊（3）.
蔡继明，1988c. 广义价值论初探［J］. 商业与经济管理（2）.
蔡继明，1989. 论社会主义初级阶段收入分配的价值基础［J］. 中青年经济论坛（4）.
蔡继明，等，1998. 关于按劳分配与按要素分配相结合的研讨［J］. 经济学动态（5）.
蔡继明，1998. 按贡献分配：社会主义初级阶段的分配原则［J］. 人民论坛（4）.
蔡继明，1999a. 论我国现阶段的公平分配原则［J］. 经济学家（2）.
蔡继明，1999b. 论分工与交换的起源和交换比例的确定：广义价值论纲（上）［J］. 南开学报（1）.
蔡继明，1999c. 论广义价值论基本定理及广义价值与劳动价值的关系：广义价值论纲（下）［J］. 南开学报（2）.
蔡继明，2001. 论非劳动生产要素参与分配的价值基础［J］. 经济研究（12）.
蔡继明，2003a. 论价值决定与价值分配的统一［J］. 政治经济学评论（1）.
蔡继明，2003b. 非劳动生产要素参与分配不等于剥削［J］. 中共中央党校学报，7（1）.
蔡继明，2004. 另一种可供选择的价值理论［J］. 数量经济技术经济研究（1）.
蔡继明，2008b. 从按劳分配到按生产要素贡献分配：中国改革开放30年收入分配制度演变与分配理论创新［J］. 政治经济学评论（2）.
蔡继明，2009. 按生产要素贡献分配理论：争论和发展［J］. 山东大学学报（哲学社会科学版）（6）.
陈德华，1990. 评否定劳动价值论的几种观点［J］. 求是（5）.
谷书堂，1992. 对“按贡献分配”的再探讨［J］. 改革（5）.
谷书堂，蔡继明，1989. 按贡献分配是社会主义初级阶段的分配原则［J］. 经济学家（2）.
胡海峰，2010. 广义价值论［J］. 读书（12）.
胡世祯，2005. 评广义价值论和联合劳动价值论［J］. 当代经济研究（11）.
李萌，2015. 谈广义价值论与狭义价值论之争的辩论意义［J］. 经济师（6）.
林蕴晖，1998. 刘少奇“剥削有功”说的来龙去脉［J］. 百年潮（6）.
刘玉勋，2005. 评广义价值论［J］. 经济评论（2）.
柳欣，2002. 价值理论和分配理论的内在统一：评《广义价值论》［J］. 天津社会科学（3）.
罗雄飞，2008. 广义价值论的逻辑问题［J］. 经济评论（2）.
宁向东，1991. 试析否定按劳分配的几种资产阶级自由化观点［J］. 山东医科大学学报（社会科学版）（1）.

王佳菲，2010. 分工、交换与“广义价值论”［J］. 重庆工商大学学报（社会科学版），27（1）.

卫兴华，1991. 评否定按劳分配思潮中的几种观点［J］. 高校理论战线（1）.

魏埙，2002. 一种全新的价值理论：《广义价值论》评价［J］. 南开经济研究（1）.

叶祥松，2005. 评“广义价值论”［J］. 吉林省经济管理干部学院学报，19（6）.

岳宏志，寇雅玲，2005. 广义价值论批判：与蔡继明教授商榷［J］. 经济评论（2）.

冯春安，2002.《广义价值论》独树一帜［N］. 人民日报（海外版），04–08（6）.

Cai J M，Jiang Y J，2015. Complete division of labour and generalized theory of value：anew framework base on agents' two–stage decisions［J］. Post keynesian review，3（1）.

# 第三章

# 要素与产权内在一体性理论及要素市场化攻坚总体方略

在本书第一章，我们讨论了要素的内涵、性质，特别是要素市场化配置改革的客观必然性。第二章则深入研究了要素市场化配置必须把握的“价值理论”（蔡继明，2010）。就要素市场化配置而言，还有一个基本问题，就是要素市场化配置改革与产权制度的关系问题（常修泽，何亚斌，2020）。

您能理解要素市场化配置“实则是产权配置”吗？您能理解要素市场化配置改革“攻坚战”实则是产权配置改革“攻坚战”吗？笔者把这个命题的“解”，称为要素与产权的内在一体性理论，并在这个理论基础上，提出要素市场化攻坚总体思路。

## 第一节　要素与产权内在一体性及其“三全论”支撑

### 一、问题的提出：从新阶段中国改革“双重点”谈起

中共十九大报告指出，经济体制改革必须以完善产权制度和要素市场化配置为重点。这里明确提出新阶段“改革双重点论”，那么，要素市场化配置与完善产权

---

本章执笔人：常修泽（中国宏观经济研究院教授、博士生导师）。

制度是什么关系呢？

长期以来，经济学界流行一个观点：要素市场化配置与完善产权制度是两个独立的不相交的概念，要素是要素，产权是产权，这是两个不同的命题。因此，才提出中国新阶段“经济体制改革”“必须以完善产权制度和要素市场化配置为重点”，人们把它称为“改革双重点”。这种理论也被称为“改革双重点论”。

要素与产权是两个独立的不相交的概念吗？笔者认为，似乎是，但又不是，这是两个独立但又有“内在一体性”的概念：“有产权的不都是要素，但是，凡是要素都有自己的产权”。在此基础上，笔者提出了“产权-要素三全论”（常修泽，2020）。

## 二、“产权-要素三全论”的提出

要素与产权这两者之间的关系怎么厘清？这与下一步要素市场化配置改革有很大的关联。这个问题很复杂，简单点说，笔者有两点基本看法：一是要素与产权是两个范畴，二是要素与产权在很大范围内是交叉的、重合的，具有“内在一体性”。不是“两个凡是”，而是“一个凡是”：不好说“凡是有产权的都是要素”（这句话不能成立），但是可以说“凡是要素都有产权”。

笔者阐明的“三论”中，有一个“产权‘要素生命论’”，在此基础上，这里进一步提出“产权-要素三全论”。

## 三、第一全：横向之全——范围全覆盖

横向之全：范围全覆盖。根据笔者2009年出版的《广义产权论——中国广领域多权能产权制度研究》一书中的观点，产权的内涵不仅包括人们熟悉的物权、债权、股权，还包括自然资源资产产权、环境产权和各种人本要素产权（如知识产权、技术产权、劳动力产权、管理产权）等[1]。

---

[1] 相关论述可参见：常修泽. 广义产权论：中国广领域多权能产权制度研究［M］. 北京：中国经济出版社，2009. 另见：常修泽. 天地人产权论：当代人的发展多维产权探讨［J］. 上海大学学报（社会科学版），2011，18（3）.（此论文被《新华文摘》2011年第17期转载。）

其实，笔者从20世纪80年代提出“产权市场构想”[1]以来，很长时间也是一名“狭义产权论”者。“狭”在哪儿呢？“狭”在只看到“经济物品的权利”，而未看到“经济物品以外其他产权权利”。好在笔者一直对这个问题进行探索，经过90年代的持续求索，认识有所提升。

思想认识飞跃的标志，是2003年为中共十六届三中全会《中共中央关于完善社会主义市场经济体制若干问题的决定》起草组提供的一个基础性研究报告：《论建立与社会主义市场经济相适应的现代产权制度》[2]。

这篇经国家发展改革委上报起草组的研究报告，在理论上的一个进展就是针对当时普遍流行、使用的“狭义产权”概念，建议中央“从广义上”把握“产权”概念。研究报告明确指出：“产权不仅是大家所熟悉的物权、股权、债权等”（这些无疑都是产权，但是还远远不够），“而且，有各种非经济物品的产权，包括各种各样的人力产权等”。研究报告特别指出：“随着改革的深化和时代的发展，继资本、土地和技术等要素产权被确立之后，应将劳动者的劳动力产权和管理者的管理产权纳入产权范围，从而使要素产权体系完整化。”（常修泽，2004）

注意这句话——“使要素产权体系完整化”，这个理论观点与要素市场化配置改革是直接相关的。比如，知识产权跟物权、股权、债权不完全一样，它不是一个经济物品，而是一种精神产品。再比如，管理产权——企业家管理企业，也可以作为一种人力产权投入。特别是普通劳动者，笔者在这份研究报告里写道：“劳动力也有产权，劳动者有自己的产权关系。”这样思路便可打开。

接着，笔者又进一步探讨其他领域的产权。拙著《广义产权论——中国广领域多权能产权制度研究》提出，产权的“第一要义”即“广领域”：（1）“广到天”——环境产权。环境产权有载体吗？有。例如，碳排放权，它有一个产权关系的问题。（2）“广到地”——各种资源产权，包括水资源、矿产资源、土地资源、森林资源、草原资源、海洋资源等，每一种资源都有产权。（3）“广到人”——人的劳动力产权、知识产权、技术产权和管理产权等（常修泽，2009）[4]。

---

[1] 参见：常修泽. 建立企业产权市场和经营权市场的构想［N］. 经济参考报，1988-04-22. 此文于当年2月16日先在中共天津市委研究室内部刊物《对策研究》上刊登。

[2] 此文2003年11月于《经济决策参考》内部刊登后，公开发表在《宏观经济研究》2004年第1期（摘要本），全文在《产权导刊》2004年第2期、第3期连载。

这样一来，天、地、人都有自己的产权，是不是？《广义产权论——中国广领域多权能产权制度研究》中提出的产权的“第一要义”——“广领域”也可以称为“天地人产权论”[1]。

简言之，广义产权：“广到天”“广到地”“广到人”。从2009年开始，产权已被推进到广义产权的新境地。按照广义产权论，前面讲的七个生产要素都有自己的产权，这就是说，产权是覆盖了七个生产要素的。这是“三全论”之第一全：横向之全——范围全覆盖。

## 四、第二全：纵向之全——过程全贯通

《广义产权论——中国广领域多权能产权制度研究》提出的广义产权第二要义是“四联动”，就是产权界定、产权配置、产权交易、产权保护“四个制度的联动”。

纵向之全的“过程全贯通”，是指要素运动的四个过程都贯穿产权：第一，要素运动的“确立”过程——要素产权界定；第二，要素运动的使用过程——要素产权配置；第三，要素运动的流通运转过程——要素产权交易；第四，要素运动的消耗保护过程——要素产权保护。

这就意味着，现代产权制度是贯穿于生产要素运动全过程的，包括界定过程、配置过程、交易过程、保护过程。整个过程，产权一以贯之。

从这个意义上来说，理论界讲的“完善产权制度”，笔者认为实质上就是完善各类要素的产权界定、产权配置、产权交易、产权保护制度。

## 五、第三全：内核之全——生命全周期

所谓“生命全周期”，核心词是“生命”。什么是“生命”？每一种生产要素都有自己的“产权”，“产权”是内在的，是活生生的，构成要素的生命。

今天我们讲要素市场化配置，它的“生命”是什么？简言之，产权。所有的要

[1] 笔者于2011年在《上海大学学报（社会科学版）》发表了《天地人产权论——当代人的发展多维产权探讨》。

素都有自己的产权，这是它的命根，这个观点可称为“产权-要素生命论”。

总体观之：产权是生产要素的“生命”。分而观之：劳权是劳动力要素的生命，地权是土地要素的生命，资权是资本要素（股票、债券、非标资本品）的生命，知权、技权是知识与技术要素的生命，数权是数据要素的生命，管权是管理要素的生命。如同人权是人的生命一样，失去产权，要素也就失去生命，徒留一个个空壳。

进一步说，产权作为生产要素的生命，是存在于“全生命周期”的。从生产要素的产生、发展到消亡，产权制度都相伴相随。

这里，笔者用了“形神兼备”一词：要素是“形”；产权是“神”，是生产要素的灵魂，构成其生命。如果把产权之“神”抽走了，要素就成了没有生命体征的“外壳”（常修泽，何亚斌，2020）。

## 六、结论：要素市场化配置实则是“产权配置”

根据上面的阐述，做一个简单归纳：经济体制改革林林总总、方方面面，但重点是什么？相关文件说，一面是产权制度完善，另一面是要素市场化配置。但是，这“两面”是什么关系？在“文件命题”上，产权制度要“完善”，要素配置要“市场化”，但在深层理论结构上，则不应把产权制度和要素市场化看成是割裂的“两个板块”，而应沿着看成一个“有机整体”的思路推进。

由上述“产权-要素三全论”——“范围全覆盖”“过程全贯通”“生命全周期”可以看出，生产要素与产权具有如此密切的内在联系。所以，笔者建议，将生产要素与产权作为一个“统一体”来考虑。

而且，这个“统一体”还不是一般的“统一体”。笔者研究表明：要素与产权是一个“形神兼备”的“统一体”，要素是其“形”，产权是其“神”。从这个意义上讲，“要素市场化配置实则是产权配置”。由此找到了产权制度与要素市场化内在的“相通性”。

# 第二节　关于要素产权“外部赋予论”的商榷

## 一、要素的产权能说是“外部赋予”的吗?

一些文章、报告说到要素里面的产权，用的动词叫作“赋予”。“赋”和“予”组合就是给予的意思。把生产要素的产权说成是外部（一般指行政类）“赋予”的，简称为“赋予论”。

在中国，“赋予论”存在很长时间了。如此前说，“赋予农民土地承包权经营权”，后来又说，“赋予知识分子和技术人员知识产权”等，诸如此类。

笔者对“外部赋予论”一直不理解，不认同，也难以接受。例如，知识分子的知识产权是谁赋予他们的？技术人员的技术产权是谁赋予他们的？劳动者的劳动力产权是谁赋予他们的？管理者（企业家）的管理产权是谁赋予他们的？其他产权，如农村老百姓的土地产权等，是谁赋予他们的？诸如此类，都值得追问。

## 二、确立要素产权的内在属性“自身固有论”

“外部赋予论”把关系弄颠倒了。应该很清晰地告之于天下——任何要素所有者，不论是土地所有者、资本所有者、劳动力所有者、技术所有者、知识产权所有者、管理产权所有者，还是数据所有者，所有的要素产权都不是别人“赋予”的，而是它本身就具有的“内在属性”。

注意，这个定位十分关键，它是一个“内在属性”，不是由外部某人“赏赐一个产权”。如果承认“赋予”产权，势必就承认有一个外部的“恩赐者”，既然“恩赐”给我们，就得要“感恩”，这就势必带来十分复杂的“感恩关系”问题。

中国在两千多年封建君主专制制度下，受“普天之下，莫非王土”“三纲五常”等影响，形成一种根深蒂固的“恩赐”思想体系，无论是说书的，还是唱戏的，常说出“皇恩浩荡”“谢主隆恩”之类的话，似乎皇帝以下的“芸芸众生”所得到的一切“权利”，都来自“皇恩”，来自“赏赐”。由于我们没有经历欧洲那样的“文艺复兴”和“启蒙运动”，所以整个社会长期存在这种根深蒂固的“恩赐”观点（冯天瑜等，1990），一直延续至今。

笔者认为，这种根深蒂固的“恩赐”观点，对于今天研究要素产权依然存在影响，目前社会流传的所谓“外部赋予论”便是根深蒂固的“恩赐”思想体系的遗存。

针对此，本书强调，要素产权是要素所有者，或占有者、支配者，或经营者、使用者本身固有的。如果要用准确的用语，可以用“承认”“尊重”或者“保护”等概念。实质的问题是“内在属性论”，而不是“外部赋予论”。

怎样切实“承认”“尊重”“保护”呢？在当今社会，必须实行法治。这就涉及法律层面的程序性权利“赋予”问题。

## 三、划清外部“赋予”与法律层面权利 “赋予”的界限

当今主流社会的法治体系明确将各种人的权利明细化和法制化。比如《中华人民共和国民法典》第一百零九条明确规定：“自然人的人身自由、人格尊严受法律保护。”第一百一十条明确规定：“自然人享有生命权、身体权、健康权、姓名权、肖像权、名誉权、荣誉权、隐私权、婚姻自主权等权利。”

同样，在当今法治体系中，要素本身固有的产权关系也得以明细化和法制化。比如，“知识要素产权”表现为知识产品的权利人所拥有的产权，相应地，知识产权法即成为保护产权、鼓励创新、维护竞争秩序等公共利益的一种社会治理手段。“劳动力要素产权”也是如此，它是劳动者主体在法律规定的范围内，依法应享有的自身“权利”（权能和利益）。在这里，“权利”是一个法律概念。

但，这里特别要厘清：这种法律层面的程序性权利“赋予”与前面讲的建立在“恩赐”体系中的外部“赋予”，是有本质区别的。法律层面的程序性权利“赋予”，恰恰是对产权内在属性的“承认”“尊重”与“保护”。

要防止有人把法律层面的程序性权利“赋予”，偷换成“恩赐”体系中的外部“赋予”概念，并使这种专制体系下遗存的“赋予论”流行于社会。

前面引用的《中华人民共和国民法典》等属于国内法，国内法解决一国主权

范围内的问题（中国加入的国际法除外），但是，本书讲的生产要素本身固有的产权，涉及人类现代市场经济中“国际通行”的“规则、规制、管理、标准”等问题。

在笔者2022年9月发表的《中国经济三型趋势论》[1]中，“制度型开放”指的是在规则、规制、管理、标准等方面开放。它在本质上可以说是“全人类的问题”。从这个国际规则角度来看问题，对中国长期在封建社会中形成的“恩赐”思想及“外部赋予论”，更应该抛弃，而不是宣扬。

## 第三节　要素型改革攻坚战略的基础：紧扣国家总体战略

### 一、紧扣国家现代化强国战略

要素市场化改革攻坚战略的基础一：必须紧扣国家建设现代化强国的发展战略。在中国这样一个曾经一穷二白的国家，提出建设现代化国家，是中华民族的多年祈盼，许多仁人志士为此探索。即使我们不过早追溯19世纪后期的洋务运动和孙中山先生的《建国大纲》，仅就1949年中华人民共和国成立以来的历史来看，也有宝贵的探索纪录。

历史资料显示：1954年第一届全国人民代表大会第一次会议第一次提出了“四个现代化”[2]的目标。十年后，1964年，第三届全国人民代表大会第一次会议继续提出“要在不太长的历史时期内，把我国建设成一个具有现代农业、现代工业、现代国防和现代科学技术的社会主义强国”。又过了十一年，即使在遭受“文化大革命”多年严重破坏的1975年，周恩来总理依然抱病在第四届全国人民代表大会第一次会议上，重申“四个现代化”的目标。虽然由于历史条件的局限，当时人们对现

[1]　此长篇研究报告先由笔者应邀在北京作视频报告，后发表于《上海大学学报（社会科学版）》2022年第39卷第5期。

[2]　当时提出要建设“现代化的工业、现代化的农业、现代化的交通运输业和现代化的国防”。

代化的内涵和中国实现现代化的漫长历程在认识上有一定局限，但现代化目标的提出体现了可贵的民族进取精神。

进入改革开放新时期后，不同阶段的领导集体对中国现代化建设的目标和步骤进行了深入的思考，提出了不同内涵的“三步走”发展战略，仔细研究起来，这是很有意义的。

第一个，邓小平的“三步走”战略。邓小平在20世纪80年代率先提出“中国式的现代化”的概念，并认为“在本世纪末我们肯定不能达到日本、欧洲、美国和第三世界中有些发达国家的水平”，从而主张“通过国民经济翻番地增长”：第一步，到1990年，解决温饱问题；第二步，到20世纪末实现小康；第三步，到21世纪中叶，达到中等发达国家水平。

第二个，江泽民的“三步走”战略。1997年中共十五大报告中正式提出：第一步，在21世纪第一个十年实现国民生产总值比2000年翻一番，使人民的小康生活更加宽裕，形成比较完善的社会主义市场经济体制；第二步，再经过十年，到建党一百年时，使国民经济更加发展，各项制度更加完善；第三步，到21世纪中叶新中国成立一百年时，基本实现现代化，建成富强民主文明的社会主义国家。2002年，江泽民在中共十六大报告中提出：“在本世纪头二十年，集中力量，全面建设惠及十几亿人口的更高水平的小康社会。”

第三个，从中共十八大到中共二十大逐步明晰提出的“两个一百年”和“新三步走战略”。“两个一百年”：“第一个一百年”，到建党一百年（2021年）全面建成小康社会；“第二个一百年”，到新中国成立一百年（2049年）实现社会主义现代化，把我国建成社会主义现代化强国。注意，中共二十大报告又进一步提出，在“第一个一百年”（2021年）与“第二个一百年”（2049年）之间，又分成两段：从2020年到2035年基本实现社会主义现代化；从2035年到本世纪中叶把我国建成富强民主文明和谐美丽的社会主义现代化强国。这就形成了21世纪的“新三步走战略”：第一步，到2021年，全面建成小康社会；第二步，到2035年，基本实现社会主义现代化；第三步，到2049年，建成社会主义现代化强国。

值得关注的是，近年来，改革界多位同仁从“21世纪大历史观”角度，提出了“三个一百年”的战略目标：“第一个一百年”（2021年），建党一百年；“第二个一百年”（2049年），新中国成立一百年；“第三个一百年”（2078年），中国改革开放一百年。作为改革开放研究者和推进者，笔者希望并呼唤国家正式提出“第三个一百年”发展目标。

太远的不说，仅就21世纪的“新三步走战略”来说，特别是其中的“二〇三五年的发展总体目标”，中共二十大报告已经明确指出：

——经济实力、科技实力、综合国力大幅跃升，人均国内生产总值迈上新的大台阶，达到中等发达国家水平。

——实现高水平科技自立自强，进入创新型国家前列。

——建成现代化经济体系，形成新发展格局，基本实现新型工业化、信息化、城镇化、农业现代化。

——基本实现国家治理体系和治理能力现代化，全过程人民民主制度更加健全，基本建成法治国家、法治政府、法治社会。

——建成教育强国、科技强国、人才强国、文化强国、体育强国、健康中国，国家文化软实力显著增强。

——人民生活更加幸福美好，居民人均可支配收入再上新台阶，中等收入群体比重明显提高，基本公共服务实现均等化，农村基本具备现代生活条件，社会保持长期稳定，人的全面发展、全体人民共同富裕取得更为明显的实质性进展。

——广泛形成绿色生产生活方式，碳排放达峰后稳中有降，生态环境根本好转，美丽中国目标基本实现。

——国家安全体系和能力全面加强，基本实现国防和军队现代化。

从以上八大目标中，我们能捕捉住什么信息呢？到2035年前几个发展战略眉目可见：

——“创新立国”（常修泽等，2013）或称“科技强国”战略，以实现高水平科技自立自强。

——教育强国与人才强国等战略，以挖掘“人才第一资源”之潜能。

——新型工业化、城镇化战略，打破中国计划经济遗留的“城乡二元经济结构”及制度。

——建成现代化经济体系，形成新发展格局。

这些发展战略要点，不仅对劳动力要素、土地要素、资本要素，而且对知识与技术要素、数据要素和管理要素都提出直接或间接要求，因此，要素市场化攻坚战略的基础之一，是必须紧扣国家建设现代化强国的发展战略。

## 二、紧扣“构建高水平社会主义市场经济体制”的改革战略

要素市场化改革攻坚战略的基础二：就经济体制改革来说，必须紧扣“构建高水平社会主义市场经济体制”的改革战略。

2018年11月，笔者发表《中国改革40年若干规律性问题认识》一文。此文指出：“社会主义一定要与人类共同文明的市场经济结合，并适时由1.0版向2.0版的高标准的社会主义市场经济迈进。”（常修泽，2018）

四年后，2022年10月，中共二十大报告明确提出了“构建高水平社会主义市场经济体制”改革战略，即笔者所说的“2.0版的高标准的”。其中特别强调：

——坚持和完善社会主义基本经济制度，毫不动摇巩固和发展公有制经济，毫不动摇鼓励、支持、引导非公有制经济发展，充分发挥市场在资源配置中的决定性作用，更好发挥政府作用。

——深化国资国企改革，加快国有经济布局优化和结构调整，推动国有资本和国有企业做强做优做大，提升企业核心竞争力。

——优化民营企业发展环境，依法保护民营企业产权和企业家权益，促进民营经济发展壮大。

——完善中国特色现代企业制度，弘扬企业家精神，加快建设世界一流企业。

——支持中小微企业发展。深化简政放权、放管结合、优化服务改革。

——构建全国统一大市场，深化要素市场化改革，建设高标准市场体系。

以上改革战略要点，为下一步改革确立了行动路线。我们力推的要素市场化改革攻坚，正是“构建高水平社会主义市场经济体制”的重要组成部分，必须紧扣这一改革战略，特别是其中“深化要素市场化改革，建设高标准市场体系”这一攻坚之点。

## 三、紧扣国家高水平开放（特别是“制度型开放”）战略

除紧扣国家的发展、改革战略外，还有要素市场化攻坚战略基础三：在对外开放方面，紧扣高水平开放战略，特别是制度型开放战略。

## （一）制度型开放：中国对外开放新境界

中国的开放是从1978年开始的，前三十年重点是“五个流开放”（属于“政策型开放”），即商品流、资金流、信息流、人员流、技术流开放。进入新阶段后，随着形势的发展，我国将进入高水平开放新境界。

时代需要“推进高水平对外开放。依托我国超大规模市场优势，以国内大循环吸引全球资源要素，增强国内国际两个市场两种资源联动效应，提升贸易投资合作质量和水平。稳步扩大规则、规制、管理、标准等制度型开放。推动货物贸易优化升级，创新服务贸易发展机制，发展数字贸易，加快建设贸易强国”[1]。这里最大的看点是“制度型开放”。

制度型开放是指规则、规制、管理、标准等制度方面的开放，意味着尊重国际营商惯例，与国际规则接口。但这并不意味着“五个流开放”完结，而是说，要向制度型开放升级，制度型开放与“五个流开放”结合进行。这是开放领域的新追求。

拿“五个流开放”（特别是国际贸易）中的“技术流”来说，请关注：当今世界，知识产权国际贸易已经成为服务贸易的重要组成部分。以美国的知识产权贸易（包括由专利和商业秘密保护的工业产权、商标、版权和商业特许经营权）为例，据统计，2012年，美国的知识产权国际贸易进出口额达到历史性的1618.5亿美元，占服务贸易进出口额的15.1%，其中出口额1218.1亿美元，进口额400.4亿美元。而且，与美国的货物贸易形成对比，美国的知识产权国际贸易一直存在顺差。2012 年的顺差为 817.7亿美元，占服务贸易顺差的42.8%，并且其绝对规模还有继续扩大趋势（赵昱，杜德斌，2013）。美国知识产权国际贸易的顺差反映了美国在国际知识产权市场中雄厚的实力[2]。

---

[1] 引自中共二十大报告。

[2] 但是笔者要指出，过去一段时间，美国知识产权国际贸易的竞争力有下降的趋势，贸易竞争力指数已从 1990 年的0.68降到 2012 年的 0.51。美国知识产权国际贸易竞争力指数的相对下降源于世界知识产权贸易格局的深刻变化。随着新兴经济体的崛起，创新的来源在增多，美国在知识产权国际贸易中的支配地位有所弱化。

### （二）制度型开放前沿：自由贸易港与RCEP叠加

中国制度型开放的前沿是海南。2018年4月，国家决定在海南自贸区的基础上建设自由贸易港。如果把开放梯度看成是一个“金字塔”的话，自贸港无疑处在塔尖上。从2022年1月开始，《区域全面经济伙伴关系协定》（*Regional Comprehensive Economic Partnership*，简称RCEP）也开始生效。特别是，此前（2021年9月16日），中国政府已正式提出申请加入CPTPP。笔者看了CPTPP文本，感觉比原来的WTO协议更“高端”，对中国制度型开放的影响也更深刻。现在的问题是，在政府提出申请后，是被动地等待，还是主动作为、积极筹备？笔者建议，应主动作为、积极筹备，现在就应考虑加入CPTPP后对中国的影响及相应的改革问题。

### （三）制度型开放：激发中国改革动力系统的双动能

从中国改革的动力系统角度研究，中国的体制改革主要依靠内生性动力，以2001年中国加入WTO为标志，又明显地增加了“倒逼性外部推力”。WTO规则实质是市场经济的基本运行规则。按照加入WTO承诺及其规则，中国修改了3000多条法律法规，带出一系列有力度的改革举措，形成了中国第一波开放倒逼改革的浪潮。

2013年8月起，中国决定在上海等地设立自贸区（全国21个），特别是2018年在海南自贸区的基础上提出“建设海南自由贸易港”，这是中国更高水平的开放战略。从改革机制角度研究，建设自贸港作为自主性开放举措，既有“自主的内生性动力”，同时也寄希望于“倒逼性的外力”。因此，从改革大格局着眼，既要继续发挥改革的“内生性动力”，又要学会利用对外开放倒逼改革的“外力”（常修泽，2022）。

### （四）制度型开放将倒逼要素市场化改革攻坚

CPTPP文本共30章，涉及投资等六大领域，它在一些新的领域和议题上制定了全新的规则。看其中的条款，联系中国的现实，无论是国有企业问题，公平竞争、打破市场壁垒，还是保护知识产权和劳工权益等（常修泽，2022），都要建立一整套新的机制，包括要素市场化运行机制。

### （五）建议积极参加相关国际组织，把制度型开放落到实处

既然中共二十大报告已明确提出“稳步扩大规则、规制、管理、标准等制度型开放”，那么，对于“稳步扩大”的具体步骤，本书建议：我国应该参加相关“规则、规制、管理、标准等制度型开放”国际组织，这是落实“制度型开放”的必要措施。

以前文讲的“保护知识产权”[1]及相应“知识产权要素市场化”为例，为保障知识产权贸易（trade of intellectual property rights）[2]的规范、有序、健康、安全运行，国际上已经形成一系列包含《巴黎公约》（此为国际专利公约）、《伯尔尼公约》（此为国际版权公约）、《马德里协定》（此为国际商标公约）、《专利合作条约》（PCT）、《与贸易有关的知识产权协定》及世界知识产权组织（WIPO）等在内的知识产权国际公约或国际组织，以便形成健全的知识产权保护服务管理体系，确保我国的知识产权营商环境符合国际标准，从而为知识产权市场化打下“规则、规制、管理、标准”等牢固基础。

在这方面，一直被认为是“世界上知识产权保护与经营同行业中制度最完善的国家之一”新加坡，不仅积极参加了上述知识产权市场化相关国际组织，而且，新加坡还推广采用仲裁方式解决知识产权纠纷，以至于目前世界上跨国的知识产权争议，普遍选择在新加坡进行仲裁，这已成为国际知识产权纠纷解决的重要机制和手段（肖冰等，2020）。

新加坡能做到的，难道中国就不能做到吗？

那么，如何建立要素市场化改革攻坚战略的主体框架？研究发现它涉及一系列问题。包括：七大要素市场按什么理论逻辑展开？资本市场要不要把“非标资本”也包括进去？技术市场与知识产权合并后如何一体化运行？数据要素如何处理好“国家安全”和“公民隐私”等问题？如何弥补有关文件存在的管理要素（企业家）市场的欠缺？特别是，各项要素市场化应把握哪些要害问题？各自的主攻着力点放在哪里？下面将对此做深入探讨。

---

[1] 根据WTO《与贸易有关的知识产权协定》的规定，知识产权包括版权、商标、地理标识、工业品外观设计、专利、集成电路布图设计、未披露的信息等，是一种受专门法律保护的重要的无形财产。

[2] 狭义的知识产权贸易，是指以知识产权为目标的贸易，主要包括知识产权许可、知识产权转让等内容，即企业等经济组织或个人之间，按照一般商业条件，向对方出售或从对方手中购买知识产权使用权的一种贸易行为。广义的知识产权贸易，是指向对方出售或从对方处购买含有知识产权的产品（知识产权产品、知识产品），特别是采用高新技术的高附加值的高科技产品（如集成电路、计算机软件、多媒体产品）、视听产品、音像制品、文学作品等的贸易行为。

# 第四节　攻坚总体战略的主体框架：四种人本要素的市场化

## 一、人本要素产权理论与人力资本理论的“一同三异”

人本要素产权是指生产要素中与人关系最密切的四种要素产权，即知识要素产权、技术要素产权、管理要素产权和劳动力要素产权。本书讲的人本要素产权理论与国外人力资本理论存在“一同三异”。

“一同”：人力资本理论与人本要素产权理论，都注重经济社会发展中“人”的价值，都强调发挥人的作用，在这点上，两个理论是一致的。

“三异”：第一，着眼点不一样。人力资本理论的着眼点在“资本”，人本要素产权理论的着眼点在“人本”，一个注重“资本”，一个注重“人本”。第二，范畴体系不同。人力资本理论在“资本”框架里，属于资本体系，人本要素产权理论属于“要素”范畴体系，在此体系内“人本”与“资本”是平行的要素。完整的要素体系包括七个要素，资本只是其中的一个要素，人本要素与资本要素是平级关系。第三，表达不一样。人本要素产权理论使用的是 “产权”语言，即人本要素产权，而人力资本没有“产权”二字，尽管“资本”在内在逻辑上也有产权关系，但是没有显现出来。

关于“产权”与“要素”的关系，前面讲过，第一，有产权的不都是要素；第二，凡是要素都有产权，无一例外。所谓市场化配置实质就是产权配置，要素市场化配置实质就是要素产权配置。

## 二、首要的人本要素：关于劳动力市场的改革与完善

笔者认为，四大人本要素中，首要的是劳动力要素，其所构成的市场被我们称为劳动力市场。

20世纪80年代，笔者曾发表两篇关于“劳动力市场”的论文，旨在推动城乡劳动力合理流动（常修泽，1986、1987）。经过三十多年的改革，中国劳动力市场有了一定发展，但也面临新的问题，需要解决和完善。其中，近年已经推出的户籍制度改革，就需加快推进。

从1958年开始，中国出现了城市与农村分割并一直隔离的二元户籍制度，这是中国二元经济结构的明显体现。

这种制度是对“人的自由全面发展”的阻遏，也是当前劳动力流动的掣肘因素。随着中国工业化、城市化和农业现代化的推进，农村剩余人口向城市转移成为必然趋势，这个过程并没有完结。唯有促进农村剩余人口向城市继续转移，方能把农村的“有限资源”留给真正务农的农民，才能提高农民的人均收入水平，中国也才能迈进现代化国家行列。

这个问题的复杂性在于中国的600多个大、中、小城市的情况各不相同。其中，大城市又分成超大、特大和一般大城市。根据实际情况，城区常住人口300万以下的城市，落户限制将全面取消；城区常住人口300万～500万的大城市，落户条件将全面放宽。只有少数超大城市采取“积分入户”的办法。唯有继续推进户籍制度改革，劳动力才能真正自由地流动起来。

建立劳动者技能技术评价制度。应该为劳动者中的技能人才建立“职业技能等级制度”（特别是其中的大国工匠）。人力资源和社会保障部于2022年3月18日出台《关于健全完善新时代技能人才职业技能等级制度的意见（试行）》，由低到高，设立包括技师、高级技师、特级技师、首席技师在内的“新八级制”，真正为底层的劳动者提供向上流动的管道。

## 三、知识技术市场化的四大“突破点”

知识与技术本是人本要素的两个要素——知识更侧重基础理论层面，技术更侧重实际应用层面，但笔者认为，在建立要素市场时可以把知识与技术结合起来一体运行，统称为“知识技术市场”。本书提出知识技术市场化四大“突破点”，具体如下。

## （一）第一突破点：实行技术创新者“职务发明产权分割”制度

这个突破点的意义在于：通过技术人才的“职务发明成果”的产权分割，实现“产权界定明晰化”。

此问题一直悬而未决。笔者在《广义产权论——中国广领域多权能产权制度研究》中曾提出：“应将这部分‘知识’产权的一部分分配给具体创造该‘知识’产权的技术人员。”即“分为两部分，一部分为该单位所有，另一部分由技术人员持有”（常修泽，2009）[206]。

但是，这些年，个别科技专家（包括北京、浙江等地著名大学的科技专家）因把部分“职务发明成果的产权”收益分给了科研团队人员而被处理，这引起了一些社会舆论。现在，这个问题有了转机。

《中共中央　国务院关于构建更加完善的要素市场化配置体制机制的意见》明确提出，“健全职务科技成果产权制度。深化科技成果使用权、处置权和收益权改革，开展赋予科研人员职务科技成果所有权或长期使用权试点”。虽然只是试点，但给“深化科技成果使用权、处置权和收益权改革”，进而促进“人本产权价值实现”提供了新的途径。

既然国家已经决定，“职务发明成果一部分应该界定给职务发明的科研人员”，就应该切实做好“职务发明成果”的产权界定工作，实现笔者2009年在《广义产权论——中国广领域多权能产权制度研究》一书中提出的理论主张，即“一部分为该单位所有，另一部分由技术人员持有”。这样可以调动广大知识分子、技术人员创新的积极性、创造性。

## （二）第二个突破点：建立“新加坡式”的知识产权市场

根据笔者搜集到的当今世界主要国家关于知识产权交易市场的资料，可以明显看到，现在呈现出三种类型的知识产权交易市场运行模式：以美国为代表的“企业主导型”运行模式，以韩国为代表的“政府主导型”运行模式和以新加坡为代表的“政府与企业结合型”运行模式。

评估上述三种类型的知识产权交易市场运行模式，可以看到，以新加坡为代表的“政府与企业结合型”运行模式，大体介于以美国为代表的“企业主导型”运行模式与以韩国为代表的“政府主导型”运行模式之间，其显著特征是“政府与企业间的共同合作”。

在此过程中，政府主要发挥适当的鼓励与培育作用（如通过拨款计划，提供知识产权创新税收优惠等，这与以美国为代表的“企业主导型”运行模式有所区别），鼓励中介机构发展，在条件成熟后选择退出，交由中介市场推动发展（这与以韩国为代表的“政府主导型”运行模式也有区别）。从中国的实际情况出发，本书建议应重视新加坡的知识产权交易市场运行模式。

分析新加坡的资料（肖冰等，2020），可以归纳出“政府与企业结合型”运行模式三个方面的特点，即政府作用、市场化运作、金融参与并推动。分述如下：

其一，政府作用：立法、规划、监督与执法。具体来说：

（1）立法。据介绍，新加坡拥有完善的知识产权（IP）立法以及法律执行力度较大的框架。在新加坡受到法律保护的知识产权，包括专利、商标、注册外观设计、著作权、集成电路布图设计、地理标识、商业秘密和机密信息以及植物新品种。值得借鉴的是，新加坡制定了“单项法规”分别对这些知识产权进行保护。

（2）规划。有关资料显示，新加坡于2013年推出了《知识产权中心总体规划》。继之，2017年，根据宏观战略，新加坡对《知识产权中心总体规划》进行了修订和更新。在《知识产权中心总体规划》及其修订版的基础上，新加坡政府于2021年推出了《2030年新加坡知识产权战略》（SIPS 2030）。笔者看后，将其内容概括为“三个确立”：一是确立新加坡作为全球知识产权活动和交易中心的地位，二是确立以吸引和发展创新企业为战略目标，三是确立发展知识产权方面的良好就业机会和技能思路。

（3）监管与执法。从新加坡国内政策法律的视角分析，2001年新加坡商标和专利注册办公室改制为新加坡知识产权局（Intellectual Property Office of Singapore，简称 IPOS），现在，即由该局负责监督和管理执行知识产权法律的工作。据报道，该局致力建设健全有利于经济发展的知识产权制度，以保护知识产权并促进其商业利用。

其二，市场化运作：重在发挥知识产权市场中介功能。具体来说：

（1）建立交易网络。新加坡建有知识产权中介所（Intellectual Property Intermediary，简称IPI），其主要聚焦产业技术需求，为技术供需双方搭建全球范围内的技术合作及交易网络，提供四大服务：技术采购服务，技术搜索服务，技术配对服务，技术评估服务。值得注意的是，其网络合作伙伴不仅遍布国内，而且遍布全球的高校、政府部门、研究机构、企业、技术中介机构等，这就是全球化。

（2）设立在线平台和举办交易会。知识产权中介所的功能是，通过推动技术应用许可、科研合作和技术合资等机制，推动国家技术应用转化。为此，他们建有在线技术市场平台（online marketplace），供需双方在平台上发布技术供给及需求信息，覆盖多个产业门类和领域，服务面向全球。

这一在线技术市场平台实行“线上线下结合”的服务方式，用户在线搜索浏览后进行在线问询，后续线下接洽搭桥。线下每年会举办技术展示及交易会，这是目前新加坡最大的产业技术配对及交易活动。

（3）建立数据库和搞好培训。据介绍，新加坡知识产权中介机构自主开发了信息丰富的专利数据库（有人称之为“世界上最为丰富的”），并以交易双方的现实需要为基础，开发出特色化服务，深度挖掘客户与交易产品信息，为买卖双方提供更多的交易撮合机会。值得注意的是，新加坡知识产权中介机构还提供培养企业知识产权交易能力的系统化培训服务，培训内容包括提高企业对知识产权价值的认识，培养知识产权资产管理能力，加强中小企业知识产权管理计划的实施等。通过培训，更多的新加坡企业开始关注并参与到国际知识产权交易市场中来。

其三，金融参与并推动。在新加坡，拥有大量知识产权的公司可以通过以下三种手段（其中主要是金融手段）寻找资金：

（1）股权融资。新加坡允许创新企业向“天使投资人”和风险投资公司争取并获得股权投资。据统计，2019年，新加坡风险投资金额超过134亿新元（约合98亿美元），同比增长36%。

（2）债务融资。新加坡允许企业利用知识产权作为“担保品”向银行等机构筹集资金。在其《知识产权融资计划》中，明确参与债务融资的金融机构与企业分担知识产权担保贷款的潜在违约风险。同时，由政府支持的担保或资金（如新加坡企业发展局）也通过贷款方式，来推动技术创新。在这个计划中，每名申请人可获得800万新元（约合580万美元）的贷款。

（3）政府拨款等。

以上是知识技术市场化的第二个突破点，建立“新加坡式”的知识产权市场。

### （三）第三个突破点：实行“知识产权证券化”

笔者未能直接考察新加坡的知识产权市场实践经验（以上主要是书面资料），不过，在广东省中新广州知识城调研期间，间接了解了与新加坡知识产权市场相关的做法，其中之一是实行“知识产权证券化”。

中新广州知识城开展的知识产权运用和保护综合改革试验是2016年7月经国务院批准的。笔者2020年在现场调研时了解到：2019年，中新广州知识城知识产权证券化累计募资7.4亿元。现在的问题是“知识产权证券化”在中国、新加坡之间还是“单向”的，下一步应“双向互认”。

### （四）第四个突破点：“身价赋能”使人本要素产权价值显性化

近年，山东济南高新国际人力资源服务产业园进行了“身价赋能”试验，笔者实际参与了这一试验过程。试验内容主要有：

（1）身价评估。济南高新区创办了《身价》杂志。通过科学方法对人本要素产权进行评估、作价，并建立相应的“身价赋能”系统实验数据库。

（2）银行授信。把评估、作价的结果与金融挂钩，有关银行建立“新型授信制度”。

（3）抵押担保。中小型企业，特别是小微企业，在没有土地、厂房作抵押的情况下，可尝试用企业家和工程技术人员的“身价”作为担保依据。在这里，“身价”具有类似土地和资本的抵押担保功能。

2020年6月，时任国务院总理李克强在山东考察时明确指出，中小型企业，在没有土地、厂房作抵押的情况下，可以用企业家和工程技术人员的“身价”作为贷款额度的担保依据。

这种“身价赋能”，可以使人本要素的产权价值显性化、实用化、经济化。

## 四、不可或缺的管理要素（企业家）市场

2017年，笔者在《企业家阶层新论》中指出，随着社会经济的发展，企业家的“特质内涵”需要做出新的界定：作为“创建企业并担任经营管理职责的指挥

者”，企业家必须具有“创新”“情操”“复合经济人”三合一的特质。这是新时代企业家的重要标志（常修泽，2017）。当前，企业家面临的问题以及客观环境更为复杂。

建议打开思路：其一，国企之外的民营企业家应该走向市场。其二，即使是国企经营者，也可以在“组织管住资格，严格市场把门”的前提下，建立大框架下的“企业家管理市场”，然后由董事会从模拟市场上选拔经营者，这终究比“一对一”的行政配置做法更具灵活性。从世界局势和国家战略的高度着眼，中国应该珍惜企业家这样一种“稀缺的要素”，注重发挥这一群体在改革、开放、创新发展中的“乐队指挥”才能，尤其要激发和保护企业家精神。总之，企业家管理市场不可或缺，笔者将在本书后面专章论述，这里从略。

## 第五节　攻坚总体战略的主体框架：物本要素与人–物混合要素市场化

上一节论述了人本要素的市场化，本节继续讨论物本要素和人–物混合要素的市场化，主要瞄准土地、资本、数据三种要素。

### 一、土地要素中“三块地”的市场化

土地要素[1]主要是“三块地”（即农村集体建设用地、农地、宅基地）。按照要素市场化改革的思路，“三块地”应加快改革，逐步放活。

第一块地：农村集体建设用地。

以前，农村集体经营性建设用地入市，采取的是“政府征地、政府主持招拍挂”的办法。这样做虽然可以起到政府回笼资金作用，并在一定程度上消化央行的大量货币供给，特别是大大提高了政府部门的土地财政收入，但在微观上却无视农

[1]　这里主要讲“地面”，至于“地下”部分，另议。

民的利益，同时助长政府人员在土地交易中的腐败行为，所以，必须进行改革。

2022年9月6日，中央全面深化改革委员会第二十七次会议审议通过了《关于深化农村集体经营性建设用地入市试点工作的指导意见》，这是一份对农村集体经营性建设用地市场化有重要意义的文件。

按照文件精神，今后对于农村集体建设用地这部分，农民集体自己可以招拍挂，不必经过“政府征地、政府主持招拍挂”的中间过程，这就意味着农民直接进入土地市场，成为集体建设用地类土地交易的主人。其意义为不仅能在经济上提高农民土地转让收益，进而有助于提高农民的收入水平，而且对增强农民的自主意识，以及促进中国式现代化中最关键的“人的现代化”，有重要作用。

第二块地：农村农地。

中国民主革命的实质是土地问题，具体来说即“农地问题”。

根据笔者在《广义产权论——中国广领域多权能产权制度研究》一书中的观点，“多权能产权”意味着产权“不是一朵花，而是一束花”，是以所有权为根基的一整套产权体系，包括所有权、占有权、使用权（经营权）等。

就“农地”来说，其产权关系是不断丰富发展的，概括地说：

——毛泽东时代讲“一权”：即土地所有权。所谓“打土豪分田地”，分的就是“田地”的所有权。

——邓小平时代讲“两权”：所谓“双层经营承包责任制”，即土地所有权与土地承包权两层分离，土地所有权是集体的，土地承包权则是农户的。

——中共十八大后新时代讲“三权”，即土地所有权、土地承包权，以及承包权的经营权“三权”分离，所有权是集体的，承包权是农户的，承包权的经营权是可以流转的。这被称为“三权分置”改革。

第三次全国国土调查结果显示，中国的耕地有19.18亿亩，除一部分国有农场的土地属于国家之外，绝大部分土地为集体所有。

下一步，主要是推进“三权分置”改革。但是，进一步思考，随着现代化事业的推进以及包括户籍制度在内的改革深化，设想诸多农民在城市长期定居后，其中不乏有人有想放弃承包地的意愿，可否适应农民的要求，在坚持所有权是集体的前提下，让农户的土地承包权也可转让？就面上来说，还是承包权的经营权流转。不妨先试点看看。

第三块地：农村宅基地。

中国农村的宅基地的来路及历史沿革颇为复杂：一部分是祖上遗留下的宅基地，本来世代归“私人所有”，但后来在相关政治运动及其政策执行中“变为集体所有”；另一部分宅基地是“农业合作化”后由集体组织根据规定的标准划给农户建宅的（其间也没有进行产权交易和让渡），本身当为集体所有。

笔者在调研中发现，随着大量农村劳动力进城打工（即所谓2亿“农民工”，实际是“新工人”）及其家属进入城市（调查发现，东北吉林延边一带有的农民去外地甚至去韩国打工），农村宅基地闲置情况比较严重。现在的问题是怎样搞活。

按照制度安排，宅基地改革也应推进“三权分置”，即宅基地所有权是集体的，宅基地的资格权（实际是集体组织的资格权）是宅基地上住户的，关键在于搞活“资格权的使用权”，搞活方式是将“资格权的使用权”自由流转出去。

笔者在调研中发现，“宅基地资格权的使用权”已经开始流转，且初见成效。例如，笔者在浙江省台州市仙居县调研时看到，在该县5A级景区韦羌山观音峰附近的村落，村民把闲置的宅基地租给一位在杭州从事亲子旅游的企业家，创办了“云淡淡天蓝蓝亲子民宿”。另一处闲置宅基地也租给了一位从温岭来此投资的女企业家，创办“仙鹤山村”，已经建成十栋民宿。这些利用闲置宅基地建成的新型旅游设施，吸引了周边诸如上海、杭州等地的游客。可见，“宅基地资格权的使用权”一旦流转，便可以大大挖掘土地的潜力。

总之，“三块地”市场放活后，农民除获得劳动收入以外，还可从“三块地”改革中获得一部分财产性收入，这将大大有利于农民逐步走向期盼的富裕[1]。

## 二、资本市场：标准与非标准资本市场

人们比较熟悉的物本要素中的标准资本市场，主要是股票、债券、基金、信托等。

改革开放以来，中国资本市场有了一定发展，但是仍存在不少问题，如：证券

[1] 对此问题的讨论可参见对蔡继明的专访文章：张一鸣. 应在稳慎前提下积极推进农村土地制度改革［N］. 中国经济时报，2022-03-10（A04）. 关于此问题的代表性论文见：李江涛，等. 开启城乡土地产权同权化和资源配置市场化改革新里程［J］. 管理世界，2022，36（6）.

市场运行机制不健全，上市公司质量待提高；特别是一再宣称的“利率市场化”进展迟缓，资本市场的价格机制和竞争机制改革迄今尚未“破题”。

2022年2月以来，因乌克兰危机影响，全球资本市场异动很大，明显动荡。世界格局的变化和中国经济的深度市场化，都呼唤中国资本要素的市场化改革，刻不容缓。

除标准资本市场之外，中国还有非标准资本市场，这就是产权市场。1987年11月，在全国高校社会主义经济理论与实践研讨会（杭州会议）上，笔者作了题为“建立企业产权市场和经营权市场的构想”的学术发言[1]，后主笔出版《产权交易理论与运作》（1995）一书。

经过三十多年发展，中国已经建立两百多个产权交易市场。据笔者实地调查，现在的产权市场不仅交易资本，还交易土地以及知识、技术、数据等要素，准确地说，这是一种除劳动力和企业家之外的“非标多要素市场”（但不能称“非标全要素市场”），值得各界关注。

依笔者在海南调研所得，作为中国开放最前沿的海南自贸港，已经建有多家产权交易机构，包括海南产权交易所、海南股权交易中心、海口农村产权交易中心、海口市公共资源交易中心、三亚国际资产交易中心、海南国际知识产权交易所以及海南国际碳排放权交易中心等。考察发现，这些“非标多要素市场”在实践中遇到诸多问题，下一步如何发展和完善需进一步探讨。

## 三、人-物混合要素：数据要素市场化及其着力点

数据是新的生产要素，数据要素市场化配置改革更是要素市场化体系改革中的新问题。根据总体设计和写作分工，本书后面将专门设章阐述数据要素市场化的专业问题。本章只从“总论”的角度，讲三点总体性意见，以供参考。

### （一）从构建“中国数字经济大国”的战略高度来把握数据及其变革

人类已经进入数字时代。数据作为与土地、资本等要素同等规格的，且为横空

[1] 由学术发言形成的文章于1988年2月16日在中共天津市委研究室内部刊物《对策研究》上刊载，1988年4月22日公开发表在《经济参考报》上。

出世的一个崭新生产要素，无疑是人类数字化、网络化、智能化的基础。

就中国经济社会现代化发展来说：

第一，数据已经开始融入并将继续快速融入中国生产、分配、流通、消费和社会服务管理等各环节，深刻改变我们的生产方式、生活方式和社会治理方式，将有力促进中国的治理体系和治理能力现代化。

第二，数据的开发利用，关系在21世纪大国竞争中，中国能否充分发挥我国特有的海量数据规模和丰富应用场景的优势，推进数字化、网络化、智能化发展。

第三，在构建高水平社会主义市场经济体制的新背景下，数据的开发利用直接关乎在多大范围和多深程度上“激活现有和未来数据要素的潜能”，从而构筑国家在新动能方面的竞争优势新格局。

与上述三点相适应，下一步在改革发展和开放实践中，将出现一系列与数据要素市场化相关的问题。可以预计，随着信息革命的演进和发展，数据的价值将越发重要。

建议从打造“中国数字经济大国”的战略高度来把握数据要素及其改革。在讨论数据基础制度建设时首先应考虑这一点。2022年12月，《中共中央　国务院关于构建数据基础制度更好发挥数据要素作用的意见》对外公布，提出20条政策举措，初步搭建了我国数据基础制度体系，供读者研究此问题作参考。

### （二）严格把握“数据安全”与“数据放活流动”的战略平衡点

2021年，中央决策层提出“统筹发展和安全”，这是一个战略性全局性命题，各行各业都应贯彻，但在数据领域表现得更为强烈。从“安全”角度说，它关系能否维护国家数据安全，以及个人信息和商业秘密的安全问题 。

笔者在《中国经济三型趋势论》（2022）之“要素型改革”部分特别提出：“更重要的是，数据涉及两条高压线：国家安全高压线与个人隐私高压线。”这两条线既是碰不得的“高压线”，也是我国数据基础制度建设的“底线”。

这两条“高压线”与整个国家、所有地区和行业、所有企业与公民，都是息息相关、休戚与共的。

以笔者熟悉的海南为例，对于海南自贸港的国际化、市场化运行规则，为什么明确提出“五个自由”加一个“有序流动”（其他要素均可“自由流动”，唯独数据要素提“有序流动”）？深层的考虑恐怕就在这里。

在参与讨论海南自贸港的国际化、市场化运行规则的过程中，笔者深深感到“数据安全”与“数据放活流动”是一个亟待寻求平衡点的“跷跷板”。特别需要研究的是，如何在理论上把握“数据安全”与“数据放活流动”的辩证法，如何在实践中把握“数据安全”与“数据放活流动”的平衡点。

从本书重点研究的“要素型改革”角度着眼，笔者认为，数据市场化在“统筹发展和安全”的前提下，还是可以大有作为的，如同《西游记》中，在“如来佛的手掌”里，孙悟空依然可以“大闹天宫”一样。比如，在促进数据合规高效流通使用方面，能否“闹”一“闹”呢？在利用市场机制来赋能实体经济方面，能否“闹”一“闹”呢？在数据产权、流通交易、收益分配、安全治理方面，能否“闹”一“闹”呢？在参与国际高标准数字规则制定方面，也可以发出中国的声音。

总之，按照“统筹发展和安全”的基本精神，我们有必要也能够把握好“数据安全”与“数据放活流动”的平衡点；在两条“高压线”下，充分“挖掘”并尽最大可能实现数据要素的潜在价值，做全体国民“共享数字经济发展红利”的促进派（而不是促退派），真正为国家深化创新驱动、推进现代化事业提供有力支撑。

### （三）建立数据要素产权制度

2003年，笔者曾向有关中央文件起草组提交《论建立与社会主义市场经济相适应的现代产权制度》报告，按此逻辑，推进数据要素市场化改革，也应该建立相应的数据要素产权制度。

完备的产权制度，包括产权界定制度、产权配置制度、产权交易（或称流转）制度、产权保护制度。据此，数据要素产权制度也应包括一套完整的数据产权的界定、配置、交易和保护制度。

数据要素产权制度最大的看点是数据的产权界定。例如，谁的权？主体是谁？是被采集者的权，还是采集者、加工整理者的权？什么权？客体是什么？是数据的所有权、使用权、运营权还是收益权？权利性质是什么？是人身权、人格权还是财产权？等等。应根据数据来源和数据生成特征，分别界定数据生产、流通、使用过程中各参与方享有的合法权利，建立数据资源持有权、数据加工使用权、数据产品经营权等分置的产权运行机制。

除产权界定之外，还有数据要素产权配置和交易制度，包括建立数据来源可确认、使用范围可界定、流通过程可追溯、安全风险可防范的数据流通体系。

同时，特别重视建立数据要素产权保护制度。充分保护数据来源者合法权益，推行基于知情同意或存在法定事由的数据流通使用模式，保障数据来源者享有获取或复制转移由其促成产生的数据的权益。合理保护数据处理者对依法依规持有的数据进行自主管控的权益等。

至于对数据要素产权的界定、配置、交易、保护及全国数据交易市场的进一步分析，将在第九章展开，此处不再赘述。

## 第六节　攻坚总体战略的配套：与相关资源统筹结合进行

前面按照“三线推进”思路，阐述了要素市场化配置改革攻坚总体战略，此外还有一个配套问题，即与相关资源统筹结合进行。

### 一、与部分自然资源方面改革统筹结合进行

这里说的“部分自然资源”不仅包括土地资源，而且包括矿产资源、森林资源、海域资源以及河流、山岭、滩涂等，建议将市场化配置的范围扩展到上述领域。

以海域资源为例，中国是一个海域面积约473万平方千米的国家，其中海南就占有200多万平方千米的海域，用广义产权论来分析海洋资源，就会发现，海洋除原始所有权外，还有“海洋用益物权”（如海域使用权），在海洋所有权的大框架下，“海洋用益物权”（如海域使用权）可以搞活。

2022年11月16日，《海南省人民政府关于印发海南省海域使用权审批出让管理办法的通知》发布，《海南省海域使用权审批出让管理办法》对海域使用论证、申请批准、招拍挂出让、登记发证、监督管理等做出说明。这份文件的印发，是中共

中央、国务院出台《关于支持海南全面深化改革开放的指导意见》后的一项涉海重要举措，为搞活海域使用权提供了法规保障。

笔者看了海南省人民政府这份文件后，感觉该文件主要瞄准的还是海南本省的市和县，有些局限性。笔者在海南举办的蓝色经济发展国际研讨会上建议：海域使用权不应局限于海南本省“用海人”，也应扩大到外省（特别是无海的省、自治区、直辖市）来海南的“用海人”，尤其是要发挥海南自贸港作用，还要想法扩展到国外来海南的“用海人”。下一步，应向外省发展，向国际发展。既然该文件提出要搞“招拍挂出让”，就应该采取当今人类社会通行的规则——市场化规则，公平竞争（当然要有使用论证）。

同时，除海洋使用权之外，从资源角度审视还涉及海洋资源中的“蓝碳”。还以海南为例，海南管辖的200多万平方千米的海洋面积，每年碳交换能达到4亿吨，如果以碳市场平均50元/吨计算，海南碳汇价值约为200亿元。

## 二、与部分社会资源方面改革统筹结合进行

这里说的“部分社会资源”是社会层面的，包括供水、供气、公共交通、污水处理、垃圾处理等行业的“特许经营权”以及 “公共工程承包经营权”、公用设施的“维护管理权”等。

按照笔者的广义产权论，上述公用事业行业的“特许经营权”以及“公共工程承包经营权”、公用设施的“维护管理权”等，也是一种产权。但是，现在各地产权交易所多未开展此类产权的透明的市场化交易。

从2023年热播的扫黑反腐电视剧《狂飙》《风雨送春归》等中可以看到，当今社会的腐败行为以及黑恶势力的侵扰多发生在工程承包领域。“文学是一面镜子”，它是现实生活的真实写照。深度分析：这与部分社会资源方面的改革没有到位、“公共工程承包经营权”缺乏透明化机制直接相关。

基于此，笔者建议，下一步要素市场化配置改革，应将类似公用事业行业的“特许经营权”以及“公共工程承包经营权”、公用设施的“维护管理权”等社会资源市场化考虑进来，并与要素市场化配置改革统筹结合进行。

## 三、与部分行政资源方面改革统筹结合进行

这里的“部分行政资源方面”，包括政府集中采购（如药品集中采购）、公用车辆处置、行政系统的闲置房屋等公共性服务资源。建议这“部分行政资源方面”配置也应向市场化拓展。

2023年8月，笔者在黑龙江调研时了解到，该省在原联合产权交易所基础上拓展了公共资源交易，包括“阳光采购服务平台”，有力地促进了社会治理的现代化（常修泽，2023），这些尝试值得其他地区借鉴。

最后作一总结：要素市场化改革是一场系统的变革。

第一，切入点：生产力领域的变革。

第二，生产关系的变革与完善。注意：相对于传统计划经济体制，要素市场化与要素配置机制紧密相关，是“化整为零”的过程，只有在某些特定条件下，才允许有限的“化零为整”，务必把握“化整为零”与“化零为整”的辩证法。作为市场机制的核心命题，要素市场化必然涉及价格机制问题。

第三，要素市场化配置改革由生产力领域发轫，继而走向生产关系领域，最后必然推进到上层建筑领域，要求国家治理体系和治理能力现代化，对此，要有战略安排谱系，并稳步推进。

参考文献：

蔡继明，2010. 从狭义价值论到广义价值论［M］. 上海：格致出版社.

常修泽，等，1995. 产权交易理论与运作［M］. 北京：经济日报出版社.

常修泽，2008. 人本体制论：中国人的发展及体制安排研究［M］. 北京：中国经济出版社.

常修泽，2009. 广义产权论：中国广领域多权能产权制度研究［M］. 北京：中国经济出版社.

常修泽，2013. 包容性改革论：中国新阶段全面改革的新思维［M］. 北京：经济科学出版社.

常修泽，等，2013. 创新立国战略［M］. 北京：学习出版社.

常修泽，等，2018. 所有制改革与创新：中国所有制结构改革40年［M］. 广州：广东经济出版社.

冯天瑜，等，1990. 中华文化史［M］. 上海：上海人民出版社.

常修泽，1986. 商品经济与计划体制改革［J］. 改革（4）.

常修泽，1987. 关于城市劳动力市场几个问题的答辩［J］. 天津师大学报（2）.

常修泽，2004. 论建立与社会主义市场经济相适应的现代产权制度［J］. 宏观经济研究（1）.

常修泽，2017. 企业家阶层新论［J］. 上海大学学报（社会科学版），34（3）.

常修泽，2018. 中国改革40年若干规律性问题认识［J］. 学术界（11）.

常修泽，2020. 关于要素市场化配置改革再探讨［J］. 改革与战略，36（9）.

常修泽，2022. 中国经济三型趋势论［J］. 上海大学学报（社会科学版），39（5）.

常修泽，2023. “全要素　多资源”：产权交易市场新构想——产权交易市场改革实践考察之后的思考［J］. 产权导刊（11）.

常修泽，何亚斌，2020. 要素市场化配置与产权市场命运：产权“生产要素生命论”探讨［J］. 产权导刊（6）.

肖冰，等，2020. 自由贸易港知识产权金融创新发展：基于新加坡的经验与启示［J］. 海南大学学报（人文社会科学版），38（6）.

赵昱，杜德斌，2013. 美国知识产权国际贸易的特征及发展趋势［J］. 中国科技论坛（9）.

# 第二篇

# 分论

# 第四章

# 劳动力要素市场化配置改革

劳动力是社会生产力中最活跃、最重要的要素，土地、资本要素只有通过劳动才能被激活、运转，技术、数据要素则是复杂劳动的派生产物。改革开放以来，伴随着经济体制的改革，我国劳动力要素市场化配置改革持续推进。劳动力市场的发育和改革促进了就业扩大和劳动力重新配置，成为推动我国经济社会发展的重要动力。当前，作为全球劳动力资源最丰富的国家之一，我国劳动力市场呈现出一些新趋势、新特征，劳动力要素市场化配置水平、配置效率和市场规范化程度仍有待提升，同时，劳动力市场供需结构性矛盾也较为突出。要充分发挥市场的决定性作用，破除阻碍劳动力自由流动的体制机制障碍，健全劳动力和人才流动要素配置机制，畅通劳动力和人才要素流动渠道，着力构建稳定、高效的劳动力市场，为推动经济高质量发展注入源源不断的强劲动力。

## 第一节 劳动力市场的理论回顾

工业化生产建立在劳动分工基础之上，大量劳动力作为生产要素存在，成为工业化体系中的组件。科学管理的重要实践者亨利·福特说：“我需要的是一双手，为什么上帝给了我整个人？”追求效率的微观主体——企业依赖于宏观的劳动力市

本章执笔人：曾红颖（国家发展和改革委员会社会发展研究所研究员）、范宪伟（国家发展和改革委员会社会发展研究所副研究员）。

场实现劳动力供需平衡和工资决定。然而市场失灵同样出现在劳动力市场中，大量失业造成的危机超越了古典经济学的理论边界，催生了宏观经济学。劳动力市场理论是宏观经济学最重要的理论和研究方向之一，不同学派基于不同的假设对劳动力市场给出了不同的理论阐释，对就业、失业、工资决定机制、劳动力供需等问题形成不同的解释。

## 一、不同学派劳动（力）市场理论简介

以亚当·斯密、大卫·李嘉图等为代表的古典学派认为，劳动是一种商品，劳动和其他商品一样，可以在市场上进行交换（斯密，2013）。在劳动市场上，雇主可以购买或出售劳动。劳动价格由供求关系决定，如果需求高于供应，则工资会上涨，反之则下降（李嘉图，2013）。

以马歇尔、庇古等为代表的新古典学派强调，市场机制以及市场要素决定工资水平。劳动市场具有高度的竞争性，其中存在大量的需求者和供给者，可以在市场自由进入和退出，劳动市场的均衡可以实现资源的优化配置，在劳动市场中工资会随着供需的变化而快速地发生改变（庇古，2018）。

多林格尔和皮奥里等提出的劳动力市场分割理论认为，由于社会和制度性因素的作用，劳动力市场是分割的，不同人群获得劳动力市场信息以及进入劳动力市场渠道的差别，导致不同人群在就业部门、职位以及收入模式上存在明显差异，比较突出的如在种族、性别与移民之间的分层等。劳动力市场分割的主要表现形式是劳动力市场可以划分为一级劳动力市场和二级劳动力市场，内部劳动力市场和外部劳动力市场（徐林清，2004）。

刘易斯等提出的发展经济学理论认为，经济体系中有工业和农业两个部门，两个部门在生产率和工资方面存在巨大差别，农村劳动力会向工业部门转移，随着农村劳动力的转移，农业生产率逐渐提高，农业劳动力生产将会出现拐点（刘易斯拐点），即农业部门工资随农村劳动力的转移而上升，当两个部门的生产率接近一致时，工业部门对农业剩余劳动力吸收完毕，此时，农村劳动力不再向工业部门转移，二元经济结构就转变为一元经济结构（蔡昉，2022）。

## 二、不同流派对失业问题的探讨

对失业问题的分析主要有两大流派。经典流派以凯恩斯为代表，认为失业受经济周期的影响，是经济周期的一个结果变量，经济周期是因变量。凯恩斯认为失业分三种类型——摩擦性失业、自愿失业和非自愿失业，失业是由有效需求不足和工资刚性共同作用而形成的。具体包括以下几个方面内容：（1）就业量是由有效需求决定的，失业是有效需求不足造成的。（2）就业增加引起国民收入增加，从而使个人收入增加，消费增加，但消费增加不如收入增加多，消费和收入之间产生缺口，造成消费不足。（3）总需求是由消费需求和投资需求共同决定的，消费不足，总需求下降，创造的就业岗位数量下降。

另一派学者来源广泛，他们认为失业问题是劳动力市场结构的内生变量，主要有三个不同研究方向：（1）从市场结构层面上分。1971年，多林格尔和皮奥里提出“内部劳动力市场和人力政策”，认为劳动力市场远非完全竞争和统一的，它被分割成两大块，即主要劳动力市场和次要劳动力市场，两个市场在劳动力配置和工资决定方面各有特点。主要劳动力市场提供的工作工资高、条件好、就业稳定、职业有保障、权利平等、工作制度和行政管理制度上有适当的程序和规则，并有很多的晋升机会。次要劳动力市场的工作往往工资低、条件差、就业变化大、要求苛刻、晋升机会少。另外，社会偏好、阶级、性别、种族、人权、利益等非经济因素，对就业和就业的选择也有影响。（2）个体选择问题。霍夫曼认为，在二元劳动市场中职位有好有坏，这是一个客观现实，这种劳动市场的区隔是由教育结构造成的，教育一方面提高低收入者的技能、提升劳动生产率、减少低技能的工人供给，另一方面也抬高高技能岗位的门槛，导致文凭主义盛行和过度教育。二元劳动市场的存在造成了个体参与劳动市场的博弈和选择问题，有一些人宁可选择用休闲和劳动交替，也不做低工资的行业。（3）企业选择问题。企业支付给员工的工资不是充分竞争的结果，但由于工资的信号作用，一些企业提供“效率工资”，一些头部企业也倾向于用工资和待遇来做企业定位的区隔。所以，劳动力市场本身是扭曲的，在这样信息不完备的市场环境里，就业要解决的问题就是寻找劳动供求双方个体理性和利益相容的交易模式（曾红颖等，2021）。

### 三、创造就业岗位是劳动力市场效率的关键

就业周期理论依然有广泛的市场。其政策观点就是经济周期决定就业周期。总需求是由消费需求和投资需求共同决定的，消费不足，总需求下降，创造的就业岗位数量下降。二战后西方国家的持续滞胀和福利国家危机使凯恩斯提出的有效需求不足、扩大总需求的政策受到了批评（凯恩斯，2009）。一些学者认为，周期性波动是经济自然的调节过程，政府的过度扩张会引起通货膨胀，实际并不会改变就业水平。经济周期决定就业或影响就业的最新进展是技术创新对劳动力的替代问题。

就业市场结构理论认为失业是客观存在的，没有充分就业，只有均衡市场，在信息不完备的市场环境下，需要解决的重点问题是寻找满足劳动力供求双方个体理性和利益相容的交易模式，政策就相应地变成：（1）解释。以劳动力市场动态属性和信息流动不完全性为基础解释摩擦性失业。其基本思想是，劳动力供求双方为完成匹配，不得不为市场摩擦付出搜寻、雇佣、培训等成本，这些成本决定了均衡失业水平。（2）安抚。市场摩擦是工资分散的显著影响因素，技能差异可以很好地解释高技能劳动者的工资差异，但对低技能劳动者的工资差异没有解释力。（3）预期。探讨工资的决定机制，包括对集体谈判、双层工资、内部人-外部人、效率工资的探讨。（4）政策。降低搜寻匹配成本，讨论其微观基础及其在宏观经济中的作用，并以经验数据估计匹配函数的具体形式和参数值（曾红颖等，2021）。

综合来看，就业市场结构理论对拓展就业岗位的宏观问题没有兴趣，而对解释存在的各种现象和微观机理非常用心。宏观层面的就业周期理论虽然受到诟病，却一直是指导政府制定政策决策的理论依据。

## 第二节　我国劳动力要素市场结构与区域流动

我国是世界上劳动力资源最丰富的国家之一，劳动力市场结构具有自身特点和相对稳定性。本节分析影响我国劳动力市场结构的问题，主张区分存量和流量，把

握关键变量，同时关注人口的大规模区域流动。

## 一、我国劳动力规模与劳动力市场结构

我国劳动力资源丰富，尽管近年来我国劳动年龄人口持续下降，但截至2022年，我国16～59岁劳动年龄人口仍高达8.7556亿人，占全国总人口的比重为62.0%。从结构上看，劳动年龄人口的减少，主要是因为大龄劳动力退出劳动力市场、数量下降较快，而青年劳动力数量仍稳中有增。从国际比较看，根据世界银行数据，2019年我国15～64岁人口数量达到9.89亿人，而同期整个欧盟（含英国）的劳动力人口总量也只有2.88亿人；我国15～64岁人口数量占全国总人口数量的比例为70.64%，虽然与2010年73.27%的峰值相比有所下降，但仍然高于主要发达经济体（美国65.24%、日本59.42%、英国63.8%、德国64.64%、法国61.81%），也高于大部分新兴市场国家（印度67.0%、俄罗斯66.75%、巴西69.74%、南非65.62%）。从劳动力素质来看，第七次全国人口普查的数据显示，2020年我国具有大学文化程度的人口约为2.2亿人，与2010年相比，每10万人中具有大学文化程度人口的数量由8930人上升为15467人，15岁及以上人口的平均受教育年限由9.08年提高至9.91年，文盲率由4.08%下降为2.67%。由此可以看到中国劳动力素质不断提升，人口素质的不断提高将有力支撑经济发展方式转变、产业结构升级、全要素生产率提高，推动人口和经济社会持续协调、健康发展。

从就业人口来看，截至2021年底，我国就业人数为7.47亿人，其中第一产业就业人数为1.71亿人，占比23%，第二产业就业人数为2.17亿人，占比29%，第三产业就业人数为3.59亿人，占比48%（图4.1）；从空间上看，2021年城镇就业人口合计4.68亿人，占比已经达到63%，乡村就业人口为2.79亿人，占比为37%。从所有制结构看，我国城镇就业人口中，约有13%（2019年数据）在国有或集体所有制单位工作。而体制内工作中，从事公共服务工作的教师、医生、政府公务员占体制内就业人数的80%～90%。

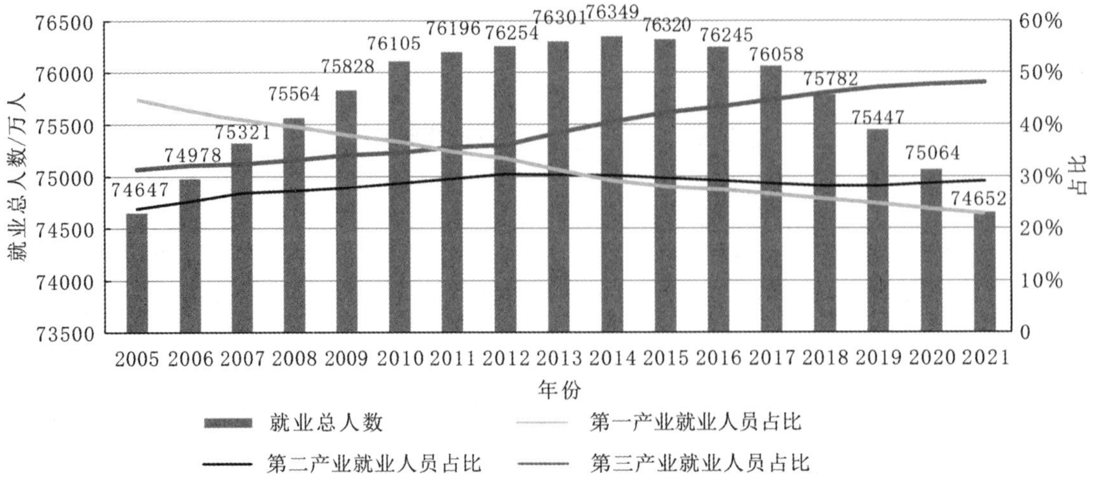


**图4.1　2005—2021年就业人口总量及三次产业就业结构情况**

资料来源：《中国统计年鉴2022》。

综上，我国劳动力市场总体结构分成五个板块：第一板块是体制内就业，在全部就业中占比8%左右，体制内就业中80%～90%从事公共服务工作，包括教师、医生和公务员。第二是城镇非私营企业就业，总量约1.1亿人，占全部劳动人口的15%左右，主要在股份制企业、中外合资企业、港澳台资企业工作。第三是城镇民营、私营企业和个体从业者，有2.7亿人左右，占全部劳动人口的35%，主要在传统服务业部门工作。第四是农村个体私营从业者，有1.4亿人左右，占比19%。第五是农业从业者，有1.7亿人，占比23%。

## 二、影响劳动力市场的关键变量

分析劳动力市场要看存量、流量，更要关注变量。劳动力存量就是劳动力市场的总量，代表一个国家或一个地区吸纳就业、创造工作岗位的能力，劳动力市场结构变动可以看作市场流量，包括两个维度：一个是劳动力市场行业结构变化，另一个是劳动力市场空间结构变化。劳动力市场行业结构变化一般代表着就业质量的优化，如劳动力由第一产业向第二产业、第三产业转移，劳动力由简单工序工种向复杂、高技能领域转移等。劳动力流动，特别是空间流动是劳动力市场的一个突出现象，在全球表现为高学历、高财富人员向发达经济体移民，在国内表现为劳动力向东南沿海地区和大城市聚集。第七次全国人口普查数据显示，我国流动人口规模已经达3.25亿人，其中占相当大比重的是跨区域的就业。从劳动力人口的空间流动态势可以研判区域经济发展、公共服务配置水平等。

劳动力市场每年有大量新增劳动力进入，新增就业岗位就是一个劳动力市场的关键变量。为了满足就业的需求，长期以来宏观调控都把一定的经济增长作为必要条件。进入新时期，经济增长指标有所弱化，更加强调高质量发展，特别是我国人口发展态势和年龄结构出现了根本性变化，在新的环境和条件下，我国每年需要创造多少就业岗位才能满足新增劳动力的就业需求呢？

按照我国的出生人口队列、大学生毛入学率、研究生入学数和就业数、60岁以上人口和未来5年退休人口及我国就业岗位结构，分别测算新进入劳动力市场的人数和退休退出劳动力市场的人数，二者之差就是年新增就业岗位需求。

以2020年数据为例，当年我国15岁队列人口为1532万人，大学生毛入学率为54.4%，即有696万左右15岁劳动人口进入劳动力市场，同时22岁人口中，830万人大学毕业，按照平均每年120万人的研究生招生规模，有710万大学生进入劳动力市场，2020年还有66万研究生毕业进入劳动力市场，新增劳动力总规模约1472万人。2020年61岁退出劳动力市场人口为1214万人，如果劳动力市场规模不萎缩、所有适龄人口都退出劳动力市场的话，新增就业岗位需求是258万人。从劳动力市场分割来看，体制内和非私营企业就业岗位占全部就业岗位的23%，相对来讲是优质岗位。假设上述岗位员工在满60岁后全部退出市场，大约提供280万个岗位，而我国大学生和研究生进入劳动力市场的人数大约为776万人，缺口为496万人。

按此逻辑对2021—2025年就业人口和退休人口进行估计，新进入劳动力市场的人数约为7000万人，而进入退休年龄（60岁退休）的人数约为1亿人，如果不调整退休政策，以及劳动力市场效率无变化的话，劳动力市场以现有规模看，缺口为3000万人。从大学生和优质就业岗位的匹配看，优质就业岗位依然紧缺，缺口大（2254万人）。

综上，未来3～5年中国劳动力市场会继人口结构变化之后，迎来就业供求结构的第一波冲击，劳动力人口绝对量下降。同时高质量就业岗位供不应求的压力依然强劲，就业预期和就业机会不匹配现象依然难以从根本上得到缓解。

## 三、劳动力区域流动

劳动力区域流动与人口流动有着密切的联系，并构成人口流动的主要部分。第七次全国人口普查数据显示，2020年，我国居住地与户口登记地所在的乡镇街道不一致且离开户口登记地半年以上的人口（简称人户分离人口）达4.93亿人，其中，市辖区内人户分离人口为1.17亿人，流动人口为3.76亿人。流动人口中，跨省流动人口为1.25亿人，省内流动人口为2.51亿人。与2010年第六次全国人口普查数据相比，人户分离人口增加2.31亿人，市辖区内人户分离人口增加0.77亿人，流动人口增加1.54亿人。

农民工流动是我国劳动力区域流动的重要组成部分。截至2021年，我国农民工总量为2.93亿人（图4.2），其中外出农民工1.72亿人，本地农民工1.21亿人（图4.3）。在外出农民工中，跨省流动7130万人，省内流动10042万人。从输出地看，中部地区跨省流动农民工数量占外出农民工总数的56.6%，西部地区占47.8%，东部和东北地区外出农民工以省内流动为主，跨省流动农民工占比分别为15.1%和28.9%。2015年我国跨省农民工的绝对人数首次下降，从2015年的7745万人降至2020年的7052万人。疫情加速了回流，2020年跨省就业农民工比2019年减少456万人，超过了此前五年的下降总和，主要劳务输出地农民工回流趋势明显。但2021年，我国跨省农民工数量出现小幅上升，总人数升至7130万人。可以预判，未来随着乡村振兴等一系列战略的实施，我国跨省流动农民工数量仍将呈现下降趋势。

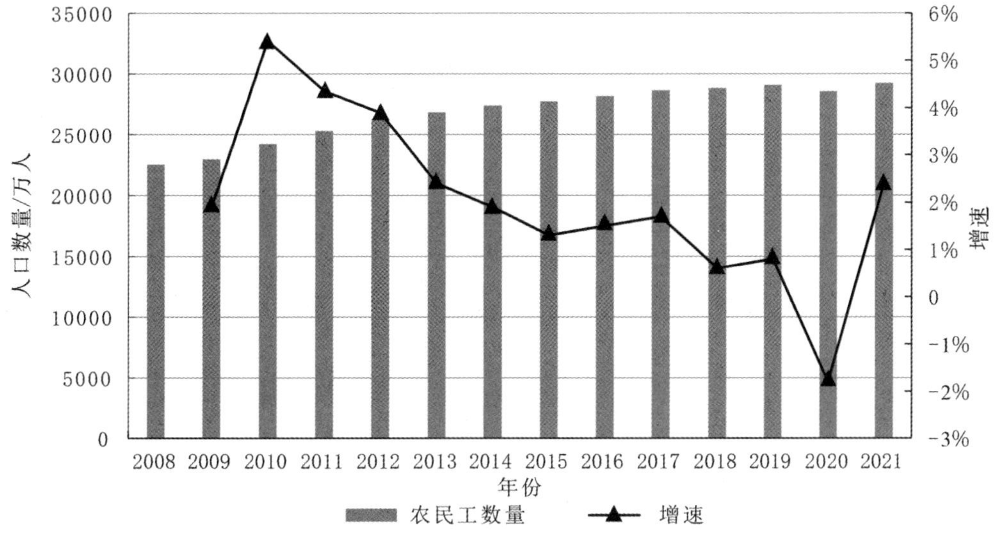


图4.2　2008—2021年我国农民工变动情况

数据来源：《农民工监测调查报告》（2008—2021年）。

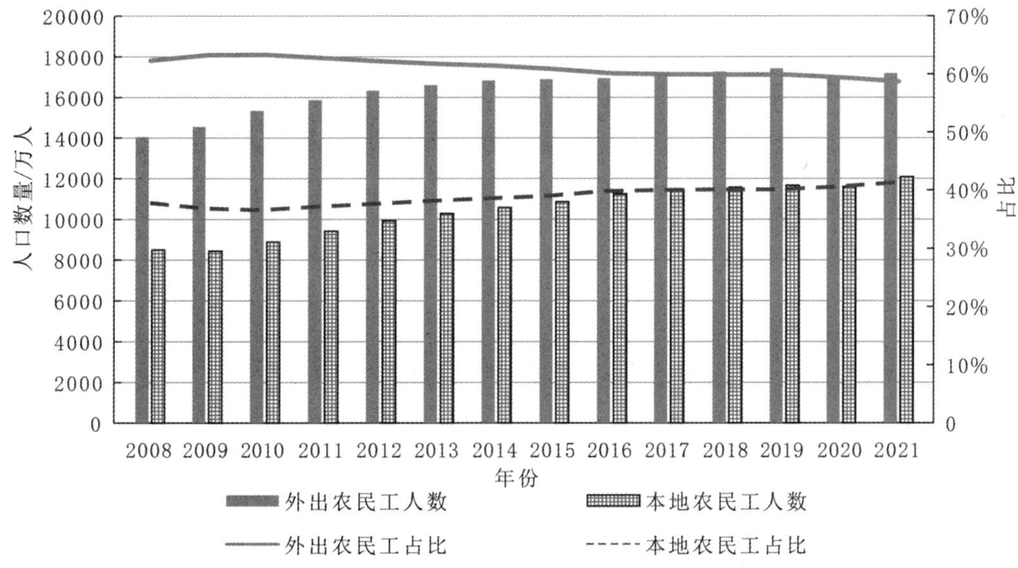


图4.3　2008—2021年我国外出和本地农民工变动情况

数据来源：《农民工监测调查报告》（2008—2021年）。

# 第三节 我国劳动力要素市场化配置进程、趋势及特征

改革开放以来，我国劳动力要素市场化改革持续深化，劳动力市场出现了一些新趋势、新特征，如劳动力“人才红利”持续释放，劳动力市场空间演变发生重大变化，就业结构高级化面临着农业人口转移和服务业扩容双重压力，创业带动就业成为创造新岗位的重要动力，灵活就业等新就业形态发展速度快、群体规模大，城市老年人口规模大、素质高、再就业意愿强、开发利用潜能巨大。

## 一、劳动力要素市场化配置进程

随着我国改革开放进程的加快推进，我国劳动力要素市场化改革持续深化，劳动力要素配置的市场化程度不断提高。从计划经济下劳动力由国家统包统配，企业吃国家的大锅饭、职工吃企业的大锅饭，转变为企业有用人自主权、职工有择业自主权、劳动人口通过劳动契约实现就业，我国就业方式发生了根本性转变，劳动力要素的市场化配置取得了巨大进展，劳动力要素市场化配置进程可以分为四个阶段。

### （一）自发劳动力市场快速成长阶段（1978—1991年）

中国的改革开放从农村家庭联产承包责任制改革开始，伴随着农业生产效率的提升，以及农村劳动力的大量过剩，乡镇企业成为吸纳农村剩余劳动力的巨大蓄水池。1978年，中国的就业人口是4.01亿人，其中城镇就业人数为0.95亿人，乡村就业人数3.06亿人，城镇就业人数占比仅为23.69%，基本为体制内就业，其中国有单位就业人数0.75亿人，集体所有制单位就业人数为0.2亿人。到1988年，乡镇企业就业人数达到0.95亿人，1989—1991年政策收紧，乡镇企业发展受到限制，但依然吸纳0.93亿人就业，同时城镇个体从业者达到0.21亿人，私营企业从业人数0.02亿人，非国有企业就业人数达到1.16亿人，首次超过国有企业1.06亿从业人数（王小鲁，2018）。

### （二）劳动力市场改革阶段（1992—2000年）

1992年是中国改革深化的新阶段，国企市场竞争能力弱化成为突出现象。从1978年开始，国企和集体所有制单位从业人数持续增长，而与之相应的企业生产效率却没有同步增长。1995年国企改革拉开序幕，1995—2000年国有单位职工数量从1.13亿人变成0.81亿人，净减少0.32亿人，同期集体所有制单位员工下岗情况更为普遍，1995年有0.31亿从业者，到2000年只有0.15亿从业者，与体制内大规模改制分流相配套的是，1997—1998年，国务院正式决定建立城镇职工基本养老保险和基本医疗保险制度，于1999年公布了《失业保险条例》。到2000年，城镇职工基本养老保险覆盖了1.36亿人，失业保险覆盖1.04亿人，城镇职工基本医疗保险覆盖0.38亿人，工伤保险覆盖0.44亿人；覆盖面分别占城镇就业人数的59%、45%、16%和19%。社会保障体系的建立是一项重大进步，意味着中国改革开始向兼顾效率和公平的现代市场经济过渡（王小鲁，2018）。

### （三）劳动力市场规范和发展阶段（2001—2011年）

2001年中国加入WTO，中国的进出口贸易和出口加工业有突飞猛进的发展，国内丰富的劳动力资源得到了有效利用，增加了就业机会和劳动者收入。2000—2010年，城镇化进一步加速发展，城镇化率从36%提高到近50%，提高了14个百分点；城镇人口增加了2.3亿人。农村劳动力大量转向城镇非农产业，据统计，2004年进城务工的农民工约1.3亿人，在乡镇企业工作的农村劳动者约有1.3亿人，扣除两者重合部分，全国农民工总数约2.1亿人（郑功成，黄黎若莲，2006）。

### （四）劳动力市场高质量发展探索阶段（2012—2022年）

这一阶段有四个特征。第一，中国城镇化格局发生根本性逆转。1978年中国82%的人口生活在农村，到2011年中国城镇人口首次超过农村人口，城镇人口占全国人口的比重达到51.83%，2021年中国城镇人口达9.14亿人，城镇化率为64.72%。第二，中国新进入市场劳动力素质明显提升。2010年中国义务教育普及率、中学教育入学率达到世界高收入国家平均水平。大学入学率于2012年达到28%，2021年在校大学生总规模达到4430万人，毛入学率57.8%，2012年来每年进入劳动力市场的大学生超过600万人。第三，体制内吸纳就业能力大大弱化（图4.4）。2012年就业环比增长为0.08%，到2015年环比增长转负。第四，创新就业成为时代主题，自主创业、灵活就业成为劳动力市场重要特征。

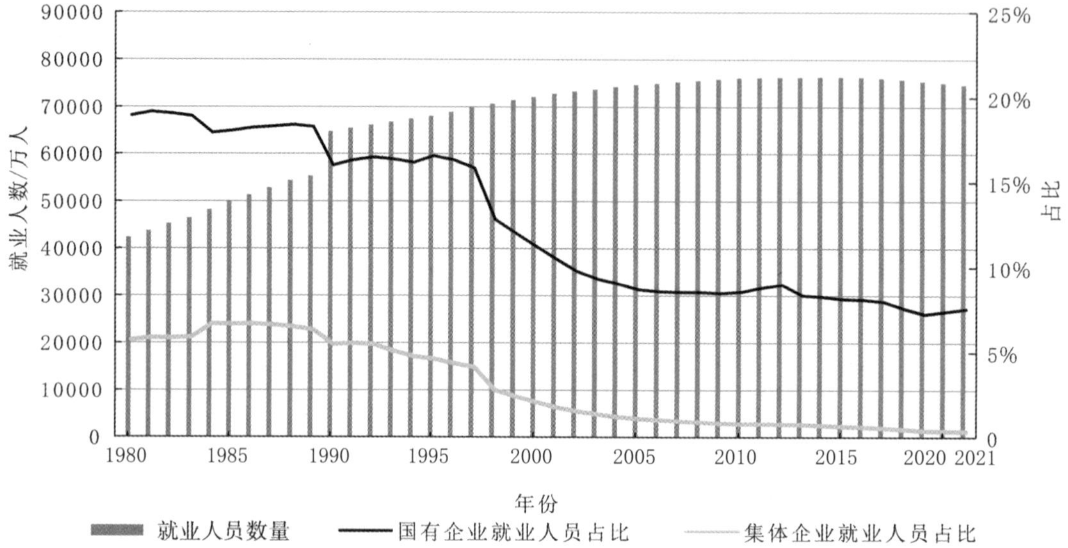


图4.4　1980—2021年我国体制内就业吸纳能力变化

数据来源：《中国统计年鉴》（1982—2022年）。

## 二、当前劳动力市场新趋势、新特征

### （一）劳动力"人才红利"持续释放

近年来，虽然我国劳动年龄人口总量持续下降，尤其是2022年我国人口首次出现负增长，但我国仍有14亿多人口，人口规模优势和超大规模市场优势将长期存在，我国劳动年龄人口仍近9亿人，劳动年龄人口总量超过全球发达国家劳动年龄人口总和，劳动力资源依然丰富。与此同时，我国劳动年龄人口受教育程度持续提升，人才红利逐步显现。至2021年，我国人口平均年龄38.8岁，接受过高等教育的人口达2.4亿人，16～59岁劳动年龄人口平均受教育年限达到10.93年，新增劳动力人口平均受教育年限达13.8年，每年有上亿从业人员接受多样化培训，人才资源总量达2.2亿人，我国为全球规模最大、门类最齐全的人才资源大国，研发人员总量稳居世界首位。劳动力素质结构发生重大变化，人口素质的不断提高将有力支撑经济发展方式转变、产业结构升级、全要素生产率提高，推动人口和经济社会持续协调、健康发展。但我国劳动力素质与发达国家相比仍有较大差距。2015年，加拿大劳动年龄人口平均受教育年限就已达14.6年，澳大利亚为14.4年，英国为14年，美国为13.4年，人力资源结构升级趋势和社会创造优质就业岗位能力落差还将长期存在。我国高等院校入学率仍然处于较低水平，与其他经济体相比有较大差距。截至2017年，我国高等院校入学率仅为51.01%（表4.1），而新加坡、韩国分别超过80%、90%。2017年我国高等院校入学率相当于韩国、英国、法国1996年水平，美国1980年水平。

表4.1 主要年份全球主要经济体高等院校入学率（%）

| 年份 | 中国 | 日本 | 韩国 | 美国 | 德国 | 法国 | 英国 |
|---|---|---|---|---|---|---|---|
| 1980 | 1.14 | 30.47 | 12.44 | 53.54 | — | 25.13 | 18.83 |
| 1985 | 2.42 | 28.7 | 30.92 | 58.13 | — | 29.03 | 20.99 |
| 1990 | 3.01 | 29.36 | 36.51 | 71.05 | — | 36.97 | 26.46 |
| 1995 | 4.48 | 39.11 | 48.32 | 78.97 | 45.23 | 50.29 | 48.22 |
| 2000 | 7.62 | — | 76.68 | — | — | 50.6 | 58.47 |
| 2005 | 18.85 | — | 91.7 | — | — | 53.88 | 59 |
| 2010 | 24.05 | — | 102.76 | — | — | 54.88 | 59.18 |
| 2015 | 45.35 | — | 93.26 | 88.89 | 66.28 | 62.77 | 57.29 |
| 2016 | 48.44 | — | 93.78 | 88.84 | 68.33 | 64.44 | 59.41 |
| 2017 | 51.01 | — | — | — | — | — | — |

资料来源：世界银行。

## （二）劳动力市场空间演变发生重大变化[1]

劳动力市场极化现象逐渐明显，我国区域之间劳动力市场的稳定型就业、灵活型就业与高技能型就业都出现了一定的极化趋势，主要体现为东部地区和东北地区之间的两极分化。东部地区内部的高技能型就业和灵活型就业规模都明显增长。劳动力市场就业岗位创造能力异质化显现。“三新”（新产业、新业态、新模式）经济带来直接和间接就业创造效应，2017年、2018年和2019年，“三新”经济带来的总就业规模分别为15148万人、15752万人和16566万人，呈现逐年递增趋势。劳动力市场“时”“空”边界不断改变，就业形态的空间变革主要体现在工作空间和工

[1] 参见：赖德胜，等. 2020中国劳动力市场发展报告［M］. 北京：北京师范大学出版社，2022.

作模式两个层面。表现为线下到线上的变化，传统的工作平台、工作空间萎缩，线上经济活动越来越多；工作弹性增强，一人一岗到多人一岗或一人多岗的变化趋势十分明显，弹性岗位模式与互联网平台结合，共同打造了各种灵活就业模式，工作更加多样化。就业形态时间转变主要表现为工作年限延长和工时缩短并存。

### （三）就业结构高级化面临着农业人口转移和服务业扩容双重压力

从工业从业人员数量占就业人数的比重来看，20世纪90年代以来，我国工业从业人员占比持续上升，1991年到2018年提升了约7个百分点。2018年，我国工业从业人员占比达到28.62%，与德国工业从业人员占比大体相当，高于美国、韩国、英国、法国等国家（表4.2）。从服务业从业人员占比来看，20世纪90年代以来，我国服务业从业人员占比持续上升，1991年到2018年提升约26个百分点。2018年，我国服务业从业人员占比达到44.61%，大致相当于韩国1991年水平，与美国、日本、德国等高收入国家差距较大（表4.3）。尽管1991年到2018年我国农业从业人员占比从59.7%降至26.77%，平均每年转移农业劳动力近1%，但与高收入国家5%以下的差距还不小（表4.4）。未来一段时期，我国就业结构高级化面临着农业人口转移和服务业扩容双重压力。

表4.2　主要年份全球主要经济体工业从业人员占比（%）

| 年份 | 中国 | 日本 | 韩国 | 新加坡 | 美国 | 德国 | 法国 | 英国 |
|---|---|---|---|---|---|---|---|---|
| 1991 | 21.59 | 34.59 | 35.95 | 35.16 | 25.48 | 36.15 | 29.13 | 30.06 |
| 1995 | 24.56 | 33.7 | 33.44 | 30.96 | 25.02 | 36 | 26.94 | 27.42 |
| 2000 | 24.31 | 31.42 | 28.15 | 28.19 | 24.42 | 33.53 | 26.27 | 25.17 |
| 2005 | 25.41 | 27.84 | 26.85 | 22.53 | 22.28 | 29.84 | 23.78 | 22.22 |
| 2010 | 27.54 | 25.68 | 25.02 | 21.39 | 19.66 | 28.31 | 22.25 | 19.21 |
| 2015 | 29.16 | 25.91 | 25.2 | 16.86 | 19.87 | 27.69 | 20.38 | 18.66 |
| 2016 | 29.14 | 25.62 | 24.99 | 16.8 | 19.77 | 27.38 | 20.29 | 18.46 |
| 2017 | 28.98 | 24.63 | 25.07 | 16.7 | 19.73 | 27.4 | 20.49 | 18.24 |
| 2018 | 28.62 | 24.5 | 24.95 | 16.59 | 19.44 | 27.13 | 20.32 | 18.11 |

资料来源：世界银行。

表4.3 主要年份全球主要经济体服务业从业人员占比（%）

| 年份 | 中国 | 日本 | 韩国 | 新加坡 | 美国 | 德国 | 法国 | 英国 |
|---|---|---|---|---|---|---|---|---|
| 1991 | 18.71 | 58.68 | 47.68 | 64.56 | 71.74 | 60.55 | 65.54 | 67.86 |
| 1995 | 23.24 | 60.6 | 54.79 | 68.8 | 72.22 | 60.83 | 68.17 | 70.52 |
| 2000 | 25.68 | 63.49 | 61.25 | 70.92 | 73.96 | 63.83 | 69.58 | 73.3 |
| 2005 | 29.79 | 67.66 | 65.21 | 76.4 | 76.31 | 67.79 | 72.59 | 76.41 |
| 2010 | 35.76 | 70.22 | 68.38 | 78.06 | 78.92 | 70.04 | 74.84 | 79.57 |
| 2015 | 42.25 | 70.46 | 69.69 | 82.66 | 78.7 | 70.92 | 76.88 | 80.21 |
| 2016 | 43.16 | 70.88 | 70.19 | 82.71 | 78.78 | 71.31 | 76.83 | 80.42 |
| 2017 | 44.04 | 71.93 | 70.14 | 82.83 | 78.84 | 71.32 | 76.89 | 80.6 |
| 2018 | 44.61 | 72.09 | 70.31 | 82.94 | 79.14 | 71.6 | 77.08 | 80.75 |

资料来源：世界银行。

表4.4 主要年份全球主要经济体农业从业人员占比（%）

| 年份 | 中国 | 日本 | 韩国 | 新加坡 | 美国 | 德国 | 法国 | 英国 |
|---|---|---|---|---|---|---|---|---|
| 1991 | 59.7 | 6.73 | 16.37 | 0.28 | 2.78 | 3.3 | 5.33 | 2.08 |
| 1995 | 52.2 | 5.7 | 11.77 | 0.24 | 2.75 | 3.17 | 4.89 | 2.05 |
| 2000 | 50.01 | 5.09 | 10.6 | 0.89 | 1.62 | 2.64 | 4.14 | 1.53 |
| 2005 | 44.8 | 4.49 | 7.94 | 1.07 | 1.41 | 2.37 | 3.64 | 1.38 |
| 2010 | 36.7 | 4.09 | 6.6 | 0.54 | 1.42 | 1.65 | 2.91 | 1.22 |
| 2015 | 28.59 | 3.64 | 5.11 | 0.47 | 1.43 | 1.39 | 2.74 | 1.14 |
| 2016 | 27.7 | 3.5 | 4.82 | 0.49 | 1.45 | 1.31 | 2.87 | 1.12 |
| 2017 | 26.98 | 3.44 | 4.78 | 0.47 | 1.43 | 1.28 | 2.63 | 1.16 |
| 2018 | 26.77 | 3.41 | 4.73 | 0.47 | 1.42 | 1.27 | 2.6 | 1.15 |

数据来源：世界银行。

## （四）创业带动就业成为创造新岗位的重要动力

近年来，我国创业企业数量保持较快增长。2015—2021年，日均新登记企业数由2015年的1.2万家增加到2021年的近2.5万家，实有企业数增长约一倍，我国市场主体总量和实有企业数量均实现翻番。2021年全国新设企业904万家，同比增长12.5%，比上年增速提高3.8个百分点（表4.5）。其中，新设私营企业852.5万家，同比增长11.7%，外商投资企业延续了2020年下半年以来企稳回升的发展态势，全年新设6.1万家，同比增长23.3%。大众创业热情维持高位，个体工商户持续增长，2021年全国新设个体工商户1970.1万户，同比增长17.2%，增速较2020年提高13.52个百分点。2021年，新登记个体工商户占新登记市场主体的比重为68.2%，截至2021年底，全国登记在册个体工商户1.03亿户（表4.6），调查显示，个体工商户平均从业人数为2.68人。以此推算，全国个体工商户解决了我国2.76亿人的就业。社会服务领域创业带动就业专项行动（新兴业态、平台企业、示范项目、先进典型"四个牵引"）吸引各类投资38.9亿元，累计创造就业机会225.4万个。

表4.5　2016—2021年我国企业数量增长变动情况

| 年份 | 实有企业数/万家 | 新设企业数/万家 | 同比增长 | 日均增设/万家 |
|---|---|---|---|---|
| 2016 | 2594.7 | 552.8 | 24.5% | 1.51 |
| 2017 | 3033.7 | 607.37 | 9.9% | 1.66 |
| 2018 | 3474.2 | 670 | 10.3% | 1.84 |
| 2019 | 3858.3 | 739 | 10.3% | 2.02 |
| 2020 | 4331.4 | 803.5 | 8.7% | 2.2 |
| 2021 | 4842.3 | 904 | 12.5% | 2.48 |

表4.6　2016—2021年我国个体工商户增长变动情况

| 年份 | 新设户数/万户 | 同比增长 | 实有户数/万户 | 同比增长 |
|---|---|---|---|---|
| 2016 | 1069 | 5.73% | 5930 | 9.65% |
| 2017 | 1289.8 | 20.7% | 6579.4 | 10.95% |
| 2018 | 1456.4 | 12.9% | 7328.6 | 11.4% |
| 2019 | 1621.8 | 11.3% | 8261 | 12.7% |
| 2020 | 1681.5 | 3.68% | 9287.2 | 12.42% |
| 2021 | 1970.1 | 17.2% | 10310 | 11.1% |

### （五）灵活就业等新就业形态发展速度快、群体规模大

灵活就业是指劳动标准（劳动条件、工时、工资、福利待遇）、生产组织管理以及劳动关系运作等达不到一般企业单位标准的用工和就业形式，主要是指从事非

全日制、临时性和弹性工作的就业状态。灵活就业人员是指在法定劳动年龄阶段内以灵活就业形式就业的人员，主要包括自营劳动者、自由就业者、临时就业者。近年来，随着数字经济和数字社会快速发展，外卖骑手、快递员、网约车司机、网约家政服务员和网络主播等平台用工已成为当前重要的新就业形态，各种灵活的就业模式吸纳了许多劳动力，就业人群规模快速增长。国家统计局数据显示，截至2021年底，中国灵活就业人员约2亿人，占全部就业人口的比重约26%。其中，外卖骑手约1300万人，接近全国人口的1%。这意味着，每100个中国人中，就有1个人是送外卖的骑手。近年来，选择灵活就业的高校毕业生比例越来越高。全国高等学校学生信息咨询与就业指导中心数据显示，2020届灵活就业的全国高校毕业生占比16.9%，2021届灵活就业的全国高校毕业生占比16.25%。

### （六）城市老年人口潜能巨大

城市老年人力资源是宝贵的社会财富，合理开发利用老年人力资源，对于缓解我国人口老龄化压力、减轻家庭和社会负担、提高人力资本整体水平、增强经济社会发展动力等有重要意义。当前，我国低龄老年人口[1]规模大，综合素质越来越高，可开发潜能大，再就业意愿高。一是低龄健康老年人口规模大。第七次全国人口普查数据显示，我国60～69岁低龄老年人口达1.47亿人，占老年人口的比重为55.83%。现阶段，我国依然执行男干部及男职工60岁、女干部55岁、女职工50岁的退休年龄，且退休人员中脑力劳动者所占比重提升，这都为低龄老年人重回劳动力市场预留了年龄空间、健康空间和职业选择空间。随着生活条件和医疗卫生条件的改善，老年人口健康水平不断提高。我国居民人均预期寿命由2010年的74.8岁增至2021年的78.2岁。日益提升的公共健康水平激发了低龄老年人的多元化求职意愿，提升了低龄老年人重回劳动力市场的内在驱动力，促进了老年人的社会融入和价值再创造。二是老年人口综合素质越来越高。老年人口工作经验丰富、责任心强、稳定性高，人力资源开发成本较低。我国60～69岁城市低龄老年人口长期奋斗在经济社会发展各个领域，责任心强，踏实肯干，具有无私奉献精神，处在人生经验与智慧最丰富的时期，再就业时比青年人更能迅速进入工作状态，熟练开展各项工作。第七次全国人口普查数据显示，我国老年人口素质不断提高，60岁及以上老年人口

[1]　一般指60～69岁老年人口。

中，拥有高中及以上文化程度的人口占比13.90%，比2010年提高了4.98个百分点。三是老年人口再就业意愿较强。低龄老年人口大多数刚从工作岗位上退下来，身体较为健康，越来越多的老年人渴望通过合适的机会和平台实现“老有所为”，继续发挥余热、充实自我，为社会创造更多价值。调查数据显示，我国60～65岁的低龄老人中有意愿再就业的人占比为62%，55～59岁即将退休的“准老年人”中有意愿退休后再就业的人占比为72.7%，具有较强的再就业意愿。较为强烈的再就业意愿为老年人力资源开发提供了主观可能。四是老年人力资源综合开发水平较低。我国城市老年人退休后继续工作总体上属于自发性质，缺乏具有前瞻性、战略性、规范性的系统设计，老年人力资源开发水平较低。相关统计表明，2018年，我国60岁及以上老年人口就业人数占全国就业人数比重仅为10.1%，65岁以上老年人口就业人数占全国就业人数比重为5.2%，远低于美国、日本、韩国等国家60～64岁以上老年人再就业率55%～70%的水平。第七次全国人口普查数据显示，我国城市60～69岁老年人口达5200余万人，若再就业率达到50%左右，可利用的低龄老年人力资源将达2600万人，开发潜力巨大。

## 第四节　我国劳动力要素市场化配置存在的问题

现阶段，我国劳动力要素市场化配置水平仍有待提升，劳动力市场供需结构性矛盾突出，劳动报酬在初次分配中的占比仍相对较低，城乡、区域劳动力市场分割尚未根除，劳动力要素配置效率偏低，劳动力市场规范化程度有待提高。

### 一、劳动力市场供需结构性矛盾突出

劳动力供需矛盾是产业升级和经济转型的阶段性问题，是劳动密集型产业向技术密集型产业升级的阶段性现象。“招工难”是企业找不到合适的劳动力从事生产活动，“就业难”是部分劳动者找不到满意的工作。疫情发生以来，企业订单波动变大，大量青年劳动力选择灵活就业，虚假劳务信息较多，导致企业无强工可用、

劳动者无好业可就，致使“招工难”“就业难”问题并存。

### （一）“用工荒”频现，间歇性就业者规模庞大

一是“用工荒”蔓延到全国范围。2021年，国家统计局对9万多家规模以上工业企业的调查显示，约44%的企业反映“招工难”是当前面临的最大问题，该比例创近几年新高。疫情发生后，“招工难”问题从长三角、粤港澳等东部发达地区向中西部地区蔓延，中西部省、区、市一些企业反映“招不到合适的工人”，这成为制约发展的主要因素。二是就业困难群体更加多元。体制外单位和中小企业的劳动者就业更加困难，年轻人“宁送外卖不进工厂”、工厂“涨工资也招不到人”的现象越来越突出。以高校毕业生为重点的青年群体失业率偏高，2022年1月，城镇16～24岁青年调查失业率为15.3%，比2020年、2021年同期分别上升2.8、2.6个百分点。大龄农民工就业压力进一步加大，《2020年农民工监测调查报告》数据显示，2020年，我国50岁以上农民工已达6854万人，占农民工总量的比重已超26%，一些大龄农民工返乡后就业更不充分。三是“用工荒”加速“机器换人”，导致简单重复性工作快速消失。近年来，机器人、人工智能等新技术快速发展，对劳动力市场的影响越来越大。中国社会科学院人口与劳动经济研究所课题组研究估算显示，新技术应用对中国制造业普通劳动力岗位替代率为19.6%。

### （二）中小企业用工难度加大，劳动者就业体验改善有限

一是企业缺人才与劳动者上升通道窄并存。企业普遍反映缺技工、研发和营销人才，同时，这些企业既难以支付与稀缺度相匹配的薪资，也无法为人才提供可信赖、可预期的晋升通道，导致“企业无人才可用”“人才无用武之地”问题共存。二是企业认为用工成本高和劳动者感到工资低并存。2009—2020年，我国城镇制造业私营单位就业人员年均工资由1.7万元升至8.3万元，但与北京、上海等大城市的外卖、快递等平台服务业从业人员月均万元的收入相比，工资收入仍相对较低，加上工作环境相对恶劣、时间相对较长、自由度较低、长时间机械性重复劳动，越来越多的青年群体倾向于平台就业。三是中小企业“留不住人”与劳动者就业稳定性差并存。我国中小企业已突破3000万家，贡献了80%以上的城镇劳动就业岗位，支撑着就业增长的基本盘。但中小企业员工变动频繁，就业不稳定成为新常态。由于

中小企业工作压力大、环境差、待遇低，一些劳动者尤其是大学生“瞧不起中小企业”，一些中小企业即便“招得来人”也十分苦恼于“留不住人”。前程无忧发布的《2021离职与调薪调研报告》显示，2020年制造业离职率为18%，比所有行业整体离职率高3个百分点。

## 二、劳动力供给“规模红利”逐渐减退

近年来，由于人口老龄化程度持续加深，加之生育水平走低，2002年我国15～64岁劳动年龄人口的占比首次下降，2012年，我国劳动年龄人口绝对数量第一次下降，此后我国劳动年龄人口规模及占比持续下降，2012—2022年的10年间我国劳动年龄人口约减少6000万人。随着“60后”“退休潮”的到来和人口出生率持续走低，我国劳动年龄人口将呈现更快的下降趋势[1]。据测算，2030年以前，我国劳动年龄人口平均每年将减少近700万人，每年劳动力供给将减少500万人以上。同时，劳动年龄人口老化明显。2021年，我国45～59岁大龄劳动力达到3.37亿人，在15～59岁劳动年龄人口中占比37.82%，据测算，2025年到2035年大龄劳动力占比将稳定在37%～38.5%之间。受生活水平改善、教育年限延长、就业观念变化等因素影响，我国劳动参与率也呈现逐年下降的趋势，由2000年的77.2%降至2021年的68.1%，21年下降了9.1个百分点。劳动力供给从结构性过剩转向结构性短缺，改变了劳动力市场中的供求关系，“规模红利”减退使一些劳动密集型企业向海外迁移。此外，新生代与老一代劳动力也在发生更替，新生代劳动者文化素质提高，就业预期也呈现新的变化，伴随着代际更替，劳动者就业观念、职业选择和发展需求正在快速发生转变，对劳动就业带来深刻影响，给劳动用工带来新的挑战。

## 三、劳动报酬在初次分配中的占比仍然相对较低

初次分配是在市场机制下实现对劳动、资本等要素的回报，是最基本、最重要的分配环节，提高劳动报酬在其中的占比关乎收入分配的合理性和劳动价值的充分

[1] 根据第七次全国人口普查数据，2023年的退休人口达2872万人，是1949年以来退休人数最多的一年。未来7年，每年退休的“60后”将稳定保持在2000万人以上。

体现。当前，我国劳动报酬占初次分配的比重较低。长期以来，我国城乡居民人均可支配收入或人均纯收入的增长率低于国内生产总值或人均国内生产总值增长率。相关研究显示，从按收入法核算的国内生产总值看，在初次分配中劳动报酬占比从1995年的51.4%下降到2007年的39.7%。从国际比较看，在初次分配中我国劳动报酬占比明显低于发达国家，而企业盈余则明显高于发达国家。世界重要经济体的劳动报酬在国内生产总值中所占的份额近年一般介于50%～57%之间，比我国2007年39.7%的水平约高10～17个百分点。

## 四、劳动力市场分割尚未根本消除

新中国成立以来，我国在劳动力流动上制定了严格的城乡隔绝措施，通过户籍制度、社会保障制度等限制了农村劳动力向城镇的自由流动，这些制度安排促成我国劳动力市场的城乡分割。近年来，随着户籍制度改革、城乡公共服务均等化程度的不断提高，城乡劳动力流动日益顺畅，但城乡劳动力市场分割尚未根本消除。同时，大量的劳动密集型企业只给员工提供较低的工资和较低的工作稳定性，由此形成二级劳动力市场。而高新技术产业与资本密集型产业能够给员工提供较高的工资和较高的工作稳定性，加上原有的事业单位和国有垄断性企业，共同形成一级劳动力市场。一级劳动力市场往往通过内部招聘以及对招聘信息的垄断排斥二级劳动力市场的劳动者，从而形成劳动力市场的两极分割。

## 五、劳动力市场规范化程度仍有待提高

当前，我国正处于经济社会转型时期，劳动关系的主体及其利益诉求越来越多元化，劳动关系矛盾进入凸显期和多发期，劳动争议案件增多，劳动力市场秩序仍有待规范。一是劳动争议案件规模仍较大。受经济发展格局和结构调整影响，局部地区产业调整明显，劳动争议案件规模仍较大且数量出现回升，劳动争议多集中于制造业、建筑业、采矿业等传统的劳动密集型产业（表4.7）。2021年，全国各级劳动人事争议调解组织和仲裁机构共办理争议案件263.1万件（图4.5），涉及劳动者285.8万人。二是当前传统劳动关系制度难以保障新就业形态从业者的基本权益。

多数新就业形态从业者与平台企业只是缔结合同关系，他们可能同时受雇于多个市场主体且岗位流动性较高，而现行的法律法规对此类劳动关系的认定缺乏清晰的标准，导致其对新型用工关系及用工义务的约束力不足。新就业形态从业者参与社会保险仍存在明显制度性障碍，现行的社保体系中仍存在相关从业者社保覆盖率较低、险种不全的现象。三是农民工群体劳动权益保障仍显不足。农民工作为劳动力市场上的弱者，工资收入低、劳动时间长、劳动安全保障差，农民工合法权益得不到保障的案例仍然存在，拖欠农民工工资的事件时有发生。

**表4.7 近年来我国劳动争议矛盾集中点**

| 互联网+传统行业 | 新就业形态产生的职业 | 工作特点 | 劳动争议矛盾集中点 |
|---|---|---|---|
| 交通业 | 专车司机、独立合同工 | 专职与兼职并存 | 劳动关系的认定，工作时间，双方权利和义务，利益分配制度 |
| 金融业 | 众筹者 | 劳动者具有双重身份 | |
| 物流业 | 自由快递人 | 灵活就业 | |
| 生活性服务业 | 各类家政服务者 | 专职与兼职并存 | |
| 商业服务业 | 自由企业商事服务者 | 专职与兼职并存 | |

资料来源：纪雯雯. 数字经济下的新就业与劳动关系变化［M］. 北京：社会科学文献出版社，2019.

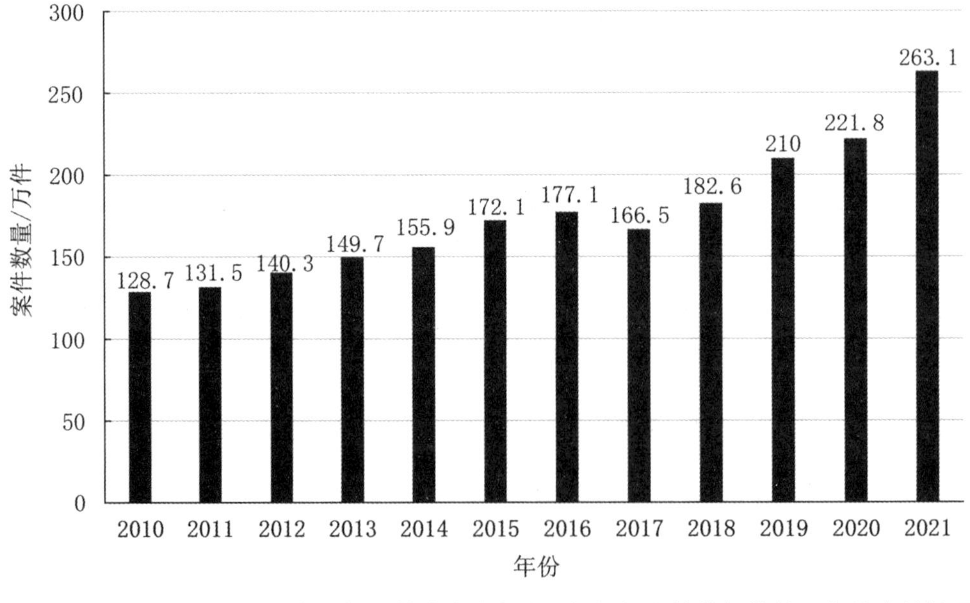


**图4.5 2010—2021年全国各级劳动人事争议调解组织和仲裁机构处理争议案件情况**

资料来源：《人力资源和社会保障事业发展统计公报》（2010—2021年）。

# 第五节　劳动力市场资源配置改革方向及对策建议

要充分发挥市场决定性作用，坚持以新发展理念为指导，以市场化改革为方向，破除阻碍劳动力自由流动的体制机制障碍，健全劳动力和人才要素配置机制，畅通劳动力和人才要素流动渠道。要更好地发挥政府作用，完善政府调节与监管职能，做到放活与管好有机结合，提升监管和服务能力。

## 一、深化户籍制度改革，破除妨碍劳动力流动的体制机制障碍

进一步深化户籍制度改革。针对阻碍劳动力流动的“痛点”“堵点”，精准施策，深化户籍制度改革，放开放宽除个别超大城市外的落户限制，推动超大、特大城市调整完善“积分落户”政策，逐步消除户籍壁垒。加快落实居住证制度，试行以经常居住地登记户口制度。完善以居住证为载体的城镇常住人口基本公共服务提供机制，强调保基本、保重点，扩展居住证的就业、教育、医疗、文化、社保、养老、住房服务保障功能，推进基本公共服务均等化。建立城镇教育、就业创业、医疗卫生等基本公共服务与常住人口挂钩机制，推动公共资源按常住人口规模配置。剥离附着在户口上的各种差异性保障和福利，恢复户籍制度人口管理和服务的功能。探索实行农业转移人口“宜城则城、宜乡则乡、来去自由”的落户政策，破除在教育、医疗等公共服务方面对流动人口的不平等待遇，促进在城镇稳定就业和生活的农业转移人口举家进城落户，并与城镇居民享有同等权利、履行同等义务，促进流动人口市民化融合。

进一步完善劳动力城乡双向流动的机制。结合乡村振兴战略等，健全农业转移人口农村“三权”实现机制，提高农业转移人口进城落户的意愿和能力。制定农业转移人口依法自愿有偿退出农村“三权”的具体办法，实现权随人走、带资进城。进一步优化返乡就业创业环境、完善服务体系，建立常态化返乡创业服务机制，鼓励本地外出的各类人才返乡创业兴业，鼓励有条件的集体经济组织适度对外来人口

开放，让流动人口既能勇敢走出去，又能顺利返回来，为家乡经济社会发展作出更大贡献。

## 二、深化收入分配制度改革，提高劳动报酬在初次分配中的占比

坚持多劳多得，着重增加劳动所得。完善企业薪酬调查和信息发布制度，完善劳动者工资决定、合理增长和支付保障机制。坚持居民收入增长和经济增长基本同步、劳动报酬提高和劳动生产率提高基本同步，增加劳动者特别是一线劳动者劳动报酬。健全最低工资标准调整机制，鼓励各地通过行业集体协商进一步提高部分行业的最低工资标准，实现最低工资标准增长与经济社会发展相协调。改革完善事业单位工资、国有企业工资分配等制度，健全国有企业市场化薪酬分配机制和科技创新薪酬分配激励机制，改革完善体现岗位绩效和分级分类管理的事业单位薪酬制度，落实并完善公务员工资正常调整机制。稳步、合理提升技术工人薪酬待遇，扩大中等收入群体，增加劳动者特别是一线劳动者劳动报酬，让职工拥有充实的获得感、持续的幸福感和稳稳的安全感。积极探索新业态领域集体协商新模式，加强新就业形态劳动者、灵活就业群体劳动报酬权益维护。

## 三、创新劳动关系协调机制，坚决消除劳动力市场的各种不公平和歧视现象

完善劳动关系协商协调机制。健全劳动法律法规，健全劳动争议处理机制，加大劳动争议协商调解力度，及时化解劳动关系矛盾。设计衔接顺畅、标准统一的劳动争议处理程序，建立劳动争议的社会化综合调处机制。加强劳动合同的管理和规范，将符合条件的人员纳入无固定期限劳动合同，使流动人口中更多符合条件的人员成为劳动合同固定的产业工人。做实劳动关系三方协调机制，建立健全协调劳动关系三方联席会议制度，加强政府、职工和企业三方在涉及劳动关系重大问题时的沟通与协商。加大对社会组织参与劳动关系协调的支持力度，与社会组织建立互利合作的伙伴关系，共同致力建立“政府主导、多方参与”的劳动关系公共服务体系。必须采取多种措施消除就业歧视现象，为劳动者营造一个公平竞争、合理有序

的就业环境，努力实现劳动者体面就业。

优化劳务中介服务监管。规范网络招聘服务，明确网络招聘服务的资质、标准规范、监督管理、法律责任等，强化平台对招聘信息的首位监督审核责任。探索“人社部门+网络平台”协同监管新模式，强化线上线下一体化监管。强化劳务中介服务监察执法督导，严格落实劳务派遣经营许可、人力资源服务许可和备案制度，审查人力资源服务机构从业资质，严把市场主体“准入关”和“管理关”，建立实施“红黑名单”制度。聚焦重点区域和重点行业，通过开展日常检查、“双随机、一公开”监管等，推动劳务中介服务市场秩序专项清理整顿行动常态化开展，进一步规范和维护劳务中介服务市场秩序。

## 四、着力破解“招工难”“就业难”，推动实现更高水平更充分就业

加强周期性用工预警能力建设。强化订单和用工联动监测。探索建立重点行业企业季节性订单预警体系，增强订单和用工信息联动监测预判能力。加快构建全国统一的用工和求职监测平台，充分发挥“互联网+就业”信息系统在用工信息发布、求职、招聘方面的主渠道作用，及时发布企业用工和劳动力求职信息。

加大对灵活就业的保障支持。将灵活就业人员纳入重点就业群体，开展免费职业技能培训。完善灵活就业人员社保制度，强化灵活就业人员社会保障。把灵活就业岗位供求信息纳入公共就业服务范围，免费发布供求信息，鼓励各类人力资源服务机构为灵活就业人员提供专业化服务。

建立健全就业导向的中小企业政策支持体系。将就业质量作为支持中小企业的重要依据。依据企业岗位数量、薪资水平、技能培训等关键指标，设置税费减免、信贷优惠等支持等级，积极发挥中小企业的促就业作用。

深化职业技能培训体系改革。优化政府、企业、社会培训资源配置，推动培训机构灵活调整专业及课程设置。进一步完善职业资格评价、职业技能等级认定、专项职业能力考核等方式，建立健全技能人才培养、评价、使用、待遇相统一的激励机制。高质量构建产训结合体系，深化“引企入培”改革。

参考文献：

庇古，2018. 论失业问题［M］. 包玉香，译. 北京：商务印书馆.

凯恩斯，2009. 就业、利息和货币通论［M］. 陆梦龙，译. 北京：中国社会科学出版社.

李嘉图，2013. 政治经济学及赋税原理［M］. 周洁，译. 北京：华夏出版社.

斯密，2013. 国富论［M］. 陈星，译. 北京：北京联合出版公司.

曾红颖，等，2021. 创业带动就业的理论与实践［M］. 北京：中国科学技术出版社.

宋晓梧，2019. 对劳动力要素市场配置的几点看法［C］//中国经济体制改革研究会. 2019年宏观经济与改革走势座谈会内容汇编.

徐林清，2004. 中国劳动力市场分割问题研究［D］. 广州：暨南大学.

蔡昉，2022. 刘易斯转折点：中国经济发展阶段的标识性变化［J］. 经济研究，57（1）.

常修泽，2021. 新阶段如何推进要素市场化配置改革［J］. 中国经济报告（4）.

范宪伟，等，2022. 促进招工和就业双赢的对策建议［J］. 中国发展观察（4）.

贺尊，罗倩文，2016. 劳动力市场的竞价求职与工资信号的甄别机制［J］. 福建论坛（人文社会科学版）（1）.

呼倩，黄桂田，2019. 改革开放以来中国劳动力流动研究［J］. 上海经济研究（6）.

宁光杰，2022. 完善要素市场化配置体制机制与劳动力市场发展［J］. 社会科学战线（2）.

田永坡，2019. 劳动力市场改革与发展历程［J］. 中国人力资源社会保障（1）.

王小鲁，2018. 中国改革开放极简史［J］. 比较（5）.

郑功成，黄黎若莲，2006. 中国农民工问题：理论判断与政策思路［J］. 中国人民大学学报（6）.

赵欣彤，杨燕绥，2020. 人工智能时代的劳动力市场综合治理：挑战与政策工具［J］. 中国行政管理（3）.

曾红颖，范宪伟，2019. 以老年人力资源优化开发积极应对人口老龄化［J］. 人民论坛·学术前沿（6）.

# 第五章
# 城乡土地的产权同权化与土地资源配置市场化

加快建设土地大市场是建设全国统一大市场的重要内容。当前我国二元土地产权制度与土地资源计划配置的失衡主要表现为：一方面，城乡土地分割，农村集体土地没有建设用地使用权，农村宅基地无用益物权和担保物权，征地范围过大导致农民不能平等分享工业化城市化成果；另一方面，土地资源长期计划配置，导致城乡建设用地分布严重偏离人口分布、城镇建设用地和人均建设用地规模水平较低、城镇建设用地在不同地区和城市之间的配置失衡与利用结构失衡等。为加快推进全国统一的土地大市场建设，在产权方面，需全面落实《中华人民共和国民法典·物权编》（简称《民法典·物权编》）平等保护产权的精神，赋予集体土地与国有土地同等权能。在资源配置方式方面，需全面贯彻落实中央有关土地要素配置市场化的精神，加快推进土地的计划管理向市场化配置转变。同时，需正确处理市场决定与政府规划的关系，更好地发挥政府作用，改革现行的土地用途管制制度。

## 第一节　我国现行土地制度的弊端

### 一、城乡土地分割，同地不能同权

#### （一）城乡二元土地制度

1982年《中华人民共和国宪法》（简称《宪法》）第十条规定："城市的土地属于国家所有。农村和城市郊区的土地，除由法律规定属于国家所有的以外，属于

本章执笔人：蔡继明（清华大学社会科学学院教授、博士生导师）。

集体所有；宅基地和自留地、自留山，也属于集体所有。”这是我国自1982年第四部《宪法》制定以来，经前后五次修正都未改变的基本规定。自1987年中共十三大确认我国尚处于公有制经济为主体、多种所有制经济共同发展的社会主义初级阶段以来，虽然劳动、资本、技术、管理、知识、数据等生产要素都已实行产权（指所有权）多元化，但全国的土地一直实行单一的公有制，只不过城乡土地分别采取了国家和集体两种公有制。然而，我国城乡二元土地制度的弊端并不在于国家和集体两种公有制的安排，而在于农村集体土地所有制与城市国有土地所有制不具有同等的权利[1]。

## （二）农村集体土地没有建设用地使用权

1982年《宪法》最初本不允许以任何形式出租转让土地（包括国有和集体土地），其中第十条第四款规定：“任何组织或者个人不得侵占、买卖、出租或者以其他形式非法转让土地。”1986年制定的《中华人民共和国土地管理法》（简称《土地管理法》）依据1982年《宪法》也做了同样规定：“任何单位和个人不得侵占、买卖或者以其他形式非法转让土地。土地使用权可以依法转让。”这显然不能适应大量非公企业和外资企业投资建厂对土地的需要。

1988年《中华人民共和国宪法修正案》遂将原有第十条第四款“任何组织或者个人不得侵占、买卖、出租或者以其他形式非法转让土地”修改为“任何组织或者个人不得侵占、买卖或者以其他形式非法转让土地。土地的使用权可以依照法律的规定转让。”[2]1988年修正的《土地管理法》在第二条中增加了两款，即第四款“国有土地和集体所有的土地的使用权可以依法转让。土地使用权转让的具体办法，由国务院另行规定”和第五款“国家依法实行国有土地有偿使用制度。国有土地有偿使用的具体办法，由国务院另行规定”。但直到2019年最近一次修正之前，《土地管理法》（2004年修正）第四十三条都一直规定“任何单位和个人进行建设，需要使用土地的，必须依法申请使用国有土地；但是，兴办乡镇企业和村民建设住宅经依法批准使用本集体经济组织农民集体所有的土地的，或者乡（镇）村公

[1] 正是出于这种认识，笔者并不主张把农村集体土地全部转变为国有土地以实现单一的土地国有制，而是主张在保留现阶段两种土地公有制的前提下，通过改革实现城乡土地产权同权化和资源配置市场化。

[2] 这一重要而及时的修改，为国有土地使用权进入市场奠定了法律基础。

共设施和公益事业建设经依法批准使用农民集体所有的土地的除外”。这意味着农村集体土地除了兴办乡镇企业、村民建设住宅，建设乡（镇）村公共设施和公益事业外，只能首先被征收为国有才能用于非农建设（包括房地产开发）。

2007年通过的《中华人民共和国物权法》（简称《物权法》）以及2020年通过的《民法典·物权编》第三百四十四条明确将“建设用地使用权”仅限于国有建设用地，而《民法典·物权编》第三百六十一条规定“集体所有的土地作为建设用地的，应当依照土地管理的法律规定办理”。无论是依照现行《土地管理法》（2019年修正）还是《民法典·物权编》，集体土地所有权人都无权在自己所有的土地上直接设立建设用地使用权，这显然使集体土地产权处于与国有土地产权极不平等的地位，农村集体土地所有权人实际上被剥夺了土地发展权。总体上并未打破城镇规划区内经营性建设用地“先征收，再出让”的供用地模式（王克稳，2019）。

## （三）农村宅基地无用益物权和担保物权

《民法典·物权编》第二百四十一条规定“所有权人有权在自己的不动产或者动产上设立用益物权和担保物权”，而第三百二十三条进一步规定“用益物权人对他人所有的不动产或者动产，依法享有占有、使用和收益的权利”。如前所述，《宪法》虽然规定“农村和城市郊区的土地，除由法律规定属于国家所有的以外，属于集体所有”，但《民法典·物权编》并没有赋予农村集体土地所有权人在自己的宅基地上设立用益物权和担保物权的权利，其对城乡宅基地的权属做了不同规定，第三百五十九条中所谓“住宅建设用地使用权”仅限于城市国有住宅，而第十三章中的“宅基地使用权”则特指农村集体住宅用地使用权：国有住宅建设用地使用权人具有《民法典·物权编》所赋予的用益物权和担保物权，而农村集体所有宅基地的使用权人，按照第三百六十二条规定，只享有占有和使用的权利，没有收益权（即不能出租、转让）和担保物权。

因此，《民法典·物权编》第三百六十三条规定，农村集体所有的宅基地使用权的取得、行使和转让并不适用《民法典·物权编》有关住宅建设用地使用权的规定，仅适用土地管理的法律和国家有关规定。而《土地管理法》（2019年修正）第六十二条则规定：农村村民一户只能拥有一处宅基地，其宅基地的面积不得超过省、自治区、直辖市规定的标准；农村村民出卖、出租、赠与住宅后，再申请宅基地的，不予批准；国家允许进城落户的农村村民依法自愿有偿退出宅基地。这不仅对农民拥有宅基地的数量和申请宅基地的权利（次数）做了严格的限制，而且严格限定宅基地转让的范围（即只能退还给村集体或转让给村集体成员），这并不符合中共中央、国务院关于完善宅基地权益保障和取得方式，改革完善农村宅基地制度，探索农民住房财产权抵押、担保、转让的有效途径，农村集体建设用地与国有建设用地同等入市、同权同价的精神。

现行法律未承认农民对宅基地的收益权（出租、转让）和担保物权，堵塞了农民增加财产收入的渠道，使城乡居民财产收入差距扩大；此外，还带来了其他影响：一方面导致农村约3000万亩宅基地闲置，另一方面使城市住宅用地供不应求，房价高企，农民工买不起、租不起房，城乡住宅用地配置严重扭曲。

2015年，中央部署了232个县（市、区）农村承包土地的经营权抵押贷款试点和59个县（市、区）农民住房财产权抵押贷款试点（农村集体建设用地使用权抵押贷款也在试点中），但由于尚未建成城乡统一的建设用地市场，抵押物估价和变现处置遇到了难以克服的困难。

### （四）征地范围过大，农民不能平等分享工业化城市化成果

从1954年第一部《宪法》到1982年通过的第四部《宪法》，以及1988年、1993年、1999年、2004年、2018年的五次修正，都只是把公共利益需要作为征地的前提条件，而对公共利益的内涵和外延均未做出明确的界定，2019年修正前的《土地管理法》（2004年修正）也只是在第二条第四款简单重复了《宪法》第十条第三款的内容，而按照原《土地管理法》第四十三条第一款的规定“任何单位和个人进行建设，需要使用土地的，必须依法申请使用国有土地”，这就意味着无论是出于公共利益需要还是出于非公共利益需要，只要涉及占用农村集体土地，都必须征收为国有建设用地，这就把征地范围扩大到了一切非农建设用地。如果无论是否出于公共利益的需要都可把农村集体土地征收为国有，事实上就等于废除了农村集体土地所有权。

我国第一部《宪法》（1954年）第十三条规定“国家为了公共利益的需要，可以依照法律规定的条件，对城乡土地和其他生产资料实行征购、征用或者收归国

有”，但从未承诺对被征土地和生产资料所有者给予任何补偿。直到2004年的《中华人民共和国宪法修正案》，才将1982年《宪法》第十条第三款“国家为了公共利益的需要，可以依照法律规定对土地实行征用”修改为“国家为了公共利益的需要，可以依照法律规定对土地实行征收或者征用并给予补偿”，但并未保证这种补偿是公平合理的[1]。

2004年修订的《土地管理法》第四十七条规定：征收土地的，按照被征收土地的原用途给予补偿。征收耕地的土地补偿费，为该耕地被征收前三年平均年产值的六至十倍；每一个需要安置的农业人口的安置补助费标准，为该耕地被征收前三年平均年产值的四至六倍，每公顷被征收耕地的安置补助费最高不得超过被征收前三年平均年产值的十五倍。2004年以后改为按统一年产值标准制定的区片综合地价征地。2005年、2009年、2012年全国平均征地补偿费分别为每亩3.5万元、4.1万元、4.4万元。征地补偿虽然按土地原用途给予，但被征土地除部分无偿划拨用于公益事业外，大部分则是按工业、商服、居住用途招拍挂的，同期全国平均土地出让金（建设用地使用权的价格）分别为每亩23.7万元、51.9万元、55.5万元。据计算，扣除征地补偿费和一级开发费用后，政府获得的出让金净收益在2003—2012年的十年间达到7.6万亿元之巨（郑振源，蔡继明，2019）。2013—2020年，全国土地出让收入从4.1万亿元增至8.4万亿元，占同期地方一般公共预算收入的比例从59.8%升至84.1%。

## 二、土地资源计划管理，配置失衡

### （一）城乡建设用地分布严重偏离人口分布

1. 我国建设用地在城乡之间配置严重失衡，乡村建设用地粗放利用

2021年我国城镇常住人口91425万人，城镇化率为64.72%，城镇常住人口是农村常住人口的1.83倍；而根据第三次全国国土调查，2019年城镇用地10.35万平方

[1]　2006年，时任全国政协委员的蔡继明针对《宪法》的上述修改，在其政协提案中指出：公共利益范围有大有小，大到整个国家或全社会，小到一个社区或群体。一定范围内的公共利益的实现，其成本应由该范围内的全体成员或公民来承担，而没有理由将其成本转嫁给根本不能享受这种公共利益的其他成员。那些仅为城市居民服务的公共设施和公益事业的征地成本不应该由农民来负担，即使是为全社会（包括农民在内）的公共利益而征地，其成本也不能只由农民来负担，而应由社会全体成员共同负担。因此，无论出于哪一种公共利益的需要必须征用农民土地时，都必须给予农民合理的补偿。

千米，村庄用地21.94万平方千米，村庄用地面积是城镇用地面积的2.12倍。从人均看，2019年城镇人均建设用地为117.1平方米，仅相当于乡村人均建设用地417.2平方米的28.1%。城乡建设用地比例严重偏离城乡常住人口的比例，这是由于长期实行的对土地资源的计划配置，阻碍了农村建设用地随着人口向城市的迁徙而发生相应的转移。一方面，随着大量农民进城务工落户，大量农村住宅和宅基地闲置，很多村成为空心村。另一方面，现有城镇常住人口中约有2.6亿农民工家属和子女是没有城镇户籍的，他们处在进城不能落户、迁徙不能定居的半城市化状态，一个很重要的原因是城市住宅用地供给不足导致的城市住房价格过高。

2. 我国城镇建设用地和人均建设用地水平仍然较低

长期以来，不少人以城镇用地增长弹性系数不得超过1.12[1]的错误标准判定中国城镇建设用地扩张过快，因而要求执行非常严格的城镇用地控制政策（熊柴，蔡继明，2021）。住房和城乡建设部2010年末发布的《城市用地分类与规划建设用地标准》（GB 50137—2011）要求，根据现状人均城市建设用地的不同，我国规划人均城市建设用地面积的取值区间应在65～115平方米之间。《国家新型城镇化规划（2014—2020年）》进一步提出，“人均城市建设用地严格控制在100平方米以内”。但我国城市人均建设用地管制标准的制定缺乏理论依据。

根据国家统计局数据，2009—2019年我国城镇常住人口从6.45亿人增至8.84亿人，年均增长3.20%；根据自然资源部数据，同期我国城镇建设用地面积从7.25万平方千米增至10.35万平方千米，年均增长3.62%。从数据上看，我国城镇土地扩张速度确实相对快于城镇常住人口增长速度，增幅比值为1.13。但是，“相对快”和“过快”是两个完全不同的问题，判断是否“过快”需要合理的参考标准。

首先，从粮食安全与耕地保护的角度来看，城镇用地的增加不会对耕地保护造成威胁，反而城市化本身会减少整个社会的耕地占用。一方面，自1997年以来，我国实行了耕地占补平衡政策，这意味着城市化占用的耕地原则上都通过开发复垦整

[1] 或称城镇用地扩展系数，计算方法为：城镇用地增长弹性系数=城镇用地增长率／城市人口增长率。主流观点主要是根据城镇用地增长弹性系数是否大于1.12来判断我国城镇土地扩张是否过快。然而，所谓“1.12”的扩展系数标准只是中国城市规划设计研究院1989年在研究报告《2000年城镇用地预测综合报告》中提出的一个控制值。参见：王万茂. 土地资源部门间分配与耕地保护［J］. 中国土地科学，1997，11（2）. 萧笃宁. 城市化进程与土地资源的可持续利用［J］. 云南地理环境研究，1997，9（1）. 该控制值经不断误传至今，以致被不少知名学者和政府高级官员称为合理判断标准乃至国际公认标准。

理等得到了弥补。另一方面，城镇人均建设用地面积明显小于农村人均建设用地面积，这意味着人口从农村向城市转移的过程，理论上会伴随着土地利用的集约化和城乡建设用地总量的减少。如果把农村人口转为城镇人口，且把农村人口原有的居民点用地部分复垦为耕地，城市化反而会节约耕地资源。

其次，从建设用地面积占国土面积的比例、城镇建设用地面积占建设用地面积的比例来看，我国城镇用地面积还有较大的增长空间。从建设用地面积占国土面积的比例看，根据日本总务省统计局数据，日本2018年建设用地面积为3.4万平方千米，占其国土面积比例为8.9%；根据美国农业部数据，美国2012年建设用地面积为93.1万平方千米，占其国土面积的10.2%；而中国2019年建设用地面积为40.9万平方千米，仅占国土面积的4.3%。从城镇建设用地面积占建设用地面积的比例看，日本2018年城镇建设用地面积占建设用地面积的比例为31.5%，美国2012年城镇建设用地面积占建设用地面积的比例为30.4%，而中国2019年城镇建设用地面积占建设用地面积的比例仅为25.3%。

再次，我国城镇人均建设用地与世界其他国家相比仍处于中低水平。根据自然资源部数据计算，2019年末我国城镇人均建设用地为117.1平方米，仍远低于2000年全球平均水平214.1平方米、发达国家351.7平方米和发展中国家153.0平方米（Angel，2012）。

最后，从国际上看，城镇土地扩张速度快于城镇人口增长速度是普遍的正常现象。从城市空间扩张理论来看，城镇土地扩张快于城镇人口增长的主要原因在于人均收入提高及通勤成本降低等市场因素（Brueckner，2000）。Angel 等（2012）做的一项国际研究表明，1990—2000年全球10万人及以上城市的用地增长弹性系数为2.20。因此，即使从城镇用地增长弹性系数来看，我国城镇用地增长的相对速度也并不快。

### （二）城镇建设用地在不同地区、不同规模城市之间配置失衡

在地区层面，随着21世纪前后西部大开发、东北振兴、中部地区崛起等区域战略实施，我国土地供给在2003年后逐渐明显向中西部、东北倾斜，如图5.1所示。比如，2008年国务院印发的《全国土地利用总体规划纲要（2006—2020年）》对东部地区要求“降低年均新增建设用地规模”，而对中部和东北地区均要求“适度

增加年均新增建设用地规模”。在此背景下，东部地区城镇用地增长明显慢于城镇人口增长，而其他地区城镇用地增长均快于城镇人口增长。根据自然资源部数据，2003—2016年东部地区国有建设用地供应面积占全国的比例从61.2%下降至34.2%，中部地区从16.3%上升至24.3%，西部地区从16.3%上升至35.6%，东北地区从6.3%上升至2011年峰值16.9%再降至5.8%，2017年东部、中部、西部、东北四大地区国有建设用地供应面积占比分别为31.3%、33.6%、29.2%、5.9%。

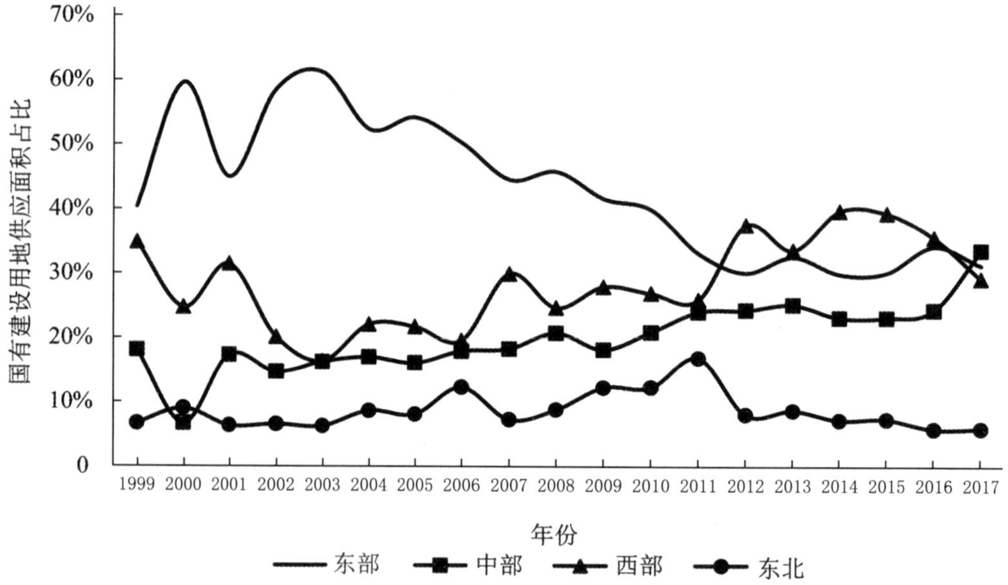


图5.1　1999—2017年我国分地区国有建设用地供应情况

资料来源：自然资源部《中国国土资源年鉴》《中国国土资源统计年鉴》。

在城市层面，由于过去长期积极发展中小城市、控制大城市的倾向，土地资源在不同规模城市间明显错配。根据住房和城乡建设部数据，2006—2017年，1000万人以上城市城区常住人口增幅34.1%，但建设用地仅增长28.2%，用地增幅与人口增幅的比值仅为0.8。与此形成鲜明对比的是，20万人以下的城市城区常住人口仅增长1.5%，但建设用地增长19.8%，增幅比值高达13.2。此外，500万～1000万人城市的用地增幅与人口增幅的比值为1.8，300万～500万、100万～300万、50万～100万人城市的用地增幅与人口增幅的比值分别为2.3、2.2、2.1，而20万～50万人城市的用地增幅与人口增幅比值为2.4（表5.1）。

表5.1　2006—2017年分规模城市城区常住人口与建设用地增长情况[1]

| 城市规模类型 | 城市个数 | 人均用地/平方米 | | 增幅/% | | 增幅比值 |
|---|---|---|---|---|---|---|
| | | 2006年 | 2017年 | 人口 | 建设用地 | |
| 1000万人以上 | 4 | 72.0 | 68.8 | 34.1 | 28.2 | 0.8 |
| 500万～1000万人 | 10 | 80.1 | 101.5 | 47.6 | 86.9 | 1.8 |
| 300万～500万人 | 13 | 84.4 | 110.0 | 31.0 | 70.7 | 2.3 |
| 100万～300万人 | 65 | 91.6 | 117.6 | 31.8 | 69.1 | 2.2 |
| 50万～100万人 | 116 | 96.9 | 123.8 | 34.5 | 71.7 | 2.1 |
| 20万～50万人 | 254 | 103.6 | 128.1 | 20.0 | 48.5 | 2.4 |
| 20万人以下 | 165 | 117.8 | 139.1 | 1.5 | 19.8 | 13.2 |
| 合计 | 627 | 91.2 | 111.3 | 30.7 | 59.5 | 1.9 |

资料来源：住房和城乡建设部《中国城市建设统计年鉴》。

## （三）城镇建设用地利用结构配置失衡

在国际上，居住用地一般占比50%左右，工业用地占比10%～15%。比如，根据美国农业部数据，美国居住用地占比在1980—2007年从未低于54%，2012年为46.9%；而根据日本总务省统计局数据，日本1965年以来工业用地占比从未高于12%，居住用地占比长期在60%左右。与国际相比，我国居住用地占比偏低，工业用地占比偏高。根据住房和城乡建设部数据，基于城市和县城数据加总，2020年我国城镇用地中居住用地占比31.5%，工业仓储用地合计占比20.5%。这主要在于：一方面，地方政府以优惠工业用地出让为条件参与招商引资竞争，从而在地区生产总值竞争中获得优势。另一方面，地方政府通过控制住宅用地、商服用地供应以抬高地价，从而获取更多的土地出让收入。

[1]　为控制行政区划调整及数据缺失等影响，笔者对《中国城市建设统计年鉴》中2006年、2017年的城市名单和数据进行了一定调整，得到627个城市在2006年和2017年的人口与土地数据。其中，由于重庆市下辖不少建制区远离主城区，虽然住房和城乡建设部统计其城区常住人口超过1000万人，但仍划入500万～1000万人规模；天津滨海新区远离主城区，虽然年鉴统计其城区常住人口超过1000万人，但同样划入500万～1000万人规模。上海2006年及前后建设用地数据明显有误，在此对北京、上海、广州、深圳四个人口超1000万人的城市统一使用建成区数据，其他规模城市均使用建设用地数据。

## 第二节 深化城乡土地的同权化改革

2013年11月中共十八届三中全会通过的《中共中央关于全面深化改革若干重大问题的决定》要求，建立城乡统一的建设用地市场。此后，中共中央、国务院发布了一系列相关文件。2015年1月，中共中央办公厅、国务院办公厅发布《关于农村土地征收、集体经营性建设用地入市、宅基地制度改革试点工作的意见》。2019年4月，《中共中央 国务院关于建立健全城乡融合发展体制机制和政策体系的意见》要求，到2022年，城乡统一建设用地市场基本建成，到2035年，城乡统一建设用地市场全面形成。2020年3月，《中共中央 国务院关于构建更加完善的要素市场化配置体制机制的意见》把土地放在五大要素首位，凸显土地制度改革的重要性和紧迫性。2022年3月，《中共中央 国务院关于加快建设全国统一大市场的意见》要求，健全城乡统一的土地市场。这些文件为深化土地制度改革，构建城乡统一的土地产权市场提供了指导性原则。

### 一、全面落实《民法典·物权编》平等保护产权的精神

《民法典·物权编》第二百零六条指出："国家实行社会主义市场经济，保障一切市场主体的平等法律地位和发展权利。"第二百零七条指出："国家、集体、私人的物权和其他权利人的物权受法律平等保护，任何组织或者个人不得侵犯。"

第二百四十条规定："所有权人对自己的不动产或者动产，依法享有占有、使用、收益和处分的权利。"

第二百四十一条规定："所有权人有权在自己的不动产或者动产上设立用益物权和担保物权。"农村集体土地所有权人也应该有权在其自己的土地（包括集体所有的宅基地）上设立用益物权和担保物权。

第三百二十三条规定："用益物权人对他人所有的不动产或者动产，依法享有占有、使用和收益的权利。"农民作为宅基地的用益物权人对集体所有的宅基地也

应依法享有占有、使用和收益的权利。

以上条款，为推进城乡土地产权同权化改革提供了法律依据。

## 二、赋予集体土地与国有土地同等权能

### （一）允许集体土地所有权人设立建设用地使用权

前引《民法典·物权编》第二百零六条、第二百四十条规定，意味着国家、集体、个人作为市场经济的主体具有平等法律地位和发展权利，其物权应受法律平等保护。既然《宪法》规定农村的土地属于农村集体所有，那么，农村集体土地所有权人（村委会或村集体经济组织）应该依法享有与国有土地所有权人同等的对其不动产或者动产占有、使用、收益和处分的权利。

### （二）赋予农村住宅建设用地用益物权和担保物权

我国城乡居民的收入差距高于发达国家的平均水平，一个很重要的原因在于我国城乡居民财产收入差距大于劳动（工资）收入差距。土地，特别是宅基地是我国农民重要的财产。目前，农村宅基地制度存在的主要问题是农民宅基地使用权并不具有完整的用益物权，突出表现就是农民的宅基地使用权既不能担保抵押，也不能在本集体经济组织外部出租或转让，从而使得面积高达60亿～70亿平方米的小产权房不能进入市场。而城市居民可以自由地处置其房产，不仅能够凭借房产获得抵押贷款，而且能够出租或出售以获得财产收入和增值。这种对农民住房产权的限制扩大了城乡居民财产收入的差距。实践证明，小产权房可以增加农民的财产性收入，扩大商品房的市场供应，为农民工和城市居民提供廉租房（郑振源，2012）。因此，赋予农民宅基地使用权完整的用益物权，拓宽农民获得财产收益的渠道，将有助于缩小城乡居民的实际收入差距，同时也有助于提高农村居民的消费水平。

### （三）允许在集体所有的土地上推进城中村的改造

一旦农村集体土地所有权人有权在自己的土地上设立建设用地使用权并具有与国有建设用地使用权同等的权能，在许多大城市中星罗棋布的城中村就可以不必再采取征地方式，而是在保留集体土地所有制的前提下由农民集体与开发商合作，按

照城市规划和土地用途管制加以改造，这样既增加了农民土地财产收益，又减轻了政府征地负担，避免了许多由征地拆迁引发的群体事件。

### （四）让小产权房与大产权房平等进入房地产市场

随着集体土地所有权人对宅基地依法享有和国有土地所有权人同等的占有、使用、收益和处分的权利，建筑在农村集体建设用地以及宅基地上的住宅也就有了出租、转让、抵押的权利，大量小产权房就自然摘掉了“三违建筑”的帽子，从而与大产权房平等进入城乡统一的房地产市场，这不仅有助于增加农民的财产收入，而且有助于城乡土地资源的优化配置，平抑城市居高不下的房价，降低农民工进城落户的门槛，加快农民工的市民化进程。

# 第三节　推进土地资源配置的市场化

## 一、土地资源配置同样要由市场决定

2013年中共十八届三中全会通过的《中共中央关于全面深化改革若干重大问题的决定》指出，经济体制改革的“核心问题是处理好政府和市场的关系，使市场在资源配置中起决定性作用和更好发挥政府作用”。我国现行的土地用途管制制度脱胎于计划经济思维方式，是用中央行政部门制定的指令性用地指标（即配额）来管制各类用地的规模和布局。由于指标不是竞争性土地市场产生的价格信号，无法对实际用地需求做出准确估计，规划的制定也不可能考虑到未来各类用地需求的变化，所以做不到科学预测。在这种管制制度下，市场发挥不了配置资源的基础性作用，更谈不上决定性作用。

有的学者认为，现行的土地用途管制制度是市场经济发达的国家普遍采用的、有效管理土地的基本制度，并以开发权是公权，建筑无自由，要严控建设用地扩展，坚守18亿亩耕地红线等为由，仍要坚持现行的土地用途管制制度（杨志锦，王峰，2013；华生，2014）。这是对市场经济国家土地用途管制制度的误解。第一，这些市场经济国家虽然实行严格的土地用途管制制度，但只是要求所有的土地使用和建筑使用向政府报备，因为只有这样才能将有负外部性的项目过滤出来，予以特别的限制，并不否定市场配置一般土地资源的决定性作用；第二，这些国家也都制定土地利用规划，但没有一份土地利用规划中有配置土地的指令性计划指标；第三，这些国家虽都实行分区管制制度，对各个分区都规定有一套土地用途、地块大小、建筑密度、建筑形式的管制规则，但这些管制规则只是一张土地用途和利用方式的负面清单，而且作为对以前过于机械的土地分区和建筑使用限制的匡正，新的管制对土地的混用和建筑的混用越来越宽容。所以，在这张负面清单下，土地所有者还是有相当大的建筑自由，只是没有损害他人利益和社会利益的自由，而且这张清单还会经常根据市场需求的变化进行调整。

中共十八届三中全会以来的一系列文件，包括关于“三块地”改革、关于农村产权制度改革以及关于城乡融合发展的体制机制改革等，都强调要赋予农民宅基地用益物权，要消除土地等生产要素在城乡之间自由流动的体制机制障碍；强调农村集体经营性建设用地，在符合规划和用途管制的情况下，要和国有土地同等入市、同权同价。然而，2019年修正的《土地管理法》，全文有100处提到“规划”，31处提到“管理”，17处提到“行政”，17处提到“计划”，唯独没有提到“市场”，遑论“市场配置资源”和“市场决定资源配置”。

《土地管理法》（2019年修正）以严格保护耕地的名义，仍用规划和用途管制取代市场配置。《土地管理法》（2019年修正）保留了第四条“国家实行土地用途管制制度”“规定土地用途”“使用土地的单位和个人必须严格按照土地利用总体规划确定的用途使用土地”；第十九条（原第二十条）“乡（镇）土地利用总体规划应当划分土地利用区，根据土地使用条件，确定每一块土地的用途”。如果政府把村庄的每一块土地的用途都规划好了，市场发挥作用的空间还能有多少呢？

## 二、土地资源配置的市场化是经济社会可持续发展的需要

土地作为重要的生产要素若不能顺应市场经济的客观要求进行有效配置，势必会影响经济社会的正常发展。张雄等（2017）指出，不同用地单位之间的土地资源错配致使总体经济效率损失巨大。张莉等（2019）研究发现，工业用地价格的上

升能够提升企业的全要素生产率，而政府人为压低工业用地价格会降低本地区企业的全要素生产率。因此，我国土地的配置方向必须要与经济发展对土地的需求相一致，与人口集聚和产业发展相匹配（常晨，陆铭，2017）。

中共十八届三中全会以来，中央推行了一系列改革措施和试点方案，以促进土地资源实现更加合理化的配置。2004年，《国务院关于深化改革严格土地管理的决定》中首次提出“城乡建设用地增减挂钩政策”。到2013年底，增减挂钩试点在除西藏、新疆以外的29个省（区、市）全面展开。2018年，国务院办公厅印发《跨省域补充耕地国家统筹管理办法》和《城乡建设用地增减挂钩节余指标跨省域调剂管理办法》，但统筹（调剂）对象、规模、价格等均被严格限制。比如，城乡建设用地增减挂钩节余指标跨省域调剂仅限于深度贫困地区所在省与帮扶省之间，并且价格标准由国家统一制定：节余指标调出价格根据复垦土地的类型和质量确定；节余指标调入价格根据地区差异相应确定，没有留给市场发挥价格调节作用的余地。

2019年修正的《土地管理法》删除了原法第四十三条“任何单位和个人进行建设，需要使用土地的，必须依法申请使用国有土地”的规定，并将第六十三条“农民集体所有的土地的使用权不得出让、转让或者出租用于非农业建设”修改为“土地利用总体规划、城乡规划确定为工业、商业等经营性用途，并经依法登记的集体建设用地，土地所有权人可以通过出让、出租等方式交由单位或者个人使用”，打破了政府对城市建设用地的独家卖方垄断，为农村集体建设用地入市开了一个口子。但是，除农村集体经营性建设用地之外的其他建设用地，依旧没有取得与城市建设用地同等入市的权利。

2019年12月中央经济工作会议，明确提出“改革土地计划管理方式”。只有加快改革土地计划管理方式，优化土地资源配置，提高土地资源配置效率，才能为经济可持续发展提供有效的土地制度保障。

## 三、开放城乡统一的建设用地市场可确保粮食安全

《土地管理法》最初制定时，主要目的是保护耕地、确保粮食安全。1997年以来耕地占补平衡政策的实施，使得城市化占用的耕地原则上都通过开发复垦整理等得到了弥补。从1991年到2020年，我国耕地面积一直保持在19亿亩以上，18亿亩耕

地红线得到了充分保障。此外，虽然自2016年以来休耕土地的面积在逐年扩大，但全国粮食产量仍连续7年保持在1.3万亿斤以上，人均粮食占有量达480公斤，明显高于400公斤的国际粮食安全标准线，这表明我国的粮食安全得到了充分保障。当务之急是通过深化土地制度改革，让土地要素在城乡之间自由合理地流动，尤其是农村集体建设用地入市以及农村宅基地制度改革，根本不涉及耕地，即使涉及占用耕地的农地转用，也可以通过构建城乡统一的建设用地市场，在全国范围内推进“增减挂钩”和“占补平衡”，确保18亿亩耕地红线不被突破。

## 四、正确处理市场决定与政府规划的关系

在市场经济条件下，市场发挥对资源配置的决定性作用，规划是弥补“市场失灵”的手段。土地是最基本的经济资源之一，既然确认（或承认）市场在资源配置中起决定性作用，那么，市场在土地资源配置中也自然起决定性作用（会议专家组，2014）[1]。

### （一）转变政府职能，更好发挥政府作用

市场经济国家土地资源配置的成功经验表明，政府的土地利用规划和用途管制仅仅为保证公共利益的实现，对土地市场化配置产生的负外部性加以限制，对正外部性给予补偿，而绝不能或不应从根本上取代市场在土地资源配置中的决定性作用。因此，要使土地资源得到有效率的配置，首先要转变政府职能，不能用指令性计划指标来配置土地、决定土地用途，经营性建设用地的总量和构成应根据工业化和城市化进程由市场做动态调整。政府不能直接经营土地，要取消政府的“圈地”权、土地定价权。政府也不能直接经营国有土地，国有土地的经营应交给国资委或与政府脱钩的土地储备中心、土地银行。政府不能给企业规定投资强度、产出标准、用地限额等用地标准。

政府的职责应当是培育和建立开放竞争、统一有序的土地市场，并监管市场，维持市场秩序。做市场做不了、做不好的事，例如提供基础设施、公共服务用地等，政府应当通过构建适应市场配置的宏观调控、用途管制体系，弥补市场失灵，

[1] 本部分内容主要为笔者在2014年“土地制度、户籍制度与城市化”圆桌会议中同与会专家达成的共识。

克服土地利用的负外部性，并在二次分配中调节土地收益分配，缩小贫富差距。

## （二）建立统一开放、竞争有序的土地市场

按照《中共中央关于全面深化改革若干重大问题的决定》使市场在资源配置中起决定性作用的精神，首先要建设统一开放、竞争有序的土地市场。这样的市场不可能一蹴而成，需要进行以下几方面的改革。

1. 完善集体土地产权制度

土地市场实质上是土地产权的交易市场。需要有权责界定明晰、受到平等保护的产权，才能有平等竞争的土地市场。而我国目前两种形式的土地公有制并不平等，集体土地产权残缺，缺少与国有土地平等的、可交易的建设用地使用权和宅基地使用权。《土地管理法》（2019年修正）并没有赋予农村集体土地所有权人与城市国有土地所有权人同等的权利：城市国有土地所有权人有权在住宅用地上设置用益物权和担保物权，而农村集体土地所有权人只能在宅基地上设置使用权，没有收益权和处置权，集体宅基地使用权既不能出租转让，也不能抵押贷款。

2. 整顿农村集体经济组织，明确集体土地入市的市场主体

《土地管理法》（2019年修正）规定，农村和城市郊区的土地，除由法律规定属于国家所有的以外，归农民集体所有。但是没有明确规定谁作为集体的代表，使得土地征收中缺乏明确代表农民利益的市场主体与其他利益主体进行博弈。要制定有法律效力的集体经济组织章程，明确集体土地入市的市场主体：对于共同共有的农业生产合作社，其市场主体为村民大会或村民代表大会（常年在外打工的村民要在社里指定代理人），按份共有的土地股份合作社和乡镇农工商总公司是其董事会。只有他们才具有出租、出让集体土地的决策权。出租、出让集体土地的决策权属于上述市场主体；村支书、村主任作为代理人，没有出租、出让土地的决策权。集体建设用地使用权人、宅基地使用权人转让其建设用地使用权和宅基地使用权也要经土地所有权人同意。这样才能建立竞争而有序的土地市场。

3. 放宽对农地入市的限制，构建城乡统一的建设用地市场

从我国城乡建设用地的构成看，当前农村大量的建设用地是闲置、浪费或无效使用的。在村庄建设用地中，存量集体经营性建设用地仅占约14%，且基本都已投入使用，仅靠这部分土地入市不足以形成城乡统一的建设用地市场。而农村宅基地

则占集体建设用地的70%以上。所以，把超过农民自住需要的宅基地动态调整为经营性建设用地引入市场，将大大增加城市建设用地供给。同时，应允许在不变更集体土地所有制的基础上推进城中村改造和小产权房合法化，以打破政府对房地产市场的垄断。

唯一的市场准入门槛是土地用益物权入市不能损害社会公共利益和他人利益，即不能具有土地利用的负外部性，土地用途管制制度应对此做出具体规定。

4. 允许耕地占补平衡指标和增减挂钩指标跨村跨省交易，实现全国城乡建设用地有效配置

城镇国有建设用地不足的问题，可以通过将整治节余的农村集体建设用地以指标的方式转移到城镇使用来解决。在市场经济体制下，不同地区的土地价值差异较大，偏远地区的农村集体建设用地可以复垦为农地，而城市周边的土地价值较高，可以转换成建设用地。这样，偏远地区的农民可以把宅基地指标卖给城市周边的农民，而城市周边的农民则按照规划直接把城市周边土地变成建设用地，双方均可以在交换中获益，原来由地方政府获得的土地出让金也能够在集体经济组织及村民之间重新分配（蔡继明，刘梦醒，2021）。

## （三）改革现行的土地用途管制制度

建立开放竞争、统一有序的土地市场，发挥市场配置资源的决定性作用，不是不要用途管制，而是要划清政府与市场的界线，把土地用途管制限定在纠正市场缺陷，以弥补市场失灵的范围内，而不是以用途管制取代市场配置，管制到市场机制不能发挥作用的地步。这就需要改革现行实为计划配置的土地用途管制制度，构建一套适应市场配置的土地用途管制制度。建议进行如下三方面的改革。

1. 改指标控制式规划为公众参与式规划

在市场决定土地资源配置的前提下，规划与计划作为一种重要调控手段，是土地市场化配置的指导者、调节者。规划中还要有建设用地、耕地等规划指标，但只是预测性、指导性指标，用来指示未来土地利用的方向和目标，引导土地使用者按照规划目标去利用土地；对于仅仅依靠市场无法实现有效供应的基础设施、公共设施等，要由政府在规划中确定；规划还要提出为实现规划目标政府所要采取的政策和措施，让土地使用者和各利益相关方知道并遵照执行。

规划编制也要由中央决策、地方执行，由中央提出一般性的指导原则，地方公众参与、共同决策，以反映各地民众对居住地的未来愿景。各地的规划方案应体现当地的地理和人文历史的特点。在规划编制阶段就把规划相关者的利益协调好，使规划得到社会认可。市级以上的国土空间规划还应与社会经济发展规划、城乡规划、环境保护建设规划“四规”合一编制，以便在规划编制阶段就做好部门间的协调工作。

2. 在市县乡镇正确实施土地利用分区管制

现行《土地管理法》规定按中央下达的用地指标划分土地利用区、严格按照分区确定的用途使用土地，没有市场配置的空间。所以要改行市场经济国家通行的分区制，即根据规划，将行政辖区内的土地划分成若干土地使用类型区，规定每个类型区的土地利用管制规则，规定区内禁止的和受限制的土地用途、利用方式和建筑方式。

土地利用管制原则上主要针对负外部性，目的是提高总体的土地利用经济、社会、生态效益，因而是强制性的，必须依法执行，但不能规定每块土地的具体用途。在这一原则下，市场配置仍有极大的空间，而且分区和分区的管制规则要经常按照市场需求的变化进行调整，且由社区公众参与制订，以取得社会认可。

3. 改革行政审批制度，简政放权

土地利用规划的编制、土地用途管制分区的制定和实施、重大建设项目的设计和实施仍需行政审批来保证。但实行市场配置后，土地配置应该地方化。但凡各地土地市场配置得好的事情，如农业生产结构的调整引致的土地转用，就不需要中央政府的审批；企业的集约用地，要用土地价格和税收来调节，不应用投资强度、容积率、建筑密度、绿化率等指标审批来强制企业实行；宏观、中观的规划、计划经上级政府批准后，具体的项目用地计划可以下放给基层政府审批。这样才能大幅度减少行政审批工作量，真正做到中央要求的简政放权。

参考文献：

蔡继明，刘梦醒，2021. 论我国城乡建设用地增减挂钩模式的转变［J］. 天津社会科学（5）.

常晨，陆铭，2017. 新城：造城运动为何引向债务负担［J］. 学术月刊，49（10）.

会议专家组，2014. 土地资源配置市场化改革应亟待深化：2014年“土地制度、户籍制度与城市化”圆桌会议共识［J］. 科学发展（11）.

王克稳，2019. 论我国经营性土地征收制度改革［J］. 法律适用（7）.

熊柴，蔡继明，2021. 中国土地城镇化相对人口城镇化真的过快么？［J］. 河北学刊，41（2）.

张莉，等，2019. 土地资源配置和经济发展质量：工业用地成本与全要素生产率［J］. 财贸经济，40（10）.

张雄，等，2017. 土地资源错配及经济效率损失研究［J］. 中国人口·资源与环境，27（3）.

郑振源，蔡继明，2019. 城乡融合发展的制度保障：集体土地与国有土地同权［J］. 中国农村经济（11）.

华生，2014. 土地制度改革的焦点分歧［N］. 上海证券报，03–12（A1）.

郑振源，2012. 清理小产权房的正道［N］. 南方周末，07–05（F31）.

杨志锦，王峰，2013. 陈锡文：市场在土地领域不能起决定性作用［EB/OL］.（11–21）［2022–05–08］. http://news.sohu.com/20131121/n390500117.shtml.

顾大松，2018. 土地管理法修改：求解征地行政审判困境［EB/OL］.（12–24）［2022–05–08］. https://opinion.caixin.com/2018–12–24/101362630.html.

Angel S，et al，2012. Atlas of urban expansion［M］. Cambridge：Lincoln Institute of Land Policy.

Brueckner J K，2000. Urban sprawl：diagnosis and remedies［J］. International regional science review，23（2）.

# 第六章

# 环境资源市场的发展与改革

## ——以碳排放权交易和油气资源配置为重点

2020年，《中共中央　国务院关于构建更加完善的要素市场化配置体制机制的意见》提出，要因地制宜稳步推进要素市场化配置改革，为推动环境资源要素市场化配置提供了基本遵循。中共二十大报告更明确强调，要“健全资源环境要素市场化配置体系”。环境资源要素市场化配置体系是指，在政府设定总量管理目标和科学初始分配配额基础上，以各市场主体的实际使用或排放额同初始配额之间的差额余缺为“标的”，对各类重要资源环境要素开展市场化交易的一整套制度体系。这是我国资源环境领域一项重大的、基础性的机制创新，是充分发挥市场在资源环境要素配置中决定性作用的一项重要制度改革。健全环境资源要素市场化配置体系，有助于各类市场主体形成内在激励和约束机制，对于改善环境质量、节约利用资源、推动技术进步有很强的杠杆效应。本章以碳排放权交易和石油、天然气等资源配置为重点，着重研究环境资源市场的发展现状，分析环境资源市场化配置的理论基础，并阐述碳排放权市场及油气资源市场的发展路径与创新探索。

## 第一节　我国环境资源市场的总体情况

我国资源相对短缺，能源资源对外依存度高。梳理环境资源市场的发展与改革历程、探索我国环境资源市场的发展与改革方向，对于提升资源环境要素优化配置

---

本章执笔人：贾彦（上海交易集团研究院院长、首席研究员）、刘申燕（上海交易集团研究院高级研究员）。

和节约集约安全利用水平有重要作用。

## 一、环境资源市场概念解析

资源是自然界和人类社会中用以创造物质财富和精神财富的客观存在形态，是一切可被人类开发和利用的生产要素的总称。自然资源是最为基础的资源组成部分，是生产的原料来源和布局场所，分为可再生自然资源和不可再生自然资源。可再生自然资源包括土地资源、水资源、生物资源等，不可再生自然资源为包括铁矿、煤矿、石油、天然气等各种金属和非金属矿物在内的矿产资源。1972年，联合国环境规划署（UNEP）将自然资源定义为“在一定时间和一定条件下，能产生经济效益，以提高人类当前和未来福利的自然因素和条件”。传统的理论只关注土地、矿产、风能、水能等自然资源产生的经济效益，而忽略了环境以承受排放物的形式的参与生产（李利军，李艳丽，2008）。

环境是指影响人类生存和发展的各种天然的和经过人工改造的自然因素的总体（刘自俊，2016），蕴含了人类赖以生存的各种资源，如草原、海洋、大气、水等。环境是人类生命活动的场所，资源是社会生存发展的基础，环境和资源都是社会生产、生活所必备的要素，是推动社会发展的力量源泉。自20世纪中期以来，随着生产的快速发展，资源的过度攫取、耗费和废弃物超限存积，超过了地球生态系统的调节和耐受能力，导致了日益严重的环境风险。英国经济学家、剑桥学派主要代表人物之一庇古提出外部性理论，认为企业应承担对环境造成的外部成本，环境作为排放物仓库参与经济活动的概念逐渐建立，环境资源概念应运而生。环境资源是对自然资源认识的深化，几乎所有的自然资源都可以构成人类生存的环境因子，表现为为人类提供相互独立的静态物质和能量，而环境资源则是静态与动态的统一体。《不列颠百科全书：国际中文版》（美国不列颠百科全书公司，1999）将环境资源定义为“人类所利用的自然生成物，以及形成这些成分的源泉的环境功能”，前者包括土地、水、生物、海洋、矿藏等，后者如太阳能、环境的地球物理机能（气象、海洋现象等）、环境生态学机能（植物的光合作用、生物的食物链等）、地球化学循环机能（地热现象等）（吕向龙，2004）。环境资源的主要特征有：第一，环境资源既包括自然资源等具体、有形的实物资源，也包括环境纳污资源（如碳排放）等抽象资源，是从事生产活动必备的资源要素；第二，环境资源是在自然过程中形成的天然生成物，不属于某一个人或组织，社会成员可以自由利用这些资源；第三，环境资源的范畴随着社会和科技的发展、人类对环境资源认识的深入而不断变化。

相对于社会日益增长的需求，环境资源表现出一定的稀缺性，对有限的资源进行合理配置以获得最佳效益显得尤为重要。在社会化大生产条件下，资源配置主要有两种方式：一是计划配置，即以社会需求为基础，通过行政命令的方式统管和配置资源，这种方式下，统管取代竞争，配额替代选择，市场处于消极状态，易出现资源闲置或资源浪费的现象；二是市场调节配置，即依靠市场运行机制进行资源配置。顾名思义，环境资源市场是指进行环境资源配置的市场，市场成为环境资源配置的主角，对环境资源配置发挥着基础性、决定性作用。由市场配置环境资源，有助于发挥竞争和优胜劣汰机制，引导企业按照市场需求优化生产组合，实现资源高效配置、科学管理、积极发展。

## 二、环境资源市场建设背景

随着全球对环境资源利用强度增加、利用范围扩大，二氧化碳等温室气体排放导致全球变暖，这直接给全球经济和环境造成持续的负面影响，诸多科学家和社会学家日益重视资源短缺以及能源消费带来的环境污染问题。马尔萨斯“资源绝对稀缺模式”的提出引起了社会对稀缺资源的关注，他认为资源无论是物理数量上的有限还是经济上的稀缺都是必然存在的。20世纪70年代初，美国的德内拉·梅多斯、乔根·兰德斯、丹尼斯·梅多斯等人合著《增长的极限》，认为经济增长使自然资源消耗的速度和环境污染的程度倍增，技术进步只能延长资源消耗的过程，推迟世界末日的到来期限，而不能阻止末日的到来。据此，西方国家不断探索研究节能减排路径，推动环境资源市场化配置进程。

就我国实际情况来看，随着经济发展、工业化和城市化进程的推进，环境资源问题与日俱增，阻碍了经济转型和经济可持续发展（彭江波，2010）。一方面，我国能源资源需求量巨大，能源供应形势严峻，尤其是油气行业快速发展，油气需求量急剧上升，油气短缺是制约国民经济发展的重要瓶颈。根据中国海关数据，2022

年，石油、天然气和煤炭等能源产品进口额共计3.19万亿元，出口额约是进口额的10%，油气资源对外依存度较强。另一方面，随着能源消费的攀升，我国碳排放总量不断增加。国际能源署（IEA）发布的《全球能源回顾：2021年二氧化碳排放》报告显示，2020年中国的碳排放量为98.94亿吨，在全球碳排放量中的占比超30%，中国是全球最大的碳排放国[1]。总体来说，环境资源问题主要表现在两个方面：一是人类对环境资源的不断攫取，超越了环境资源的承载力，造成环境破坏和污染，引发空气质量下降、全球变暖、臭氧空洞等环境危机；二是在环境遭到破坏和污染的过程中，环境资源的供给能力逐渐降低，稀缺程度提高，难以满足人类日益增长的需求，最终导致环境资源耗竭，威胁人类的生存和发展。缓解环境资源危机的有效手段是使环境资源得到合理利用，提高环境资源利用效率，实现环境资源的有效配置。

基于此，中国从20世纪70年代开始逐渐重视环境政策，并在第二次全国环境保护会议上将环境保护确立为基本国策，推出了以合理开发利用自然资源为核心的生态保护策略。1996年，《中华人民共和国国民经济和社会发展“九五”计划和2010年远景目标纲要》提出，要“完善自然资源有偿使用制度和价格体系，逐步建立资源更新的经济补偿机制”，政策实施“行政主导、市场辅助”的模式，初步建立了自然资源和环境纳污资源的市场机制。中共十七大首次将“建设生态文明”写入党代会报告。中共十九大报告强调要推动煤炭等化石能源清洁高效利用，强化排污者责任。在此过程中，国家针对环境资源配置出台多项政策文件，不断健全自然资源产权制度，逐渐形成了包括自然资源和环境纳污资源的配置市场、交易市场。2022年，《中共中央 国务院关于加快建设全国统一大市场的意见》发布，提出要“建设全国统一的能源市场”“规范油气交易中心建设”“稳妥推进天然气市场化改革，加快建立统一的天然气能量计量计价体系”“培育发展全国统一的生态环境市场”，为打造环境资源要素配置新高地指明了发展路线，对推进环境要素资源市场化配置、建设高标准市场体系有重要意义。

[1] 周泉. 2021年全球及中国二氧化碳排放量及碳交易市场现状分析，2021年碳排放量“强劲反弹”［EB/OL］.（2022-04-23）［2022-06-30］. http://www.huaon.com/channel/trend/799762.html.

## 三、我国环境资源市场政策体系

资源和环境问题是影响中国经济持续发展、全民族生存和健康的重大问题，应当引起社会各方面的高度重视。中共十八大将生态文明建设纳入“五位一体”总体布局之后，追求经济与环境的统一发展，以解决生态环境与资源利用之间的矛盾为导向，国务院及自然资源、环保、能源等有关部门纷纷出台了相关政策，对环境保护和资源利用进行具体规范。我国资源环境市场的有关政策主要表现为电力、油气能源及矿产资源等资源市场交易制度与碳排放权、排污权、用能权等新兴绿色要素的交易制度两大类型。

2021年3月，《中华人民共和国国民经济和社会发展第十四个五年规划和2035年远景目标纲要》在第十三届全国人民代表大会第四次会议上通过，提出构建现代能源体系，并再次强调“清洁低碳、安全高效”的能源战略，将能源资源安全列入国家经济安全保障体系。2022年1月，国务院办公厅发布《要素市场化配置综合改革试点总体方案》，旨在推动要素市场化配置改革向纵深发展。该方案明确提出要加强资源环境市场制度建设。一方面，支持完善资源市场化交易机制。支持试点地区完善电力市场化交易机制，深化天然气市场化改革，逐步构建储气辅助服务市场机制。完善矿业权竞争出让制度，建立健全严格的勘查区块退出机制，探索储量交易。推动电力交易机构独立规范运行，实现电力交易组织与调度规范化。另一方面，支持构建绿色要素交易机制。在明确生态保护“红线”、环境质量“底线”、资源利用“上线”等基础上，支持试点地区进一步健全碳排放权、排污权、用能权、用水权等交易机制，探索促进绿色要素交易与能源环境目标指标更好地衔接。探索建立碳排放配额、用能权指标有偿取得机制，丰富交易品种和交易方式。

以石油、天然气为代表的传统资源交易政策规范体系已相对成熟，2017年5月，中共中央、国务院印发《关于深化石油天然气体制改革的若干意见》，指出我国油气行业体制改革是要建立上游资源开发打破垄断实现多主体经营、多渠道供应，中间统一管网高效集输，下游销售市场充分竞争的油气市场体系，对我国油气资源市场化改革的方向做出了规范。2021年12月，国家能源局公布《能源领域深化“放管服”改革优化营商环境实施意见》，深入推进能源领域“放管服”改革，着力培育和激发市场主体活力。

以天然气交易相关政策为例（表6.1），其交易主体、定价机制及交易监管拥有一套完整的政策规范体系。

表6.1 天然气交易代表性政策梳理（2020—2022年）

<table>
<tr><th>文件名称</th><th>公布时间</th><th>发文主体</th><th>与交易相关内容</th></tr>
<tr><td>关于加快推进天然气储备能力建设的实施意见</td><td>2020年4月10日</td><td>国家发展改革委、财政部、自然资源部、住房和城乡建设部、国家能源局</td><td>依托上海和重庆两个交易中心，推进储气产品市场化交易</td></tr>
<tr><td>关于加强天然气输配价格监管的通知</td><td>2020年7月1日</td><td>国家发展改革委、市场监管总局</td><td>各省要合理制定省内管道运输价格和城镇燃气配气价格，加强市场价格监管</td></tr>
<tr><td>新时代的中国能源发展</td><td>2020年12月21日</td><td>国务院新闻办公室</td><td>坚定不移地推进能源领域市场化改革，建立多元化的供应体系，全方位加强国际合作</td></tr>
<tr><td>2021年能源监管工作要点</td><td>2021年1月18日</td><td rowspan="3">国家能源局</td><td rowspan="2">重大能源项目落实情况监管：跨省油气管道、储气设施；稳步推进油气市场建设；积极推进能源体制改革</td></tr>
<tr><td>2021年能源监管重点任务清单</td><td>2021年1月28日</td></tr>
<tr><td>天然气管网和LNG接收站公平开放专项监管工作方案</td><td>2021年5月31日</td><td>对油气体制改革相关要求落实情况、天然气管网设施互联互通和公平接入情况、公平开放的信息公开情况、服务和市场交易情况、实际运行情况等的监管</td></tr>
<tr><td>天然气管道运输价格管理办法（暂行）</td><td>2021年6月7日</td><td rowspan="3">国家发展改革委</td><td rowspan="2">对适用范围、定价机制及准许收益率等相关问题做出规范，是核定跨省长输管线管输费的重要政策依据</td></tr>
<tr><td>天然气管道运输定价成本监审办法（暂行）</td><td>2022年1月1日</td></tr>
<tr><td>关于完善进口液化天然气接收站气化服务定价机制的指导意见</td><td>2022年5月20日</td><td>指导各地进一步完善气化服务定价机制，规范定价行为，合理制定价格；将气化服务价格由政府定价转为政府指导价，实行最高上限价格管理，鼓励“一省份一最高限价”，并明确按照“准许成本加合理收益”的方法制定最高气化服务价格</td></tr>
</table>

关于电力市场的政策规范，2022年1月，国家发展改革委、国家能源局发布《关于加快建设全国统一电力市场体系的指导意见》，在政策层面对电力市场改革做出顶层设计。与2021年公布的《关于进一步深化燃煤发电上网电价市场化改革的通知》《关于进一步做好电力现货市场建设试点工作的通知》等政策文件共同构成

支撑新型电力系统建设、合理费用疏导机制和容量成本回收机制的电力市场化改革发展路径。

中共二十大报告指出“推动经济社会发展绿色化、低碳化是实现高质量发展的关键环节”，因此要“健全资源环境要素市场化配置体系”。绿色要素的交易是我国近年来关注的重点。国务院、生态环境部、财政部及国家发展改革委等机关出台了大量绿色要素交易的政策，涉及碳排放权交易、排污权交易、用能权交易、用水权交易等多个方面。对这些绿色要素交易的主体、权利义务及监督管理均做出了较为具体的规范。其中碳排放权交易已初步形成政策体系，以《中国人民共和国能源法》《中国人民共和国节约能源法》《中国人民共和国可再生能源法》《中国人民共和国大气污染防治法》为代表的相关法律规范构成了碳排放权交易的上位法体系，这也是碳排放权交易相关政策形成的逻辑起点。2020年12月生态环境部公布的《碳排放权交易管理办法（试行）》及近年来国家发展改革委与生态环境部颁布的相关政策共同构成了我国碳排放权交易的基本政策体系，与此同时，以北京、上海为代表的试点地区也根据本区域的实际情况，出台了相应的地方政策规范。排污权交易的有关政策也在不断完善，目前，国务院办公厅已经印发《关于进一步推进排污权有偿使用和交易试点工作的指导意见》，地方试点的有关政策也将不断出台。除以上与环境能源直接相关的交易以外，相关部门还出台了绿色金融的有关政策，进一步促进绿色要素交易的发展。如2016年中国人民银行等七部门联合印发的《关于构建绿色金融体系的指导意见》，为我国构建绿色金融体系建立了良好的基础。2021年2月，国务院印发《关于加快建立健全绿色低碳循环发展经济体系的指导意见》，提出建立健全绿色低碳循环发展经济体系，通过绿色信贷、绿色债券、可持续投资及绿色保险等政策的支持，提高资源配置效率。

资源环境市场尚处于发展阶段，关于如何实现资源利用与环境保护之间平衡的交易市场法律规范相对较少，完善政策体系，以灵活的政策推进环境资源市场制度的完善具有重要价值。

## 四、我国环境资源市场发展与改革方向

2015年9月，中共中央、国务院印发了《生态文明体制改革总体方案》，明确

提出要构建反映市场供求和资源稀缺程度、体现自然价值和代际补偿的资源有偿使用和生态补偿制度；构建更多运用经济杠杆进行环境治理和生态保护的市场体系。在中共十九大报告中，更是明确提出加快生态文明体制改革，建设美丽中国的要求，提出了要加快建立绿色生产和消费的法律制度和政策导向，建立健全绿色低碳循环发展的经济体系。我国资源环境市场的发展与改革需要满足生态文明建设的需求，提升资源配置效率，促进社会的节能减排，推动市场化的生态补偿机制建设。

## （一）推动环境资源交易市场化改革，提升资源配置效率

中共十八大以来，“使市场在资源配置中起决定性作用和更好发挥政府作用”成为我国社会主义市场经济建设的重要宗旨，也是环境资源要素改革和发展的重要方向。

电力、矿产、天然气及石油等资源交易的市场化改革将不断深化，在节能减排和生态补偿的要求下，继续推进资源要素交易的市场化改革，平衡好政府宏观调控与市场调节的相互作用关系。在稳定资源要素交易的基础上，逐步探索市场化发展路径。充分发挥政府的宏观调控作用，从更高的层面上，对全国能源资源的供需趋势做出科学预测，制定好发展战略，做好规划部署，在具体市场管理上，制定市场规则，创建公平公正的市场环境。对于居民用户和国家重大项目，要利用行政手段保证供应。市场则更多的是通过供需关系来形成价格，再通过市场对价格的灵敏反应来调节资源配置，最终形成供需动态平衡。对于市场化程度较高的工商业用户，可以充分发挥市场作用，让供需双方承担主体责任，通过资源流动平衡市场，最终实现社会效益和企业效益的双提升。

以电力行业的市场化转型升级为例，电力市场化改革有利于激发供电服务活力，高质量地满足人民日益增长的美好生活和生产用能需要。在政府机构的监管下，探索电力交易机构的建设与完善，为市场主体提供更加优质的交易服务，包括但不限于进行市场交易平台的建设、运营以及管理；负责进行市场交易的组织，提供结算依据以及相应服务；负责市场主体的注册以及管理，并且披露以及发布市场信息等。借鉴其他国家和地区电力体制改革的有益经验，逐步形成容量市场、金融市场，以及电力体制改革和金融体制改革相融合的电力交易机构。开发电力交易所交易产品，采取不同类型的合约实施电力现货、远期现货以及期货等方面的交易。

### （二）推进绿色要素交易机制发展，促进环境与生态保护

中国是富煤贫油少气的国家，石油、天然气对外依存度过高给中国能源安全带来诸多不确定性。在生态文明建设的背景下，发展绿色能源交易对解决我国能源问题及生态环境问题均有重要价值。

加快绿色要素交易改革步伐，建立全国统一的绿色交易市场基础制度规则。针对绿色交易中的核证、定价、优质产品供给、交易等问题，探索并建立初始分配、有偿使用、市场交易、纠纷解决及配套服务等制度。吸引政府、企业、投资机构和个人等多元化主体的共同参与，确保绿色要素交易市场的活跃度，助推生态产品价值实现。研究制定生态资源权益核定、定价等技术规则和行业标准，创新地方绿色交易试点，鼓励开发更多的交易产品，细化绿色交易规则、交易管理办法和激励政策，优化绿色交易管理和服务，逐步建立在全国范围内具有普适性的核证技术规范、市场准入制度、定价机制、抵消机制等。

探索各类绿色要素定价，建立统一的绿色交易平台。依托公共资源交易平台，打造区域共建、多元共治、平台共用、资源共享、数据互通的绿色交易中心。建设集绿色交易数据报送、注册登记、交易管理为一体的区域绿色交易系统，为交易主体、监管部门等提供开户、交易、清算交收、查询及信息披露、管理等服务。构建开放共享的绿色交易体系，及时跟踪交易动态，推介生态资源资产，为决策者提供科学的决策支撑平台，为社会公众提供公开透明的信息共享和监督平台。

加大绿色金融支持力度，助推经济绿色转型。创新绿色金融工具，逐步建立并完善绿色信贷、绿色债券、可持续投资及绿色保险等相关政策。充分利用已有的碳金融发展经验，助力绿色金融业务发展研究、绿色金融成果转化服务、绿色金融能力建设和绿色金融战略决策等方面的进一步发展与突破。鼓励构建政府性融资担保服务，通过制度设计降低市场主体的融资成本，激发市场主体参与市场的积极性。加大绿色交易市场绿色金融支持力度，鼓励企业和个人依法依规开展碳排放权、排污权、用能权等绿色要素的金融业务。引进绿色投资机构，激发社会资本的活力，积极参与环境权益开发经营，推动绿色交易金融市场的创新发展。正是出于上述考虑，2023年2月4日，“北京城市副中心建设国家绿色发展示范区——打造国家级绿色交易所启动仪式”在通州区举行，加大了以“30·60”目标引领经济发展向绿色低碳转型的探索力度。

# 第二节　环境资源市场化配置理论研究

"十四五"时期，我国环境资源粗放利用问题的改善将进入从量变到质变阶段，通过市场化交易将资源环境要素价格显性化、成本收益内部化，能够缓解环境资源的总量限制对长期经济增长的制约问题。同时，不断健全资源环境要素市场化配置体系和履行政府在环境资源市场化配置中的职能，充分发挥市场化交易的价格发现和优化配置功能，大力推动经济社会发展向全面绿色低碳转型。

## 一、环境资源与经济增长

本部分以索洛模型（Solow，1956）为基础，扩展至环境资源领域，在生产函数中纳入环境资源变量，分析环境资源与长期经济增长可能性之间的关系（Romer，1990）。生产函数采用柯布-道格拉斯生产函数的形式：

$$Y(t)=K(t)^{\alpha}R(t)^{\beta}Q(t)^{\chi}[A(t)L(t)]^{1-\alpha-\beta-x},\ \alpha>0,\ \beta>0,\ \chi>0,\ \alpha+\beta+\chi<1 \quad (6.1)$$

式中，$Y$表示产出，$K$表示资本，$R$表示可利用的自然资源，$Q$表示环境纳污资源，$A$和$L$分别为技术进步和人力资本，$t$表示时间，$\alpha$是资本产出的弹性系数，$\beta$是可利用的自然资源产出的弹性系数，$\chi$是环境纳污染源产出的弹性系数。

对式（6.1）两边取对数：

$$\ln Y(t)=\alpha\ln K(t)+\beta\ln R(t)+\chi\ln Q(t)+(1-\alpha-\beta-\chi)[\ln A(t)+\ln L(t)] \quad (6.2)$$

对式（6.2）求关于时间$t$的导数，得到各要素增长率的等式：

$$g_Y(t)=\alpha g_K(t)+\beta g_R(t)+\chi g_Q(t)+(1-\alpha-\beta-\chi)[g_A(t)+g_L(t)] \quad (6.3)$$

式中，$g_Y(t)$表示各要素的增长率。为简化研究，假设人力资本$L$、技术进步$A$的增长率分别为$n$、$g$。运用索洛模型的结论，经济收敛于平衡增长路径，经济处在平衡增长路径上时，$g_K=g_Y$，代入式（6.3），得到：

$$\bar{g_Y}=\frac{(1-\alpha-\beta-\chi)(n+g)+\beta g_R+\chi g_Q}{1-\alpha} \tag{6.4}$$

在平衡增长路径上$Y$的增长率$\bar{g_Y}$与自然资源消耗率、环境纳污资源使用率相关。环境资源总量不变，自然资源和环境纳污资源不断被消耗，处于负增长（$g_R<0$，$g_Q<0$）[1]，消耗率越高，平衡增长路径上的经济增长率越低。市场在资源配置中起决定性作用，市场价格反映资源的稀缺程度，提高市场价格可以促进自然资源的节约使用，降低自然资源消耗率，对长期经济增长产生积极作用。环境纳污资源如碳排放，通过明确产权、不断治理、持续改进减排技术，在未来达到“碳中和”目标后，二氧化碳的排放总量可以一定的植树造林、节能减排等活动形式进行抵消，达到相对“零排放”，故$g_Q$逐渐增加，趋于零，使$\bar{g_Y}$相应增加。

综上所述，环境资源的总量限制会阻碍长期经济增长，但是通过一定的市场化工具，优化资源配置，可以降低环境资源的消耗率，缓解其对长期经济增长的制约。

## 二、环境资源市场化配置的理论基础

从经济学角度看，环境资源的主要问题是由于外部性的存在，环境资源要素的价格不能完全反映其稀缺程度（左正强，2009）。为促使环境资源要素合理定价，庇古（Pigou AC，2013）和科斯、阿尔钦、诺斯等（1994）以环境资源的外部性和公共产权为基础，提出了解决方案以实现资源优化配置。庇古主张运用税收的方式将外部性造成的社会成本内化为生产成本，这种手段又被称为“庇古税”，为市场化工具中的环境税、资源税提供了基本依据。“庇古税”由政府对环境资源统一定价，不具备可交易性，由于信息不对称和环境资源的特殊性，其确定的价格也难以反映环境资源的真实价格。科斯针对庇古理论的不足，提出产权理论以解决环境资源生产和消费中的外部性问题。接下来，对两种理论进行简述。

### （一）庇古理论

庇古理论围绕环境资源外部性进行研究，认为外部性的存在使得个人边际成本

[1] 实践中，环境纳污资源的使用速率快于人类对其的治理速度，因此，这里假设环境纳污资源的净增长率为负。

小于社会边际成本，个人在生产中给环境造成负外部性，却没有承担相应的成本，个人以污染环境的行为获得了额外收益，而社会却承担了环境污染的额外损失。外部性的存在造成一定程度的市场失灵，需要适时引入政府干预机制，将外部性造成的社会成本内化为企业的生产成本，以应对市场失灵带来的效率损失。

庇古理论倡导政府干预，对负外部性行为进行课税，对正外部性行为进行补贴，以边际分析法确定征税或补贴标准。在确定标准的过程中需要政府掌握大量的信息，评估企业外部性的规模，遵循市场规律，以对外部性确定合理的定价空间，激励企业权衡边际成本与收益，促进其加大研发、改进工艺，减少环境的负外部性效应。但在实践中，环境资源的价值无法简单地用货币衡量，很多自然资源和生态环境的恢复成本远高于企业破坏环境所获得的收益（崔先维，2010），使得“庇古税”确定的环境资源价格虽在一定程度上能够缓解外部性问题，但难以真正反映环境资源的稀缺程度。同时，政策本身也会面临“寻租”等问题，即使“庇古税”能够完全反映资源的稀缺性，政府对“庇古税”的征收也面临一些“额外成本”，使得资源配额效率损失。

### （二）科斯定理

科斯于1960年发表文章《社会成本问题》，对用庇古理论解决负外部性问题提出质疑。庇古理论认为对污染企业进行征税的依据是污染企业对居民产生了单向的负外部性，而科斯提出外部性的影响不是单向的，而是相互的，企业在生产过程中给居民造成外部性影响，居民良好的生活环境也会对企业产生外部性影响。限制污染企业会造成一定程度的损失，当限制企业行为给企业造成的损失大于企业行为本身造成的损失时，从总体上来看是得不偿失的。因此，科斯提出，解决污染问题的思路不应仅限于要求污染企业减少排放污染气体，还可以要求居民为减排付出成本，两种思路的选择取决于经济效率。

科斯关注效率，认为清晰的产权可以减少交易成本，从而提高经济效率，其将交易成本应用于产权制度的效率分析，形成了著名的科斯定理。科斯定理作为一个理论体系，揭示了产权界定与资源配置之间的关系。科斯第一定理：假设市场交易成本为零，初始权利的界定与资源配置的有效性无关。将定理运用在环境资源问题上，即只要初始产权明晰，就不需要“庇古税”，市场机制会促使交易不断完善，环境资源的价格不断调整，尽可能反映环境资源的稀缺性，从而实现资源合理配置。该定理反映了产权制度的重要性，产权的界定是市场交易的前提，产权清晰界定是市场价格体系有效运转的制度条件（吴健，马中，2004）。

科斯第一定理假设市场交易成本为零，科斯第二定理讨论了当存在交易成本时，权利的初始分配对资源配置结果的影响。具体表述如下：假设市场交易成本大于零，不同的权利界定会产生不同效率的资源配置结果。外部效应内部化的有效性要通过政策手段的成本——收益权衡才能确定，也就是说，“庇古税”可能是有效的手段，也可能是低效的制度安排（沈满洪，何灵巧，2002）。在这种情况下，产权界定系数与资源最优配置密切相关（李仁君，1999）。

科斯定理强化了“市场配置资源”的经济理念，表明政府干预不是解决市场失灵问题的唯一手段，健全的市场体系是解决市场失灵问题的有效途径。随着经济的增长，环境问题愈发凸显，环境纳污资源像许多自然资源一样，日益成为稀缺资源，但并未得到有效配置。因此，诸多经济学者建议为环境纳污资源建立市场，而市场建立的前提是明确环境纳污资源的产权（如“碳排放权”和“排污权”），促使其在不同主体之间交易，以价格机制引导资源有效配置。在早期的环境治理实践中，科斯定理被运用于环境保护领域的环境纳污资源产权（“排污权”）制度。建立环境资源的产权可以实现环境资源的优化配置，但交易费用的存在和初始分配的结构也会影响最终的效率。

“庇古税”和科斯定理均强调市场对资源配置的作用，两者的差异体现在政府对市场的干预程度上，庇古主张政府以市场机制标准通过征税或补贴方式解决市场失灵问题；科斯主张明晰产权制度，完善市场体系，最终以市场方式解决外部性造成的市场失灵问题。

在中国，本书作者之一常修泽教授也对资源环境产权理论及其市场化配置作过探索，集中体现在他2009年出版的《广义产权论——中国广领域多权能产权制度研究》中。他指出：广义产权的第一要义是广领域——广到天，广到地，广到人。其中，“广到天”涉及环境产权，如碳产权。他探讨了碳产权排放和交易，强调“环境是有价的”，减排下来的碳产权指标可以卖钱，可以交易。“广到地”提出“地”的概念不仅仅指“地表”，而且包括地上地下的自然资源，主要是六大资源——土地、森林、矿产、草原、淡水和海洋，每一种都有产权（常修泽，2009）。

## 三、环境资源市场化配置机制

### （一）环境纳污资源市场化配置机制——以碳排放权为例

环境纳污资源产权机制是科斯定理在环境政策中的应用，包括碳排放权、排污权等。环境纳污资源产权机制包括两个要素：第一，政府具有限制和分配排放总量的权力；第二，建立环境纳污资源有偿转让的市场。如图6.1所示，由政府部门根据既定目标确定最大的碳排放或排污量，并按照一定的分配方式以一定的形式在各排放方之间进行初始分配，明确各排放方对环境纳污资源的产权。同时，建立交易市场，允许各排放方进行自由交易。接下来，本节以碳排放权为例，详细阐述环境纳污资源的市场化配置机制。

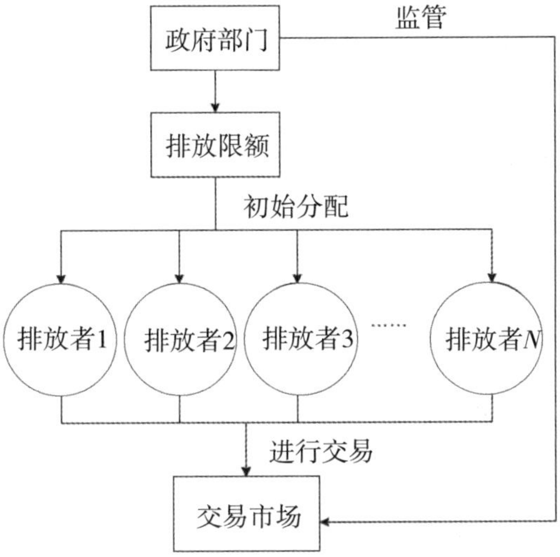


图6.1　环境纳污资源交易的基本逻辑

1. 碳排放权的初始分配

如同资本市场一样，碳排放权市场也可分为一级市场和二级市场。一级市场是碳排放权的初始分配市场，二级市场是碳排放权的交易市场。碳排放权的初始分配是将排放总量分配到各个排放单位的过程，直接关系排污单位的经济利益。一般来说，现有的碳排放权分配方式主要有无偿分配和有偿分配两种。

无偿分配是政府管理部门按照一定的规则分配碳排放权，接受配额的企业无须为此付出经济成本，配额的分配标准有目标总量控制法、历史排放法、历史强度法、基准线法等。分配频次有一次性分配和逐年分配等多种方式。无偿分配不会给企业带来额外成本，能够调动企业积极性，政策易于推行。但这种方法也有很大的缺点，运用历史排放法和历史强度法分配配额使排污量少的企业得到的配额较少，而排污量大的企业分得更多的配额，这种分配模式对清洁生产的企业不公平。

有偿分配的主要形式是政府通过公开方式进行有偿竞价拍卖，此方式因需要企业负担额外成本，在政策初期不易推行。实践中，通常是将总碳排放权的较小比例进行拍卖，其余部分进行无偿分配。部分配额有偿拍卖的形式使配额供给方式更加灵活，产生的市场出清价格可发挥价格发现和价格导向的作用，为碳排放权交易的参与者提供可参考的价格信号，有助于碳排放权市场的建立和完善。

2. 碳排放权的交易制度

按照科斯定理的观点，完善的市场机制能够促进资源的优化配置。碳排放权的一级市场明晰各主体碳排放产权，二级市场有助于提高碳排放权的配置效率。碳排放权的交易制度涉及交易主体、交易产品、交易机制、交易方式等。

（1）交易主体：碳排放权的交易主体是各个行业排放量较高、减排空间较大的工业企业。

（2）交易产品：碳排放权交易市场有两类基础产品，一类是政府分配给企业的碳排放权配额，另一类是中国核证自愿减排量（CCER）。碳排放权交易市场纳入CCER抵消机制，不仅有助于调动企业自愿减排积极性，还有助于政府通过市场手段为产生减排量的项目提供补贴，政府通过控制CCER的可申请项目数量来控制CCER的总供给量，当CCER的供给量增加时，CCER交易价格降低，排放企业的履约成本降低。

（3）交易机制：政府通过一级市场为各企业分配一定的碳排放权配额，如企业的实际排放量小于配额量（减排企业），则剩余的碳排放权可以作为商品在市场上出售给配额量不足的超排企业，如图6.2所示。

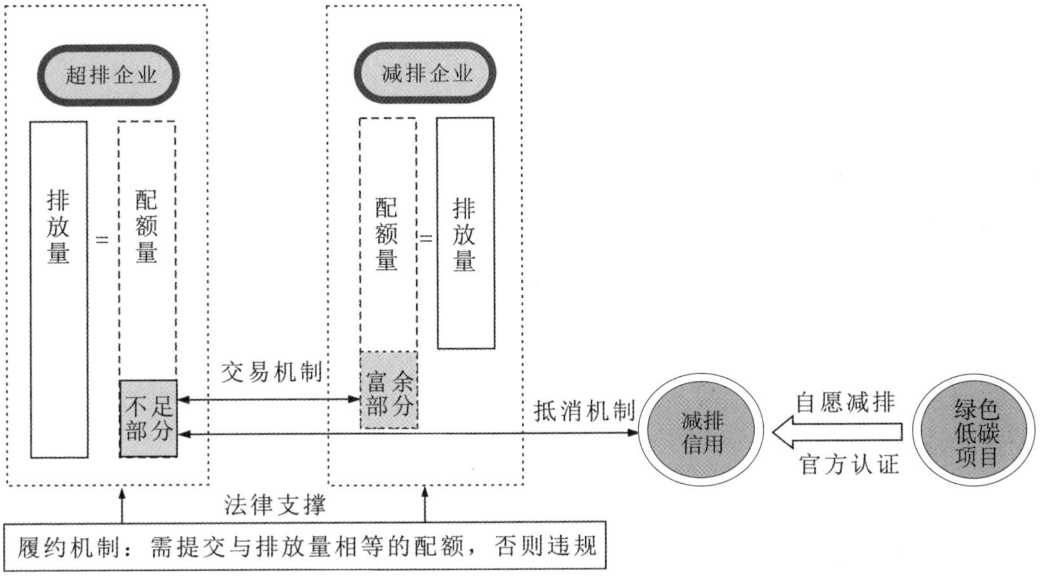


图6.2　碳排放权市场交易机制

（4）交易方式：交易方式一般有两种，即公开挂牌交易和协议转让。公开挂牌交易更符合市场定价规则，交易价格由市场公开决定。协议转让价格由交易双方协商决定，价格涨幅较大。

（5）市场调控机制：为了保障碳排放权交易市场稳定运行，政府会制定相关的调控机制，常见的调控措施包括政府预留配额、配额拍卖或固定价格出售等。

## （二）自然资源市场化配置机制——以油气资源为例

关于自然资源的市场化配置，国内在土地资源、矿产资源、森林资源等方面已有大量的实践。在油气领域，油气资源关系国家能源安全，随着我国工业化进程的加快，油气资源的需求持续增加，供给短板也逐渐凸显：一是油气资源对外依存度过高；二是油气资源市场竞争程度低，勘探开发投入不足、透明度不高、效率低下（隋昊，2022）。因此，需要推进油气资源的市场化配置以缓解供需矛盾，维护国家能源稳定与安全。

油气资源市场化配置的最终表现是油气资源的价格形成机制市场化，价格要切实反映实际的市场供需关系、资源稀缺程度、生态环境损害成本和修复效益（袁伟，2013）。油气资源的运行涉及上游勘探、中游管道运营和下游炼化销售等产业链，产业链各环节市场化是价格机制市场化的前提。就上游市场来说，引入更多投资主体、增强市场竞争、扩大上游资源增量，对增强油气资源供应能力、构建更加开放的市场格局、实现油气资源高效配置有重要意义。获得油气探矿权是企业进入油气上游市场的基础，矿业权（探矿权和采矿权）交易的参与主体是具备油气勘查开采能力的国有企业、民营企业、外资企业等，纳入多元化的参与主体是激发油气上游市场活力的关键。矿业权的竞争性出让方式包括公开招标、拍卖、挂牌等。就中游市场来说，应增强基础设施建设，与上游市场协调配合，在上游资源增加的同时，确保中游能够有足够的容量，避免“有气源、没容量”的问题。就下游市场来说，扩大参与主体市场容量，增强与上游供应商谈判的话语权，是推进价格形成机制市场化的关键所在。

概而论之，油气资源市场化运行需要上中下游诸多环节相互配合、协同并进，上游增加资源、中游保障基础设施、下游扩大市场增量[1]，以完善价格形成机制，实现油气价格上中下游互动，促进油气资源优化配置。

## 四、环境资源市场化配置的障碍

理论上，环境资源市场化配置是提高资源配置效率的主要方式，但市场化工具发挥作用需要一定的前提条件。自然环境的不确定性、市场化工具本身的局限性、制度的不健全等因素都会影响环境资源市场化配置的效果。

### （一）市场化配置的公平性难以兼顾

效率和公平是辩证统一的。市场机制可以通过“看不见的手”发挥作用，以解决经济活动的效率问题，但公平性难以兼顾。市场经济的自然运行难以保证各主体之间公平竞争，在缺乏政府引导、法律约束的条件下，信息、财富等资源禀赋存在差异的竞争者由于利益驱使容易产生非正当竞争而损害公平。就环境资源领域而言，以庇古理论和科斯定理为基础的市场化工具运用得当，可以使资源得到优化配置。市场化工具本身没有将社会公平问题纳入作用范畴，其强调交易达成时的经济效率。以碳排放权市场化配置为例，在一级市场上，政府以广泛运用的历史排放法、历史强度法对

[1] 刘洋，李雅兰. 油气上中下游宜形成合力 做大增量助推产业发展［EB/OL］.（2019-08-02）［2022-07-01］. https://mp.weixin.qq.com/s/288oaXCfleejoQ_GvkaYnQ.

企业进行配额免费配置，历史碳排放量巨大的成熟企业可以分配到与历史排放数据相匹配的配额量，即使政府会逐年减少配额量的分配，成熟企业也有足够的时间适应并进行技术改造；而对历史排放数据较少的初创企业来说，这种分配方式缺乏公平性，企业在一级市场难以分配到与经营匹配的配额，在二级市场上，因缺乏前期积累，短时期中国核证自愿减排量项目较少，抵消机制难以运用，因其易受到风险冲击，相比于具有不确定性的减排技术研发投入，更倾向于选择以市场价格购买碳排放权，这样不仅会增加企业的生产成本，而且对企业的减排技术创新未能起到激励作用。理性的市场参与者以自身利益最大化为出发点进行经济活动，其目标往往与社会经济的总目标存在偏差。因此，环境资源的市场化配置需要政策进行积极引导、严格规范，以达到有效配置资源的目的，也能考虑分配效应，兼顾社会公平。

### （二）市场机制有待健全

科斯定理强调，健全的市场机制是解决市场失灵、实现资源优化配置的有效途径。环境资源市场机制不健全是我国生态文明建设的一大困境，突出表现在以下几个方面：一是环境资源的产权制度不完善，产权形式单一。二是市场运行活力不足。一方面，环境资源的市场主体较为单一，参与企业数量较少，社会资本参与度不高；另一方面，产权的退出机制不健全，制约了其他投资者的进入。三是自然资源税征税范围狭窄，对自然资源的合理利用和有效保护程度不足。目前，自然资源税只选择将资源普遍、易于征收管理的矿产品和盐纳入征收范围，且税额较少，对自然资源未起到良好的调节作用，实践中资源浪费现象突出。四是法律体系尚待完善。改革开放40多年来，我国陆续出台了多部与生态环境保护相关的法律法规，法律体系基本形成，但存在立法滞后、法律层次较低、权威性和约束力不高等问题，降低了环境资源依法管理的有效性。

## 五、环境资源市场化配置中的政府职能

### （一）完善环境资源市场化制度顶层设计

环境资源市场化配置存在市场机制不健全等问题，需要政府的有形之手发挥调控功能，从法律体系、管理体系等方面完善环境资源市场化制度的顶层设计。

一是完善相关法律体系。健全的法律法规体系是环境资源市场发展的保障。国家应尽快从宪法、法律、法规和规章四个层次进一步建立与完善有利于节约环境资源的法律体系，立法先行，在有法可依的基础上依法执行，使环境资源市场化顺利推进。一方面，要加大重点领域立法力度，鼓励地方政府在统一立法原则的基础上，结合当地实际科学合理地修改与制定地方性法规，维护公民权益和社会公平，推进良好法制环境的构建。另一方面，要加大执法力度，做到执法必严。

二是构建完善的市场管理体系。环境资源关系国计民生和国家能源安全，涉及种类繁多，需要由高层次的宏观调控决策部门建立完善的市场管理体系，包括政策制定、调控与监管。在政策制定、调控方面，借鉴国外成熟能源市场的发展经验，可设立国家环境资源管理委员会，根据环境资源种类下设相关分管部门，负责政策制定、规划安排、宏观调控等工作。在市场监管方面，可设立统一、独立的监管机构，行使独立监管权，贯彻实施环境资源部门制定的政策、方针，确保资源合理配置。

## （二）积极推进环境资源配置市场化进程

完善环境资源市场化机制，积极推进环境资源市场化进程，充分体现市场供求关系，发挥市场在环境资源配置中的决定性作用，需要从以下几方面着手：一是逐步构建和推进市场化定价机制。市场化定价机制是指价格的决定权不在政府而在市场，价格的形成以市场调节为主，由供求关系决定，政府可以通过某些手段对价格进行调控，引导市场价格（王少国，房宏琳，2013）。具体在油气资源上，一方面，政府可逐步放宽对其价格的管制，建立与替代能源价格和物价指数联动的价格调整机制，打破垄断，完善竞争机制；另一方面，建立统一的环境资源税费体系，资源税率可根据资源规模、开发难度、开发成本等因素实行差别制定，加强对环境资源市场价格的调控，提高油气资源的配置效率。

二是完善多元化投融资机制，丰富并壮大市场参与主体。多样性的市场参与主体是环境资源市场保持活跃的必备条件。在碳排放权市场，可逐步扩大交易主体范围，适时增加符合交易规则的投资机构，包括碳资产公司、碳资产投资公司以及银行、券商等金融领域成熟机构，打造具有国际影响力的碳市场定价中心。待市场运行相对成熟、完善后再逐步引入个人投资者及境外机构，不断丰富和优化交易主体结构。在油气资源方面，通过公开招标发放许可证、特许权等方式，积极鼓励符合资质要求的企业参与油气资源上游市场的供应和下游市场的竞争，克服市场垄断，加大竞争力度。

# 第三节 我国碳排放权交易市场的发展与探索

绿色低碳发展已成为世界经济增长的重要动能。2023年《政府工作报告》指出，五年来，“稳步推进节能降碳。统筹能源安全稳定供应和绿色低碳发展，科学有序推进碳达峰碳中和”。中国走绿色发展之路，建立健全碳排放权交易制度、探索碳排放权交易路径，对实现双碳目标、提升可持续发展能力有积极的推动作用，为全球绿色发展贡献中国智慧与方案。

## 一、我国碳排放权市场的实践与发展

全球气候治理是维护全球生态安全和全人类共同利益的国际合作行动，是构建人类命运共同体的重要环节，其紧迫性和重要性日益突出。我国一直积极推动全球气候治理，推进人类命运共同体建设，为国际气候变化改进工作作出了积极贡献。

### （一）碳排放权交易制度的演进

1. “十二五”期间

“十二五”规划（《中华人民共和国国民经济和社会发展第十二个五年规划纲要》）提出，积极主动参与全球气候治理，控制温室气体排放，逐步建立碳排放权交易体系，推进低碳试点示范。“十二五”期间，我国积极开展碳排放权交易试点，初步建立健全碳排放权初始分配制度，如图6.3所示。

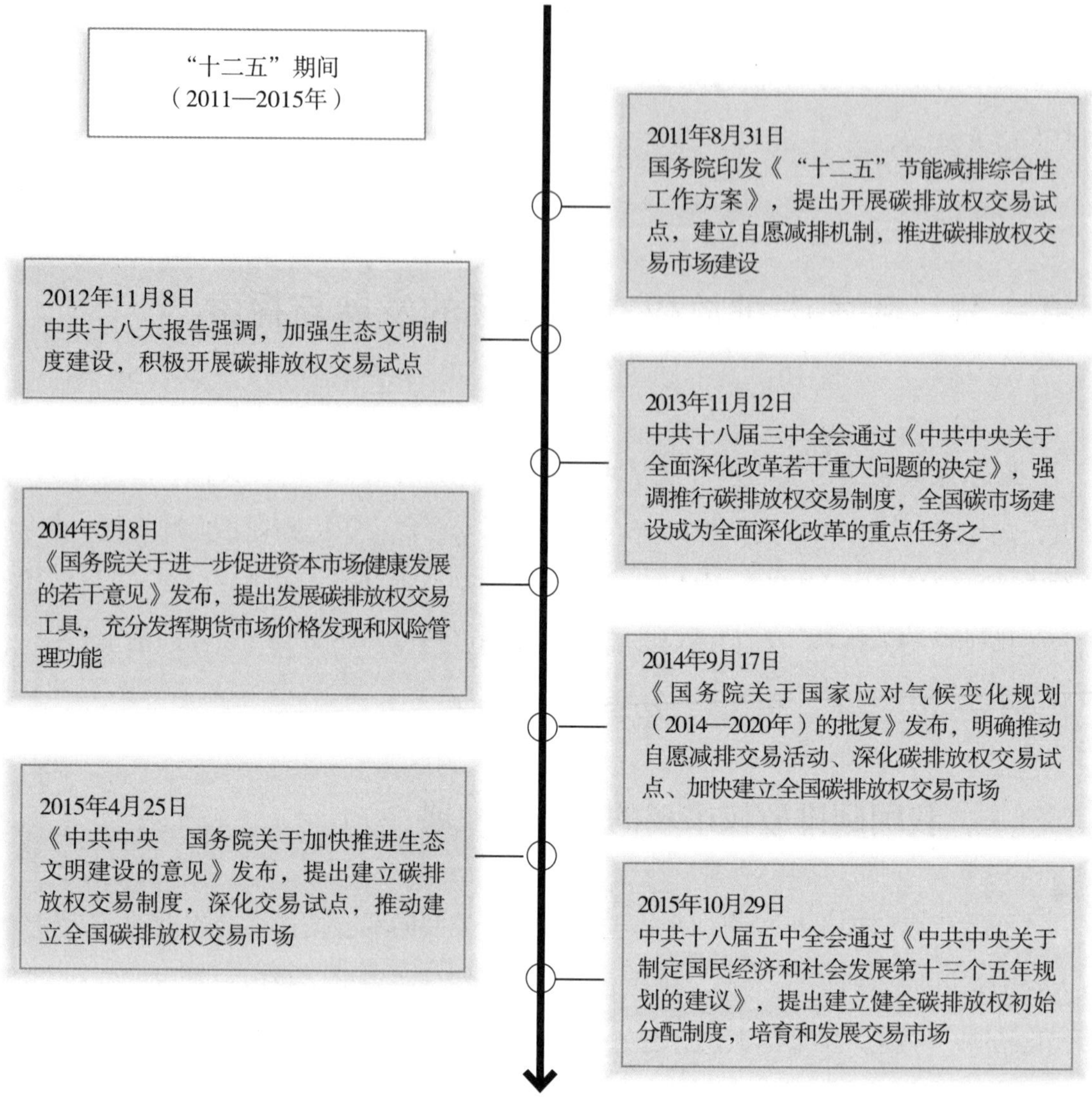


图6.3　"十二五"期间我国碳排放权交易制度的发展历程

2. "十三五"期间

"十三五"规划（《中华人民共和国国民经济和社会发展第十三个五年规划纲要》）明确，坚持减缓与适应并重，主动控制碳排放，落实减排承诺，推动建设全国统一的碳排放权交易市场。"十三五"期间，我国明确碳排放权首批纳入行业，完善碳排放权交易配额总量与分配等相关方案，初步建立了全国碳排放权交易市场保障体系，如图6.4所示。

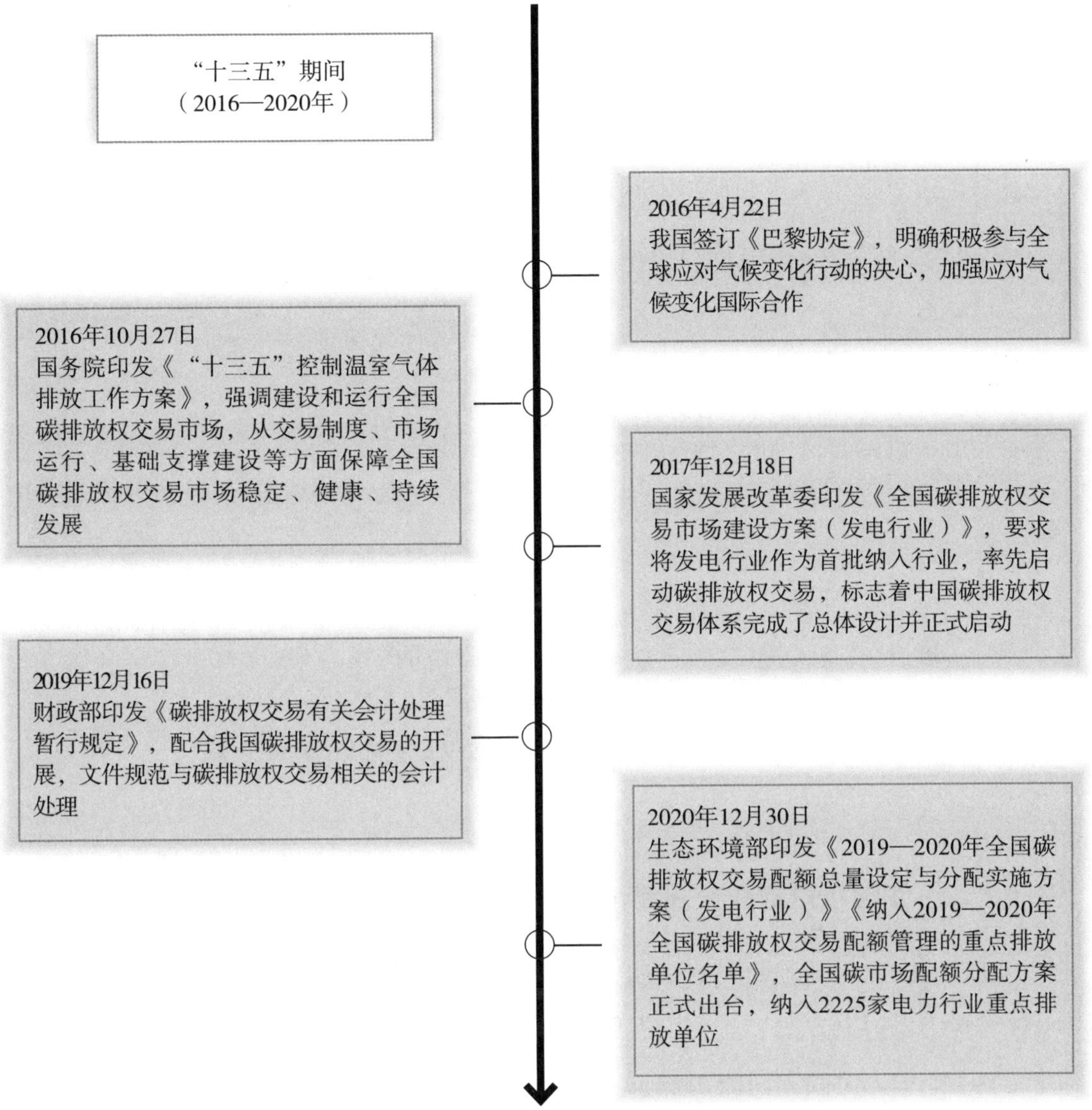


图6.4　“十三五”期间我国碳排放权交易制度的发展历程

3.“十四五”期间

“十四五”规划（《中华人民共和国国民经济和社会发展第十四个五年规划和2035年远景目标纲要》）强调，落实2030年应对气候变化国家自主贡献目标，实施以碳强度控制为主、碳排放总量控制为辅的制度，支持有条件的地方和重点行业、重点企业率先达到碳排放峰值，如图6.5所示。

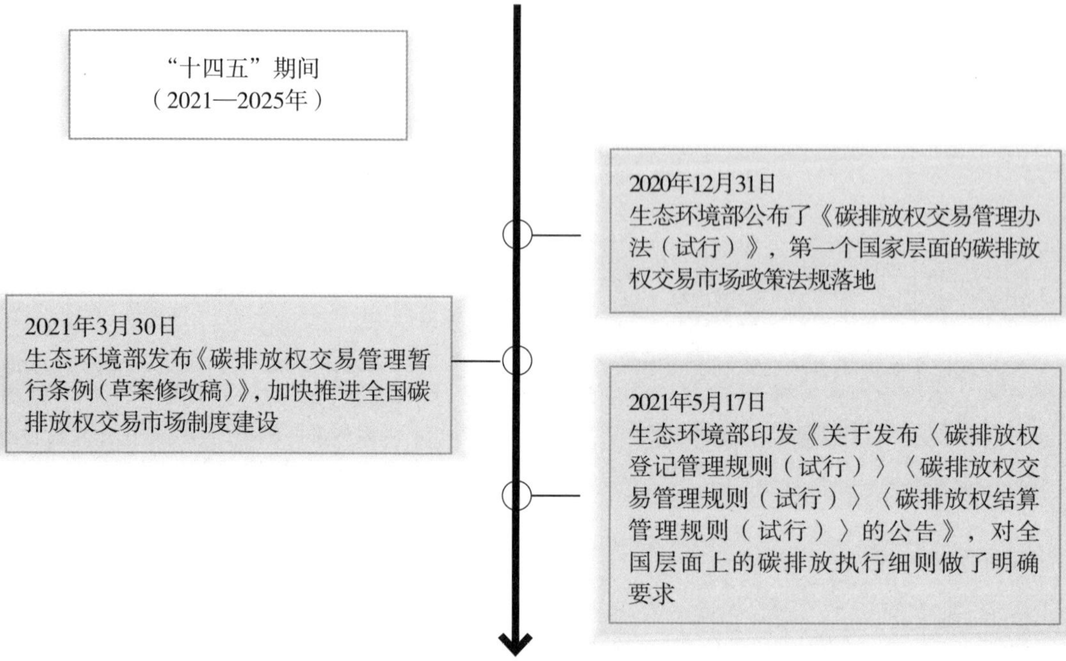


图6.5　“十四五”期间我国碳排放权交易制度的发展历程

## （二）我国碳排放权交易制度体系

应对气候变化既是我国的挑战，又是我国的发展机遇。我国先后颁布的《中国应对气候变化国家方案》《全国人民代表大会常务委员会关于积极应对气候变化的决议》《中华人民共和国能源法》《中华人民共和国节约能源法》《中华人民共和国可再生能源法》《中华人民共和国大气污染防治法》等，都对我国气候治理产生了积极的推进作用。

中央层面，国家发展改革委、生态环境部先后颁布了《碳排放权交易管理暂行条例》《碳排放权交易管理办法（试行）》以及相关配套规定（图6.6）。地方层面，各试点省、区、市均颁布了各自的碳排放权交易管理办法及相关配套规定。我国碳排放权交易制度体系主要由部门规章和试点省、区、市的地方性法规、地方政府规章以及交易所交易规则体系组成，内容涉及管理体制、总量控制、配额管理和交易、排放监测、报告和核查等碳排放权交易制度的核心要素，初步为全国统一碳排放权交易的开展奠定了制度基础。

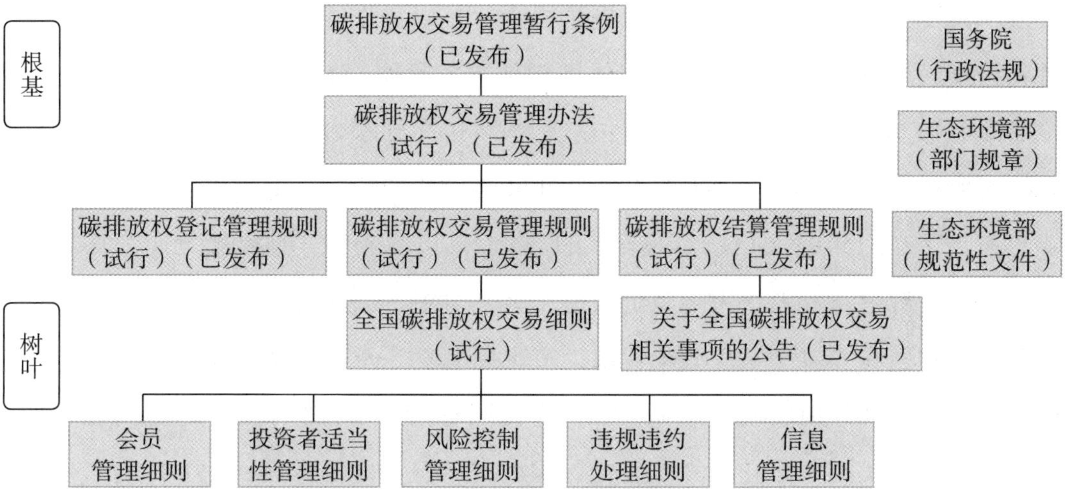


图6.6　全国碳排放权交易制度体系

我国碳排放权交易的上位法为国务院行政法规《碳排放权交易管理暂行条例》，生态环境部部门规章为《碳排放权交易管理办法（试行）》。除了政策法规以外，一系列支撑性制度文件也是碳市场框架体系中必不可少的关键要素，主要包括覆盖范围，配额分配，监测、报告与核查（MRV）等。

## 二、碳市场[1]面临的重大机遇与挑战

### （一）我国碳市场的发展机遇

1. 中国国际地位显著提升，逐渐成为气候治理领域的引领者

国际社会自20世纪80年代起就广泛开展合作，积极探索应对气候变化的路径与方法。在联合国主持下，先后制定《联合国气候变化框架公约》《联合国气候变化框架公约的京都协定书》《巴黎协定》，构成目前全球开展气候变化合作的三大国际性法律文件。传统的以西方为主的全球气候治理存在诸多有待完善的地方，在西方国家自身经济增长乏力的情况下，我国逐渐成为全球气候治理的重要参与者，成为全球气候治理的积极践行者，为全球气候治理注入了新动能。我国高度重视、积

[1]　全称为碳排放权交易市场。

极宣传全球气候治理的理念与主张，多次提及和倡导人类命运共同体理念[1]，并努力为广大发展中国家参与全球治理提供机会，且以身作则，通过高标准、严要求的自我约束、自我发展，积极推动气候治理新方案落地。2020年9月22日，习近平主席在第七十五届联合国大会上宣布：“中国将提高国家自主贡献力度，采取更加有力的政策和措施，二氧化碳排放力争于2030年前达到峰值，努力争取2060年前实现碳中和。”2021年9月21日，习近平主席在北京以视频方式出席第七十六届联合国大会一般性辩论并发表题为《坚定信心　共克时艰　共建更加美好的世界》的重要讲话，再次强调“加快绿色低碳转型，实现绿色复苏发展。中国将力争2030年前实现碳达峰、2060年前实现碳中和”。这是我国对国际社会的承诺，也是对国内的动员令，体现了我国主动应对气候变化、积极减少温室气体排放、建立应对气候变化多元化措施的能力，并展现了深度参与全球治理、承担国际责任的姿态和决心。随着我国参与全球气候治理的程度不断加深、力度不断加大，我国在不同阶段，通过实际行动推动了气候治理的规章制度建立，逐渐为国际社会所认同，为发展全国碳市场创造了良好的国际环境。

2. 中国经济的快速发展，为全国碳市场发展创造了良好环境

继中国向国际社会做出“碳达峰、碳中和”的郑重承诺后，“30·60”目标被纳入“十四五”规划建议，中央经济工作会议也将“碳达峰、碳中和”列入各个年度重点工作。2022年4月，《中共中央　国务院关于加快建设全国统一大市场的意见》发布，明确提出培育发展全国统一的生态环境市场。经过40多年的经济增长，我国经济和社会发展正在进入转型和调整期。新发展理念促进绿色低碳发展，为全国碳市场建设发展提供了良好的政策环境。国家从战略层面推动碳达峰、碳中和，国家财税金融政策体现的绿色低碳导向等，都为全国碳市场发展创造了良好的政策环境。

3. 中国是全球碳排放大国，为碳市场有效运行提供良好保障

交易市场具有足够规模是保证市场有效运行的前提。我国既是全球最大的能源消费国，也是全球的碳排放大国。截至2023年1月底，碳排放配额累计成交量2.3亿吨，累计成交额104.9亿元。若按到2025年纳入碳市场的比重为30%～40%测算，全

[1] 本书作者之一常修泽还更鲜明、更具体地提出了“为天地人共同体立命”，即“为人与自然生命共同体立命”的主张。参见：常修泽. 广义产权论：为天地人共同体立命的探索［J］. 上海大学学报（社会科学版），2020，37（3）.

国碳排放配额规模将在40亿吨以上。交易活跃度的提升将直接拉动碳市场交易业务量的快速增长，未来全国碳市场具有巨大的发展潜力。我国庞大的碳排放量，为碳市场发展打下了良好的基础，同时也需要发展碳市场来倒逼节能减排，实现经济的可持续发展。

### （二）我国碳市场的发展挑战

1. 我国碳市场中远期发展路径、发展预期尚不明确

2017年12月印发的《全国碳排放权交易市场建设方案（发电行业）》，标志着全国碳排放交易体系正式确立，经过基础建设期（2018年）、模拟运行期（2019年）、深化完善期（2020年）三个阶段，2021年7月全国碳市场正式启动运行。但对于未来发展尚没有制定出明确的路径。尤其是2020年我国做出碳达峰、碳中和承诺后，到实现碳达峰的10年，以及从碳达峰到碳中和的未来30年时间里，碳市场并没有明确的定位。全国碳市场依旧缺乏一个涵盖近期、中期、远期的路线图，从而无法形成明确的发展预期，这将影响各市场参与方的积极性。

2. 支撑碳市场的各类法规和配套制度仍待建立健全

近年来，各试点碳市场在顶层制度构建等方面进行了有益探索，但全国层面并没有现成的经验可参照，从试点到全国统一市场仍任重而道远。首先，国家层面缺少碳排放权交易的相关法律法规，现有立法位阶不高，多为政府规章和规范性文件。如没有应对气候变化的相应法律法规，《中华人民共和国环境保护法》和《中华人民共和国大气污染防治法》等单行法不完善，上位法缺失。其次，有关碳排放权的内涵和产权、碳排放权交易规则、交易双方的权力与义务、交易纠纷解决办法以及碳排放权交易试点的法律授权等也没有相关的法律制度界定。最后，我国幅员辽阔，东、中、西部发展阶段差异性大，需要统筹考虑各地区、各行业、各企业间的差异，并在与现行的能源、环境、气候治理体系相适应的基础上进行碳市场的顶层设计和各类配套制度建设。

3. 各地碳市场的差异性对统一全国碳市场形成挑战

各地方碳市场为全国统一碳市场积累了丰富的运行和实践经验，但各地在政策体系、制度设计等方面都有自己的特点和侧重点，在碳排放试点的规则，配额发放、核查、报告等相关管理，以及碳配额价格等方面都存在较大差异。要形成全国

统一、清晰、简单易行的碳排放权交易市场机制存在不小的挑战。在全国碳排放权交易市场建立后，如何将各地方碳市场衔接起来实现碳资产的自由流动，形成一个流动性充足的统一碳市场体系也亟须破局。

## 三、全国碳市场发展路径设计与研究

2021年9月，《中共中央　国务院关于完整准确全面贯彻新发展理念做好碳达峰碳中和工作的意见》指出，要推进市场化机制建设，加快建设完善全国碳排放权交易市场。2021年10月，国务院印发的《2030年前碳达峰行动方案》进一步提出，要建立健全市场化机制，发挥全国碳排放权交易市场作用。中央颁布的一系列文件为全国碳市场的建设指明了发展方向，为低碳发展指明了前进道路。在绿色低碳发展过程中，也需处理好发展与减排的关系。2022年1月，习近平总书记在中共中央政治局第三十六次集体学习时的讲话指出：减排不是减生产力，也不是不排放，而是要走生态优先、绿色低碳发展道路，在经济发展中促进绿色转型、在绿色转型中实现更大发展。未来应不断转变发展理念，平衡经济增长与绿色发展的关系，完善基础制度保障，加快全国碳市场建设，切实“少产碳、促发展”。

### （一）加快完善基础制度保障

1. 加快建立与碳市场相适应的法律法规和制度体系

良好的法律基础可以为碳市场机制的设计和实施提供保障，是碳市场有效运行的基础。一是尽早出台全国碳排放权交易管理条例，为全国碳市场体系建设提供完备的法律法规和制度保障，以便稳定交易主体的制度预期和市场预期。二是制定并完善主管部门配套制度和细则，大力落实全国碳排放权交易配额总量设定和分配实施方案，夯实碳市场数据基础，同时为企业履约提供依据。三是持续完善交易所核心交易规则，保障交易市场的平稳运行和交易的顺畅开展。

2. 加快制定将碳市场发展纳入绿色金融的规则体系

为推动全国碳市场建设，应完善相应的法律制度和机制，开展合理配套的顶层设计和规划合理清晰的碳市场发展战略，尽早将碳市场纳入绿色金融体系，明确金融机构等参与碳市场的合法性，创新交易品种，进一步挖掘碳市场的金融属性。一是完善法规制度，构建可持续的绿色金融服务体系。二是探索转型金融，丰富实体企业开展低碳转型的融资工具。三是强化金融支持，与上海国际金融中心形成良性互动。

3. 加快建立和完善总量设定与配额分配方法体系

总量设定是指确定全国碳配额的供应总量，科学的总量设定有利于合理市场碳价的形成。合理的碳市场总量设定需要充分考虑碳市场覆盖行业的特征、国家战略的宏观要求、经济增长率和行业成长情况，以及企业的实际承受能力等，是一项极具挑战性的工作。一是制定清晰化、透明化的总量指标体系。二是初期以免费配额分配法为主导。三是适时引入配额拍卖分配法。

## （二）加快推进全国碳市场体系建设

1. 合理构建碳定价机制

以全国碳市场建设为抓手，实行市场化的产权机制减碳，以“碳排放权”为交易基础，合理构建碳定价机制（常修泽，2022）。一是持续丰富碳市场交易品种。在碳现货交易基础上，探索碳期货、碳期权等衍生品交易。衍生品具有套期保值、风险转移的功能，市场参与者可以通过衍生品有效规避碳排放权价格波动带来的风险。二是鼓励企业利用碳定价进行风险管理。支持企业利用内部碳定价管理长期气候风险以及将投资决策与气候目标有机结合，支持金融机构使用内部碳定价进行气候相关风险管理，鼓励银行机构使用碳定价方法进行贷款审批和评估投资组合的碳足迹。

2. 审慎对待碳抵消机制

一是尽早修订和发布碳抵消机制相关政策，完善我国温室气体自愿减排交易体系。二是建立CCER交易信息披露制度，保障CCER市场平稳有序运行，为企业参与交易及制定履约策略提供参考和指导。三是加强CCER基础设施建设，进一步完善CCER注册登记系统功能，提升不同层级部门对系统运维管理的能力，以满足全国碳排放权交易体系的交易和履约需求。

3. 设置碳市场调节机制

一是发挥政府引导的宏观调控作用。当配额市场价格超过上限时，政府向市场投放一定比例的配额，以缓解市场供不应求的状态，防止配额价格过高。二是设置拍卖最高价格和保留价格。事先设定拍卖最高和最低价，当配额拍卖的成交价格高于事先规定的最高价格时，应追加配额拍卖的数量以稳定价格；当拍卖成交价格过低时，应减少配额拍卖数量。三是结合市场变化灵活调整碳抵消机制。配额市场价格过高时，可以提高抵消信用额在遵约配额中所占比例，从而从实际上提高体系的排放上限，增加市场上指标的供给，降低市场价格。

## （三）稳步推进全国性碳市场建设

1. 加快制定全国碳市场发展总体计划

全国碳市场建设是一个系统性、长期性的工作，需要制定一个涵盖近期、中期和远期的清晰的路线图，围绕碳达峰、碳中和目标，分步骤、分阶段推进。

第一阶段为政策完善期。这一阶段的重点在于建立并实施与全国碳市场相适应的法律法规和制度体系，总结不足之处并持续优化相关制度体系。

第二阶段是高速发展期。这一阶段是兑现碳达峰目标的关键时期，全国碳市场价格发现功能得到充分发挥，控排企业可依托碳价信号规避价格波动风险，增强配额交易意愿，形成活跃的市场氛围，真正降低碳达峰目标实现的全社会成本。

第三阶段是运行成熟期。这一阶段全国碳市场的中心任务是强化总量控制，配额供给持续收紧，碳价呈稳定上升趋势，推动碳达峰目标实现后碳排放总量尽快实现从平台期的“稳”转向下行期的“降”。通过收缩配额总量、利用碳价信号驱动控排企业重视低碳技术革新，为我国低碳转型提供长期动力。

2. 逐步扩大行业范围和交易主体范围

一是逐步扩大行业覆盖范围。以发电行业为突破口，分阶段、有步骤地逐步扩大碳市场行业覆盖范围，最终覆盖发电、石化、化工、建材、钢铁、有色金属、造纸和国内民用航空等八个高耗能行业，实现全国碳市场的平稳有效运行和健康持续发展。

二是持续扩大交易主体范围。适时增加符合交易规则的投资机构，包括碳资产公司、碳资产投资公司以及银行、券商等金融领域成熟机构，待市场运行相对成熟完善后再逐步引入个人投资者及境外机构，不断丰富和优化交易主体结构。海南自贸港可先行先试。

3. 加快创新，助力多层次产品体系构建

一是完善碳现货产品体系。现货市场是衍生品市场的基础，现货市场的交易产品、交易规则、交易主体等对未来衍生品市场发展有重要影响。在全国碳市场启动初期，以建立健全现货市场交易制度、发展现货交易品种、夯实现货交易基础为主。

二是推动碳衍生品创新。以全国碳排放交易市场建设为契机，依托上海国际金融中心优势，支持全国碳排放权交易市场的金融化探索，以建设国际碳金融中心为目标，进一步提升市场流动性和价格发现能力。有序推进与碳现货市场相对应的碳质押（抵押）、碳租借（借碳）、碳回购、碳托管等基础碳金融工具，为控排企业解决融资问题，提高全国碳市场流动性。

## （四）建立碳市场风险识别和防范机制

1. 统一市场监管，建立监管协同机制

一是明确权责划分，落实主体责任。从欧盟碳市场的监管经验来看，欧盟建立了欧盟委员会、成员国监管机构和多部门分工协调的层级明确的市场监管架构。建议全国碳市场构建按照权责一致原则，厘清各监管部门边界和主体权责。

二是完善信息共享，强化协同监管。由于碳排放权交易涉及的行业范围广、地域跨度大、流程程序复杂，在整个交易过程中保证公平、公正是确保碳排放权交易市场平稳、有序发展的前提。从目前碳市场的信息公开情况来看，各地方市场的信息公开程度存在较大差异，同时存在公开信息过于保守、实质信息内容少、信息集中度不高等问题，亟须构建完善的碳市场信息公开制度。

三是推动责任落实，健全问责机制。完善的监管制度需要强有力的执法体系做保障，要推动各方主体责任落实，强化责任追究机制。探索建立全国碳排放信用管理体系，将重点排放企业、交易所、核查机构、其他相关单位及从业人员的交易行为记录纳入信用体系。

2. 完善执法体系，加强“生命全周期”监管

本书前面所提的要素产权“三全论”之一，为“生命全周期”。具体包括以下方面：

一是事前预防方面，交易规则应涵盖合理的风险管控措施，包括完善市场准入制度，在注册登记阶段建立完善的交易主体资格审查制度，审核交易参与者及平台资质，为进入市场设定门槛，在满足交易主体资格条件后，可根据需要对交易主体进行分级管理；同时，建立和完善最大持仓量限制制度、大户报告制度等，避免某

些市场主体因拥有过多配额而滥用其市场支配地位、扰乱市场秩序行为的发生。

二是事中监管方面，完善对交易过程和交易参与行为的监管，交易过程中应设置严格的风险警示机制和异常交易监控制度，建立系统自动预警和风控人员盯市制度，及早发现交易过程中的违规行为，防止恶意抬压价格等行为的发生，针对违规行为采取有效措施进行处置。

三是事后监管方面，交易所应制定风控制度，并配置相应的风控和合规岗位，定期对交易所进行交易风险定性定量评估，便于发现交易相关问题并及时改进。

## （五）持续深化国际国内交流与合作

1. 加快区域与全国碳市场的协同

一是推动区域和全国碳市场制度协同。基于国内已有区域性和全国性碳市场的现实，特别是在现阶段各区域市场之间、区域碳市场与全国碳市场之间存在“各自为政”的问题，全国碳市场建设应处理好与区域市场政策的衔接、协同以及潜在的竞争关系。为实现区域碳市场向全国碳市场的靠拢，要密切关注全国双碳政策支持体系；鼓励区域碳市场在制度基础、市场要素、工作系统等方面向全国碳市场靠拢，引导区域碳市场妥善处理好温室气体排放核算、配额分配等方面的问题。

二是继续发挥区域市场先行先试作用。在区域碳市场存续期间，坚持发挥其“试验区”的作用，鼓励地方试点创新，比如支持地方碳市场适时扩大碳市场行业覆盖范围，将更多行业吸纳进来；持续优化排放核算标准及配额分配方案，形成在全国可复制、可推广的经验；支持地方自愿减排市场、碳普惠市场发展，为形成全国多层次复合型碳市场格局奠定基础。

2.推进与国际碳市场的合作交流

一是加强国际连接，提升碳定价话语权。加强国内碳市场与国际碳市场的连接，进一步扩大市场规模、稳定供求关系，降低过度投机和套利行为发生的可能性，同时逐步提升我国在国际碳市场中的影响力和话语权。开展气候投融资项目，帮助“一带一路”沿线国家和地区增强当地应对气候变化能力，为我国先行先试制定“一带一路”绿色体系下碳金融市场的国际规则探路。在这方面，中央指示创建的海南自贸港国际碳排放权市场应当走在前面。

二是加快低碳技术布局和国际市场拓展。要加强与欧盟、日本等先进国家和地区的交流合作，学习在碳市场管理制度、交易架构、减排技术等方面的先进经验。相较于发达国家，我国的低碳技术还存在着不小的差距，要尽早加快低碳技术布局。同时，要加强与国外碳专业人才培养机构的合作与共建。

三是积极参与全球碳市场规则制定。作为全球控排规模最大的碳市场，我国应积极参与全球碳市场规则制定，加强对未来全球碳价机制、碳市场发展趋势和管理机制等方面的研究，在全球碳市场发展中发挥骨干作用。

## 第四节　我国油气资源市场的发展探索与国际经验借鉴

我国“碳达峰、碳中和”目标提出后，能源行业持续转型，尤其是油气资源市场的转型发展受到国际社会的关注。在借鉴国际油气市场发展经验的基础上，完善我国油气资源市场定价机制，探索我国油气资源市场的发展方向与改革路径，对于提升油气资源配置效率、保障国家能源安全有重要意义。

### 一、我国油气资源市场改革与发展现状

#### （一）油气资源交易的市场化改革进程

我国油气领域上游市场已基本开放并实现市场化运行。在油田钻探工程、装备制造、油田设备安装等领域正在逐步探索形成国有、民营、外资共同竞争的市场格局，近十年，自然资源部（包括原国土资源部）在新疆、山西、贵州等地开展了多轮油气矿权竞争出让试点，涉及石油天然气、煤层气和页岩气领域的多个项目，开放资源类型从非常规油气扩大到常规油气，开放对象从国有企业扩大到民营企业。

但中石油、中石化和中海油三大央企规模巨大，仍占我国油气领域80%以上市场份额，因此，外资企业和民营企业进入油气领域特别是石油勘探开发和天然气市场仍然存在一定的障碍。在政策方面，主要受陆、海油气两个对外合作管理规定的限制；在具体操作方面，需要与三大国有石油公司合作，合作方式也仅限于产量分成合同（PSC）模式，商业风险和技术挑战较大。虽然我国自2019年起即取消了外

资在油气勘探开发方面的合资、合作限制，但相关配套政策尚未明确，外资和民营油气公司进入并参与的积极性不高。

在中下游领域，油气管网运营机制改革不断推进，原油和成品油储存、销售方面的限制也逐步得以放松。随着国家管网集团的成立，中游长输管道将逐步形成“全国一张网”统一运行的市场模式。天然气作为气体燃料，管道混合输送，交易与实物分离。成品油零售许可权已下放到地市级相关管理部门。国家管网集团资产重组交易的全部完成，进一步推动了“X+1+X”油气市场体系的形成，我国油气体制将更加凸显市场在资源配置中的关键作用；同时，国家管网集团的全国干线油气管网布局更加完善，对进一步打造“全国一张网”，提升油气资源配置效率，保障国家能源安全有重要意义。

但就现实发展情况来看，油气管网互联互通水平仍有不足。目前，全国有21个省（区、市）成立了约30家省级天然气管网公司，但是各省（区、市）天然气管网公司运行相对封闭，主要进行区域内天然气配送，不进行跨区域运输。

为构建规模化、专业化的油气交易市场，全国各地广泛展开了石油天然气交易中心的建设工作。2016年，上海石油天然气交易中心正式运营，主要开展管道天然气、液化天然气、液化石油气、石油等能源产品的现货和中远期交易。2018年3月，中国原油期货在上海国际能源交易中心正式挂牌上市，这是中国证监会批准的首个以中国货币定价的国际化期货，它的推出曾被视为建立新的亚太地区原油基准价格、推动亚太地区原油贸易发展的关键一步。2018年4月，重庆石油天然气交易中心实现线上交易，开展国内管道天然气、境内外液化天然气、成品油和液化石油气等一系列产品交易。2018年，中央文件要求海南自贸港建立国际能源交易市场，但现在交易的主要能源是煤炭，建议增加油气资源的交易业务。2020年底，深圳天然气交易中心在深圳前海正式挂牌运营，上线以质量、热值、体积等计价的6个天然气交易品种，致力于打造华南地区首个与国际市场接轨的天然气现货交易平台。2022年，上海石油天然气交易中心天然气双边交易量达928.58亿立方米，保持了亚洲最大天然气现货交易平台的地位。

由于起步较晚，我国的这些油气交易中心仍处于摸索成长阶段，距离高效配置油气资源、形成全国或国际化影响力仍有很长一段路要走。主要的问题在于交易品种不足，相关能源品种基准价格的形成还存在缺陷；现货交易难以反映区域供需关系，成品油、天然气交易量以及参与主体的数量都存在一定的欠缺；交易规则有待优化，与国际规则存在一定的差距。建议上海在这方面率先垂范。

### （二）油气资源监管机制的改革与发展

油气资源市场监管涉及油气资源的勘探开采、运输仓储、市场交易等各个环节。2019年6月，国家发展改革委、国家能源局、住房和城乡建设部、国家市场监督管理总局联合印发了《油气管网设施公平开放监管办法》，进一步改革机制、强化监管，加大力度推动油气管网设施公平开放，更好地营造公平开放的制度环境。2020年4月，国家能源局在其发布的《中华人民共和国能源法（征求意见稿）》中将监督管理进行专章规定，彰显能源监管问题的重要性和现实性。

自2018年起，油气资源的勘探开发和运输流通由自然资源部、生态环境部和应急管理部共同承担监管职责，下游的消费终端及石油进出口监管职责和价格调控职责则由国家市场监督管理总局和国家发展改革委承担。通过自然资源部与其他相关机构的合作监管，充分发挥转变政府职能的价值，实现了监管的专业化、独立化，是监管体系改革的创新实践。

但就目前的实际情况来看，有关油气资源监管的法律规范尚未形成体系，有关油气资源交易监管的法律规范多散见于各个部门法律规范之中，相关法条也没有随着油气行业发展而及时修改，大部分法律法规已经难以适应行业的发展变化，而已有的政策性文件法律效力较低且稳定性不足，难以消解其效力层级以上的文件规定的滞后性。且我国没有独立的油气资源市场监管部门，一直以来采用的是“政监合一”的监管模式。各个部门对油气资源的监管存在职责混乱、界限不清的问题。由自然资源部实施的监管虽然提高了油气资源市场监管的专业性，但是自然资源部仅做出了初步的、宏观的规定，其监管并未完全覆盖油气资源交易的各个环节，实际监管工作也仍需要各执法行政部门进行。联合监管过程中各个监管部门仅对所管理环节自行确定监管内容和监管要求。相应地，监管责任也由多个行政部门自行承担。

## 二、油气资源市场定价机制的演变与挑战

我国是全球最大的油气进口国，也是全球重要的油气消费市场。2021年，我国原油对外依存度为72.2%，天然气对外依存度为46%。但我国还缺少与市场地位相匹配的油气交易市场和定价中心，在国际贸易谈判中难以客观地反映国内市场供需关系。构建市场化的油气资源定价机制，建设国际油气交易中心，可以提升我国在国际油气资源市场的定价话语权。

### （一）天然气市场定价机制

我国天然气市场定价机制经历了一系列的演进与发展。2015年10月，中共中央、国务院发布的《关于推进价格机制改革的若干意见》首次提出按照“管住中间、放开两头”的总体思路推进天然气价格改革。2020年5月，中共中央、国务院发布的《关于新时代加快完善社会主义市场经济体制的意见》中提出推进油气管网对市场主体公平开放，适时放开天然气气源和销售价格。我国市场上销售的天然气目前分为两类：一类是执行市场调节价的天然气，门站销售价格完全放开；另一类是执行政府指导价的天然气，门站销售价格执行“基准价+浮动幅度”价格政策。近年来，我国在放开气源和销售等竞争环节的价格方面已经取得了一定的突破。中海油供应的海上国产气，门站销售价格由市场决定，供应的进口LNG，由地方政府采取顺价销售原则制定门站销售价格。

随着天然气消费量和进口量的增长，中国天然气与国际市场的联系越来越紧密，使得当前天然气的定价机制暴露出较多的问题。第一，现行的制度实施起来有很大的困难。随着天然气开采量的逐渐增加，天然气产业的规模不断扩大。政府在众多气源和管道建设上无法进行成本核算，在管理上存在着较大的难度。第二，由于天然气在各地区具有不同的资源条件和储存量，天然气的开发程度和成本存在着很大的不同，在市场中使用的天然气供气来源多，采取单一的定价势必会扰乱市场。第三，天然气的价格存在着很大的不合理性。在城市居民最终的天然气使用价格中，配气费用占据着较大的比例，而出厂价和管道运输费用占据的比例较小。另外，还有很多的城市收取输气费等一些杂乱的费用，导致天然气在城市中的配送费用比实际的配送费用要高出很多。

### （二）石油市场定价机制

2016年1月，国家发展改革委颁布的《石油价格管理办法》规定，原油价格实行市场调节价。成品油区别情况，分别实行政府指导价和政府定价。我国原油价格的定价机制与国际上的定价机制相符合，通过对国际原油价格进行加权计算确定我国原油价格。成品油零售基准价格实行最高零售价格，并适当缩小流通环节差价，最高零售价格是以出厂价格为基础，加上流通环节差价来确定的。同时，允许企业根据政府指导价上下浮动的比率由原来的8%降为4%左右，折成额度取整确定。对社会批发企业和铁路、交通等专项用户以及国家储备机构和新疆生产建设兵团供应成品油时，采取政府定价机制。

现行的定价机制随着经济的发展暴露出越来越多的弊端。首先，这种定价机制对石油资源的配置不合理，资源无法得到有效利用。国际原油的价格迅速升高，国内油价的调整与国际油价的变动之间存在着一定的时间差，进而造成企业购进的价格高于销售的价格，增加了企业的成本。其次，这种定价机制使得我国在石油价格调整中处于被动的局面，成品油在国内和国际市场没有以供需情况为流通的根据。由于我国的定价规则比较透明，在国际原油价格的定价中处于被动和不利的地位，购买的石油价格往往比销售价格高。由于缺少国际贸易的话语权，在承受国际油价波动的同时也承担着较多的风险。最后，这种机制强化了国内三大石油公司的垄断利益。三大石油公司的垄断地位逐渐加强，不仅决定着国内石油开采的规模和石油的价格，而且还享受着国家很多的优惠政策。

## 三、国际油气资源市场不同体系的比较

### （一）美国油气资源市场的开放与发展

美国依托本国丰富的油气资源，形成了相对独立、完善以及强大的油气基础设施系统，油气管网高度集成，成品油形成垄断竞争结构，适用市场化的定价机制。

具体而言，美国炼油工业分布集中且与其油田及市场分布高度关联。美国中西部有着大型的海上运输基地及船道，进口原油接卸便利，同时又是油品消费中心；美国大多数油田集中分布在得克萨斯州、加利福尼亚州、阿拉斯加州和路易斯安那

州。因此，美国炼油工业集中分布在西部与南部的墨西哥湾地区，主要集中在得克萨斯州、加利福尼亚州和路易斯安那州三个地方，这三个地方的炼油厂数量占美国炼油厂总数的43.2%，原油炼制能力占总量的55.1%。美国拥有高度发达的原油及成品油管道网络。作为全球最发达的油气管网拥有者，美国油气管道总里程达到7536.88 千米，占北美油气管道总里程的86%。埃克森美孚、BP、壳牌等跨国公司均在美国设有配送中心，对全美的油品销售进行统一管理。

美国油气资源的市场化程度很高。美国成品油市场上主体众多，性质不受限制，不存在国营的炼油、零售和管道企业，政府高度关注国内能源发展和建设中私人投资的价值。美国各大炼油厂加工的进口原油、国产原油以及在国外投资开采的原油，都按市场价格结算；成品油在国内外市场的售价完全由市场决定。美国成品油价格是由原油价格加上炼制成本、销售成本、税金组成的，其价格包含了成本补偿、合理利润及一定的国家受益，是国际上比较成品油价格的一个基准。美国天然气市场已形成竞争结构，由市场供需决定天然气价格。美国天然气对于井口价格没有设置管制，管道运输与销售相互分离，在此基础上发展天然气交易中心，形成了竞争充分的天然气交易市场机制。

从政策演变来看，美国油气资源市场的发展经历了从管制到开放的过程。1978年以来，美国政府逐渐解除了对油气市场的管制，采取了解除天然气井口价格管制、废除石油暴利税、解除原油出口管制等措施。现阶段美国政府对油气资源市场的调控主要通过实施必要的产业政策、财政政策和规范市场价格的法规等经济和法律手段来实现。同时，由联邦和州分别设立不同的监管机构，明确各监管机构的监管内容和监管职责，实现对油气资源市场的全过程监管。美国油气资源市场的发展路径表明，充分的市场竞争环境是油气资源市场健康有序发展的重要保障，而由于油气资源的稀缺性和不可再生性，对其实施宏观调控是必要的。我国在实现国家治理体系和治理能力现代化的过程中，需要把握好政府与市场的关系，推动油气资源领域有效市场和有为政府更好地结合。

### （二）新加坡油气资源市场化发展及交易中心建设

新加坡作为“后发而上”的国家，将油气石化产业发展成为全国的制造业支柱产业，并构建起南亚和东南亚的油气交易中心，成为世界三大炼油中心和石油贸易枢纽之一，在国际上具有重要影响力。

1961年，新加坡借助优越的地理位置和优势明显的港口条件，紧抓亚洲石化市场高速发展的机遇，建设裕廊岛工业区，并不断吸纳外资，进行产业升级，不断发展石化产业，为相关企业提供高品质、一站式服务，建成裕廊化工岛，进一步形成新加坡油气石化产业链的整合聚集态势。裕廊化工岛以约70亿新元（约51亿美元）的建设资金带动了逾500亿新元（约365亿美元）投资，为新加坡油气石化工业带来了高度集聚效应，成为新能源与油气石化产业重要基地与核心枢纽。与此同时，新加坡经济发展局大力引进埃克森美孚、壳牌、道达尔等国际知名石化企业，逐步建成从石油精炼到生产高附加值下游产品的连续生产体系。

基于裕廊岛打造的设施齐全、功能完备的现代化炼油中心，新加坡建设成品油交易中心，吸引全球50多家大型石油公司在此设置经营总部，数百家中小型石油贸易公司在此全天候交易。新加坡将新加坡证券交易所作为石油天然气交易平台，推出包括迪拜原油、精炼油、燃油等在内的石油交易产品30余种，新加坡证券交易所还推出了基于液化天然气价格指数的掉期和期货合同2种，为市场参与者提供对冲风险的平台，实现期现联动，形成价格影响力。

从新加坡的发展经验来看，首先，严密的规划和科学的决策是建设油气资源市场的前提，新加坡基于全球视野的发展机遇、发展前景，以及早期市场信号的深入分析，及时调整产业发展政策，不断推动产业升级并形成新的竞争优势。其次，国际油气交易中心的建设离不开强有力的产业体系支撑。新加坡具有高度集约化的油气产业、油气基础设施系统和完整的油气产业链。最后，新加坡作为国际金融中心，拥有良好的金融环境，构建了集成服务体系的基础，为打造国际油气交易中心提供保障，形成了油气市场和金融市场相互促进的格局。

## 四、我国油气资源市场的发展方向与改革路径

### （一）完善我国油气资源市场法律及税收体系

石油与天然气属于不可再生的稀缺性资源，巨大的经济利益和安全风险并存。要对石油与天然气进行合理开发，同时进行有效保护，需要颁布专门性的法律予以规制。“能源法”是基本法，其对于推进治理体系现代化的要求还有赖于配套的专

门法进行规则细化，使监督管理措施具有可行性。“石油与天然气法”的设立，将统一现行多部效力不一、规定事务繁杂重复的行政规章、行政条例、通知及意见，形成完备的油气资源市场法律规范体系，为政府执法、市场竞争、独立监管提供科学合理、稳定高效的法律依据。作为油气行业基本法，“石油与天然气法”应当重点设计独立的油气资源市场监管机构，授权其承担对全行业、全过程进行统一、专门监管的职责。以“石油与天然气法”为中心，国家还需要出台“石油与天然气实施条例”“石油与天然气交易管理办法”等相关配套法律制度，加强油气资源市场基础建设并细化油气资源交易规则，使参与油气资源交易管理的各个部门职责明确、参加交易的市场主体权利义务清晰，各项业务规范运行，油气资源市场健康发展。

加强油气资源交易税收制度的创新与改革。推进成品油消费税征收体制改革，加快消费税转移到终端环节征收的步伐，减少税收成本传导导致的价格失真，使贸易流真实反映市场供需，堵塞不法企业和个人的消费税征收漏洞。统一税种与税收的相关政策。对不同企业或同一企业提供的相同的纳税业务应征收相同税种，让同一纳税主体或客体的税收公平。完善油气资源税收支付转移机制，建立生态转移支付专项基金，增加对资源省份环境治理和保护的专项财政拨款，加大财政贴息和税收优惠等政策支持力度。

### （二）构建市场一体化的油气资源交易机制

《中共中央　国务院关于加快建设全国统一大市场的意见》提出，在有效保障能源安全供应的前提下，结合实现碳达峰碳中和目标任务，有序推进全国能源市场建设。随着我国油气市场化改革不断深入，国家管网集团成立运行，上游油气资源多主体多渠道供应、中间统一管网高效集输、下游销售市场充分竞争的油气资源大市场体系正在逐渐形成，市场化水平不断提升。

推动上游油气资源市场化发展。加快国内油气开发，提高国内油气产量，大力提高油气的国内供给量；推动油气技术革命，带动相关行业转型和产业升级。油气上游是“技术密集、资金密集、人才密集”行业，油气勘探开发是技术关联度高的庞大的工程系统，涉及几十个行业上千种技术。上游市场的改革离不开技术的创新，应以技术改革带动产业发展。以政策手段鼓励油气资源市场上游主体的加入，通过设计“负面清单”减少对上游油气资源开发勘探主体的限制，以形成全方位、多层次的技术与成本竞争格局。

加大油气网管和下游市场改革的力度。规范油气交易中心建设，建立全国统一的油气期现货市场体系。杜绝地方油气交易中心“遍地开花”式的建设，减少同质恶性竞争，打破地方壁垒，提高资源跨区流动的配置效率，尽快形成国际价格影响力。国家需要进一步支持引导省级管网以市场化方式融入国家石油天然气管网集团有限公司，积极推进油气干线管道建设和互联互通，推动省级管网运营企业运销分离，鼓励用户自主选择供气路径和供气方。随着管网公平开放政策的实施，逐步实现下游用户根据自身用气特点和承受能力自主选择资源和供应商。稳妥推进天然气市场化改革，加快建立统一的天然气能量计量计价体系。推动国内天然气市场进入精细化管理阶段，依据用气规模、供气方式、用气时间、可中断性、用气价格等差异性形成不同的细分市场。随着供应主体多元化、下游客户的选择增多，进一步提升市场活跃程度。

建立国际化的油气交易中心。加快国际化建设是油气交易中心实现跨越式大发展的重要前提，也是关键所在。以上海国际油气交易和定价中心建设为契机，带动长三角油气交易的一体化发展，增强长三角在国内外能源市场上的话语权和影响力，不断提高上海国际油气交易和定价中心的国际化程度。重点围绕原油、保税低硫燃料油和天然气建立油气市场主体框架，做大现有品种市场交易规模，丰富期货、现货、衍生品产品，增加市场参与主体，优化多元主体结构，完善多层次油气市场体系，稳定我国油气市场。同时，逐步构建天然气和成品油期货市场，推进天然气基础设施互联互通和开放使用，拓展油气期货产品体系，深化期货产品层次。国际油气交易中心要实现期现联动，为市场参与者提供包括资源配置、贸易融资、风险管理等在内的综合性服务，提高我国能源产业整体抗风险能力和油气市场国际竞争力。

### （三）改革油气资源市场定价机制

进一步提高市场透明度，构建反映我国乃至亚洲地区市场供求状况的石油天然气价格体系，是目前市场发展的现实需求。

完善天然气定价机制。一方面，要进一步“管制中间”，以管网运营机制改革为契机，参照核定电网输配电准许收益率的办法，合理确定管道输配气的准许收益率，理顺天然气产业链价格，促进天然气全产业链健康可持续发展；另一方面要完善“放开两头”，全球天然气定价机制总的发展趋势是由管制定价转向市场化定价，由与油价挂钩转向气与气竞争。建立明确的天然气放开价格的标准和条件，对不具备取消门站价格管制条件的地区完善门站价格形成机制，促进定价机制由政府管制向与油价挂钩转变；对具备取消门站价格管制条件的地区加快发展天然气市场中心，促进定价机制的气与气竞争。

完善石油定价机制。《石油价格管理办法》对原油和成品油的价格做出了规定，我国原油价格已基本与国际原油价格保持一致。进一步改革成品油定价机制，细化油价调控风险准备金的相关规范，简化成品油调价操作方式，健全与绿色经济发展相关的成品油税收机制。逐步调整政府对成品油市场的管控力度，充分发挥市场竞争价值。此外，我国需要完善石油期货市场的建设。借鉴国外经验积极开发石油期货品种，鼓励大型投资机构参与石油期货市场的建设，推出具有权威性的原油基准价格，提高我国在原油国际市场上的影响力。

### （四）提高监管效能，完善油气市场监管机制

油气市场的监管工作极其复杂，专业性强，监管力度对市场机制的发展有着直接的影响，因此，监管的科学性和有效性就显得尤为重要。需要加快建设公平统一的油气资源市场监管体系，革除地方保护和市场分割的监管弊端。

需要进一步健全市场监管体系，有效处理地方保护、市场分割、负外部性及垄断等问题，实现对市场竞争过程的高效规范和公平公正监管。政监分离，设立独立的油气交易监管机构。提高监管工作的独立性、专业化、高效性，实现监管领域的全覆盖。通过监管机构实体构建和监管职权程序提升决策的前瞻性与监管的保障性。加强油气开发利用全过程安全监管。包括油气勘探、开采、运输、流通、储存和炼化在内的各个环节，监管机构都要做到对其进行全方位有效监管。

参考文献：

常修泽，2009. 广义产权论：中国广领域多权能产权制度研究［M］. 北京：中国经济出版社.

科斯，阿尔钦，诺斯，等，1994. 财产权利与制度变迁：产权学派与新制度学派译文集［M］. 上海：上海三联书店，上海人民出版社.

美国不列颠百科全书公司，1999. 不列颠百科全书：国际中文版［M］. 中国大百科全书出版社不列颠百科全书编辑部，译. 北京：中国大百科全书出版社.

李利军，李艳丽，2008. 论环境资源市场化管理中的产权问题［C］//河北省社会科学界联合会. 创新·发展·和谐：河北省第二届社会科学学术年会论文专辑. 石家庄：河北人民出版社.

崔先维，2010. 中国环境政策中的市场化工具问题研究［D］. 长春：吉林大学.

左正强，2009. 我国环境资源产权制度构建研究［D］. 成都：西南财经大学.

吕向龙，2004. 环境资源市场失灵与技术创新生态化转向研究［D］. 长沙：湖南大学.

彭江波，2010. 排放权交易作用机制与应用研究［D］. 成都：西南财经大学.

常修泽，2011. 天地人产权论：当代人的发展多维产权探讨［J］. 上海大学学报（社会科学版），18（3）.

常修泽，2022. 中国制度型开放与产权机制减碳［J］. 辽宁经济（11）.

李仁君，1999. 产权界定与资源配置：科斯定理的数理表述［J］. 南开经济研究（1）.

刘自俊，2016. 环境资源要素市场化配置研究：浅析临海市排污权交易推进侧重点［J］. 内蒙古科技与经济（7）.

沈满洪，何灵巧，2002. 外部性的分类及外部性理论的演化［J］. 浙江大学学报（人文社会科学版）（1）.

隋昊，2022. 油气资源勘探开发投资市场化研究［J］. 中国国土资源经济（5）.

王少国，房宏琳，2013. 中国天然气产业的市场化研究［J］. 学术交流（1）.

吴健，马中，2004. 科斯定理对排污权交易政策的理论贡献［J］. 厦门大学学报（哲学社会科学版）（3）.

袁伟，2013. 油气产业发展呼唤市场化：专访国土资源部油气资源战略研究中心研究员潘继平［J］. 中国石油企业（12）.

Pigou A C，2013. The economics of welfare［M］. New York：Palgrave Macmillan.

Romer P M，1990. Endogenous technological change［J］. Journal of political economy，98（5）.

Solow R M，1956. A contribution to the theory of economic growth［J］. Quarterly journal of economics，70（1）.

# 第七章

# 资本要素的市场化配置与资本市场改革发展

资本，是发展现代工商业的前提和基础。资本的物质形态是工具、机器、厂房和设备，它们虽然是生产过程的产出品但不作为最终消费品进入消费过程，而是要作为投入品再进入生产过程，以便生产出更多的最终产品（蔡继明，2003）。资本作为经营工商业的本钱，是经济生产的重要组成要素。资本是带动经济生产中各类生产要素集聚配置的重要纽带，是促进社会生产力发展的重要力量。只有大力推进资本要素市场化配置，才能实现我国经济可持续高质量健康发展，而积极加快资本市场改革与发展，是实现我国资本要素市场化配置的前提和基础。

## 第一节　加快我国资本市场改革势在必行、恰逢其时

### 一、加快我国资本市场改革势在必行

资本市场高质量发展是经济高质量发展的重要特征和金融支撑，是缓解民营企业融资难、融资贵问题的关键举措，也是满足人民群众日益增长的财富管理需要的必然要求。打造一个规范、透明、开放、有活力、有韧性的资本市场，是完善社会主义市场经济体制、推进国家治理体系和治理能力现代化的重要内容。加快资本市场改革势在必行。

---

本章执笔人：黄剑辉（华夏新供给经济学研究院首席经济学家、教授）。

### （一）中国经济进入高质量发展新阶段

中共十九大报告指出，我国经济已由高速增长阶段转向高质量发展阶段。推动经济高质量发展，不仅是适应内外部环境深刻复杂变化的需要，也是开启全面建设社会主义现代化国家新征程的内在要求。高质量发展需要从规模速度型粗放增长转向质量效率型集约增长，从以增量扩能为主转向调整存量、做优增量并举，从传统增长点转向新的增长点。随着经济发展更多依赖于长期资本投入和创新驱动，当前迫切需要强化金融供给侧改革，促进金融供给与实体经济需求之间的有效匹配。而用对、用好、用活资本市场，打造一个规范、透明、开放、有活力、有韧性的资本市场，是提升资金要素配置效率，促进实体经济获取更多新鲜血液、释放发展活力的关键所在。

高质量发展的资本市场本身即是现代经济体系的重要组成部分，资本优化配置是实体经济高质量发展的重要环节和金融业高质量发展的重要特征；与此同时，完善的资本市场也将促进实体经济高质量发展，是经济转型升级和动能转换的重要支撑。其一，建立更加具有包容性、适应性的多层次资本市场能够提供多种融资渠道和多元化融资工具，利用资本市场的价格发现功能，促进资金流入实体经济经营效益高和需求迫切的领域，优化融资结构，提升直接融资比例，并在提高资金配置效率的同时带动其他生产要素合理流动。其二，强大的资本市场将为产业结构优化调整和转型升级助力。传统产业改造提升与新技术、新业态、新模式等新动能的发展壮大都需要资本市场发挥平台作用，通过调整金融资源在不同行业和地区间的配置，促进产业结构优化升级，推动经济发展实现质量变革、效率变革、动力变革。其三，多层次资本市场能够为优质企业做大做强提供支持。资本市场可通过高效、透明的定价机制和灵活多样的支付工具及融资手段，帮助企业充实资本、提升盈利水平和市场竞争力，使优势企业快速实现规模化经营，助力行业领军和龙头企业的培育，进而通过头雁效应和集聚效应辐射带动上下游产业链企业加速发展。同时，资本市场强大的资本聚集和风险分散能力能够引导投资资金关注上市公司的质量，促进企业积极创新，并通过资本市场再融资、并购重组等手段，改善企业资本结构，化解企业经营风险，促进行业整合。

因此，建设与我国经济地位相匹配的资本市场，是经济高质量发展的必然要求。然而，我国资本市场基本制度与层次体系虽已初步形成，但还处于由大到强的关键转型阶段，定价与融资等市场功能尚未有效发挥、行政干预特征明显、上市主体质量有待提高、投资者结构尚待优化等制度性、结构性和体制性问题亟待有效解决。同时，资本市场风险点多面广，流动性风险、信用风险、金融乱象等重点风险给市场稳定运行带来较大挑战。因此，资本市场改革需在市场化、法治化的大方向上持续深化，以提升对经济金融高质量发展的推动作用。

## （二）民营经济需要强有力的直接融资支持

民营经济在我国国民经济中占据重要地位，贡献了50%以上的税收、60%以上的国内生产总值、70%以上的技术创新成果、80%以上的城镇劳动就业和90%以上的企业数量。在自身规模不断发展的过程中，民营经济也创造了良好的经济效益和社会效益，已成为推进供给侧结构性改革、推动高质量发展、建设现代化经济体系的重要主体，与国家经济社会发展休戚与共。

虽然民营经济发展成绩斐然，但在发展壮大的过程中也面临不少困难，如融资渠道不畅、融资成本偏高的问题长期存在，企业做大做强受到掣肘。由于企业杠杆率居高不下、担保手段有限、管理水平参差不齐、银行的“国企偏好”等原因限制着民营企业的信贷等间接融资能力，所以大力发展直接融资、完善资本市场对于解决民营企业融资难、融资贵的问题极为重要。2018年11月1日，习近平总书记在民营企业座谈会上就落实解决民营企业融资难、融资贵问题的政策举措指出，要拓宽民营企业融资途径，发挥民营银行、小额贷款公司、风险投资、股权和债券等融资渠道作用。民营企业利用资本市场进行直接融资，一方面，可以改善融资结构，加强直接融资，拓展其融资渠道，使融资难的现状得到显著改善；另一方面，有利于增加其净资产，建立现代企业制度，提升运行质量和信誉状况，提高信息披露水平，从而便于银行甄别有成长潜力的民营企业，反过来提升民营企业向银行申请贷款的能力。

近年来我国资本市场不断加大改革力度，市场基础制度持续完善，已取得积极成效，但民营企业债券、股票等直接融资渠道不畅，尚不能满足多数民营企业的融资需求。为使民营企业能够充分利用资本市场融资，我国需要健全和完善多层次、立体化资本市场体系，并在严监管的同时更为聚焦民营经济的特点与需求，从而使民营企业有更多的机会利用资本市场融资。

## （三）“一带一路”沿线项目催生巨大国际化融资需求

“一带一路”沿线项目建设融资缺口巨大，需要我国构建国际化资本市场提供支持。自习近平主席2013年在哈萨克斯坦首次提出共建“一带一路”倡议以来，“一带一路”建设已取得丰硕成果。“一带一路”倡议是打造中国经济对外开放新格局、促进沿线国家和地区共同繁荣的重大倡议，大部分项目涉及公用事业、能源、交通、航运等基础设施建设领域，长期项目资金需求巨大。面临巨大融资缺口，“一带一路”沿线国家和地区信贷供给不足，信贷成本较高，直接融资不活跃，项目资金难以得到满足。据亚洲开发银行测算，2016—2020年，除中国外，亚太地区国家每年仅在基础设施投资方面的需求就有大约5000亿美元，但公共部门和私人部门所能提供的资金总额每年仅为2000亿美元。近年来，国际金融机构、国内政策性银行及大型商业银行为“一带一路”建设提供了重要的融资支持，但面对庞大的跨境投融资需求，直接融资也发挥着不可替代的作用。因此，需要国际化资本市场发挥利益共享、风险共担的资源配置作用，推动国际合作和进一步开放，创新多元化融资产品，提高“一带一路”沿线项目的投融资效率和认可度。

“一带一路”沿线项目投融资需求为我国资本市场深化改革开放带来了机遇。我国已有大型跨区域建设项目股权融资的良好典范，如京沪高铁IPO。未来，我国参与的“一带一路”沿线优质跨境大型建设项目也将具备上市融资的良好条件。当前“一带一路”项目融资仍主要依靠美元，加快多层次资本市场建设与境内市场的对外开放，有助于扩大人民币计价、结算、投资范围，构建人民币回流机制，提高境外资金配置效率，降低国内融资成本。此外，“一带一路”建设中蕴含的融资服务、资产管理、投资顾问、并购重组、风险管理等需求也可以助推国内证券服务机构走出国门，提升投资银行业务国际竞争力。因此，建设国际化的资本市场，让“一带一路”优质项目公司回归本土开展股权、债券融资意义重大。

## （四）资本市场在居民财富保值增值中担当重任

国内居民财富的快速积累和理财观念的日益成熟，带来了巨大的居民财富管理需求。随着我国逐步由中等收入国家向高收入国家迈进，居民财富将更快速积累。

与此同时，居民财富管理意识开始觉醒，投资风险与收益相匹配的正确理财观念也在逐步建立之中。但目前居民财富保值增值渠道单一，且风险不透明，“割韭菜”现象严重，P2P暴雷、A股股灾等使大量居民财富幻灭，建立更为完善的资本市场牵系着居民的切身利益。经济高质量发展需实现居民财富的合理、安全增长，而未来金融资产在居民财富管理中的需求将越来越高。如何兼顾防范金融风险和居民财富保值增值的多元化需求成为重要课题。满足人民群众更高的财富管理需求，是新时代资本市场发展的重要使命。加强资本市场财富管理业务的适应性和普惠性，丰富居民投资产品，并大力培育机构投资者，完善资本市场投资者结构，吸引和促进居民储蓄直接或借助机构投资者间接进入资本市场，不仅有利于平衡直接融资和间接融资的占比，助推经济高质量发展，而且为居民储蓄转化为投资提供了新的渠道，可满足居民家庭和个人的理财需要以及实体经济投融资需要，使人民群众能够分享经济发展的成果。

## 二、加快我国资本市场改革恰逢其时

### （一）新《证券法》加快资本市场改革步伐

历经四年时间、三轮审议，新版《中华人民共和国证券法》（简称新《证券法》）于2019年12月28日在第十三届全国人民代表大会常务委员会第十五次会议闭幕会上被表决通过。新《证券法》对证券发行、证券交易、上市公司的收购、信息披露、投资者保护、证券交易场所、证券公司、证券登记结算机构、证券服务机构、证券业协会、证券监督管理机构、法律责任等方面进行了详细规定，成为资本市场改革的重要里程碑。

新《证券法》主要聚焦以下几方面制度创新：一是全面推行证券发行注册制度，并简化证券发行条件。注册制可以打破审批制下股票发行效率低、市场化程度不高的困境，实现股票发行承销机制市场化，激活优胜劣汰机制。同时，发行股票条件由“具有持续盈利能力”改为“具有持续经营能力”，有利于提高上市效率。二是扩大了适用范围。证券的定义范围有所延伸，将存托凭证明确规定为法定证券，并指出“资产支持证券、资产管理产品发行、交易的管理办法，由国务院依照本法的原则规定”，与时俱进地体现了资本市场的最新发展，使得相关产品规范发展和监督管理有法可依。三是强化信息披露要求。设立信息披露专章，系统规定了信息披露制度，完善了与上市交易公司股票相关的强制披露事项，并首次新增了与上市交易公司债券相关的强制披露事项。四是完善投资者保护制度。新设投资者保护专章，首次区分普通投资者和专业投资者，并给予投资者保护机构充分权限，有利于更好地保护中小投资者的合法权益。五是显著提高证券违法违规成本。对证券发行和交易相关违法违规行为提高罚款金额上限，大幅加大处罚力度，有效防范资本市场金融风险。六是建立健全多层次资本市场体系。新《证券法》将证券交易场所划分为证券交易所、国务院批准的其他全国性证券交易场所、按照国务院规定设立的区域性股权市场等三个层次，并明确证券交易所、国务院批准的其他全国性证券交易场所可依法设立不同的市场层次。这意味着我国将建立真正意义上的多层次资本市场，市场板块层次将更为清晰。

作为资本市场的“基础法”和“根本法”，新《证券法》进一步完善了证券市场基础制度，为资本市场深化改革打下了坚实基础、提供了法治保障，标志着我国资本市场在市场化、法治化的道路上迈出了至关重要的一步，将引领资本市场制度建设新一轮跨越，多项改革有望提速。

### （二）国家高度重视民营企业融资问题

2018年11月1日，习近平总书记在民营企业座谈会上进一步明确和肯定了民营经济的地位和作用，要求解决民营企业融资难、融资贵问题。2019年2月，中共中央办公厅、国务院办公厅印发《关于加强金融服务民营企业的若干意见》，确保民营企业金融服务切实改善。2019年10月召开的中共十九届四中全会重申“毫不动摇鼓励、支持、引导非公有制经济发展”。以上政策表明了中央的一贯立场，即支持民营经济发展、改善民营企业融资是新时代经济发展的必然选择。2019年12月，中共中央、国务院发布《关于营造更好发展环境支持民营企业改革发展的意见》（简称《意见》），推出28条举措为民营经济成长保驾护航，成为民企改革发展的又一针“强心剂”。

《意见》在完善精准有效的政策环境这一任务中从银行业金融服务、直接融资支持制度和融资增信支持体系三个方面提出了对民营企业的融资支持政策。在完善民营企业直接融资支持制度方面，一是要求完善股票发行和再融资制度，提高民营企业首发上市和再融资审核效率；二是积极鼓励符合条件的民营企业在科创板上市，深化创业板、新三板改革，支持服务民营企业的区域性股权市场建设；三是支持民营企业发行债券，降低可转债发行门槛。以上多渠道直接融资支持在使广大民营企业享受到融资便利的同时，也有利于促进我国完善资本市场基础性制度，构建多元融资、多层细分、规范发展的股权融资市场，扩大直接融资覆盖范围和提高运行效率。

除完善精准有效的政策环境外，《意见》还从优化公平竞争的市场环境、健全平等保护的法治环境、鼓励引导民营企业改革创新、促进民营企业规范健康发展、构建“亲”“清”新型政商关系等方面推出支持政策，为民营企业营造更好的改革发展环境。民营经济的蓬勃发展将提升实体经济活跃度，实体经济的健康发展又可为资本市场发展打下坚实基础，带动资本市场的稳健运行和发展壮大。

### （三）数字技术的突破将改变资本市场运行方式

近年来，以新一代信息技术和产业创新发展为引领的数字化浪潮席卷全球。区块链、大数据、人工智能、云计算等新一代信息技术蓬勃发展，在经济社会各领域加速渗透，成为驱动行业技术创新和产业变革的重要力量，日益成为各国谋求竞争优势的制高点，也为金融业注入新的血液。数字科技对资本市场的影响愈加广泛和深入，已逐渐渗透到发行、上市、交易、结算以及日常监管的各个环节。

通过数字技术赋能资本市场已成大趋势。区块链应用方面，比特币是目前最成功的应用模式。此外，区块链还可应用于交易所产权交易，提升登记发行、交易转让、交割清算效率，在智能合约方面也具备应用潜力。纳斯达克交易所于2015年下半年推出基于区块链技术的新型私人股权交易平台Linq，尝试将区块链技术运用于股权登记，大大提高了交易和管理效率。国内的NEO系统（原“小蚁”系统）基于区块链技术，将资产和权益数字化，并通过点对点网络对股权进行发行交易等。北方工业股权交易中心采用区块链技术进行登记，成为国内首家使用区块链技术的股权交易所。我国央行正在研发的数字货币也是区块链技术的重要应用。大数据应用方面，金融大数据的发展在风控、定价、营销、征信、评级、监管等多个场景价值凸显。如深交所利用大数据搭建智能监控平台，对资本市场主要活动进行全方位监控和历史数据分析，在净化资本市场生态方面功不可没。云计算应用方面，通过与资本市场相结合，为金融机构提供基于云的基础IT构架服务的金融云公司产生，如阿里金融云、腾讯金融云等，改变了证券等金融行业的基础设施形态，有效降低IT成本。人工智能应用方面，人工智能在资本市场的应用体现了决策智能化，智能投顾、智能投研、智能风控、智能客服等应用场景已成为热点。

数字技术的应用，一是拓宽了资本市场的活动边界，降低了普通投资者参与资本市场的门槛，简化了交易流程，切实推动资本市场普惠发展；二是通过创新资本市场服务与投资模式，大大丰富了产品业态；三是颠覆现行信息披露机制，极大地提高了信息传播效率，使投资者获取信息的途径更为快捷、多元，有效解决了信息不对称问题，并促进全球资本市场的密切联动；四是变革资本市场传统监管方式，提高了监管效率。因此，数字技术的应用将改变资本市场的运行方式，重塑资本市场新格局和新形态，甚至颠覆传统资本市场运行逻辑，为构建新型资本市场体系提供了可能性。资本市场发展正面临难得的历史机遇。

### （四）平台战略在多个领域具有成功实践[1]

平台战略通过连接两个或更多特定群体，为其提供互动机制，打造出多方共赢的生态环境，满足所有群体的需求，并在平衡中成长。其在衣、食、住、行、育、乐等各环节都有成功实践，如在社交网络、电子商务、快递物流、信用卡、第三方支付、搜索引擎、在线游戏、地产开发、商品现货和期货交易所以及航空陆路交通枢纽等诸多领域，成功地改变了人群行为和产业模式。

证券市场作为有价证券自由交易的场所，也是平台战略应用的典范。证券市场的核心是证券交易所。证券交易所是买卖双方集聚的多边平台，为证券集中交易提供场所和设施，组织和监督证券交易。证券交易所通过提供股票、债券、基金等证券投资产品吸引投资者，并因投资者数量的增长而体现出巨大的价值；同时，通过证券公司等证券市场中介机构协助上市和开展交易活动，吸引优质企业挂牌。投资资金增多带来的规模成长提升了市场流通性，进而可吸引更多投资者参与，促进更多优质公司上市，一方面为更多企业提供发展所需资金，另一方面使投资者得到投资收益，从而形成强大的跨边网络效应，实现各方整体价值的提升。

---

[1]　平台战略理论参见：陈威如，余卓轩. 平台战略：正在席卷全球的商业模式革命[M]. 北京：中信出版社，2013.

如今，信息技术的迅速发展加快了资本市场全球化的进程，证券交易所面临的技术、经营和市场环境发生了根本变化，开始面临日益激烈的国际竞争。为提升国际竞争力、与国际证券市场的变化趋势接轨，未来我国证券市场可应用平台战略，打造多主体共赢互利的生态圈，通过独具特色的机制系统，更有效地激励多方群体进行互动。一是建设国际性证券交易所，完善资本市场价格发现机制，提升信息技术应用水平，创新产品和交易机制，加大非传统证券产品开发力度；二是提升资本市场的普惠性和包容性，加大对优质民企和中小微企业的上市支持力度，使资本市场融资真正发挥调节社会资源的作用；三是保护投资者合法权益，提升中小投资者的参与感和获得感，完善上市公司分红制度，提升长期投资价值；四是扩大资本市场对外开放，健全合格境外机构投资者制度，便利境外长期资金进入中国，最终将资本市场构建成投资者合法盈利、上市公司发展壮大、中介机构规范运营的共赢平台。

## 第二节　我国资本市场发展的历程与现存的主要问题

改革开放以来，我国市场经济建设已经走过了40余年，资本市场从无到有、从小到大，实现了跨越式发展。伴随着实体经济的发展，资本市场不断壮大，直接融资占比持续攀升，融资结构优化，在金融机构体系、市场体系、产品体系等方面呈现新面貌。我国的资本市场总体上还不成熟，一些深层次的结构性、体制机制性问题还没有得到有效解决。在实现“两个一百年”奋斗目标和中华民族伟大复兴中国梦的历史进程中，中国资本市场承载着重要责任，也必将迎来新的历史机遇，开启新一轮发展进程。

### 一、中国资本市场的诞生与探索

我国最早股票的出现可以追溯到19世纪40年代外国在华企业发行的外资证券。进入19世纪70年代，华资企业开始发行股票筹资。最早的股份制企业是李鸿章、盛宣怀等筹办的轮船招商局，这是近代第一家以西方股份制公司为学习对象，通过向民间发行股票“招商集股”，筹集资金而兴办的新型股份制企业。

1898年2月4日，清政府准奏印造“昭信股票”100万张。当时，因《马关条约》规定的第四期赔款即将到期，清政府外债难举，右中允黄思永请造自强股票，筹借华款，户部拟定章程，奏准施行。发行总额为1亿两，面额分100两、500两、1000两3种，年息5厘，分20年还清，名为“昭信股票”，这是第一只由中国政府主导发行的股票。

伴随着股份公司的出现，中国的证券市场开始出现。1869年上海已有从事股票买卖的证券公司，当时被称为“掮客总会”。1882年9月，上海平准股票公司成立，该公司制定了相关章程，使证券交易变得更加规范。1891年，中国出现了最早的证券交易所——由外商开办的上海股份公所，交易对象为外国企业股票、公司债券、南洋一带的橡胶股票、中国政府的金币公债以及外国在华机构发行的债券。1914年，北洋政府颁布的《证券交易所法》推动了证券交易所的建立。1916年，孙中山与沪商虞洽卿共同建议组织成立上海交易所股份有限公司。1917年，北洋政府批准上海证券交易所开设证券经营业务。1918年，北平证券交易所成立。天津继北平和上海后，于1917—1918年由市商会发起组织成立天津证券交易所，筹集股本五十万元，但因与银钱业结合不够而未能成功。1920年7月1日，上海证券交易所开业，采用股份公司形式，交易标的分为有价证券、棉花等7类。此后，相继出现了上海华商证券交易所、青岛市物品证券交易所等，逐渐形成了旧中国的证券市场。但是因新中国成立前战乱频仍，时局动荡，这些市场往往极其短命，或没有得到有效发展。

1949年5月，上海解放，为了稳定上海金融秩序，当年6月华东军事管制委员会封闭了上海证券交易所。1949年1月，天津解放，当年6月天津市证券交易所正式设立，标志着中国当代证券市场的重新启动。1950年2月，北京证券交易所成立。这两家交易所在新中国成立初期对融通社会资金，恢复生产起了积极作用。1950年以后，金融和物价趋于稳定，证券交易减少。1952年，天津市证券交易所并入天津投资公司，北京证券交易所也停业。1952年10月，上海证券交易所关闭。彼时，中国证券市场上主要的有价证券是国家发行的公债，但只能还本付息，不能买卖和转让。1958年之后，受政治影响，中国的证券行业进入长期停滞阶段。

## 二、改革开放后我国资本市场的发展历程

1978年12月，以中共十一届三中全会的召开为标志，经济建设成为国家的基本任务，改革开放成为中国的基本国策。随着经济体制改革的推进，企业对资金的需求日益多样化，资本市场开始萌生，从无到有、从小到大，实现了历史性飞跃。

### （一）第一阶段：资本市场的建立（1979—1991年）

我国于1979年改革开放后开展了证券市场的研究探讨工作。1984年7月25日上午，北京天桥百货股份有限公司成立，发行股票300万元，成为北京市第一家实行股份制的企业，同时也是全国第一家正式注册的股份制商业企业，还是全国第一家由国营转制为股份制的企业。随后，上海、广州、沈阳等地许多企业也开始悄悄进行企业股份化的尝试。1984年上海市颁布的《关于发行股票的暂行管理办法》是新中国成立后的第一个股市法规，同年上海工行率先成立证券交易部，并在12月代理上海飞乐音响股份有限公司向社会发行股票，这是中国证券业中断20多年以后的第一个证券交易机构和第一次发行股票。

1987年召开的中共十三大对前期股份制试点的成绩做出肯定，允许继续试点并提出了规范性意见，因此，股票发行更加规范，真正意义上的股票发行数量也越来越多。1987年9月，中国第一家专业证券公司——深圳经济特区证券公司成立。1988年4月21日，国家正式批准1985年、1986年国库券上市交易，随后各类企业债券和部分企业股票相继上市。为适应国库券转让在全国范围内的推广，中国人民银行下拨资金，在各省组建了33家证券公司。同时，财政系统也成立了一批证券公司。

经国务院授权、中国人民银行批准，上海证券交易所于1990年11月26日正式成立，并于同年12月19日正式营业，这是中华人民共和国成立以来开业的第一家证券交易所。我国第二家证券交易所——深圳证券交易所也于1991年7月3日正式开业，为把交易活动纳入可以监控的轨道、建设按照国际惯例运行的现代证券市场迈出了关键一步。1991年10月，郑州粮食批发市场开业并引入期货交易机制，成为新中国期货交易的实质性发端。1992年10月，深圳有色金属交易所推出了中国第一个标准化期货合约——特级铝期货标准合同，实现了由远期合同向期货交易的过渡。

这一阶段是我国资本市场建立初期，各项基本制度在探索中得以建立，整个市场规模较小。股票的发行和交易缺乏全国统一的法律法规，也缺乏统一的监管。同时，对资本市场的发展在认识上存在一定的分歧。

### （二）第二阶段：全国统一监管市场的形成（1992—1998年）

1992年10月，国务院证券委员会（简称国务院证券委）和中国证券监督管理委员会（简称中国证监会）成立，标志着中国资本市场开始逐步纳入全国统一监管框架。国务院证券委是国家对证券市场进行统一宏观管理的主管机构，其宗旨是加强证券市场的宏观管理，统一协调有关政策，建立健全证券监管工作制度，保护广大投资者的利益，促进证券市场健康发展。其主要职责是：负责组织拟定有关证券市场的法律、法规草案，研究制定有关证券市场的方针政策和规章，制定证券市场发展规划和提出计划建议，指导、协调、监督和检查各地区、各有关部门与证券市场有关的各项工作，归口管理中国证券监督管理委员会，等等。中国证监会是国务院证券委的监管执行机构，依照法律法规对证券市场进行监管。

1993年之前，我国还没有建立起全国性的证券法规体系，证券监管主要依靠地方性法规。1993年国务院先后颁布了《股票发行与交易管理暂行条例》和《企业债券管理条例》，此后又陆续出台若干法规和行政规章，同时结合部分地方性法规，我国初步构建了最基本的证券法律法规体系。1993年以后，B股、H股发行出台，债券市场品种呈现多样化，发债规模逐年递增。与此同时，证券中介机构在种类、数量和规模上迅速扩大。1998年，国务院证券委撤销，中国证监会成为中国证券期货市场的监管部门，并在全国设立了派出机构，建立了集中统一的证券期货市场监管框架，证券市场由局部地区试点试验转向全国性市场发展。

### （三）第三阶段：依法治市和市场结构改革（1999—2004年）

1998年12月29日，第九届全国人民代表大会常务委员会第六次会议审议通过《中华人民共和国证券法》（简称《证券法》）。《证券法》分12章214条，对证券发行、交易、上市公司收购、证券交易所、证券公司、登记结算机构、交易服务机构、证券业协会、国务院证券监督管理机构和法律责任作了一系列规定。1999年7月《证券法》实施，以法律形式确认了证券市场的地位，奠定了我国证券市场基本的法律框架基础，使我国证券市场的法制建设进入了一个新的历史阶段。

2004年1月31日，国务院发布《关于推进资本市场改革开放和稳定发展的若干意见》（简称“国九条”），该文件提出了九个方面的纲领性意见，清晰地描绘了我国资本市场改革发展的宏伟蓝图，对资本市场发展作出了重要战略部署，将大力发展资本市场提升到前所未有的战略高度。“国九条”确立了尊重市场规律解决股权分置问题的基本原则，是我国有关资本市场极具里程碑意义的文件之一。

### （四）第四阶段：多层次资本市场的建立和发展（2005—2015年）

2009年10月，创业板的推出标志着多层次资本市场体系框架基本建成。创业板的开市，经历了漫漫十年的筹备，从1999年中国证监会第一次明确提出“可以考虑在沪深证券交易所内设立科技企业板块”开始，经过反复论证和考察筹备，到2009年才正式登台。创业板的推出，是我国多层次资本市场建设的一大突破，也是国家推动创新经济发展的一大利器，市场期待着它能与美国纳斯达克比肩，甚至超越主板市场。此后，可转换公司债券、银行信贷资产证券化产品、住房抵押贷款证券化产品、企业资产证券化产品、银行不良资产证券化产品、企业或证券公司发行的集合收益计划产品以及权证等新品种出现，QFII、QDII、CDR等的实施，进一步丰富了资本市场交易品种。

进入2010年，证券市场制度创新取得新的突破。2010年3月、2010年4月，融资融券和股指期货的推出为资本市场提供了双向交易机制，这是中国证券市场金融创新的又一重大举措。2012年8月、2013年2月，转融资和转融券业务陆续推出，有效地扩大了融资融券发展所需的资金和证券来源。2013年11月，中共十八届三中全会召开，全会提出的对金融领域的改革，为证券市场带来新的发展机遇。

2013年11月30日，中国证监会发布《关于进一步推进新股发行体制改革的意见》，新一轮新股发行制度改革正式启动。2013年12月，新三板准入条件进一步放开，新三板市场正式扩容至全国。2014年5月，中国证监会印发《关于进一步推进证券经营机构创新发展的意见》，为进一步推进证券经营机构创新发展，就建设现代投资银行、支持业务产品创新、推进监管转型3部分提出了15条意见。2015年11月，中国证监会发布《关于进一步推进全国中小企业股份转让系统发展的若干意见》，进一步强调加快发展全国股转系统的重要意义，进一步明确全国股转系统在多层次资本市场体系中的战略定位，进一步明确全国股转系统下一步转型发展的方向和重点，对推进全国股转系统创新发展有重要指导意义。

这一时期，经过多年的发展，我国证券市场在改善融资结构、优化资源配置、促进经济发展等方面发挥了十分重要的作用，已成为我国市场经济体系的重要组成部分。

### （五）第五阶段：新时代发展时期（2016年至今）

中共十八大以来，明晟、富时罗素等国际知名指数先后纳入A股并提高纳入比例，设立科创板并试点注册制扎实推进，监管理念更加开放、包容、国际化。我国多层次资本市场体系建设加快推进，基础制度不断夯实，依法全面从严监管持续加强，改革发展稳定呈现新气象，有力支持了实体经济发展和供给侧结构性改革。

2018年10月，国务院金融稳定发展委员会召开的防范化解金融风险第十次专题会议强调，资本市场关联度高，对市场预期影响大，资本市场对稳经济、稳金融、稳预期有关键作用，要坚持市场化取向，加快完善资本市场基本制度，发挥好资本市场枢纽功能。2018年11月5日，习近平主席在首届中国国际进口博览会开幕式上表示，将在上海证券交易所设立科创板并试点注册制。2018年12月，中央经济工作会议指出，资本市场在现代金融运行中“具有牵一发而动全身的作用”，明确提出要建立“一个规范、透明、开放、有活力、有韧性的资本市场”，从经济发展全局出发，指明资本市场的使命和发展方向。

2019年2月22日，习近平总书记在中共中央政治局第十三次集体学习时指出，要建设一个规范、透明、开放、有活力、有韧性的资本市场，完善资本市场基础性制度，把好市场入口和市场出口两道关，加强对交易的全程监管。

2019年6月13日，科创板正式开板，为众多创新、创业型企业打开了进入资本市场的大门，科创板的包容性也让符合上市条件但目前尚未盈利的企业拥有了上市融资的机会。2019年9月，中国证监会在北京召开了全面深化资本市场改革工作座谈会。会议提出了当前及今后一个时期全面深化资本市场改革的12个方面重点任务。北京证券交易所于2021年9月3日注册成立，是经国务院批准设立的中国第一家公司制证券交易所。

截至2022年末，上交所、深交所、北交所上市公司总量为5079家。上交所数据显示，2022年上市公司数为2174家，IPO公司数为154家，股票总市值46.37万亿元。深交所数据显示，2022年上市公司数为2743家，IPO公司数为187家，股票总市值32.42万亿元。北交所上市公司数为162家。

2023年2月17日，中国证监会发布全面实行股票发行注册制相关制度规则，自公布之日起施行。证券交易所、全国股转公司、中国结算、中证金融、证券业协会配套制度规则同步发布实施。沪深交易所于2023年2月20日至3月3日接收主板首发、再融资、并购重组等在审企业申请，自2023年3月4日起开始接收主板新申报企业申请，纳入注册制。

## 三、我国资本市场现存的主要问题

### （一）资本市场运行机制尚不健全，上市公司质量有待提高

上市公司质量是资本市场可持续发展的基石，上市公司是实体经济的“基本盘”，是经济发展动能的“转换器”，是完善现代企业制度和履行社会责任的“先锋队”。目前，我国作为证券市场主力军的上市公司实力参差不齐。证券市场中虽然有一些较优秀的上市公司，但所占比例不大，而且新上市公司的问题仍然严重。另外，部分上市公司融资后项目突然变更的现象也比较突出，这是目前证券市场运行机制尚不健全的具体表现。资本市场成立以来，上市公司质量一直是各方关注和讨论的重点。提高上市公司质量，是国家和社会的强烈要求与热切期盼，是增强经济发展韧劲和动力的需要，是资本市场健康发展的需要，是投资者的期盼，归根结底是企业发展自身的内在需要。

### （二）上市公司治理尚不完善

我国上市公司的治理结构为股东大会、董事会、监事会和经理层分别行使最终控制权、经营决策权、监督权和经营指挥权的“三会四权”架构。但从实际情况来看，部分上市公司由于股权的过度集中，没有形成健全的董事会、监事会来保证健全的经营机制，以及相应建立一套健全的经理层聘选、考核和监督机制，存在股东大会功能弱化、董事会制度有缺陷、监事会监督机制缺位这三方面问题。一些上市公司的大股东拥有绝对控制权，不仅中小股东利益得不到保障，企业也缺乏长期的

发展目标，治理结构相当不合理。

### （三）中介机构行为有待规范

各类中介机构是资本市场投资经营活动的重要参与主体，其提供的保荐、审计、法律、评估、财务顾问等专业服务共同构成了资本市场建设的重要制度支撑，证券公司等市场中介机构勤勉、专业、审慎的核查工作可以有效防止各类欺诈行为发生，有力提升信息披露质量，充分保障投资者知情权，进而推进资本市场的健康有序发展。现实中个别中介机构罔顾法律责任和社会信赖，盲目热衷业务招揽，片面追求业务规模，淡漠诚实守信，怠于勤勉尽责，忘悖职业操守，背弃市场信赖，为各类欺诈行为大开方便之门。因此，我国还需要进一步规范中介行业发展秩序，提高中介机构的专业化服务水平，促进资本市场长期健康发展。

### （四）信息披露不及时，投资者权益不能得到保障

信息是资本市场的灵魂所在，因为投资者正是凭借着对市场信息的掌握、分析和判断来做出投资决策的。然而，由于缺乏透明、健全的信息披露机制，个人投资者与机构投资者在信息的掌握程度上不一致，处于明显不对称地位，个人投资者对于市场信息的掌控能力和利用效益都较低，很难做出迅速、有效的判断。

### （五）资本市场需要加快数字化转型，满足优质中小企业需求

随着多层次资本市场的建立和不断完善，连接资本市场上市筹资，成为越来越多优秀企业的必然选择。但目前中小企业在资本市场筹资难、筹资贵、筹资渠道不通畅等问题仍然存在。一是缺少对接平台，中小企业跨境融资渠道较少，需要推动区块链和实体经济深度融合，解决中小企业信用难题。二是数字化转型有待推进，为适应数字经济的发展要求，需要持续推动证券期货行业数字化建设，使我国资本市场能够更高效地服务数字经济。未来我国资本市场需要应用数字化思维，以客户为中心满足客户特别是中小企业的融资需求。

# 第三节　国际资本市场发展的运作模式借鉴

国际资本市场具有历史悠久、全球化市场化程度高、交易所向公司制转型趋势明显、市场分层合理、成熟度高、机构投资者占主导地位、信息披露规范、多实行注册发行制度、退市制度完善等特点，可为我国深化资本市场改革，构建新型资本市场提供有益借鉴。

## 一、美国资本市场的运作模式

### （一）市场模式：多层次资本市场分为五层，层级间具有灵活的升降互动机制

经过200余年的发展，美国资本市场形成了集中与分散相统一、全国性与区域性相协调、场内交易与场外交易相结合的体系，主要分为五个层次。

一是主板市场，为面向超级跨国大企业提供股权融资的全国性市场，由纽约证券交易所（New York Stock Exchange，简称NYSE）、纳斯达克全球精选市场（NASDAQ Global Select Market，简称NASDAQ SM）和纳斯达克全球市场（NASDAQ Global Market，简称NASDAQ GM）组成，上市标准较高。

二是二板市场，为主要面向高科技企业和美国中小企业的全国性市场，由美国证券交易所（American Stock Exchange，简称AMEX）和纳斯达克小额资本市场（NASDAQ Small-Cap Market，简称NASDAQ-SC）构成，上市要求较低，以高风险、高成长为特征的创新型企业可以满足上市要求。中国大部分的网络科技公司在该二板市场上市。

三是主要交易地方性企业证券的市场，包括辛辛那提证券交易所、芝加哥证券交易所、费城证券交易所、波士顿股票交易所等区域性交易所。

四是主要面向美国小型公司进行证券交易的场外市场，由场外柜台交易市场（OTCBB）、粉单市场（Pink Sheets）和灰单市场（Grey Market）组成。场外柜台

交易市场与美国其他主要证券交易所相比，门槛很低，对公司在资产规模或财务盈利能力上基本没有任何要求。粉单市场上的挂牌公司所受监管更少，企业不必向美国证券交易委员会（SEC）披露财务信息和任何报告。

五是面向各州发行股票的小型公司的柜台市场，主要由地方性柜台交易市场构成。

总体来看，美国的多层次资本市场之间具有灵活的升降互动机制。纳斯达克和美国证券交易所的上市公司股票被摘牌后，一般可以在下一个层级的OTCBB继续交易。被OTCBB摘牌的股票则可以进入粉单交易系统。反之，如果OTCBB上市的公司发展不错，符合纳斯达克或美国证券交易所等市场的挂牌条件，也可以升级到更高层级的市场进行交易，这就构成了无缝衔接的美国多层次资本市场。这种市场可以正确区分企业发展各阶段的投资风险，低一级市场也可以为高一级市场培养、推荐企业，从而寻找到满足企业各发展阶段融资需求的最优融资渠道，实现资源的有效配置。

### （二）发行制度：实行注册制，上市标准灵活

当前美国主要股票市场如纽约证券交易所、纳斯达克等均采用注册制。在注册制下，美国证券交易委员会负责制定信息披露要求和基本上市标准，发行人申请发行股票时，必须依法将公开的各种资料完全准确地向SEC申报。SEC负责对申报文件的真实性、准确性、完整性和及时性做合规性的形式审查，但不对上市企业的经营业绩和资质提出明确要求，而将发行公司的质量留给证券中介机构来判断。只要企业符合基本标准，提供的信息真实，便可以注册上市，定价也由市场自主完成。

注册制程序简化，效率较高。一般来说，发行证券的注册需经历提交注册报告书、等待以及注册生效三个阶段，但每一个阶段都有期限规定，一旦到达法定期限，监管部门如未提出异议，则注册登记自动生效。此外，注册制最大限度地发挥了市场机制在企业上市过程中的作用，同时减少了企业为上市过度包装以及市场不合理定价和权力寻租等现象。注册制下，股票能否成功发行，选择权更多地由市场来行使。这不仅有利于合理配置市场资源，而且有利于培育投资者接收信息、分析判断并理性投资的能力，更有利于促使承销商及相关中介机构发挥应有作用。

### （三）信息披露：高度重视，规则完善

美国1933年的《证券法》、1934年的《证券交易法》，以及后续一系列法案对信息披露范围和流程做出了详细规定，信息披露规则和举报制度成熟完善，自律组织广泛参与，通过建立公开透明的信息体系从源头控制了市场风险，使投资者利益得到有效保护，市场得以稳定运转。

首次信息披露方面，美国要求在招股说明书中公开大量公司财务及管理信息，并且要求公司将与投资者投资决策相关的所有信息完全公开，信息披露具有强制性，包括强制要求披露管理层关于公司财务和经营状况的详细分析和讨论。

持续信息披露方面，美国要求上市公司发布定期报告和临时报告，以帮助投资者及时了解上市公司经营和财务状况，并且要求上市公司在会计年度结束后90天内提交年报。

### （四）退市制度：以“宽进严出”机制著称

美股的退市规模较大和退市率较高，主要源于成熟的退市标准和流畅的退市流程。美股退市规则涉及自愿退市和强制退市，强制退市情形包括交易类指标、持续经营能力指标和合规性指标不达标而被交易所报批美国证券交易委员会退市。

美股市场已建立起一套成熟的退市标准，主要体现在三方面。一是退市标准与IPO标准完全对称。上市标准包括财务标准和市场化标准两个系列，对应的退市标准也包括这两个系列，根据上市时适用标准配比退市标准。二是重市场交易类指标，轻财务类指标。美股注重市值指标，如收盘价、成交量等高频指标，不易被操控。美股素有“一美元退市规则”，若上市公司股票价格连续30个交易日跌破面值一美元，则交易所会发出亏损警告，上市公司收到警告后要在90个工作日内提升股票价格，否则直接退市。这一标准客观反映上市公司的真实内在价值。三是重量化指标，轻定性指标，操作性强。美股退市指标采用定量和定性相结合的方式，但为了保证规则的明确性，减小交易所的自由裁量权，美股退市规则更侧重量化指标。退市程序方面，美国上市公司的退市程序一般由SEC直接启动，因此流程较短。

2017年，多伦多大学克雷格·多伊奇教授在《金融经济学》杂志上发表了他对美国股市退市制度的研究报告，其研究数据显示，从1975年至2012年的38年间，美

国三大股市（NYSE、NASDAQ、AMEX）IPO总计15922家，退市公司总计17303家（含并购及主动退市），也就是说，38年间美股年均IPO公司数为419家，年均退市公司数为455家，退市公司数大于IPO公司数。

2012年底，美股上市公司仅3605家，这是1975年以来的最低水平，2012年IPO公司仅152家，当年退市公司268家，其中，并购退市公司176家，强制退市公司87家，其他自愿退市公司5家。

根据世界银行的数据，2020年底，美国上市公司总数为4336家。2022年，美国股市上市了419家公司，退市公司数量为339家。至2023年底，美股市场共有上市公司4800多家。

## 二、英国资本市场的运作模式

200多年来，伦敦证券交易所经过一系列的收购、分拆、合并后，逐渐形成现有以信息服务、交易后续服务-清算托管业务、交易后续服务-清算业务、资本市场业务以及技术服务为主的五大业务板块（图7.1）。

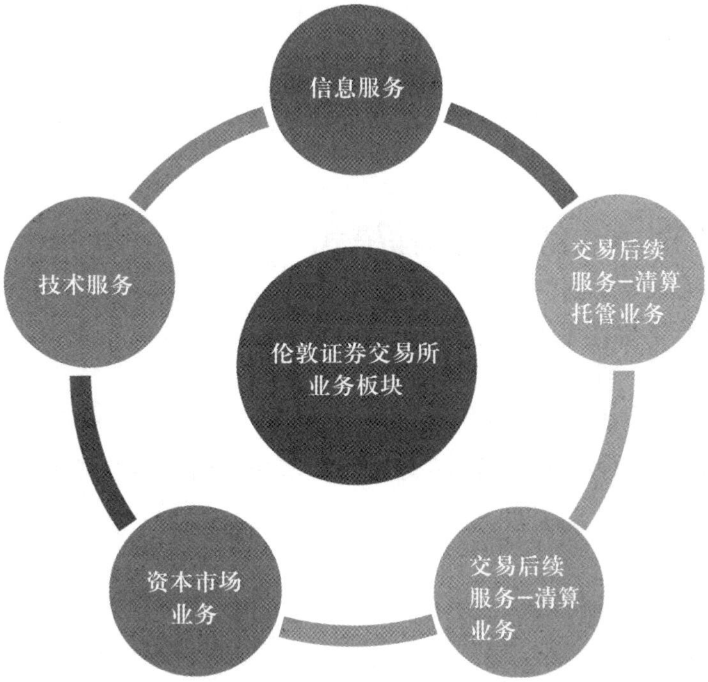


图7.1　伦敦证券交易所五大业务板块

信息服务是伦敦证券交易所业务发展的一个战略重点和重要增长点。信息服务板块为金融市场参与者提供及时、可靠、准确的市场信息。本业务板块服务范围涵盖全球指数、实时定价数据、产品识别、分析解决方案提供等多元化服务。主要产品包括富时-罗素指数、MiFID Ⅱ、SEDOL、Una Vista等多个综合信息服务产品。

交易后续服务-清算托管业务由两部分组成，一是原意大利证券交易所提供的清算、托管、结算抵押管理业务，二是伦敦证券交易所设在卢森堡的结算托管中心业务。

交易后续服务-清算业务主要为在伦敦证券交易所、全球公开市场和各场外市场跨多资产类别交易的清算成员以及他们的客户提供降低交易风险的相关服务。业务服务范围已拓展至全球，包括：场外衍生品清算，如利率掉期清算、外汇清算、信用违约掉期清算等；场内产品清算，如债券等固收类产品清算和商品、利率、权益类衍生品清算；股票等证券的清算业务。

资本市场业务依托位于伦敦、米兰以及泛欧洲的多个交易平台为英国国内和全球公司提供高合规性、高流动性的融资服务，以及为全球投资者提供优质的投资标的及相关服务。该板块主要涉及述伦敦证券交易所的主板市场和另类投资市场等多个子市场。

技术服务主要为商业银行、贸易公司等金融、资本市场参与方提供可靠、高速、低延迟的交易、后期交易平台，以及实时市场数据等产品与服务。

## 三、东京证券交易所的运作模式

### （一）日本交易所集团商业模式

当前，日本交易所集团商业模式主要涵盖大宗商品业务和证券业务两个条线。大宗商品业务条线以子公司东京商品交易所为依托，而证券业务条线如图7.2所示。

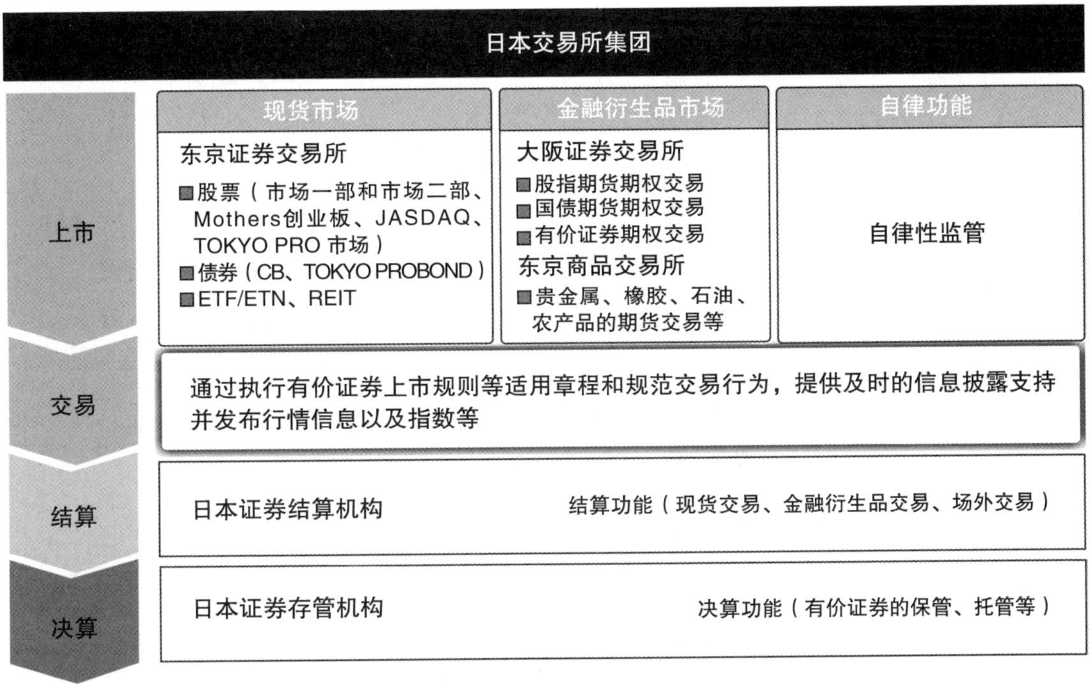


图7.2　日本交易所集团证券业务条线

资料来源：日本交易所集团。

证券业务条线，业务上主要分为三部分。第一部分是现货市场：以东京证券交易所为依托，包括市场一部、市场二部、Mothers创业板、JASDAQ Standard、JASDAQ Growth和TOKYO PRO市场等股权交易市场和CB、TOKYO PROBOND等债券交易市场，同时包括ETF/ETN基金和REIT交易市场。第二部分是金融衍生品市场：以大阪证券交易所和东京商品交易所为依托，其中大阪证券交易所涵盖股指期货期权、国债期货期权和有价证券期权；东京商品交易所涵盖大宗商品期货交易。第三部分是自律功能：以日本交易所集团自律法人为依托，实现上市审查、上市管理、交易审查、考查等自律性监管。

同时，日本交易所集团业务涵盖结算功能，以日本证券结算机构为依托，通过与证券存管机构合作实现有价证券的保管、托管等决算功能。

日本交易所集团通过上市、交易、结算、信息服务等业务的开展创造相应的业务收入（图7.3）。

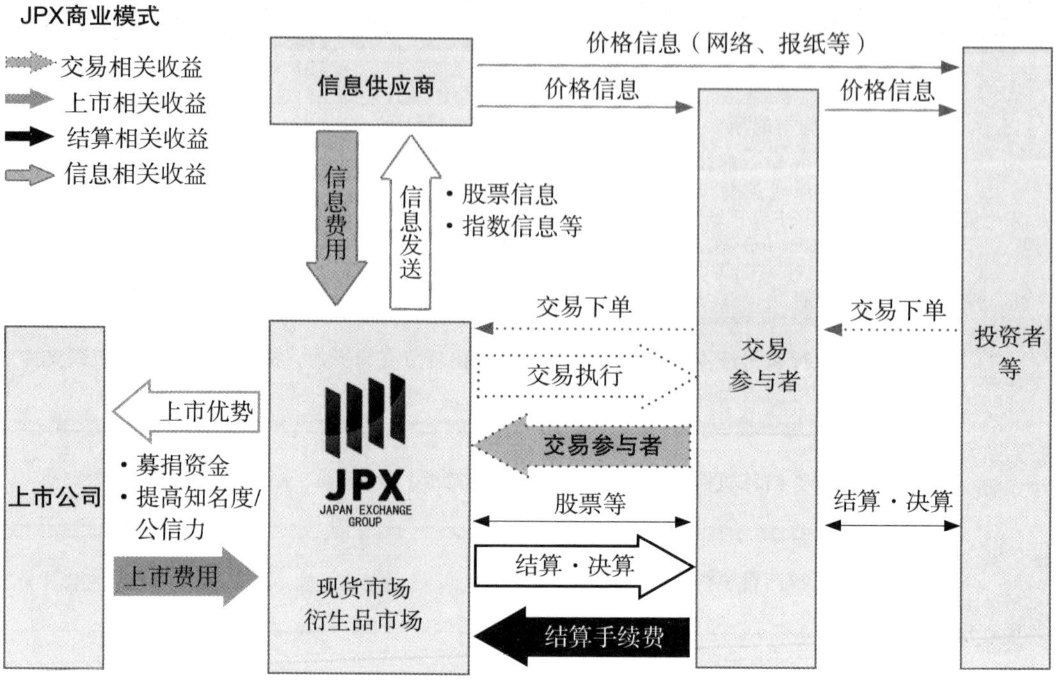


图7.3　日本交易所集团商业模式

资料来源：日本交易所集团。

## （二）东京证券交易所股权交易市场模式

当前，东京证券交易所集中了全日本绝大部分股票现货交易业务（其余在名古屋证券交易所、札幌证券交易所和福冈证券交易所上市交易），其股票市场主要分为市场一部和市场二部、面向成长型企业的Mothers创业板市场以及原大阪证券交易所日本证券交易商自动报价系统协会（JASDAQ）市场和面向特定投资者的TOKYO PRO市场（图7.4）。

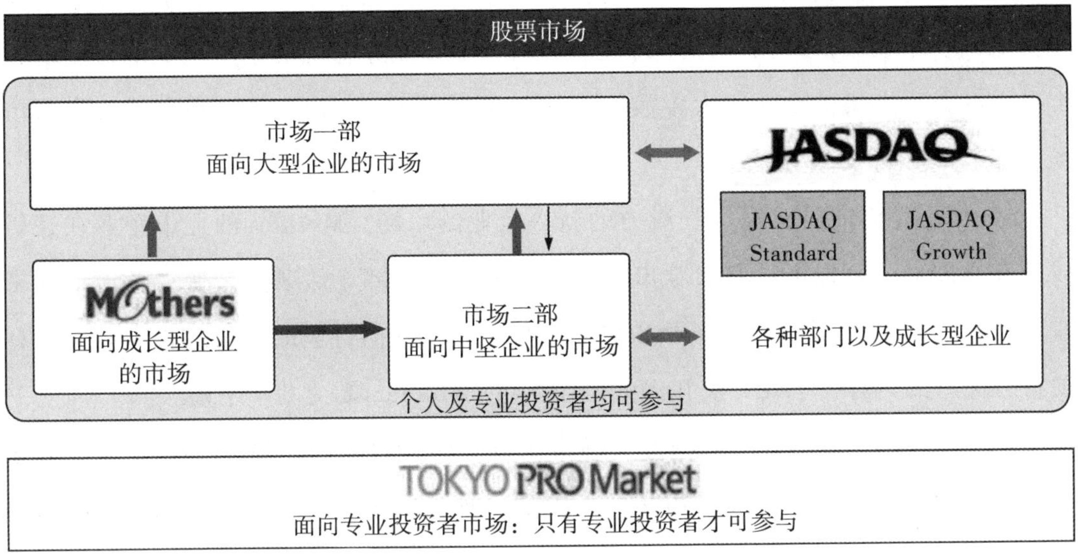


图7.4　东京证券交易所证券业务条线示意

资料来源：日本交易所集团。

日本多层次资本市场的结构和中国多层次资本市场的结构较为相似，市场一部上市公司主要是全球范围内的大型企业，相当于主板市场；市场二部相当于我国的中小板市场；Mothers创业板市场相当于我国的创业板市场；日本JASDAQ市场相当于我国的新三板市场，在JASDAQ市场又进行了分层，分为JASDAQ Standard市场和JASDAQ Growth市场。从市场规模来看，日本资本市场呈现典型的分布不均衡结构（图7.5）。

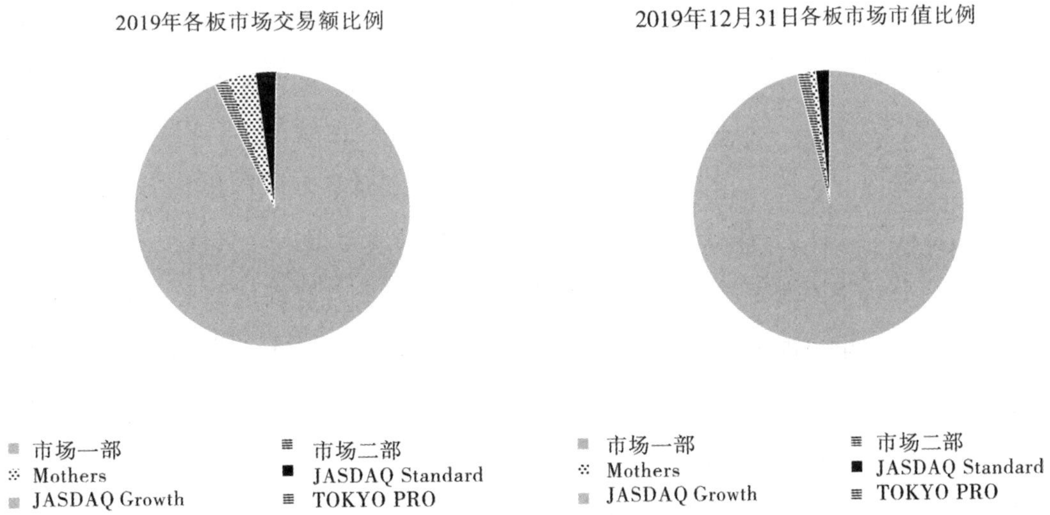


图7.5　东京证券交易所各板市场市值及年交易额统计

数据来源：日本交易所集团。

市场一部代表的主板市场，面向在全球范围内开展业务的大型企业，股票交易非常活跃。市场二部是面向已经具备一定知名度和业务基础的中坚企业的市场。在市场二部首次上市的企业占大多数，流动性高的企业也可以实现从市场二部转板市场一部上市。

Mothers是面向具有高成长潜力的新兴企业的市场。Mothers的上市企业在经历成长和发展后，可以申请转板至市场一部或者市场二部。从融资金额以及流动性来看，Mothers已经成长为世界上最顶尖的市场之一。任何行业的具备成长潜力、拥有独特且优秀的专有技术或专业知识的企业均可向Mothers提交上市申请。

JASDAQ最早是作为一个场外交易市场设立的，目前已由做市商制度变更为连续竞价并由流动性提供商提升市场活跃度而形成的交易机制。其中Standard市场为具有一定规模和利润的企业服务（类似新三板创新层），Growth市场为成长型、技术和商业模式独特但盈利能力较弱的公司服务（类似新三板基础层）。JASDAQ对转板至市场一部或市场二部的企业的要求主要侧重于财务指标达标，包括利润、净资产、总市值、销售额、股本数量等，还有对审计意见和内部控制的要求。

TOKYO PRO市场只限专业投资者（特定投资者）参与。其与既存市场相比，在披露语言、披露文件、会计准则等方面的限制更为宽松。

### （三）东京证券交易所股票发行及转板条件

目前东京证券交易所股票发行采用注册制，日本股票发行的主管机关是金融厅（1998年以前为大藏省），并主要由金融厅下设的督察局负责。日本《金融商品交易法》（2007年起实施，之前为《证券交易法》）第8条规定，“内阁总理大臣受理提交的申报书，15日内产生效力”。第9条规定，“内阁总理大臣认为申报书在形式上不完备或该文件记载的重要事项不充分，可以命令申报人提交订正书”。

日本交易所集团制定了高效的制度流程，保障了上市资源的高效、有序和自由流动。对于提交申请准备在市场一部、市场二部、Mothers和JASDAQ发行上市的拟上市企业，达到“形式标准”后，日本交易所集团通过日本交易所自律法人对其进行“实质标准”的审查。TOKYO PRO市场采取了“J-Adviser（保荐人）”制度。保荐人由东京证券交易所指定，包括法律顾问和专业会计师。由于日本交易所自律法人不会对该市场上市的企业进行上市审查，所以由保荐人对在TOKYO PRO市场上市的企业进行资格审查。TOKYO PRO市场采取了一些宽松的披露制度，因此在TOKYO PRO市场上市的企业可以自行决定是否披露季度报告和内部控制报告，从而降低企业在成长阶段的上市成本。

对于拟转板到市场一部的已上市企业，转板所需程序和时间等与企业首次申请在市场一部上市时一样。同时参考“距离IPO的时间不超过三年，且申请人的组织结构以及业务范围没有发生实质性的变化”的原则。日本交易所自律法人将重点询问上市后发生的事件。从Mothers和JASDAQ转板到市场二部没有时间要求，但从Mothers和JASDAQ转板到市场一部分别需要满足上市一年和六个月以上的时间条件，而从市场二部转板到市场一部也需要满足上市一年以上的时间条件（上市时间可以从Mothers和JASDAQ上市时间起算）。同时，当上市年度和结算年度是同一年的时候，不能转板至市场一部。

## 四、新加坡证券交易所的运作模式

### （一）主要业务

新加坡证券交易所（简称新交所，SGX）运营证券、固定收益和衍生品等多类市场，提供上市、交易、清算、结算、存托和数据等服务。

非固定收益类产品包括股票、房地产投资信托基金（REIT）、商业信托、ETF、杠杆及反向产品、每日杠杆证书（DLCs）、结构性认股权证、美国存托凭证（ADR）等。

固定收益类产品包括：资产支持证券、或有可转换债券（CoCo债）、可转换/可交换债券、资产担保债券、固定/浮动利率债券、永久债券、混合资本证券、科莫多债券、贷款参与票据（loan participation notes）、玛莎拉债券、中期票据（medium term notes）计划、住房抵押贷款证券、永续债券、人民币债券、结构性产品、伊斯兰债券等。新交所还面向亚洲债券市场推出专用场外电子交易平台。

衍生品产品包括：基于股票指数、股权、股息指数、外汇、利率等基础产品的金融衍生品，煤炭、能源、铁矿石和钢铁、橡胶和贵金属等大宗商品衍生品。

## （二）发展重点

一是多样化的业务范围。SGX经营证券和衍生品交易，以及相应的清算所和证券托管，使其收入流多样化和业务风险分散化。

二是综合服务。SGX介入业务价值链的各个环节——订货、交易、匹配、清算、结算和托管，这使其在更大的范围内具有较强的竞争力。

三是创新的产品和联盟。SGX不断创新，并且随时适应世界金融部门对产品和贸易平台的需求。SGX的衍生品市场是亚洲第一家提供欧洲美元期货的交易所，也是世界上第一个为日本和中国台湾提供欧洲美元股票指数交易和欧洲日元期货交易的市场。SGX的证券市场引进了亚洲第一个小资本平台，为小公司融资提供服务。

四是深入的个人账户系统。SGX的托管所让所有的投资人都拥有自己的账户，或者拥有认证托管经纪人项下的分账户。这个系统不仅能减少出错的风险、时间的延误和清算的损失，而且能使SGX为客户提供直接的服务和帮助双方建立业务联系。

五是技术创新。SGX拥有非常先进的电子系统，持续不断地改进其技术基础设施，以便SGX不断地拓展全球金融领域。2019年，SGX宣布通过纳斯达克金融框架为其证券市场推出新的多匹配交易引擎，并于当年6月3日启动该引擎以升级交易技术。基于此，SGX拥有了更统一的业务、消息和数据基础设施，有利于向证券市场增加新产品并扩大发行规模。2019年11月，SGX和汇丰银行测试使用区块链发行债券。

六是自我调节组织。SGX通过大部分的自我风险管理和调节功能，能够弥补同类金融机构在这方面的不足（李强，2002）。

## （三）可持续发展

新交所提倡可持续发展，对自身业务的ESG（环境、社会和治理）影响进行管理，并在上市公司采取可持续发展报告最佳实践时给予支持。

一是平衡ESG风险和机遇。通过利益相关方参与和重要性评估流程来识别可持续发展的风险和机遇。参照企业风险管理（enterprise risk management，简称ERM）系统来识别并评估ESG风险。此方法可确保重要的ESG风险在新交所的整体风险环境下得到考量，并且由执行委员会采取结构化的管理和监测流程。新交所的目标是在其风险偏好的范围内寻求机遇和执行战略。

二是实施业务连续性管理。新交所的业务连续性管理（business continuity management，简称 BCM）通过制订各种计划和策略来使业务运营能在已知的业务中断后得到迅速有效的恢复，从而在主要业务领域识别并建立恢复能力。为实现此目标，新交所在应急准备中制订了各种计划、措施和方案，以让其在面临突发威胁或业务中断时能做出有效响应。其目的在于以有条不紊的方式应对危机，在不利条件下确保关键业务功能得以持续，尽量避免新交所在人员、运营和设施发生中断时受到影响[1]。

## 第四节　促进我国资本要素市场化配置改革的建议

展望未来，需要借鉴国际资本市场发展经验，从多方面入手加快消除我国资本市场沉疴积弊，包括通过深化注册制改革、加大退市力度来提升上市公司质量，通过规范中介机构行为、严格执法来提升信息披露质量，从保护投资者权益入手重新审视、设计、完善相关制度等。与此同时，还需引入“民有制+四分法”，厘清政府与市场的关系、国企与民企的关系，为资本要素市场化配置奠定理论基石；加快建设全面与国际接轨的高质量营商环境，以管理要素引领资本要素市场化配置；以科技创新和平台战略为引领，将我国现有的上交所、深交所、北交所升级改造为数字化、平台化且投资者权益能够得到充分保障的新型资本市场，更好地实现“让天下优质企业都能快捷低成本上市融资，让天下民众都能安全分享经济发展成果”的目标。

### 一、厘清政府与市场的关系、国企与民企的关系

#### （一）明确民营经济和国有经济都是党的重要执政基础

结合中共十九届六中全会关于“坚持人民至上”的科学论断，在民营经济与

[1] 相关介绍资料参见新加坡证券交易所官网。

国有经济的理论性质界定方面，明确民营企业是部分民众创办、经营、所有、享有收益的企业。国有经济是全体人民（以国家为代表）创办、所有的经济，民营经济是由部分民众创办、拥有的经济。民营经济和国有经济都将始终伴随国家发展而发展。

## （二）明确民营企业家定位，提升民营企业家的社会地位

民营企业家，就是经营管理民营企业的专家，也是通过整合土地、资本、劳动力、技术、数据等要素，推动生产力发展和科技创新的关键要素。未来，我国需要持续强化以管理要素（企业家要素）为引领和整合其他要素，有效提升全要素生产率。

## （三）推进创新民营经济发展理论

从改革开放以来的实践看，国有企业、民营企业具备社会主义公有制特征，才能彻底破解多年来争论不休的问题。

经深入思考，建议未来推进创新民营经济发展理论可从四个方面入手：一是从社会主义的本质是人民当家作主入手，中共二十大强调“人民至上”，中国共产党的宗旨是“为人民服务”；二是适应时代变迁，从生产力决定生产关系入手；三是从欧美国家二战之后的国家治理实践入手；四是从改革开放以来的实践经验入手。

应明确，国有企业和民营企业都是社会主义市场经济的经营主体。

## （四）在我国经济社会领域引入“民有制+四分法”，厘清政府与市场的关系、国企与民企的关系

我国经济社会可划分为战略性领域、公共服务领域、民生领域（教育、医疗、住房、养老）、竞争性领域。国有资本主要在战略性领域、公共服务领域、民生保障领域发挥主导作用，并以此为指导推进国有资本的战略布局调整和国有企业改革；民营经济主要在民生市场化领域、竞争性领域发挥作用（图7.6）。

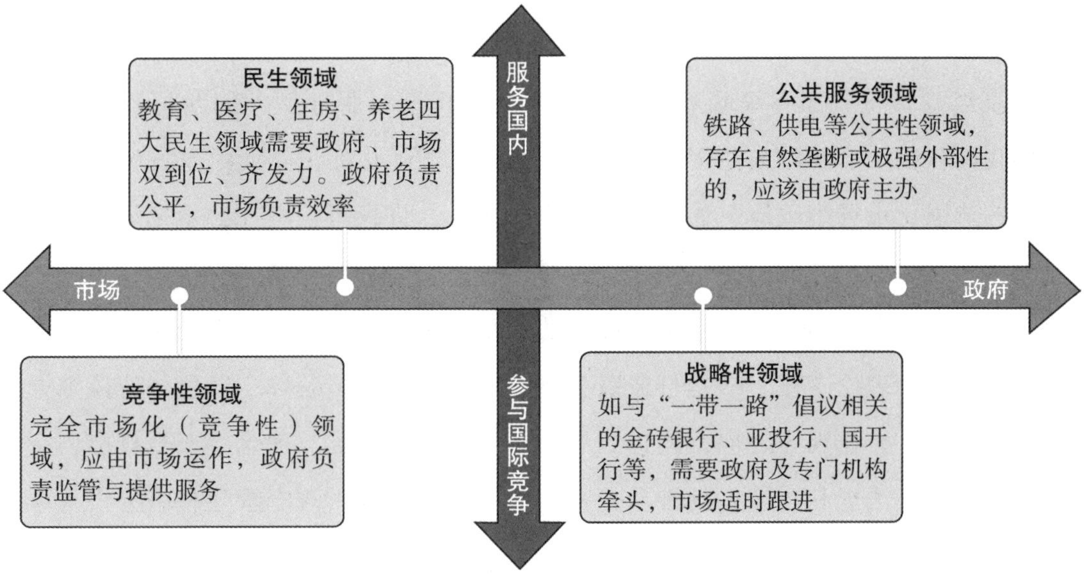


图7.6　我国经济社会四大领域

## 二、建设全面与国际接轨的高质量营商环境，以管理要素引领资本要素市场化配置

中共二十大报告明确提出要“营造市场化、法治化、国际化一流营商环境”。2023年9月27日，习近平总书记在中共中央政治局第八次集体学习时强调，要更加主动对接高标准国际经贸规则，稳步扩大规则、规制、管理、标准等制度型开放，加快打造对外开放新高地，建设更高水平开放型经济新体制，加快构建新发展格局。要积极营造市场化、法治化、国际化一流营商环境，以推动加入《全面与进步跨太平洋伙伴关系协定》和《数字经济伙伴关系协定》为契机，进一步激发进口潜力、放宽市场准入、推动多边和双边合作深入发展，增强对外资的吸引力。2023年12月11日至12日在北京召开的中央经济工作会议明确提出要谋划进一步全面深化改革重大举措，为推动高质量发展、加快中国式现代化建设持续注入强大动力。扩大高水平对外开放，要加快培育外贸新动能，巩固外贸外资基本盘，拓展中间品贸易、服务贸易、数字贸易、跨境电商出口。放宽电信、医疗等服务业市场准入，对标国际高标准经贸规则，认真解决数据跨境流动、平等参与政府采购等问题，持续建设市场化、法治化、国际化一流营商环境，打造“投资中国”品牌。

加快建设全面与国际接轨的高质量营商环境，建议可从三方面入手。

第一，需要对标世界银行于 2023 年正式启动的新营商环境指标项目，借鉴发达国家经验，将我国各级政府建设成“强化市场型、服务型、创新型政府”，从而将我国各级政府建设成基于市场化、法治化、国际化的“企业家友好型政府”。一是打造强化市场型政府。通过引入“四分法”，将我国经济社会领域划分为战略性领域、公共服务领域、民生领域（教育、医疗、住房、养老）、竞争性领域，从而厘清政府与市场的关系、国企与民企的关系，进而为打造强化市场型政府提供具有可操作性的理论支撑。二是打造服务型政府。借鉴美国硅谷、以色列特拉维夫经验，将民众、企业视为客户，践行“有求必应、无事不扰”理念。三是打造创新型政府。在运用法规和政策工具推动企业创新的同时，各级政府管理和服务模式可广泛引入、运用数字化科技手段，提升服务效率和质量。

第二，借鉴国际经验，通过深化相关体制机制改革，以管理要素引领资本要素市场化配置，形成以企业家为核心配置资源的市场化营商环境。企业家和管理要素是最重要的生产力要素，未来应致力采取有效措施推动通过市场竞争形成具有国际竞争力的企业家群体，高度重视职业经理人市场的培养和发育，营造与本国特点相结合并有利于企业家创业成长的商业环境，吸引全世界的优秀企业家到我国各地创办企业，从而持续提升企业国际竞争力，进而推动经济持续转型升级、健康发展，增加税收和就业。

第三，通过全面对标CPTPP推进制度性开放，明确政府职责边界，完善营商环境评价体系，打造国家营商环境示范区，形成全面与国际接轨的法治化、国际化营商环境。近年来我国各级政府致力于持续改善民营企业、外商投资企业营商环境，并取得了积极成效，但在市场化、法治化、国际化方面与国际高标准相比仍有较大差距。对标我国2021年9月已正式申请加入的《全面与进步跨太平洋伙伴关系协定》，我国在服务贸易、数字贸易、货物贸易、投资及知识产权、竞争政策、补贴制度、劳工标准等规则方面与国际高标准相比均存在不同程度的差距。因此，笔者认为我国未来想要深入推进市场化、法治化、国际化，应加快建设全面与国际接轨的高质量营商环境，并重点从八个方面推进：着力推进服务贸易重点领域开放，加快构建数字贸易和数字治理框架体系，推进货物贸易关税及管理体制改革，推动投资管理体制改革，提高知识产权保护标准，建设公平竞争的法制环境和政策体系，加快改革扭曲市场的补贴制度，提高劳动保障制度国际化水平。

## 三、建设数字化、平台化且投资者权益能够获得充分保障的新型资本市场

建议将我国现有的上交所、深交所、北交所升级改造为适应21世纪发展趋势的新型数字化、平台化资本市场。新型资本市场以科技创新和平台战略为引领，基于区块链、云计算、人工智能等数字技术打造，以“让天下优质企业都能快捷低成本上市融资，让天下民众都能安全分享经济发展成果”为发展目标。

只有推进新型数字化资本市场建设，才能更好地加快破解我国企业筹资难、筹资贵难题，同时与四方面的需求实现有效对接，即：与大力发展直接融资的金融改革方向对接，与人均GDP超过1万美元的社会财富管理需求对接，与区域经济发展、产业转型升级需要金融业高质量发展的需求对接，与实体经济及金融业加快数字化转型升级的趋势对接。

### （一）适应21世纪发展趋势的新型数字化、平台化资本市场，以“六新”+“四化”+“三高三低”为主要特征

“六新”——新思路：全球各类资本市场已经有上百年的发展历史，随着社会技术不断进步，资本市场发生了巨大改变。为了适应新时代的需要，需要从新的思路出发构建全新的资本市场平台。新丝路：“一带一路”倡议催生了中国与沿线国家和地区的大量融资需求，21世纪的全球新型数字化、平台化资本市场，将为上述需求提供资金融通的场所。新定位：服务在岸与离岸两个市场，服务普通民众和专业机构投资者，服务成熟与创新性企业的多元化的新型资本市场。新技术：将互联网、大数据、人工智能及区块链技术应用到资本市场的服务中去，打造高科技的新型资本市场。新体制：基于平台思维，打造全新平台型架构体制的资本市场。新机制：新型资本市场将在证券发行、交易、监管等多个环节探索新的机制，以提升信息流通与资源配置的效率。

“四化”——市场化：遵循以市场化手段配置资源的原则，证券发行、定价、交易均采用市场化手段。国际化：同时为在岸与离岸的客户服务，吸引全球公司到

中国交易所上市，吸引全球投资者到中国交易所投资。数字化：新型资本市场将积极运用大数据、云计算、区块链等数字技术。法制化：以新修订的《中华人民共和国证券法》为基础蓝本，充分借鉴世界各国资本市场的法律法规经验，依法制定新型资本市场相应法律法规。

“三高三低”——高效率：指上市周期短，合格即上市，供求匹配效率高。高质量：指上市公司质量高，投资者专业度高。高收益：确保上市公司的优质性，以保障较高的长期收益。低制度成本：充分借鉴外国资本市场及平台思维的低制度成本优势。低交易成本：具备竞争力的低费率和低佣金。低投资风险：注重投资者保护，加强信息披露。

## （二）平台化的运行原理

建设平台化的资本市场，就是要打造一个高效连接资金供给和需求的21世纪新型资本市场平台。资金需求方主要为国内成熟企业、创新型企业以及“一带一路”沿线企业，分别可在主板、创新板和“一带一路”板上市。国内成熟企业和创新企业的募集资金用途多为在岸，比如用于公司在国内的投资项目等，“一带一路”沿线企业的募集资金用途可能为在岸或离岸。资金供给方主要为来自国内与海外的个人与机构投资者，可通过资本市场平台购买股票、债券、基金或其他金融衍生品进行投资。

平台的一级市场交易主要为股票与债券的发行，由资金需求方通过平台向资金供给方发行相应证券筹集资金。二级市场交易指资金需求方之间的股票、债券转让。并购市场交易则是上市公司之间通过平台进行股权转让。

## （三）构建数字化的资本市场

一是重视数字化的机构设置。可设立创新委员会，专门负责推进交易所的数字化及金融科技创新。设立金融科技公司，一方面负责交易所技术基础设施的建设与维护，另一方面开展区块链等相关数字技术在证券交易中的应用研究与实践。

二是搭建数字化的基础设施。证券交易的基础数据架构全部采取数字化思维构建，打破现有交易所数据孤岛的藩篱，建成基于标准化海量数据的大数据体系。交易系统更加数字化，运行效率显著提升，信息披露更加及时，风险控制手段更加丰富。

三是满足数字化的监管需求。随着金融交易复杂性的不断提升，对于金融监管的要求也日益提高，数字化对于提升监管效率至关重要。实现数字化监管必须要有相应的基础条件支持。新型资本市场将构建数字化的基础设施，为数字化监管提供良好的基础条件，便于实时监管各项交易，利用大数据高效监测与处理交易信息，利用人工智能自动化识别违法违规操作等。

### （四）构建立体化、多层次的投资者权益保障机制

一是设立“独立审查人”制度。企业上市过程中，不由拟上市公司聘用保荐人，而是改由交易所指定“独立审查人”，替代“保荐人”或“上市推荐人”发挥作用。从制度设计看，“独立审查人”对交易所与投资人负责，其取代了“保荐人”的职责，负责督促指导申请人制定招股说明书，并同时具有监督主承销商、律所、会计师事务所的职责。“独立审查人”的报酬与公司是否成功上市无关，而与其尽职程度相关：其固定收入将由申请上市公司承担（无论上市成功与否），而其尽职程度对应的浮动收入，将由交易所承担，并递延支付。

二是上市公司的法律与会计师顾问改革为由交易所聘请。传统的上市流程规定，由申请上市的公司采用招标等形式聘用律师与会计师，申请上市公司是律师与会计师的“顾客”或“甲方”，因此律师与会计师存在对雇主负责而不是对投资者负责的倾向。新型资本市场应将以上制度改革为由交易所聘请法律与会计师顾问，才能更好地履行义务，以保护投资人。

三是引入银行业风险管控理念，对投资人增强保障。在交易所设立的上市公司申请发行审核委员会中，除常务委员外，建议可增加聘请专业的银行业风险审核人员，以便在上会阶段，从银行角度对上市公司的风险情况进行研判。

四是建立多重增信机制。对于拟上市的民营企业，为降低筹资成本、加快上市进度，可建立多重增信机制。包括：由当地工商联或商会组织出具推荐意见；对申请上市公司的重大存量债务，采取信用保证保险增信；建立上市公司董事会成员信用增级机制（如在一定期限内不减持承诺、个人资产担保等）。对于采取以上增信措施的上市企业，可适当加快上市审批进度。

五是加强信息披露。严格执行包括新《证券法》在内的相关法律对信息披露的

要求。除此以外，交易所还应要求上市公司在招股说明书中，必须披露有助于保障投资者免受损失的相关措施，包括但不限于最低分红保证、股票回购承诺、超额配售选择权方案、严格的大股东或高管减持条件等。同时，需要及时发布股票交易风险警示相关信息，当公司股价大幅上涨并可能脱离基本面时，上市公司必须及时披露相关风险警示。

六是构建投资者资格审查制度。交易所将对投资者进行严格的市场准入审查，对个人投资者设立较高的市场准入门槛，鼓励个人投资者委托专业机构投资者进行投资，机构投资者应依法保护委托投资的个人投资者的利益。

七是设立专门的投资者保护机构。交易所应设立专门的投资者保护机构，对损害投资者利益的行为，投资者保护机构可以依法支持投资者向监管部门举报或向法院提起诉讼。

参考文献：

蔡继明，2003. 非劳动生产要素参与分配不等于剥削［J］. 中共中央党校学报，7（1）.
李强，2002. 走马观花新交所（SGX）［J］. 国际融资（10）.
徐佩玉，2023. 2022年中国债券市场平稳运行［N］. 人民日报（海外版），01–28（3）.
杨成长，龚芳，袁宇泽，2022. 我国资本市场正步入高质量发展阶段［N］. 上海证券报，02–24（4）.
吴晓求，2022.中国资本市场这十年（2012—2022）［EB/OL］.（09–13）［2022–11–20］. https://www.guancha.cn/wuxiaoqiu2/2022_09_13_657612_4.shtml.

# 第八章

# 知识技术要素市场化配置与知识产权保护

学术界对知识的认识由来已久。

柏拉图在《泰阿泰德篇》中将知识定义为“经过证实了的真的信念”。到了19世纪中叶，弗里茨·马克卢普（2007）从认识论角度指出：“只有当他披露了这个‘一人独知的秘密’，其他人也认知了这种知识，在知识生产过程中他发挥了作用，人们才会认为这是‘社会意义上的新知识’”。迈克尔·波兰尼（2000）进一步根据知识的内涵将知识细分为显性知识与隐性知识，以文字、图表和公式加以表述的是显性知识，未被直接表述的，如从实际行为和经验中获取的知识为隐性知识，隐性知识和显性知识互动的过程就是知识共享的过程。波普尔曾将世界划分为三个部分，即物理世界、人类精神世界和客观知识世界。

为了更好地使人们理解知识的概念，经济合作与发展组织（OECD）在1996年发表的报告《以知识为基础的经济》中，对知识进行了具体的分类，即知道“是什么”的知识、知道“为什么”的知识、知道“怎么做”的知识、知道“是谁的”知识四类。从知识文化视角来看，科学只是知识的一部分，并不是所有的知识都是科学。知识还包括非科学的领域，如文学、历史、哲学、宗教等。科学与后者的知识活动完全不同，科学是知识生产，后者是知识生活。

弗朗西斯·培根说：“知识就是力量，但更重要的是运用知识的技能。”在培根看来，知识是一种潜在的力量，它需要被运用和应用才能产生真正的影响，只有将知识与实践相结合，才能创造出真正的力量和成果。托夫勒在《权力的转移》中重点关注知识发生的关键性变化，以及这种变化对权力所产生的影响，宣告了知识

---

本章执笔人：杨国明（电子科技大学中山学院经贸学院副院长、副教授）。

力量的崛起；彼得·德鲁克在《后资本主义社会》中强调，在知识经济时代，知识将成为最重要的生产要素，知识工作者将成为主导力量，知识企业将成为最具竞争力的组织。20世纪中期，西方宏观经济学家罗默及卢卡斯的理论开创了在一般均衡数学模型中得到内生经济增长结论的先河，他们将知识作为一种内生变量引入经济分析框架，从而在理论上得出知识要素的持续积累会带来内生的技术进步，最终实现稳定的长期经济增长的结论。哈耶克认为，知识分散在社会的各个角落，只有通过市场机制的自由竞争与合作，才能充分利用和整合这些知识资源。迈克尔·波特在竞争优势理论中将知识视为一种核心资源。他认为，企业应该不断投资于知识的积累和创新，以保持竞争力。约瑟夫·斯图尔特强调了知识的非排他性和非竞争性，主张通过政府干预和投资来促进知识的共享和普及。亨利·切萨布鲁夫提出了开放式创新理论，强调企业应该开放和共享知识，通过开放创新，企业可以更好地利用外部的知识资源，实现更高的创新效能。

在知识经济时代，知识作为生产要素的重要组成部分，已成为推动世界经济发展的关键资源和主导力量。主要发达国家纷纷将注意力转向新兴产业与知识产业，加大对知识资本的投入、加快对新兴技术和产业发展的布局，力争通过发展新技术、培育新产业，创造新的经济增长点。在科技创新力量的推动下，一批又一批新兴产业在战胜重大经济危机的过程中孕育和成长，成为摆脱经济危机的根本力量，并在经济危机过后，推动经济进入新一轮增长周期。

## 第一节　知识技术要素市场化配置的必要性

知识经济就其本质而言，是一种以知识为基础的经济增长方式，是建立在知识和信息的生产、分配、使用和保护上的经济形态。认识到知识对经济发展的重要作用，可以帮助我们更好地理解知识要素市场化配置的必要性。

## 一、理论维度：知识产权是知识要素的“生命”

现代产权经济学认为，经济的增长关键在于有效率的经济组织，而这离不开有效的、适当的产权激励制度。凡是要素都有“产权”，为“让一切创造活力竞相迸发”，知识产权作为生产要素之一——知识要素的“生命”，需要得到有效的保护和利用。

马克思曾经指出：“商品不能自己到市场去，不能自己去交换。因此，我们必须找寻它的监护人，商品所有者。”（马克思，恩格斯，2001）[103]同商品一样，若没有所有者，生产要素也不能自己进入交换，并进而投入生产。因此，明确产权、保护产权是生产要素参与生产并获得收入的前提，生产要素参与收入分配实际上是收入在不同要素所有者之间的分配。市场经济是知识产权制度的经济基础。在传统社会中，剔除自然为人类提供的先天资源以及其他要素，劳动是大众获取财产的主要手段。但是，实践证明，创造与劳动是性质不同的两种活动。劳动价值理论以及剩余价值理论，无法解释创造者因创造成果的应用而发生的获取财产现象，也无法解决因创造成果的市场化而出现的财产分配以及流转问题。于是，知识产权制度应运而生，并通过实践，与物权和债权制度整合为一体，成为财产制度的核心。私权即恒产，而恒产可以推动社会进步，早在两千多年前，孟子就指出：有恒产者有恒心，无恒产者无恒心。在社会主义初级阶段，建立财产制度是实行市场经济的客观必然要求。

社会物质财富分配的方式取决于知识资源的产权形式与配置方式。要素市场化配置实则是“产权配置”，要素价值实则是“产权价值”（常修泽，2020）。知识产权制度通过赋予知识产权专有权人以垄断性的产权，保障了其基于该垄断性产权，不仅能够在他人使用其知识成果时收回成本、获取收益，还能有效抵制可能存在的他人“搭便车”行为。这种制度保障使得获得知识产权成为创新者的目标追求，从而激励创新者不断创新以获取更多的知识产权保护。

从当前各国科学技术和经济社会发展的情况来看，知识产权制度不仅普遍存在于各国，在法律制度体系中占有重要的特殊地位，而且在激励创新中发挥着积极作用。可以说，知识产权已经成为激励创新、促进科学技术进步、推动国家经济社会发展的重要资源，拥有的知识产权数量和对知识产权成果的创新、运用、管理、保护能力已经成为衡量一个国家创新实力的核心因素。WTO的《与贸易有关的知识产权协定》集中了各国对知识产权私权属性的共识。知识产权制度作为产权制度的重要组成部分，是现代国家必不可缺的基础设施。

## 二、历史维度：知识成为主导性的生产要素

本书第一章第二节“要素–文明因应论”曾指出：以大历史观考察，生产要素是“应”人类文明之“运”而生的。梳理生产要素的发展史可以发现，在某一特定时期，决定生产力水平的各种生产要素当中，必定存在着一种主导性的生产要素，它在这一时期对生产力起着主导性的决定作用。

与农耕文明相适应，农业社会最重要的生产要素是劳动和土地。因此，古典经济学家威廉·配第在1662年出版的《赋税论》中说：劳动是财富之父，土地是财富之母。

与工业文明相适应，资本要素横空出世。《资本论》的作者马克思最卓越的贡献就是纵横内外“论资本”。现代增长理论认为，资本要素是经济增长的关键。于是，劳动、土地二要素论逐渐让位于劳动、土地、资本三要素论。

随着商业和工业文明的演进，知识要素作用凸显，马克思提出“科技是生产力”“管理是乐队指挥”等思想。顺当今之势，中共十五大增列了技术要素；中共十六大增列了管理要素；数字经济浪潮中，数据要素大显身手，成为最新的要素。就这样，劳动、土地、资本、知识、技术、管理和数据七大要素先后登场。这些要素不仅在时间上具有继起性，而且在空间上具有并存性：劳动、土地、资本、知识、技术、管理和数据这七大要素，在各自领域发挥作用，各显其能。

从农业社会的“二要素”到现阶段的“七要素”，参与生产的要素越来越多，说明生产的复杂程度不断增加，这使得现代社会化大生产越来越呈现出迂回生产的特征。迂回生产需要多个生产环节和资源的协调与组织，从设计制造、组装测试到改进生产流程、探索新市场等。迂回生产方式愈是发展，所产出的知识种类和数量也会越多，知识的累积数量也就越多、累积速度也就越快。

在知识经济时代，知识作为投入生产过程的一种新资源，成为主导性的生产

要素，其他要素的配置都以知识要素为核心；拥有优势资源的企业未必具有竞争优势，而拥有雄厚知识资本的企业必定在竞争中制胜。劳动力和传统资本都是有限的，都是可以消耗的资源，但从某种程度上说，知识资本是无限的，知识资本的使用不仅不会造成消耗，还可以在使用中在原有基础上，创造出新的知识。

社会再生产以知识再生产为主，在资源配置上，知识或人力资源的合理配置相对于稀缺自然资源的合理配置更为重要。在生产上，社会再生产的投入与产出主要表现为知识形态的变化。在分配和消费上，社会再分配和消费也主要表现为知识产品的分配和消费。分配的内容不再以物质财富为主，而是以知识或知识的物化形式为主。人们的生活与消费转向知识化、智能化。

## 三、现实维度：知识技术要素市场化配置是短板

改革开放以来，我国高度重视科技进步对国家发展的重要支撑作用，从提出“科学技术是第一生产力”的重要论断，到强调“坚持科技是第一生产力、人才是第一资源、创新是第一动力”，统筹推进科教兴国、人才强国、创新驱动三大战略；从提出“经济建设必须依靠科学技术，科学技术工作必须面向经济建设”的指导方针，到强调“坚持面向世界科技前沿、面向经济主战场、面向国家重大需求、面向人民生命健康，加快实现高水平科技自立自强”；从强调“走中国特色自主创新道路”“建设创新型国家”到“实施创新驱动发展战略”，创新在国家现代化建设全局中的核心地位不断突显。

纵向来看，经过40多年的改革历程，超大规模市场优势和比较制度优势得以发挥，商品市场从无到有、从小到大、从弱到强，中国特色社会主义市场经济基本制度加快构建。目前，我国的商品市场较为成熟，97%的商品和服务已经实现市场定价和自主流动。但同商品市场相比，要素市场发育还不充分，存在市场决定要素配置范围有限、要素流动存在体制机制障碍、要素价格传导机制不畅等问题，这影响了市场在资源配置中的决定性作用的发挥，成为高标准市场体系建设的一个突出短板。

我国经济正在由高速增长阶段转向高质量发展阶段，需要进一步促进要素自主有序流动，提高要素的配置和利用效率。但从实际情况来看，知识技术要素市场化配置是我国完善现代市场体系和深化经济体制改革的主要短板，也是构建全国统

一大市场和新发展格局的重要内容。长期以来，知识要素市场一直存在行政分割、多轨运行、价格扭曲、供需错配等问题，知识要素活力受到极大限制。只有依靠改革，破除阻碍要素充分公平自由流动的体制机制障碍，抓紧解决知识要素产权不清晰、市场化交易机制不健全、市场发育不足等问题，形成有效的激励机制，才能从根本上盘活"沉睡"的知识要素资源，激发其潜能，使其成为推动经济发展的重要动能。

## 四、前景维度：知识生产模式变革倒逼改革

随着知识在解决国家、国际和人类共同面临的复杂问题中的作用与地位日益凸显，知识生产主体除学术团体外，还融入了产业组织、政府机构、社会公众、资本投资商。知识生产主体间的利益关系更加紧密，相互影响、相互作用、相互依赖的程度大大加深，知识生产组织结构走向高度聚合，知识生产更加注重深度协同，知识生产的场域边界更加模糊，知识生产边界的"弥散性"特征更加明显。而且，随着国际科技竞争的不断加剧，以"问题"为导向、以"应用"为目的的知识生产价值取向将不断强化，知识生产也将更加深入地嵌入国家的、民族的、公共的利益需要。

智能时代的知识生产主体呈现多元化趋向，知识生产从人与物二元的创生结构转化为人、物、机三要素相互作用的复杂关系结构，知识生产更多的是人与机器互动的结果，特别是生成式人工智能（artifical intelligence generated content，AIGC）。AIGC是一种新型的内容创作方式，它继承了专业生产内容（professional-generated content，PGC）和用户生产内容（user-generated content，UGC）的优点，知识生产从中心化管理转向持续的在线对话、从以人生产为主向人机协作生产转变，打造了全新的数字内容生成与交互形态。智能时代的知识生产过程是网络建构的过程，在网络虚拟空间，知识的生产、传播和创新是通过超链接、智能算法和无限的存储空间等智能技术的协调作用实现的，知识内在本质和外在表征都呈现出复杂的网络结构。云计算、大数据、大模型的兴起实现了知识的个性化提供，任何人都可以成为知识生产、传递和进化的主体，知识生产呈现出众包、即时创新、非线性流程、非经济性的激励机制以及完善的知识服务等多种形态。

# 第二节　知识技术要素市场化配置的存在形态

知识要素从其他要素中分离出来是知识经济时代要素演变的重要特征。知识越来越成为经济发展的决定性力量，其他要素的配置都将以知识要素为核心，形成知识主导型的资源配置方式和产业结构特点。

## 一、知识作为生产要素的依附性和独立性

生产要素与商品属性不同，要素市场建设不能完全等同于商品市场建设。传统的工业经济和农业经济的发展，虽然也离不开知识，但总的来说，经济的增长取决于能源、原材料和劳动力的投入量，即以物质为基础。

知识要素从本质上来说是知识的集合。而知识是无形的，是嵌进传统的物质资本之中的。知识资本的价值在传统的财务报表上是表现不出来的。但是人们在生产过程中，又时时刻刻离不开它。可见，知识资本是以传统的物质资本为依托的。

知识本身仅仅是生产力潜在要素，通常依赖于人力资源、资本投入和技术基础设施等要素的支持。人力资源是将知识转化为实际生产力的重要媒介，没有合适的人才来利用和应用知识，知识本身就难以发挥价值，只有借助劳动力对生产资料进行创造性的知识劳动，知识才能以具有经济价值的生产要素显露出来。知识的开发和应用，通常需要投入资金来进行研究、培训、购置设备等，没有足够的资金支持，知识的创新和应用可能受到限制。知识的应用往往需要支持其实施的技术基础设施，如计算机网络、实验室设备等，这些技术基础设施提供了知识传播和实践的平台，使得知识可以更好地应用于生产过程中。知识的生产和应用需要有良好的制度环境支持，如知识产权保护制度、科研机构和企业之间的合作机制等，缺乏合适的制度环境必定会阻碍知识的流动和有效利用。

## 二、知识要素内化为人力资本

知识经济时代，人力资本即人们所拥有的知识、技能和创造力成为至关重要的经济资源。1935年，美国经济学家沃尔什在《人力资本观》一书中把个人教育费用和个人收益相比较来计算教育的经济收益，第一次正式提出“人力资本”概念，但是沃尔什的观点在当时的经济学界并没有引起反响。1960年，被誉为“人力资本之父”的美国著名经济学家舒尔茨，在美国经济学年会上发表了题为“论人力资本投资”的演说，系统深刻地论述了人力资本理论，并由此而荣获1979年的诺贝尔经济学奖。

20世纪80年代中期，以知识经济为背景的新经济增长理论在美国和英国等国家兴起。这种以技术内生化为特征的新经济增长理论把人力资本纳入模型之中，通过经济增长模型阐述人力资本理论，体现了劳动者素质提高的技术进步过程。

常修泽教授（2019）曾提出，人力资本产权将成为第一资源、第一资本和第一财富。近年来，我国科技投入和成果产出持续增加，从2012年到2021年，中国全社会研发投入从1.03万亿元增长到2.79万亿元（佘惠敏，2022）。中国全社会研究与试验发展人员全时当量超过500万人年，连续多年居世界第一 。

### （一）知识要素参与收入分配的现状

知识劳动者通过运用其专业知识和技能，参与各种生产和服务活动。知识劳动者以具有各种专业技术学术职称的脑力劳动者的复杂劳动形式存在，知识劳动者包括大学教师、科研人员、工程师、设计师、软件开发人员，也包括一般企业管理劳动者，他们的专业知识和技能对创新和高端产业的发展至关重要。个人拥有的专业知识和技能可以直接影响其在劳动力市场上的竞争力和工资水平，具备高级技术、专业知识或独特技能的人往往能够获得较高的工资和薪酬。

作为知识要素参与收入分配的主要形式之一，知识劳动者的特点决定了其在管理上存在着一些独特的挑战。知识工作者通常需要更高的自主性和创造性，他们的激励机制和团队合作方式也与传统的劳动者不同。

虽然国家关注到科研人员薪酬制度改革，先后出台了《关于调整国家科技计划和公益性行业科研专项经费管理办法若干规定的通知》《关于改进加强中央财政科研项目和资金管理的若干意见》《关于进一步完善中央财政科研项目资金管理等政策的若干意见》等政策文件，此后，又相继印发《中华人民共和国促进科技成果转化法》《关于实行以增加知识价值为导向分配政策的若干意见》《关于深化项目评审、人才评价、机构评估改革的意见》《关于完善科技成果评价机制的指导意见》《关于完善科技激励机制的意见》等法律和政策文件。但是这些规定都是方向性、导向性及思路性的内容。文件在发布以后，很重要的一个方面就是落实。科研人员的实际贡献与收入分配不完全匹配的问题尚未得到根本解决。科研人员开展原创性科技创新的积极性没有被充分激发。主要表现在以下方面：

一是我国科研人员的实际贡献与收入分配不完全匹配。科研人员不断申请竞争性科研项目，从更多项目中获得更高绩效，不利于自身潜心研究，影响了关键核心技术领域突破，多头竞争也存在降低科研经费使用效率的风险。

与此同时，知识要素的市场运行机制不健全。产权制度尚不健全，尤其是体制内职务科技成果的产权界定不清晰，缺乏全面规定技术市场各类主体在技术转移中的权利、义务和责任的法律法规。职务科技成果的使用、收益、处置政策，以及激发科研人员创新创造动力与活力等的制度亟待创新。

二是科技成果向现实生产力转化率不高，科技成果转化不通畅。我国科技成果转化率仅为10%，科技投入产出效益不高，国家科技创新体系的整体效能亟待提升。目前，科技成果和知识产权供需方转化需求较为强烈，但高校和科研单位的科技成果与市场需求相差较远，难以有效转化。根据国家知识产权局2019年的专利调查情况，我国国内有效专利的产业化率为32.9%，其中企业、高校和科研单位的产业化率分别为43.8%、3.7%和13.8%；国内有效专利许可率为5.5%，其中企业、高校和科研单位的这一比例分别为6%、4.5%和2.5%。

三是科研项目存在费用结构不合理、绩效支出有限、经费监管不到位、管理制度不健全等问题，导致知识转化动力不足。只有科学评估知识要素价值，改革项目管理和评价考核制度，推动形成体现知识价值的收入分配机制，才能激发科研人员的积极性、主动性和创造性。

四是研发创新阶段，“人头费” 占比偏低、区域分化明显，科研人员能动性不足。科研经费中“人头费”管得太死，“活劳动”的回报占比较低，科研人员平均薪酬长期低于市场机构，主观能动性得不到有效调动。《2020年高等学校科技统计资料汇编》数据显示，高校科技经费中，摊到科研人员头上的“人头费”平均是8.4

万元/人年。不同地区间也存在较大差别，例如：浙江省高校“人头费”最高，达到15.3万元/人年；内蒙古自治区高校“人头费”最低，仅2.4万元/人年。从“人头费”占比来看，全国高校“人头费”占内部经费支出的比例均值为21.1%，其中海南省高校科技经费中“人头费”占比仅9.2%。“人头费”占比过低还可能诱发科研人员财务报销造假、科技经费浪费。同时，科技经费财务管理过细、项目预算缺乏弹性、经费报销手续过于烦琐，科研人员不得不耗费大量时间在报销上，使得科技经费执行进度滞后，科研人员负担仍然较重。

### （二）成果转化阶段，高校院所、技术中介等主体贡献未得到充分反映

一方面，转化收益未平衡好多方利益关系。为调动科研人员推动成果转化的积极性，2015年《中华人民共和国促进科技成果转化法》修订后规定，科技成果转化奖励占比不低于50%。部分高校、科研院所忽视其他相关主体推动成果转化的主观能动性，导致权责利失衡，不利于推进转移转化体系建设和能力提升。从实践成效来看，由于没有平衡好多方利益关系，过高的奖励比例并不能达到预期的政策效果。

另一方面，在实施赋予科研人员职务科技成果所有权或长期使用权改革之前，由于科技创新体制机制不完全适应成果转化需要，很多科研人员绕过单位，通过私办企业或私下转让等方式转化职务科技成果。虽然这有体制改革滞后“所逼因素”的作用，但毕竟不符合产权界定和市场交易的规范。随着科研管理制度不断完善，以及监督检查和巡视整改力度不断加大，对科研管理活动的规范化要求不断提高。

### （三）权益保障方面，知识产权滥用行为易发多发，进一步加剧收入分配失衡

赋予知识财产专用权可以激励创新，但是专用权具有垄断性质，一旦这种垄断定价能力被滥用，又可能出现反竞争效果，导致技术要素收入分配失衡。针对知识产权滥用的反垄断规制，司法和执法方面涌现出一些典型案例，多见于通信、医药等知识技术密集型产业。例如，华为起诉国际数据公司（IDC）滥用市场支配地位案中，IDC对华为的必要专利许可存在过高定价、差别对待、拒绝交易、搭售和附加不合理交易条件等多种知识产权滥用行为，加剧收入分配失衡。

同时，知识产权滥用问题也向民生领域延伸。例如，河南省西华县逍遥镇胡辣汤协会起诉“逍遥镇胡辣汤”商户，潼关肉夹馍协会起诉“潼关肉夹馍”商户，要求缴纳三万至五万元“侵权赔偿”和“加盟费用”，其滥用知识产权“维权”、漫天要价的行为引发广泛关注和讨论。亟须从制度层面明确合理合法的权利边界，处理好权利人、市场主体和社会公众之间的利益关系，既依法保护知识产权，又防止知识产权滥用。

## 三、知识要素转化为知识资本

知识作为一种生产要素投入生产与管理中产生收益，就发生了知识向资本的转化，即知识资本化。

1969年，美国经济学家加尔布雷思首次提出了知识资本概念。他认为，知识资本是一种知识性的活动，是一种动态的资本，而非固定的资本形式。1991年6月，美国《财富》杂志编辑斯图尔特在其经典性的论文《知识资本：如何成为美国最有价值的资产》中指出，知识资本已经成为美国最重要的资产。1997年，斯图尔特进一步提出了著名的知识资本构成的“H-S-C结构”，即知识资本由人力资本、结构性资本和顾客资本构成。

知识资本化是将知识转化为产品或服务、催生新产业的过程。知识资本化的能力和过程，依赖于完善的经济制度体系，包括知识产权制度、金融体系和商业服务等。这个过程需要企业家和金融市场的共同参与。

知识经济的关键是创新能力，创新的过程是知识转化为知识资本的过程，其核心在于知识通过创新转化为知识资本。知识只有通过创新才有可能转化为知识资本。离开了创新，知识就是知识，不能变成知识资本。

现阶段国内仍存在科技成果产出与市场需求不匹配、定价权威性和公信力不足、金融支持力度不够等问题。技术市场与资本市场不对接，全国现存400多家技术市场的业务大多局限在技术转移环节，不具备开展股权转让的资质和能力，技术买卖方进场意愿不高，对高价值科技成果吸引力有限，尚未与资本市场实现有效对接，在技术卖方、中介方、资金方之间缺乏风险共担、收益共享的良好机制，影响了科技成果有效转化。我国VC（风险投资）/PE（私募股权）持有大量科技企业股权，但投资到期退出难的问题突出，导致其支持早期科技项目的意愿不强。需在知识管理、投资决策和知识产权保护上采取相应的策略和措施。

## 四、知识要素嵌入知识平台

知识服务平台是知识经济发展的重要推动力量，深深地嵌入人类知识生产和服务的基础结构之中。知识服务平台创造性地开发多种知识产品，将知识结构化，并浓缩为高密度、小颗粒度形式，通过音频、图文、直播、线下课程等多维度方式将其整合成立体交付模式，通过移动互联网触达海量用户。知识生产的主要场所已转移到社交媒体，社交媒体占据了众多的知识生产入口，拓展了知识流通的渠道，再造了知识生产的模式，吸引了数量极为庞大的用户参与知识生产。随着新技术革命的兴起，特别是数字革命的来袭，一代“超限制新人”正在不断涌现。他们是由新的技术力量创造出来的，集技术、管理、艺术审美于一体，喜欢变革与创新（常修泽，1998）。在这种情况下，知识问答、知识订阅、知识学习以及用户自有空间等一系列带有社交属性的知识生产平台纷纷崛起。

部分知识平台企业作为数字经济的主导力量，在优化资源配置、提高生产效率、促进科技进步、便利人民生活等方面作出贡献的同时，也产生了诸如资本无序扩张、垄断与限制竞争、不公平高价、侵害消费者权益等问题。知识的利益属性催生的知识产权，如果能够通过制度和规则发挥效用，那么既能保障知识权利持有者的利益，又能促进知识的创造和传播，促进社会文明进步。知识平台不单单是商业化的经营平台，也是社会化的知识资源平台。知识平台的商业价值实现，不应超出必要的限度，必须将公共性、利益性、开放性、规范性作为基本原则予以遵守。

这里需要指出的是专利，从字面上理解是指专有的权利和利益。在一般情况下，对于获得专利的发明创造，他人只有经专利权人许可才能予以实施。为有效规制知识产权滥用行为，需合理界定知识产权界限，加快完善规制知识产权滥用行为的法律制度，加强涉及知识产权的反垄断执法。平衡好知识产权保护与社会公共利益、消费者福利保障，防止知识产权滥用，切实维护公平竞争市场秩序和公众合法权益。

至于加强知识产权的保护和运用，促进知识的创新、学习和运用，将在本章第四节专门讨论。

# 第三节　知识技术要素市场化配置的运作机制

随着我国经济转向高质量发展阶段，对知识要素的需求增加，知识要素的稀缺度提高，知识要素已经取代了资本在经济增长中的地位，成为现代经济增长的发动机。知识要素市场化配置，要求推动以人为主要载体的知识流动，不断完善知识参与价值分配的机制，实行以增加知识价值为导向的分配政策，使知识要素所有者能够公平、合理地按其对生产的贡献参与报酬分配，推动全社会知识流量转化为发展增量。

## 一、完善知识要素价格形成机制

进一步完善我国知识要素价格形成机制，要规范知识要素定价和产权保护，科学评估知识要素价值，改革评价考核制度，改进科研项目管理方式，进一步激发科研人员积极性、主动性和创造性。加强知识产权信息公共服务体系建设，开展职务科技成果所有权改革试点，推动形成体现知识价值的收入分配机制。

### （一）建立健全知识工作者长效激励机制

一是坚持短期激励与长期激励相结合、精神激励与物质激励相结合，激发人才创新活力。遵循人才成长规律和科研活动规律，加强创新型、应用型、技能型人才培养，壮大高水平工程师和高技能人才队伍。加强知识产权服务业人才队伍建设。推进建立多层次、分类别的知识产权服务业人才进阶式培养体系，推动知识产权学科专业教育与职业发展衔接，打造复合型高素质知识产权服务业人才队伍。设置从事科技项目研发、科技成果推广和转化、科研社会服务、创新创业项目运营等工作的创新型岗位，完善人事聘任、绩效薪酬、职务升降等制度。

二是健全以创新能力、质量、实效、贡献为导向的科技人才评价体系，完善技能人才评价制度。在人才引进、职称评定、职务晋升等方面创造良好政策环境，在科研启动费、住房津贴、家属随迁、子女入学等方面，为高层次科研人才排忧解难。

三是允许科研人员依法依规适度兼职兼薪，允许教师通过多点教学获得合法教学收入，鼓励和支持其通过创新创业活动创造更多知识价值服务于社会，营造良好的创新创业环境。

四是探索推动在城市群率先实现户籍准入年限同城化累计互认，进一步畅通企业、社会组织人员进入党政机关、国有事业单位渠道等。推动国内企业间、国内国外企业间和产业上中下游间知识要素的流动，促进要素的合理配置，建立健全高等学校、科研机构、企业间创新资源自由有序流动机制。

## （二）支持科研事业单位试行更灵活的岗位、薪酬等管理制度

要把推动高校教师、科研人员薪酬分配制度改革作为统筹推进教育、科技、人才事业发展的重要抓手，逐步建立激发创新活力、具备知识价值导向、管理规范有效、保障激励兼顾的薪酬制度，进一步激发高等学校、科研院所创新创造活力。坚持薪酬分配要同绩效紧密挂钩，向扎根教学科研一线、承担急难险重任务、作出突出贡献的人员倾斜，向从事基础学科教学和基础前沿研究、承担国家关键核心技术攻关任务、取得重大创新成果的人员倾斜。

一是参考社会平均工资水平及其他行业工资变化情况，根据职称、职务、岗位、级别等动态调整，建立科研人员基础工资稳步增长机制，凸显知识价值。

二是根据科研绩效团队目标任务完成情况以及个人任务完成情况，以增加知识价值为导向，动态调整奖励性工资水平，核发与科研人员所创造知识价值对等的科研绩效，不断提高奖励性工资标准。

三是健全完善科技成果转化收益分配方案，根据科研人员的实际贡献，及时足额发放奖励，让知识贡献者、创造者、增值者共享转化收益。建立更加重视知识创新质量的评价考核制度。

## （三）健全职务科技成果产权制度，完善科技创新资源配置方式

一是改革科技评价制度，建立以科技创新质量、贡献、绩效为导向的分类评价体系，正确评价科技创新成果的科学价值、技术价值、经济价值、社会价值、文化

价值。优化科技创新资源配置方式，从创新源头加快完善科技创新治理。深化科技投入方式改革。改进科研项目生成和资金配置方式，建立对大学、科研院所、企业、优秀团队和科学家个人的长期稳定支持机制，在科研人员个体层面保证人均科研经费在合理空间内，切实增强自主创新活力与动力。有了股权转让机制，才能真正达到产权激励的效果。拥有产权是最大激励，产权激励可以让科研人员在科技成果转化中既赢得社会尊重，又获得应有报酬，从而有效激励科研人员的创新创造活力。

二是将收入分配与绩效考评结果紧密挂钩，既体现对科研劳动所创造的知识价值的承认、尊重和保护，也遵循科研管理的客观规律和学术规范。

三是重视科研团队培育、科研项目立项与推荐申报、科研经费管理、科研绩效考评等方面，强化目标考核，实行目标管理责任制。

四是完善科研经费管理制度，提高科研项目间接费用比例，简化预算审批和报销手续，切实给科研人员“松绑”，为科研人员安心、专心从事科研工作提供更好的环境。扩大经费包干制实施范围，支持领衔科学家自主确定研究课题、科研团队和经费使用。对重点科研团队实行工资总额单列，鼓励科研人员通过科技成果转化获得合理收入，建立健全对科研人员实施股权、期权和分红激励的机制。

五是充分发挥非财政项目资金的功能，健全横向委托项目的经费管理制度，加强横向课题科研合同管理，加大政府向科研机构、高校购买公共科技服务力度，健全横向课题考核体系，更好地激发科研人员通过承接横向课题服务创新驱动发展战略的热情。按照科研项目管理的层次，依法完善哲学社会科学研究领域的科研项目经费管理制度。

六是赋予科研机构、高校自主制定实施科技成果转化收益分配和奖励方案的权力，强化科研成果管理自主性。进一步改进科研项目管理方式，可以根据科研项目的性质、层次和学科领域进行分类管理，创新科研项目经费监管机制，简化、规范财务报销流程，改进劳务费、间接经费管理方式，凸显业绩导向和增加知识价值导向，适度增加间接经费中的绩效支出。

### （四）深化科技成果使用权、处置权、收益权改革，完善职务科技成果转化激励机制

科技成果转化是一项系统工程，涉及科研人员、高校院所、技术中介等多个主

体，收益分配要能激发关键贡献者积极性。

一是建立符合客观规律的成果转化激励机制。深化职务科技成果权属制度改革，完善科研人员职务发明成果权益分享机制。健全高校院所科技成果转化的绩效考核评估体系，增加技术转移和成果转化的考核评价权重，提高高校院所和科研人员成果转化和产业化的积极性、主动性。

二是完善成果转化收益分配方案。根据科技成果转化规律制定反映科研人员、高校院所、技术中介等主体贡献的多元分配机制，支持按贡献结成利益共同体。职务科技成果转化收入扣除成本后，按比例留归高校技术转移机构处置，主要用于弥补失败项目的转化成本及支持技术转移机构建设和发展。

三是建立健全成果转化容错纠错机制。健全科技成果转化尽职免责和风险防控机制，探索建立科技成果转化的宽容监督机制，制定高校和科研院所科技成果转化尽职免责负面清单，适度增强政策弹性，营造宽松良好转化环境，为成果转化“松绑”。

四是建立健全职务科技成果披露和进场交易制度。从源头加强对科技创新成果的管理与服务，有效加强对职务科技成果的追踪管理。以提高专利质量和促进转移转化为导向优化科技奖励制度，提高技术交易企业所得税免税额度。增强科研人员创新创业的法律风险意识，规范开展科技成果转化活动，切实保障高校合法权益，防止国有资产流失。对未按约定转化的财政资金支持形成的科技成果，探索建立必要的强制进场机制。

五是围绕健全职务科技成果产权制度，进一步修订《中华人民共和国促进科技成果转化法》。为深化科技成果使用权、处置权和收益权改革以及开展赋予科研人员职务科技成果所有权或长期使用权试点提供法律保障。在《中华人民共和国促进科技成果转化法》修订的基础上，适时制定科技成果转移相关法律，为规范设定技术转移机构和依法管理技术转移提供法律解释。

## 二、推动知识成果产业化

加快知识产权服务业与产业融合发展。引导知识产权服务业聚焦先进制造业等重点领域，面向产业链、创新链开展知识产权专业服务，鼓励知识产权服务资源向先进制造业集群汇聚，促进专利与标准融合创新，推动优质知识产权服务品牌和先进制造业品牌强强联合，助力关键核心技术攻关和知识产权布局突破。推动知识产权服务业面向农业农村，建立供需对接机制，服务保障农业、林草良种技术攻关，促进植物新品种惠农，支撑地理标志保护工程和地理标志农产品保护工程，推进地理标志助力乡村振兴。鼓励知识产权服务业与研发设计、金融服务、检验检测等现代服务业融合发展，创新融入现代服务业和数字经济发展的知识产权服务模式。深化国家级专利导航服务基地建设，促进知识产权服务业深度融入产业创新发展。

将文化产品和服务纳入市场体系，打破文化行业的垄断，促进文化产业发展。将资本市场与知识产权市场、科技市场、文化市场等紧密结合，提供融资支持，促进市场化运作。建设国家知识产权和科技成果产权交易机构。中共中央办公厅、国务院办公厅印发《建设高标准市场体系行动方案》，明确要求“设立知识产权和科技成果产权交易机构。支持中国技术交易所、上海技术交易所、深圳证券交易所等机构建设国家知识产权和科技成果产权交易机构，在全国范围内开展知识产权转让、许可等运营服务，加快推进技术交易服务发展”。这就为充分发挥市场机制作用，在全国范围内打通科技成果转化的堵点，接上科技与资本之间的断点，促进技术、人才、资本等要素顺畅循环流动，推动形成良好的科技成果转化市场生态，提供了切实可行的线路图、施工图。

推动知识产权证券化。2016年7月，国务院正式批复同意在中新广州知识城开展知识产权运用和保护综合改革试验。常修泽教授在广州调研时发现，中新广州知识城已经启动“知识产权证券化”改革试验。据调研获得的数据，2019年，中新广州知识城知识产权证券化累计募资7.4亿元。粤港澳大湾区的港澳以及中国台湾、新加坡等地，还只是知识产权证券化“单向确认”，将来还有在粤港澳大湾区“双向互认”的问题。建议在实践中为推动资本市场的发展作新的探索，例如可尝试在合适的地方进行“知识产权证券化”试点，以进一步发展“标准资本市场”，并寻求与境外如新加坡等国家和地区的“知识产权证券双向互认”。

建设科技成果转化综合服务平台，推动科技成果向现实生产力顺畅转化。科技成果转化综合服务平台是科技成果的重要交易场所，为科技成果提供权属存证、评估公示、进场交易等服务。推动深化科技成果使用权、处置权和收益权改革，探索形成赋权形式、成果评价、收益分配等制度，让科技成果转化综合服务平台成为知识产权和科技成果产权交易大数据和信息服务中心。对海量的科技成果和知识产权数据进行处理、分析和挖掘，结合现有市场的交易数据，为交易相关方及服务机构等提供专利数据库及搜索服务，借助大数据分析，提供技术交易匹配撮合、信息共享、定向推送等信息服务。

打造知识产权和科技成果产权交易的开放合作平台。支持现有场所解决买方资源、交易产品和金融支持能力不足的问题，形成协同服务体系。同时，汇聚金融机构、股权投资基金、技术经理人等主体，为科技创新企业提供项目研发、成果转化、融资和上市培育等全链条服务。

打造科技成果对接资本市场的枢纽。将技术交易业务与股权激励、创业投资、技术并购和质押融资等业务结合，以及依托沪深交易所开展知识产权证券化等业务，搭建高价值成果资本化、产业化快车道。推动科技成果转化配套政策有效落地。探索科技成果转化中的税收优惠、财政补贴等各项配套政策的落地运用，并对政策效果进行跟踪评估，提高科技投入的产出效益。

## 三、发展知识型服务业

### （一）知识型服务业是产业发展价值链中的最高端、最重要的部分，是一个国家和地区经济和社会发展越来越依赖的基础和动力

知识型服务业指以知识活动（知识创造、传播和共享等）为基础，提供知识产品和知识服务的产业，是智力密集型服务业群体的总称，是相对于劳动密集型服务业和资金密集型服务业而言的新兴服务业，包括生产性知识服务业和消费性知识服务业两部分。经济合作与发展组织对知识型服务业范围进行划分，包括IT服务、软件服务、工程服务、数据库、管理咨询、R&D服务、广告、工业设计、医疗保健、广播影视和文化。知识型服务业是一种低风险、高知识、高创新、高增值、高成长、低能耗的产业，是集知识密集、技术密集与人才密集于一体的高附加值服务业。智力服务是知识型服务业的主要形式，知识是知识型服务业的基础，人才是知识型服务业的关键。

随着知识经济的快速发展以及信息技术、网络技术和数字技术的广泛应用，传统服务业不断升级，整个服务业知识化、专业化和智能化趋势增强，涌现出大量

的以知识为基础的服务产业，如金融服务业、专业服务业、信息服务业、教育服务业、医疗服务业、研发及科技服务业等知识密集型服务业，成为发达国家和地区经济与就业增长的最大贡献者，成为一个国家和区域竞争优势的重要来源。

20世纪90年代以来，世界各国和地区产业结构调整的步伐加快，知识活动产业化和国民经济知识化成为重要趋势，以知识为基础的高新技术产业和知识型服务业成为拉动经济增长的主导产业。特别是研发设计、咨询、解决方案提供等知识密集型服务业正在不断兴起，日益成为服务业最重要的组成部分，服务业的发展越来越依赖于知识、技术和人力资本。

从全球看，拥有发达的知识型服务业已成为国际性大都会的重要表征之一，纽约、伦敦、东京、中国香港、新加坡、法兰克福、苏黎世、大阪、芝加哥、洛杉矶等都有较发达的知识型服务业。目前，加快发展知识型服务业正成为发达国家和新兴市场国家与地区探索转型发展的战略重点之一。

### （二）知识服务平台是知识经济行业走向标准化并不断发展的重要推动力量

知识服务平台是一种促进知识要素市场化配置的机制。这些平台提供了一个汇集知识供给和需求的空间，使得个体和组织可以在空间内分享和交换知识。例如，开源软件社区、在线教育平台和众包网站等，都可以将知识要素以市场化方式进行配置。知识网络化的前提是知识的在线化，而知识在线化的前提是知识的显性化。所以，知识服务的整体目标就是促进社会隐性知识显性化、显性知识在线化、在线知识网络化，最终提升整个社会的知识密度和流转效率。互联网与知识的融合正在快速进入更多专业领域，如IT技术、互联网运营、管理、法律、出版等领域，甚至最新的区块链技术等领域都已经出现了垂直的知识产品，显示出知识付费生态日益丰富，知识付费的内容和市场越发成熟。知识生产者创作内容，凭借内容创造价值。知识经济让知识内容实现商品化，使其作为产品对外销售，同时因人们需求的多样化，故拥有一技之长的人，均可凭借其专长，生产各类特色内容。知识生产者对其创作的内容收费，其内容所对应的需求情况决定其变现空间大小，变现的关键是内容的创新性与高质量。知识服务商重在打造平台，让知识生产者与用户能够更便捷、更精准地匹配，协助知识生产者打造优质内容，帮助用户筛选内容并以适当形式进行交付，服务用户学习，凭借服务创造价值。知识服务商因其服务收费，重点是聚集头部作者，汇聚高质量内容，优化App使用体验，做好推广与运营工作等。

### （三）新型智库建设、教育和科研体制的改革

新型智库建设从专业化、科学化走向学科化的发展趋势越来越明显，例如中国科学院潘教峰团队提出的“智库双螺旋法理论”已经引起了智库界的广泛关注，新型智库建设即将迎来学科化的阶段，实现智库科学与工程学科体系的发展。新型智库改革是体制机制创新和市场化发展的有机结合。面向未来，新型智库科研成果的转化、产学研更加广泛的合作、相关知识产权的保护、智库多层次服务的拓展等将会进一步与市场经济规则接轨和融合，智库的智识成果与经济和社会的融合将会创造出广阔的市场空间与大量的机遇。目前，我国的智库成果奖项主要针对官方的智库机构，为了鼓励新型智库社会化高质量发展，建议拓宽智库成果评奖范围，丰富奖励类别，加强对社会化智库的激励，促进新型智库多出前瞻性成果，推动新型智库的创新能力发展。

## 四、知识产权作为独立要素参与分配

知识产权作为生产要素参与分配属于按知识技术要素分配。

重视专利权、著作权等知识产权保护与转化收益，发挥产权、股权、期权、分红等长效激励机制的作用，规范科研成果转化收益分享和内部激励制度，切实维护和保障科研人员切身权益。特许权和特殊权利：拥有特定知识或技术的人或组织可以通过授权或许可他人使用其知识资产来获取收益。这包括知识产权的许可和转让，以及专业服务和咨询领域中的特殊权益。

在国际技术流动规则建设严重滞后的背景下，加快推动广泛的多边国际合作，争取在《与贸易有关的知识产权协定》（TRIPs）等国际条约中明确促进技术转让与扩散的相关规则，或者推动在国际技术转移领域达成新的规则，并在国内的技术要素配置市场化改革过程中与这些新规则对接。

TRIPs涉及的知识产权共有八个方面：著作权及其相关权利、商标、地理标

记、工业品外观设计、专利、集成电路布图设计、对未公开信息的保护权和对许可合同中限制竞争行为的控制。同时，对上述知识产权的可获得性、范围及行使标准、施行、获得与维持程序、纠纷的预防及解决等，协议中均作了详细规定，已超出任何现有的知识产权国际公约，将使知识产权问题与贸易问题密不可分。知识市场是一种特殊的市场，用于买卖知识相关的产品和服务。在知识要素市场上，个体、组织和企业可以交易专利、版权、技术许可等知识产权，或者提供专业咨询、培训和研究服务等。技术转让是一种知识要素的市场化配置方式。技术转让包括一个组织或个体向另一个组织或个体转让知识、技术、专利或商业模式等。通过技术转让，知识的创造者可以获取经济回报，而接受方可以利用这些知识和技术实现创新、提高效率和竞争力。

独立性知识要素采取图书、音像、书画等知识产品、知识产权等形式，这和知识产权保护有关。

## 第四节　知识产权保护与运用

知识产权制度是近代科学技术与经济贸易融合发展的产物，根源于对人类智力劳动成果进行商品交易，进而对知识财产进行法律保护的自发需求和理性选择。

### 一、推动知识产权强国建设

创新是引领发展的第一动力，保护知识产权就是保护创新。近年来，中国知识产权强国建设成效显著，知识产权综合竞争力稳步提升，知识产权事业取得历史性成就，正在从知识产权引进大国向知识产权创造大国转变。

我国持续更新完备知识产权相关立法，推进高效的知识产权行政管理和执法、公正的知识产权司法，并不断完善包括仲裁调解、行业自律和公民诚信等在内的知识产权大保护格局。

中共十八大以来，党中央把知识产权保护工作摆在更加突出的位置，出台了

《深入实施国家知识产权战略行动计划（2014—2020年）》《国务院关于新形势下加快知识产权强国建设的若干意见》《“十三五”国家知识产权保护和运用规划》等系列决策部署。组建了国家市场监督管理总局，重新组建了国家知识产权局，实现了专利、商标、原产地地理标志等知识产权类别的集中统一管理。在北京、上海、广州成立知识产权法院，最高人民法院挂牌成立知识产权法庭，审理全国范围内专利等技术类知识产权上诉案件，建成了知识产权专业化审判体系。

中国已经建成了符合国际标准的专利权授予程序，还建立了强有力的专利制度，加强不同标准之间的协调与衔接，从而提升了国际专利体系的品质和效率。截至2022年底，我国发明专利有效量为421.2万件，同比增长17.1%，知识产权审查质量、效率稳步提升。审批登记方面，我国知识产权审批登记数量保持增长。截至2022年底，我国有效注册商标量为4267.2万件，同比增长14.6%；著作权年登记总量为635.3万件，同比增长1.4%；全年受理农业植物新品种权申请1.1万件，同比增长15.2%，授权3375件。以研发支出占国内生产总值的比例来衡量，中国研发投入一直在迅速追赶领先国家，并远远高于与我国收入水平相当的国家，带来更多专利、商标等形式的知识产权产出。

中国进一步加大知识产权保护力度，大大增强了包括外企在内的市场主体的信心。2012年至2021年，中国规模以上外商投资工业企业研发投入从1763.6亿元增加到3377.4亿元，增长了91.5%；有效发明专利数从6.8万件增加到24.1万件，外资研发中心驱动产业升级作用明显。

世界知识产权组织2023年2月发布的数据显示，2022年，国际专利申请总量达27.81万件，是有史以来申请总量最多的年份。亚洲仍然是国际专利申请的主要来源，其申请量占2022年申请总量的54.7%，其中中国的国际专利申请量首次突破7万件，连续4年居世界首位。截至2023年底，中国的国际专利申请量占欧洲专利局专利申请总量的近10%。中国企业和教育科研机构的国际专利申请引发关注。2022年排名前20位的专利申请人中，有6家中国企业。其中，华为公司申请了7689件国际专利，位居榜首。在教育领域，排名前20位的大学中有7所中国高校。

多项数据显示，中国已成为名副其实的知识产权大国，是全球创新的前行者。世界知识产权组织发布的《2022年全球创新指数报告》显示，中国位列第11，较2021年上升一位，是唯一进入前15名的中等收入经济体。从2012年的第34位到2022

年的第11位，中国的全球创新指数排名已连续10年稳步上升。

## 二、建设科学完备的知识产权国内治理体系

具有国际影响力和公信力的知识产权国内治理体系，是深度参与全球知识产权治理的重要根基。

法律和法规体系建设方面，中国制定和修订了一系列知识产权相关的法律和法规，如《中华人民共和国专利法》《中华人民共和国商标法》《中华人民共和国著作权法》等。这些法律和法规的制定不仅符合国际标准，还致力于加强知识产权保护和加大执法力度。

加大执法力度方面，中国加大了对知识产权侵权行为的打击力度，通过设立知识产权法院、知识产权维权中心等专门机构，加强执法能力和司法保障，提高了知识产权案件的审理效率和公正性。

国际合作与交流方面，中国积极参与世界知识产权组织以及其他国际知识产权相关的组织和论坛。通过与其他国家和地区的合作和交流，分享经验、制定共同标准和推动知识产权保护的全球化发展。

增强意识和培训方面，中国开展了广泛的知识产权保护宣传和教育活动，增强了公众和企业的知识产权意识和对知识产权的理解。同时，加大了知识产权培训力度，提高从业人员的专业水平和技能。

加强知识产权保护成果展示方面，中国积极参与国际知识产权展览和论坛，展示中国在知识产权保护方面的成果和创新。这有助于提升中国知识产权保护形象，并吸引更多国际合作和投资。

总的来说，中国正在不断努力将国内的知识产权保护与国际接轨，通过法律和法规体系建设、加大执法力度、国际合作与交流、增强意识和培训，以及加强知识产权保护成果展示等措施，在知识产权保护方面取得了重要进展，并逐渐实现与国际标准和规范的对接。不过，全社会对知识产权保护的重要性认识需要进一步提高；随着新技术新业态蓬勃发展，知识产权保护法治化仍然跟不上；知识产权整体质量和效益还不够高，高质量高价值知识产权偏少；行政执法机关和司法机关的协调有待加强；知识产权领域仍存在侵权易发多发和侵权易、维权难的现象，知识产

权侵权违法行为呈现新型化、复杂化、高技术化等特点；有的企业利用制度漏洞，滥用知识产权保护；市场主体应对海外知识产权纠纷能力明显不足，我国企业在海外的知识产权保护不到位；等等。因此，我们需要立足知识产权并将其作为创新驱动发展的“刚需”，还需要大力加强知识产权法治保障，促进形成支持全面创新的基础制度，更好地支撑关键核心技术攻关，促进专利链与创新链、产业链、资金链、人才链深度融合，以助力实现高水平科技自立自强。

一是加快专利转化运用。知识产权保护工作关系高质量发展。应加大专利转化运用力度，完善相关制度设计，促进高水平创新，深化知识产权权益分配改革，加快实施专利开放许可制度，完善专利转化运用市场化机制，促进创新资源高效配置和有序流动，努力将创新优势转化为高质量发展优势。

二是更好助力高水平对外开放。知识产权保护工作关系国家对外开放大局。应聚焦知识产权并将其作为国际贸易的“标配”，积极对接高标准国际经贸规则，深度参与全球知识产权治理，扎实推进多双边知识产权合作，促进国际经贸科技文化交流，促进构建开放型经济新体制。

三是更好助力优化营商环境。产权保护特别是知识产权保护是塑造良好营商环境的重要方面。应依法平等保护各类市场主体的知识产权，坚决惩处知识产权侵权违法行为，同时规制知识产权滥用，助力营造市场化、法治化、国际化一流营商环境，促进建设高标准市场体系。

## 三、参与全球知识产权治理

知识产权制度的设立初衷，决定了知识产权治理应当是一种国际协同治理。100多年前，以《巴黎公约》《伯尔尼公约》等国际公约为起点，以世界知识产权组织、世界贸易组织为纽带，知识产权的国际治理协同取得长足发展。保护智力成果的共同利益诉求是参与全球知识产权治理的内在根源，知识产权事业的合作实践和制度一致性是参与全球知识产权治理的客观基础。着眼未来，随着席卷全球的新一轮工业革命和经济全球化的推进，知识产权保护的国际合作愈发必要，应把完善国内治理体系与深度参与全球知识产权治理结合起来，为推动全球知识产权平衡、包容、可持续发展作出中国贡献。

## （一）完善国内治理体系

历经数十年发展，中国正在积极参与全球知识产权治理体系改革，已从全球知识产权治理体系的被动参与者转换为积极推动者，并且对知识产权国际规则的改革和创新作出重要贡献。

第一，中国成为知识产权国际规则的坚定维护者、参与者和建设者。成功推动世界知识产权组织在中国设立办事处；积极参与知识产权国际保护和治理体系建设，加入了几乎所有重要的知识产权国际公约。2020年4月，推动中华人民共和国成立以来首个在中国缔结并以中国城市命名的国际知识产权条约《视听表演北京条约》正式生效；2022年5月，加入《工业品外观设计国际注册海牙协定》和版权方面的《马拉喀什条约》，建立起符合我国国情且与国际规则有效衔接的知识产权法律规则体系。深度参与多边框架下专利、商标、工业品外观设计等国际规则完善工作。

第二，中国不仅活跃于世界知识产权组织成员国大会系列会议上，还主办了首届全球技术与创新支持中心国际会议、中美欧日韩商标五局（TM5）和外观设计五局（ID5）合作年度系列会议等国际会议，持续巩固与世界知识产权组织、世界贸易组织等国际组织在知识产权方面的交流合作。《区域全面经济伙伴关系协定》中的知识产权规则以及“一带一路”倡议下的知识产权合作，妥善处理了知识产权领域国际合作和竞争问题，是中国主动参与国际知识产权秩序建设的重要实践。连续五年中国国际进口博览会的成功举办，就是在尊重和保护各国知识产权前提下，促进国际经贸发展的力证。这样的理念和行动，对于改变不合理的知识产权国际保护旧秩序、构建可持续发展的人类命运共同体，重要且迫切。

第三，积极推进“一带一路”沿线国家和地区知识产权合作平台高水平建设，推动国家知识共享和高质量知识产权保护合作与利用，为世界知识产权治理注入新机制和新内涵。与欧盟签订《中欧地理标志协定》，推动中欧地理标志产品的互认互保。知识产权国际化有力支撑“一带一路”倡议，2022年向境外转让或许可过专利的中国企业中，有37.9%向“一带一路”沿线国家和地区许可或转让过专利。2019年10月，WIPO仲裁与调解上海中心在上海自贸试验区登记设立，这是我国第一个WIPO下属的仲裁与调解机构，进一步加强了跨境知识产权争端解决交流合作。

第四，在参与全球知识产权治理体系建设的进程中，始终恪守知识产权保护的“国民待遇”“优先权”“透明度”等基本原则，把知识产权保护置于营造一流国际化法治化营商环境的大背景下进行总体统筹和安排，积极履行相关国际义务，对中外资企业的知识产权始终一视同仁、同等保护，不断提高知识产权保护质量和效益。为国际知识产权纠纷的解决提供多元化思路与路径，并使我国日益成为解决知识产权国际纠纷的优选地。

第五，参与知识产权全球规则体系改革。回顾我国知识产权事业发展过程，从为加入世界贸易组织而不得不接受国际规则修改国内法，到积极参与知识产权国际规则制定而签署《视听表演北京条约》；从对跨国诉讼毫无经验痛失民族品牌，到主动出击赢得关键核心技术掌控权的专利诉讼，我国完成了从不了解国际规则到参与制定国际规则，从被动接受到主动适应的巨大转变。

总之，我国知识产权事业的蓬勃发展，奠定了深度参与全球知识产权治理的基础。虽然我国知识产权制度的立场、细节与其他国家存在一定差异，但在权利主体与客体、权利属性与内容、权利限制与救济等制度架构上，则保持着较高的一致性，相互借鉴和交流从未停止。从治理实践看，我国知识产权创造、运用、保护、管理和服务等活动的规模和水平，已然在世界知识产权发展格局中占有举足轻重的地位；我国加入了知识产权领域的主要国际组织，签署了著作权、专利权、商标权及相关贸易等各领域的重要国际公约；我国始终尊重世界各国制度选择的差异，反对以知识产权之名阻碍发展，并本着打造开放、公平、公正、非歧视的创新发展环境的立场，积极参与并推动新国际规则的制定和落地。

### （二）深度参与全球知识产权治理

科学理性的全球知识产权治理，既需要保护创新者的合法权益，以鼓励更有效的创新研发，又需要适当限制创新者的独占性利益，促进知识成果的普遍共享，以创新创造推动构建人类命运共同体。西方国家在现有知识产权体系中占据主导地位，并确立了知识产权国际保护的超高标准；时至今日，仍然有一些发达国家不顾发展中国家发展权益乃至人民生命健康，希望推行更高标准。这加剧而不是消减了全球发展的“南北差距”，是全球知识产权治理存在的最突出问题。总结经验教训，应依据时代发展特点，以更加积极的姿态参与知识产权及相关国际贸易、国际投资等规则和标准的制定，倡导修订更为合理、更加符合发展中国家实际的弹性条款；同时，以上海合作组织等我国倡导的国际合作机构为支点，加强构建多边、小多边、双边等形式的知识产权合作保护规则，积极探索互信互利、平等协商、尊重多样文明、谋求共同发展的新规则体系。

首先，秉持人类命运共同体理念，扩大中国知识产权发展之路的全球认同。

一是积极推动知识产权国际治理体系向更加开放、公正、包容和平衡的方向演进。这当中特别要注重知识产权保护与知识的全球利用扩散、全球公共利益平衡、人类命运共同体构建、人类可持续发展之间的关系，使知识产权保护既有利于创新，也有利于南南合作和南北知识利益之间的平衡，既有利于人类命运共同体的持续进步，也有利于全球消费者文化和技术福祉的增进，使知识产权保护最终惠及人类发展的共同利益，并成为维系人类命运共同体的重要制度载体和制度工具之一。

二是扩大中国知识产权发展之路的全球认同。创新型国家建设是我国知识产权制度有效发挥保障作用的结果，也是知识产权事业持续进步的内在驱动力。让世界了解并认同我国的知识产权治理能力、知识产权发展道路和知识产权保护理念，是深度参与全球知识产权治理的必要手段。只有讲好知识产权故事，展示文明大国、负责任大国形象，才能促进世界各国人民相知相亲，才能形成全方位、多层次的国际合作格局，进而推动我国知识成果在全球范围内的有效保护，进一步促进我国的专利技术成果与国际标准制定有效结合，提升中国商标品牌和地理标志产品的商誉形象，扩展中国文学艺术创作的国际市场。扩大中国知识产权保护与治理的全球认同，既要进一步发挥非政府组织、华人华侨、知识产权服务机构等在国际合作中的作用，创新国际传播的渠道和方式，也要充分利用法治方式，在维护自身正当权益的法律斗争中赢得对手尊重。

其次，强调知识产权保护双向互动。

在我国强化对外国知识产权保护的同时，也应强化我国知识产权在国外的保护，从而为我国企业“走出去”提供条件。切实防范我国的知名品牌在海外被挟持抢注，核心专利技术在海外被侵蚀抢占，核心版权资源在海外被盗版盗播，传统文化资源在海外被窃取盗用等情况，维护我国市场主体在海外的知识产权利益与安全，使全球知识产权治理规则不断从形式公平走向实质公平。既要扩大知识产权领域的对外开放，深化与各国知识产权行政管理机关、司法机关的合作，开展审查信息共享、研究项目合作，建设国际知识产权诉讼优选地，提高知识产权仲裁国际化水平，引进高水平外国机构提供知识产权服务；又要促进国内的各类知识产权主体全面开展对外合作，拓展海外专利权、商标权等知识产权布局渠道，建设知识产权涉外风险防控体系，健全国内知识成果的国际保护途径，增强国内主体对跨国知识产权纠纷的处置能力。

再次，推动“一带一路”国际知识产权合作。

作为重要的国际公共产品，“一带一路”国际合作涉及经济、贸易、文化、科技、教育和人才等众多领域，无一不与专利、商标、作品、技术秘密、植物新品种、地理标志等知识产权保护客体密切相关。深度参与全球知识产权治理，“一带一路”建设是一个重要抓手和平台。应深化与“一带一路”沿线国家和地区的知识产权高层次务实合作，推进信息、数据资源项目合作；在充分尊重发展中国家国情的基础上，带动知识产权保护相对滞后的国家融入国际合作格局，向“一带一路”沿线国家和地区提供科技成果转化、知识产权教育、人才培养等多样化帮助。这样既有利于实现贸易畅通、民心相通的新型国际合作，也有利于丰富全球知识产权治理新格局的层次和内涵。

最后，加快培养参与知识产权国际治理规则制定的高端人才。

此种高端人才应该深谙国际规则，熟悉知识产权国际法理，通晓规则所代表的不同国家的利益立场和价值诉求，从而能够做到有的放矢，积极参与知识产权国际治理规则制定与谈判以及知识产权国际诉讼和其他司法实务。目前，这样的人才在我国是稀缺的。因此，我国应当加强人才培养的顶层设计，从参与全球知识产权治理的现实需要出发，注重全过程培养、全方位覆盖、全链条打造，积极培养能胜任各领域知识产权国际治理的卓越人才，为我国深度参与全球知识产权治理，构建公正合理的知识产权保护国际新秩序奠定重要的智力资源基础。

专栏

## 推进创新驱动发展战略之我见

常修泽

2024年全国两会《政府工作报告》提出，大力推进现代化产业体系建设，加快发展新质生产力。笔者认为，这不仅是2024年政府工作重要任务，而且关乎国家中长期发展战略。10年前，笔者曾主笔出版《创新立国战略》一书，着力阐述创新对于中国发展的重要性和迫切性。该书后被列入“国家发展战略研究丛书”。结合书中核心观点和当前经济社会发展形势，笔者简要谈三点。

第一，中国必须深入实施创新驱动发展战略。中共十八大以来，党中央高度重视创新，“加快实施创新驱动发展战略”被写进了中共二十大报告。2023年以来，发展新质生产力被多次提及并强调，其特点也是创新。

新质生产力“新”在哪里？在以数字技术为代表的新技术革命浪潮推动下，政治经济学所讲的生产力三要素——劳动者、劳动工具、劳动对象都在发生新的重大变化。例如，从ChatGPT到Sora，单单是AI（人工智能）的参与，就能使劳动者和劳动工具发生史无前例的变化。对一些行业来说，有价值且具有“非消耗性”，甚至还能在使用中“自我衍生”的数据要素，或许比土地等传统生产要素更“诱人”。而生产力的变化，还将带来生产关系的新变化。我们真的处在“世界百年未有之大变局”中。因此，2023年7月31日，笔者在接受《浙江日报》访谈时就提出：“当今风起云涌的数字经济浪潮，不仅仅是一个平台或具体业态问题，还是一种新的人类文明形态。”

在数字变革浪潮面前，世界诸多发达国家和新兴市场国家都在研究制定各自的国家创新战略，战略宗旨是抢占当今国际竞争的制高点。而中国要想在2035年基本实现社会主义现代化，到21世纪中叶建成社会主义现代化强国，就必须顺应当前人类社会的新潮流，实施创新驱动发展战略。

第二，分三个层面落实创新驱动发展战略。落实创新驱动发展战略，应从战略高度统筹布局，分宏观、中观、微观三个层面协同推进。

第一层是国家层面，国家层面创新是制高点。重点抓什么？

一是抓国家的创新战略规划。这里指的是为提升国家全面创新能力，聚焦发展方向、目标靶向和路线图所作的“全局性谋划”。现在已有科教兴国、人才强国等战略，“十四五”规划更是把“坚持创新驱动发展　全面塑造发展新优势”作为专篇部署。笔者建议，根据经济社会新变化，审时度势，对原有规划适时进行“动态调整”。下一步，应着眼于人类科技革命的最新趋势，根据中共二十大报告确定的奋斗目标，制定更高端的创新发展方面的战略规划。

二是建立并完善国家推动创新的体制机制。从国际视角来看，对于中国这样一个正在构建高水平社会主义市场经济体制的国家来说，必须有一套推动创新的体制机制，尤其是知识要素和技术要素的价格形成机制。举例来说，当前，发挥新型举国体制优势，已经成为加快实现科技自立自强的重要路径之一。但对此必须明确，新型举国体制不仅仅是“举”行政机关，还要“举”全体国民；不仅仅是“举”国有企业，还要“举”民营企业。在这方面，浙江鼓励创新创业的体制机制经验，值得借鉴。

三是制定出台一系列国家层面鼓励和支持创新的政策。国家政策是促进创新的重要保障，必须涵盖经济、文化、生态、社会等各个领域。除了上述创新战略、创新体制和创新政策之外，国家也可直接推进一些“卡脖子”关键核心技术的攻关。

第二层是产业层面，生产力新变革应在产业创新层面得到落实。笔者在《创新立国战略》一书有关“培育发展战略性新兴产业”部分，曾按照自己的思想逻辑，提出七大产业：节能环保产业、新一代信息技术产业、高端装备制造产业、生物产业、新能源产业、新材料产业、新能源汽车产业。10年后，看到中共二十大报告中的“推动战略性新兴产业融合集群发展”时，笔者颇有感触。其中也提到了七大新的增长引擎，包括新一代信息技术、人工智能、生物技术、新能源、新材料、高端装备、绿色环保等。特别是“人工智能”这一亮点，值得各界关注。

这里需要提醒的是，培育发展战略性新兴产业不应忽视传统产业。中国是一个发展中国家，距离发达国家平均水平的“门槛”还有很大差距。因此，发展新质生产力务必因地制宜，从国情出发。在强化创新的同时，应做好用新技术改造或“赋能”传统产业这篇大文章，切实促进从“加工大国”向“创新大国”的转变。

第三层是企业层面，千千万万家企业是中国创新的重要主体，包括占全国企业总量92.3%的5200多万家民营企业。须知，近年来，民营企业已贡献了70%以上的技术创新成果。2022年中央经济工作会议指出，推动“科技—产业—金融”良性循环，突出企业科技创新主体地位。2023年中央经济工作会议进一步要求，加强应用基础研究和前沿研究，强化企业科技创新主体地位。浙江作为中国创新创业的高地之一，民营企业一直走在前列，各地应充分发挥广大人民群众尤其是企业家和技术创新者的积极性和创造性。

第三，把握“人”“教”“科”“产”四大着力点。落实创新驱动发展战略，笔者建议重点抓“人”“教”“科”“产”四个字。

第一个字是“人”，即人才。人才是第一资源，要实现创新驱动，关键在人才。中国是一个不乏人才的国家，且有“天行健，君子以自强不息”的优良传统。但是如今，在一些关键领域，例如“卡脖子”环节，尤感创新型拔尖人才不足。要想把创新者的创造性调动起来，需要下大功夫、真功夫、深功夫。笔者在2015年出版的《人本型结构论——中国经济结构转型新思维》一书中提出一个观点：“心灵的放飞，是真正的创意之源。”意思是说，要想真正推进创新，必须让创新者摆脱各种显性或隐性的束缚，营造出一个让创新者“心灵放飞”的创新环境。

第二个字是“教”，即教育。教育是科教兴国的重点，是创新型人才的摇篮。今天，“新质生产力”的提出，给中国教育特别是高等教育提出了一系列新课题，包括办学理念、专业布局、师资培养、课程设置、教学方法等。要按照新质生产力的发展规律和规范培养创新型人才，摒弃行政化、灌输式等旧的方式方法，以回答著名的“钱学森之问”。

第三个字是“科”，即科研。科研是创新的核心环节。对此，笔者曾在《浙江日报》的《思想人生》专栏上发表《科研重在探索“未知”》一文。当下，科研创新应结合实际情况，瞄准影响当今人类社会发展的前沿技术，要有颠覆性、首创性的研发创造成果。“国家队”尤其要率先突破。

第四个字是“产”，即知识产权。在后工业社会和现代市场经济中，只有通过创新，才能将潜在知识转化为“知识资本”并使之增值。从这个意义上说，千千万万的创新者实际上是“知识资本”的创造者。为此，一要做好产权界定。笔者在2009年出版的《广义产权论——中国广领域多权能产权制度研究》一书中就呼吁，将职务发明的知识产权一分为二，其中一部分分配给具体创造该知识产权的技术人员。10多年后，在一些地方，这一构想已经开始实践。笔者建议，开展更多这方面的试点，以激励科研人员。二要做好产权交易，如探索推进“知识产权证券化”等。三要做好产权保护，做到国内国外一视同仁。尊重并保护知识产权，这既是人类文明的一个重要表现，也是中国制度型开放的一个现实检验点。

——文章刊载于《浙江日报》2024年3月18日第7版

参考文献：

柏拉图，2015. 泰阿泰德［M］. 詹文杰，译. 北京：商务印书馆.

波兰尼，2000. 个人知识：迈向后批判哲学［M］. 许泽民，译. 贵阳：贵州人民出版社.

常修泽，等，2013. 创新立国战略［M］. 北京：学习出版社.

谷书堂，1989. 社会主义经济学通论［M］. 上海：上海人民出版社.

刘炳瑛，等，2001. 知识资本论［M］. 北京：中共中央党校出版社.

马克思，恩格斯，1972. 马克思恩格斯全集：第二十三卷［M］. 北京：人民出版社.

马克思，恩格斯，2001. 马克思恩格斯全集：第四十四卷［M］. 北京：人民出版社.

马克卢普，2007. 美国的知识生产与分配［M］. 孙耀君，译. 北京：中国人民大学出版社.

圣吉，2009. 第五项修炼：学习型组织的艺术与实践［M］. 张成林，译. 北京：中信出版社.

托夫勒，1991. 权力的转移［M］. 刘江，陈方明，张毅军，等译. 北京：中共中央党校出版社.

托夫勒，1996. 力量转移：临近21世纪时的知识、财富和暴力［M］. 刘炳章，卢佩文，张今，等译. 北京：新华出版社.

熊彼特，2007. 财富增长论［M］. 李默，译. 西安：陕西师范大学出版社.

白强，2022.知识生产模式变革下一流学科建设的逻辑转向与机制建构［J］. 大学教育科学（5）.

蔡继明，刘乐易，2022. 数字经济时代知识要素参与分配方式探析［J］. 河北学刊（4）.

常修泽，1998. 21世纪初期中国企业创新探讨［J］. 宁波经济（11）.

常修泽，2020. 关于要素市场化配置改革再探讨［J］. 改革与战略，36（9）.

邓逸钰，王垚，2018. 数字出版领域知识服务智能化转型新模式探究［J］. 新媒体研究（3）.

刘日明，刘小涛，2022. 智能知识生产模式的本质特征和社会驱动［J］. 社会科学（8）.

任友群，2002. 信息时代知识的生产和复制：上［J］. 信息技术教育（11）.

王佳航，余媛，2017. 信息过载视域下的内容付费：以喜马拉雅与得到APP的付费专栏为例［J］. 新闻论坛（6）.

谢志刚，2015．“共享经济”的知识经济学分析：基于哈耶克知识与秩序理论的一个创新合作框架［J］．经济学动态（12）．

张慧，2016. 付费语音问答平台“分答”的传播机制分析［J］. 传媒观察（12）.

张鹏侠，张一鹤，2012. 论知识与制度的内涵及其作为生产要素的依据［J］. 社会科学辑刊（3）.

刘仲华，李强，2023. 为促进全球知识产权治理作出贡献［N］. 人民日报，04-26（3）.

佘惠敏，2022. 我国成功跻身创新型国家行列［N］. 经济日报，08-31（9）.

曾红颖，徐策，2023. 人的现代化是高质量发展的底层逻辑［N］. 浙江日报，06-12（6）.

常修泽，2019.人力资本产权与“大四新”动能转换［EB/OL］．（07-11）［2023-07-15］. https://baijiahao.baidu.com/s?id=1638748276005781944&wfr=spider&for=pc.

常修泽，2023. 中国宏观经济研究院教授常修泽：从TikTok看一代“超限制新人”［EB/OL］.（04-03）［2023-07-15］. https://baijiahao.baidu.com/s?id=1762114804658992939&wfr=spider&for=pc.

# 第九章

# 数据要素市场化配置的理论基础和实践路径

20世纪后半期以来，以计算机、互联网为代表的信息技术迅猛发展，在逐渐衍生出以信息通信产业为基础的新型经济形态的同时，也与传统产业不断融合，使数据成为继劳动力、资本、土地、技术等生产要素之后提高社会生产率的又一重要推动要素。随着新一轮信息革命的不断演进，数据资源和数据技术的竞争日益成为国家间竞争和博弈的重点。全球主要国家纷纷推出国家数据战略，把数据视为“信息时代的石油”，把发展数字经济看作推动科技革命和产业变革的关键机遇，数据要素在全球经济发展中发挥的作用将愈发重要。

我国高度重视构建以数据为关键要素的数字经济，把发展数字经济作为推动现代化经济体系建设，引领高质量发展的重要战略举措。在国家政策的激励下，我国数字经济发展迅速，在国民经济发展中发挥关键促进作用，新技术、新业态、新模式不断涌现，产业规模持续快速扩大。工信部统计数据显示，从2012年到2021年，我国广义数字经济规模从11万亿元增长到超45万亿元，占国内生产总值比重由21.6%提升到39.8%。数字经济和实体经济融合的步伐日益坚实，数字平台和创新发展的生态也在持续繁荣。国务院印发的《“十四五”数字经济发展规划》提出，到2025年，数字经济核心产业增加值占GDP比重要达到10%。按照我国经济的发展速度，2025年我国GDP预测为130万亿元，这意味着数字经济核心产业增加值届时将达13万亿元。与此同时，我国在数据要素的产权确定、法律保护、市场化改革、安全保障等方面还面临一系列理论和实践挑战，需要深化研究，以促进数据要素价值的充分释放，促进数字经济健康发展。

---

本章执笔人：葛自发（国家互联网应急中心研究员）。

# 第一节　数据要素市场化配置的理论基础

## 一、数据要素的内涵

生产要素是生产力发展水平的体现，是不同时代经济发展和社会财富增长的重要源泉。在农业经济时代，经济发展取决于土地和劳动力这两种资源，于是就有了“土地是财富之母，劳动是财富之父”的隐喻。在工业时代初期，资本迅速成为除土地和劳动力之外的新型生产要素；第二次工业革命以后，技术和管理成为生产要素中的“新面孔”，并在新一轮工业革命过程中扮演重要角色。步入信息社会以后，数据的爆炸性增长，催生了数字经济新形态，加快了经济社会的数字化转型，社会生产力发展迅速，分化出新的生产要素——数据。

数据具有生产要素属性，最关键的原因在于它的流通与共享，能够参与生产的各个环节，并形成超额经济价值。这主要通过三种方式来实现。一是数字经济中劳动的形式发生了变化，编程、建模、挖掘、分析等劳动形式覆盖了数据从收集整理到模型化智能化的全过程，提升了数据的使用价值，促成了数据本身的产业化。二是数据与传统产业的结合，能够更高效地发挥劳动力、土地、资本等生产要素的作用，促进劳动生产率的提高，缩短了必要劳动时间，提高了剩余价值。在这个过程中，又有源源不断的能够作为生产要素的数据产生，这些新的数据又会被再次作为扩大再生产的要素，促进产业数字化的发展。三是从市场要素配置的规律来看，把数据作为生产要素融入生产过程，通过大量数据的建模分析，能够解决市场化配置的信息不对称问题，促进资源配置方式的优化升级，也可以促进社会生产和再生产方式的变革创新，实现财富的快速积累。

对于数据要素内涵的理解，可以分别从数据和要素两个概念入手。国际标准化组织（ISO）将数据定义为信息的一种形式化方式的体现，以达到适合交流、解释或处理的目的；2021年发布的《中华人民共和国数据安全法》（简称《数据安全法》）对于数据的定义是“任何以电子或者其他方式对信息的记录”；欧盟2018年颁布的《通用数据保护条例》（*General Data Protection Regulation*，GDPR）将个人数据定义为能够直接或间接识别自然人的任何信息。可见，数据是信息的载体，数据的价值在于其包含信息量的多少。要发挥数据的价值，必须将其转换为经济社会发展所需要的“信息”或“知识”。而生产要素主要是指生产经营所需的各类资料，比如传统生产要素所指的资本、劳动、技术等，是维系国民经济运行及市场主体生产经营过程中必须具备的基本因素。生产要素与科学技术的结合能够产生不同的生产力，促进生产效率提高，产生更多价值，继而可以凭借贡献参与收入分配。

综上，理解数据要素内涵的关键要点可以概括为：载有大量信息、参与生产经营、能够创造经济价值、可以参与收入分配。由此，本文认同数据要素是指生产和服务过程中作为生产性资源投入、创造经济价值的数字化信息、数据和知识的集合，其所有者和使用者可以参与收入分配。数据作为生产要素，可以是原始的数据对象，经拓展和加工处理后的信息，也可以是包括模型化的预测数据、智能化的数据产品和服务等在内的知识（郭琎，王磊，2021）。总的来说，数据要素的产生受益于数字技术的迅猛发展，也与受信息科技革命驱动而产生的以数字产业化和产业数字化为主体的数字经济形态密切相关，在产业转型、经济发展和新型社会治理中发挥愈发重要的催化和放大效用。

## 二、数据要素的特征

2019年11月22日，“中国经济50人论坛”发起人刘鹤在《人民日报》发表的署名文章指出，随着经济活动数字化转型加快，数据对提高生产效率的乘数作用凸现，成为最具时代特征的新生产要素。作为新兴生产要素，数据要素超越了传统生产要素的基本属性、作用形态和增值方式，一跃成为数据时代抢占领先跑道的战略资源，表现出与土地、劳动力、资本、管理、技术等传统生产要素截然不同的特征。

### （一）公共产品性与主体自利性

数据是一种新型公共资源，对经济发展、社会治理、国家安全有重要影响。对于国家和社会而言，数据的运用是推进国家治理、推动经济发展、提高服务效率的重要方式和手段。从源头上看，很多数据特别是政务数据都来源于经济社会运行，其产生过程本身就表现出强烈的公共属性。从赋能角度看，把信息技术、数据资源融入社会治理、改善民生、提高政府效率等领域，有助于提升政府的治理能力和治理水平。同时，政府还对数据的收集、存储、共享、传输、交易、应用等环节拥有管辖权和监督权。联合国也曾将数据视为一种（全球）公共品。由此，数据的公共产品属性不言而喻。对于一般个人和市场主体而言，其涉及的数据权利更多对应的是隐私权、所有权、使用权、交易权以及分配权等。为维护自身的合法权益和经济利益，个人和市场主体所掌握的数据通常会通过人为或技术手段来建立排他性，以防外来侵害。

### （二）价值非消耗性与共享衍生性

与传统生产要素不同，数据要素在参与生产的过程中不会被消耗，反而可以在一定的前提下重复利用、共享开发，甚至在参与生产的过程中还会进行自我繁衍，衍生更多有价值的数据。当然，这并非说数据的价值永恒不变。受使用时间、需求主体、应用场景等因素影响，数据的价值会因与需求匹配的程度不同而有所差异。同一批数据的使用价值可能因为需求匹配程度降低而降低。当然，作为新型生产要素的数据还会在融合共享过程中产生新的使用价值。不同类型、不同维度的数据融合碰撞，可以使其使用价值实现指数级增长，进而对经济产生倍增效应。

### （三）非排他性与非竞争性

经济学中的排他性，指一类物品（财产）归某位消费者或某类消费人群所拥有并控制，把其他消费者排斥在获得该商品的利益之外。竞争性指某一商品被消费者使用后，不能同时被其他人消费。传统生产要素，如土地、资本、劳动力等都具有明显的排他性和竞争性。与之相比，由于信息通信技术的开放赋能，数据一旦生成就可以被不同的主体使用，还可以被同一主体反复使用，而且对数据的反复使用不会降低该数据对其他主体或在其他场景的利用价值。数据在不同的使用场景产生的使用价值不尽相同，获利大小也有明显差异。新增使用主体不仅不会消耗数据的使用效能，反而可能因为场景更加适配，增大数据的使用效能。

### （四）价值非均质性与后验性

传统生产资料的价值具有均质性，即同一生产要素在生产过程中产生的价值大致是同等的，或者说发挥的作用是总体一致的。尽管劳动力、技术等要素因为个体、创新性、实用性等存在一定程度的差别，但依然表现出较强的均质性，其投入与产出、数量与质量之间存在显著的对应关系。而数据的价值本身具有极强的不确定性，不能单纯地以数量来衡量或者统计。数量庞大的数据可能毫无价值，特定场景下的单一数据可能价值千钧。换言之，数据数量与数据要素价值之间并不必然有直接关联关系，增加数据投入量并不一定等同于增加了数据要素投入，数据的结构化程度、数据的类型、数据的时效性、数据与生产过程的匹配度等往往是比数据数量更重要的衡量数据要素投入的因素（张昕蔚，蒋长流，2021）。数据要素的这一特性也就决定了其具有鲜明的个性化、场景化特征，其价值显现和作用发挥，随着投入生产的时间、场景、需求等因素的变化而变化，其价值难以仅凭数量等单一维度事先预估。

## 三、数据成为生产要素的理论和实践依据

生产要素可分为人的生产要素和物的生产要素，这两者构成了社会生产不可或缺的因素。生产要素只有跟人的“活劳动”结合才能创造价值。一方面，物的生产要素不能脱离人的劳动，直接进行社会生产，产生社会价值；另一方面，劳动也不能离开劳动资料、劳动对象，进行价值创造（崔平，彭鸽，2022）。这一理论在明确了“活劳动”价值贡献和按劳分配“主体地位”的同时，还论证了作为物的生产要素之所以能够参与分配，是因为它也在生产过程中发挥了重要作用。上述原理对数据要素依然适用。

英国著名演化经济学家卡萝塔·佩蕾丝提出，数据成为生产要素必须满足两个关键特征：大规模可得性和价格低廉。从这个角度来说，信息化发展的早期，数据不仅规模小，开发不便，价格上也无市场认可的评价标准。随着互联网、移动互联网、物联网、5G、人工智能等信息技术的不断发展，全球数据已呈现爆发性的增长，IDC数据显示，预计到2026年全球大数据市场规模将超过3600亿美元。数据被

广泛应用于经济社会的各领域，并在金融、交通、餐饮、通信、能源、社会治理、公共安全等领域发挥巨大作用。数据技术的应用普及在提升数据获取便利性的同时，也极大降低了数据获取的边际成本。越来越多的数据深入生产及服务过程，并发挥协调甚至指导作用，其经济价值也逐渐得到社会公认。这样一来，数据就具备了参与社会化大生产的先天条件，顺理成章地成为新型生产要素。人工智能、大数据、数据挖掘等技术的出现使得这一过程逐步加快。同时期算力的大幅提升更是有力支持了数据价值的快速转化（熊伟等，2022）。当然，数据成为生产要素还与劳动对象和劳动者自身的变化有关。从劳动对象的角度来说，步入信息社会，云计算、大数据、人工智能、区块链等新技术不仅赋能传统行业发展，其自身也逐步形成了独立的数字经济形态。无论是数字赋能还是数字经济本身，数字时代的技能型劳动者都是依靠数字技术对海量数据等劳动对象进行改造，并创造价值的。从劳动者的角度来说，IT技术及其相关产业的发展，以及经济社会对IT人才的大量需求，催生大学等专业教育和培训机构，培训了大量的IT专业人员，其中很大一批类似工业革命时代的产业工人，投入数据产业的相关生产过程，为数据要素参与社会生产提供了劳动力基础。

还有学者提出，数据成为生产要素是生产要求由低级向高级演进的过程，也是生产力动态演进的过程。数字经济时代，数据不仅是新型生产要素更是新质生产力。进而提出，数据生产力是指知识型劳动者以数字技术为劳动工具，以海量数据为劳动对象对社会进行改造和生产的能力（李海舰，赵丽，2021）。数据生产力的出现和发展，宏观上导致了生产关系的迭代重构，对传统经济规则形成一定冲击，并瓦解一部分旧的经济形态；微观上促进了企业组织的升级和商业模式的变革，基于数字技术、数据生产、数据共享、数据交易和数据消费等新规则、新模式、新业态的新型生产关系随之产生，形成了数字经济时代经济社会全新的运行方式。

## 四、数据要素的价值形态

价值化的数据是数字经济发展的关键生产要素，加快推进数据价值化进程是发展数字经济的本质要求（中国信息通信研究院，2020）。数据成为生产要素的关键在于能够产生经济价值。数据的价值化是一个不断演进的过程，数据价值的高低，除与数据本身所包含的信息、知识多少相关外，还与数据的应用场景、数据开发技术、数据要素参与生产的过程等因素密切相关。数据作为新型生产要素，具有不同于传统生产要素的特征：一是具有潜在价值的数据与产品的生产过程相结合，参与产品的价值创造，实现数据资产化；二是数据产品经过市场的流通和交换，实现数据的价值，从而实现数据商品化；三是将商品化的数据应用到多场景中，实现数据价值增值（倍增），最终实现数据资本化（曹明星，2022）。数据要素可分为数据资源、数据资产、数据商品、数据资本等价值形态，每一个形态对应着不同的价值，反映出数据从原始状态到价值创造和价值倍增的演进过程。

### （一）数据要素资源化

数据被视为“信息时代的石油”。处于资源状态的数据，就相当于深埋地下的石油，是有待开采的原料资源。数据的资源化过程，就是对这些具有潜在价值、分散于不同角落的数据进行“开采加工”，通过收集、汇聚、存储、清洗、标注、整理、归类、挖掘、分析等手段，形成可用于开发和流通的数据生产要素。也就是说，数据资源化要对原始静态数据进行加工、提炼、标准化、整合等过程处理，形成动态可使用、可共享、可复用的数据资源，通过对数据资源的持续挖掘和有效使用，形成数据生产、服务，并创造价值，实现经济效益（陈书晴等，2022）。数据要素资源化是数据要素价值挖掘的首要环节，资源化“开采加工”的效果直接决定了数据要素价值后期开发的效果。在资源化阶段，数据要素尚未直接投入生产过程，其价值形态表现为潜在使用价值和交换价值。数据资源的流通、配置需要清晰完备的法律框架，形成以产权保护、产权约束为基础的管理体制，实现从资源管理到资产管理的跃升（杜庆昊，2020）。

### （二）数据要素资产化

数据资产是指被政府机关或市场主体拥有或控制的，能够带来预期利益或者经济价值的数据资源。数据要素的资产化是数据超越其本身的资源属性，投入流通配置和融合应用的过程。具体表现为数据要素经过流动和配置，与其他要素组合应用于实际生产业务，引导业务效率提升和生产结构转型（杨铭鑫等，2022）。数据流通主要由政府机关和掌握数据源的市场主体进行，主要表现形式为交易、共享、开放等，数据配置是指数据被政府机关或市场主体投入某一领域的过程，而数据的融合应用则是与具体的生产场景相结合，发挥数据价值的过程。数据资产化使得“数据资源”在资本市场进行流通、直接交付和交易成为可能。通过确权和定价的数据资源具有可控制、可量化和可变现特征，其资产化过程是数据价值的初步体现（陈书晴等，2022）。数据要素至少需要满足两个基本前提才能成为数据资产：一是要能够明确界定数据主体对数据要素的权利，包括权利类型和权利范围；二是能够通过数据要素合法权利的行使产生潜在经济价值或社会价值，即使价值实现具有不确定性（刘刚，孙毅，2022）。进入资产化阶段，数据资产可以直接为企业带来经济效益，提升企业的市场竞争能力，数据要素也就成为产生财富的重要基础。

### （三）数据要素产品（商品）化

数据产品是指数据要素在投入生产的过程中与劳动、技术、资本、管理等多种要素紧密融合，被加工成满足特定业务场景需要的信息产品或信息服务。数据产品以使用价值为衡量标准，经过交换成为数据商品。数据商品或服务集数据形态和价值形态于一体，是数据要素进入生产环节的重要方式。与传统的商品或服务不同，除了面向大众的普适性产品或服务外，大部分数据产品或服务都与特定的应用场景紧密相关。很大一部分数据产品并不能规模化复制生产，而是需要根据特定的业务场景、特定的市场需求，开展有针对性的研发活动。无论是规模化生产还是定制性服务，数据商品和服务都与传统的商品和服务一样，都以满足特定的应用需求为基础，都可以在数字经济活动中产生商业价值。

### （四）数据要素资本化

数据要素进入金融市场开启资本化过程。数据要素的资本化是指市场主体以数据资源、数据资产或数据产品（商品）为基础，通过股权化、证券化、产权化等方式把数据推进资本市场的过程。数据的资本化通过交易和流通等方式体现数据的价值和使用价值，而资本对数据的价值和使用价值进行折算，从而使数据要素具备资本属性，进而实现保值、增值。数据资本化过程本质上是赋予数据有价值、可有限流通等属性，可类比于技术、知识产权等要素参与资本分配的形式，企业可以通过租赁、质押、转让等方式盘活数据资产（包晓丽，2021）。数据的资本化可以提高数据资产持有者的资本运转效率，有效激活数据资产价值，创新经济发展方式，提高社会生产能力。因为数据要素的价值非消耗性与共享衍生性、非竞争性、非排他性等特性，在数据权属清晰、保护制度完备的前提下，数据转移，其资本价值不会流失，反而可能产生增值效应。由此，数据进入资本市场，不仅能发挥传统资本促进要素流动、促进经济发展的作用，还能对资本市场的创新迭代产生激励。

## 第二节 数据要素市场化配置的核心问题——数据确权

### 一、数据确权的基本框架

数据权属关系是数字经济最主要的所有制关系（李少波，2021）。数据确权是推动数据要素市场化进程的关键前提，也是保障数据主体各项权益的重要基础。一般而言，数据确权的内容包括权利享有者、数据主体所能享受的权能类型、数据权能收益的分配以及数据权利的保护等内容。以数据确权理论为基础，明晰数据权利的主体、类型和边界，构建符合市场化方向的数据要素配置制度，不仅有助于促进数字经济发展，也是推动数据要素市场化和价值化进程的重要基础。

数据要素本身的独特性决定了它不能套用或沿用传统财产权范式甚或知识产权范式来解决它的重用秩序[1]（高富平，2022）。关于数据如何确权，目前市场主体间还存在较大的争议，理论界也没有形成一致的理论观点。为了理顺数据确权的内在逻辑，本节在梳理主流观点的基础上，总结了数据确权的三种范式。

#### （一）私权——经济范式

当前，各方普遍认同数据权利兼具人格权和财产权双重属性。这一观点将数据权利置于私权的框架下进行探讨，认为数据权首先是一种人格权，强调重点关注隐私和名誉保护等问题，避免个人信息被过度收集而产生负面影响，遵循人格权的保

[1] 高富平提出，数据要素要实现市场化配置和利用必须满足数据要素可重用性的市场化要求。数据要素的可重用性本质上指使数据要素成为标准化的、可为任何市场主体重复使用的“产品”，即数据产品化。

护原则，数据确权的重点在于赋予个人对数据信息的保护权利，并由此产生了数据删除权、数据更正权、数据限制权、数据拒绝权、数据被遗忘权等个人数据权利。

而过于强调对人格权的保护，在一定程度上阻碍了数据要素的开发利用，不利于数字经济发展。基于此，“私权——经济范式”在私权的范畴内，提出了数据存在可以超出人格权的财产利益或经济利益范畴，为释放附着于数据要素人格权上的经济创造了可能。该范式不仅摆脱了经典物权理论的束缚，而且不必纠缠于人格权路径或财产权路径的选择；该范式尊重数字经济市场已经出现“数据产权”雏形的事实，在私权范畴内对其进行构造（文禹衡，2019）。

比如，孙文洋（2020）提出“数权法”的概念，认为数权是人格权和财产权的综合体，破除了物权“一物一权”和“物必有体”的特点，表现为一数多权，不具有排他性。王春晖和方兴东（2023）对数据的财产权作了进一步区分，认为在产权理论框架下，原始数据或数据产品应采用绝对排他性私有产权，赋予数据控制者或数据源加工处理者占有、使用、收益和处分（处置）数据的权利，而对数据集合应采用有限排他性私有产权，赋予数据源加工处理者使用、转让、分配数据集合，以及对抗他人不当获取和利用数据集合行为的权利。还有学者认为，数据的财产权应包括资产权、经营权和收益权等内容。这些观点认识和理论探索，一定程度上突破了传统要素产权保护体系的局限，为进一步明确个人数据的确权框架奠定了基础。

### （二）公权——权力范式

经济范式主要讨论私权范畴的数据权利，强调的是对人格或经济利益的保护。不同于此，有学者从公共利益和国家角度，提出数据权力的研究范式，强调数据要素在维护公共利益和国家安全方面的作用。数据权力一部分针对跨境数据流动进行管理和控制，以数据主权的方式体现；另一部分针对内部数据流动秩序的监管和引导，以数据公共治理的方式呈现。如果说数据权利强调的是企业或个人的经济或人格权益，那么数据权力则是指国家对于本国数据排他性占有的权利，意在从国家或政府的角度出发，强调政府对域内数据的治理权和管辖权。由此，数据权属的内涵丰富为数据权利和数据权力的集合，数据权利兼具人格权和财产权双重属性，数据权力则为国家管辖和治理数据提供了理论基础，从而使数据确权跳出了私权的范畴，实现了从私法视野向公法视野的扩展。

### （三）动态——客体范式

以个人、企业、政府等主体类型对数据进行划分，常因数据主体对数据权属的关注点和出发点不同，难以在不同的主体间形成统一的确权维度和标准。如个人关注数据的人格权属性，更加强调对名誉或隐私数据的保护，企业更多看中数据财产权益，希望借助数据的开发利用实现更多的经济价值，而政府则希望建立健康有序、合规合法的数据监管和产业发展秩序。相反，如果从数据客体出发，根据数据自身的特征，对数据进行分类、分段确权则可以有效避免因主体分歧而产生的确权难题。持这一观点的学者将数据划分为原始数据和次生数据，并认为原始数据具有相对排他性，应在充分保护的前提下进行必要的流通，而次生数据应以充分的流通为原则，以充分发挥其社会价值和经济价值。还有观点提出，数据不应该由它的存储来定义，而应该由它的流转来定义。数据权属关系应该在经济循环的动态视角下确认，可根据数据主体或数据控制者对数据挖掘、开发、利用程度的深浅，分原发数据、衍生数据、创生数据进行确权。相较于数据权利主体和权利性质的确权模式，数据权利客体的确权路径体现了数据保护与利用的协调，能够实现对数据权利的充分保护和有效流通。

## 二、数据产权的界定

与法学界把产权定义为以所有权为基础的“物权”不同，经济学者认为的产权，是指对“物”的占有和使用过程中形成的权利。如常修泽（2016）认为，广义的产权包含三大要义：广领域（覆盖领域广泛）、多权能（以所有权为基础的权利体系）、四联动（产权界定、产权配置、产权交易和产权保护），包括所有、占有、支配、收益和处置等权能。使用过程权能的提出，有助于打破传统确权突出以所有权为对象进行收益分配和市场化配置的框架，为以权益分置为思路探索数据确权问题奠定了理论基础。基于此，有学者认为，数据存在公私双重属性，提出数据产权的界定应该兼顾个人利益和企业利益的二元权利配置体系。申卫星（2020）借鉴自物权–他物权的权利分割模式，提出数据所有权和用益权二元权利结构模式，在数据权利体系设计上，根据不同主体对数据形成的贡献来源和程度的不同，设定数据原发者拥有数据所有权与数据处理者拥有数据用益权的二元权利结构，以实现用户与企业之间数据财产权益的均衡配置。不同主体之间可通过法定或约定的方式进行数据权益的转让、迁移，以平衡个人与企业二元主体之间的财产分配权益。宋方青和邱子键（2022）提出，可借鉴农村土地“三权分置”的经验设计数据确权路径，将数据权利分离为主权、所有权、人格权、用益权等形式，并分别配置于国家、政府、个人和企业等不同主体，通过用益权的设置和流转最大限度兼顾满足数据公物属性和私物属性，扩大数据要素市场。陈兵和马贤茹（2022）提出，数据确权应以“数据流转”为基础，主张基于持续发展的数据要素参与生产实践，来设立动态的权属制度。数据要素的价值和权益在流转的过程中不断衍化，权益在不同主体之间进行让渡。

无论是二元权利结构、“三权分置”主张，还是动态确权视角，都是对数据确权理论的有益探索，都认为数据要素的确权必须超越传统要素的确权逻辑，置于不同利益主体、不同权利类型和动态调整的视野下进行，数据的权属因主体关系、权责内容和应用场景的变化而不同。从这个角度来说，数据确权至少应该包括数据权利享有的主体、数据主体可以享有的权能类型以及数据权利的保护，数据确权的主体是多元的，数据权能是可以分置的，数据权益的内容是动态调整的。从更宏观的国家语境来看，企业、个人的二元权利结构分析，已满足不了政府对维护国家主权和数据安全的需要。特别是在当下的中国，对数据进行确权和分置的主要目标是，在维护国家数据安全和个人数据人格权益不受侵犯的前提下，构建科学有效的数据要素市场化配置和法治化治理格局。这意味着需要跳出传统的产权思维范式，在“个人、企业、政府”三元结构下，对数据的所有权、持有权、使用权、经营权、收益权以及国家数据主权等权利（力）类型进行合理划分，并将之置于相对平衡的环境下进行动态调整。

### （一）个人视角下的数据权属

对个人而言，数据包括个人信息和痕迹数据。个人是个人生物信息、身份信息、金融信息等可识别身份数据信息的所有者，个人信息所对应的原始数据所有权归个人，需要从人格权保护的角度予以重点关注。个体可通过行使数据删除权、数据更正权、数据限制权等个人数据权利，避免个人信息遭受非法侵犯。痕迹数据是指个人在使用数字化产品和服务过程中留下的行为记录，比如登录网站信息、搜索信息、购物信息、运动信息等，与个人信息相比，痕迹数据多涉及个人隐私和名誉，也含有一定的人格权属性。从确权的角度来看，个人的数据权益包括人格权和财产权。未脱敏的个人信息及痕迹数据，所有权归属个人，属于人格权保护范畴，此类数据的所有权不能转移。脱敏加密的个人信息和痕迹数据可以通过“所有权与使用权分离”的方式，将使用权授权流转给数据加工主体，从而转化成一定的经济价值。也就是说，个人可通过对使用权的授权转让，实现对个人信息和痕迹数据的财产和收益权利。个人数据财产权的提出，可以避免因过度强调对人格权的保护而产生的个人数据过于分散、搜集成本过高，继而阻碍数据要素规模化开发利用等问题。这样做不仅仅是出于提高数据挖掘分析水平、充分释放数据价值的目的，而且还被认为能够更好地保护个人利益（严宇，孟天广，2022）。

### （二）企业视角下的数据权属

数据确权的关键和目的在于更好地促进数据要素流通，最大限度地发挥数据要素的作用。因此，企业数据权属的界定是整个数据确权环节的重点和关键。前文已提及，有学者主张借鉴物权法体系的自物权和他物权两分的二元体系，构建由完全数据产权和限定数据产权组成的二元数据产权体系。其中，完全数据产权调整的是数据财产归属关系，是数据创造者权利，而限定数据产权调整的是数据财产的利用关系，是数据使用者的权利（申卫星，2020）。限定数据产权的提出，无疑为未掌握大部分原发数据的企业合理开发利用数据资源提供了依据。

为进一步解释企业数据的权利内容，有观点以限定数据产权和数据流转行为为基础，提出以数据要素进入社会化大生产的全生命周期来界定各阶段的权益主体，并根据数据流转主体发挥的作用不同进行权益配置。这一观点将数据权利主体分为数据来源主体、数据收集主体、数据继受主体。其中，数据来源主体以个人为代表，对个人数据享有数据人格权；数据收集主体对匿名化的数据集合享有数据财产权，具体表现为数据使用权、处分权、收益权；数据继受主体的权利来源于数据收集主体，可在许可使用合同约定的框架内享有数据使用权、处分权、收益权（陈兵，马贤茹，2022）。

申卫星（2020）还提出将数据主体划分为数据原发者和数据处理者，数据原发者掌握数据所有权，数据处理者拥有数据用益权。作为典型的数据处理者，企业的数据用益权包括数据持有权、数据加工使用权、数据经营收益权等具体的权益类型。企业的数据持有权，以数据所有者授权同意为前提，强调对数据的依法获取和合规持有，打破了数据所有权的思维定式。数据加工使用权，也以数据合法授权和依规持有为前提，强调企业可以在授权和法律的框架下，使用、分析和加工数据。数据经营收益权，是指企业对合法持有、使用的数据进行加工处理，形成数据产品或服务，进而进行经营并获取相应收益的权利。

对于企业非原发数据的用益权，彭云（2016）提出应以“汗水原则”“创造者原则”来确定数据的“所有权”，以“最佳利用者原则”“效益原则”来确定数据的使用权。这种观点的理论基础是英国哲学家、思想家约翰·洛克提出的劳动权理论。洛克提出，“劳动使劳动者自己确立对自然物的私有权”。对于数据要素来说，企业对大量未经处理的原发数据投入汇总、整理、分析、挖掘等新型劳动，使其经济价值得以体现和释放，形成具有更高经济社会价值的“增值数据”，进入要素市场流通，进而形成对“增值数据”的所有权，以及专项性和排他性经营和财产权利。企业视角下的数据确权理论创新，实现了数据所有权和用益权的分离，不仅是顺应数据要素市场化配置趋势的重要基础，也有利于最大限度地释放数据作为生产要素的潜在价值。

### （三）国家视角下的数据权属

从更为宏观的国家视角来看，数据正在经历从数据权利、数据产权到数据权力的嬗变。数据权力主要从数据的公共属性出发，把国家和政府作为数据治理的主体，在社会公共利益和国家安全的语境下，对数据权属进行讨论。以国家为主体进行数据权属配置时，个人的隐私信息、痕迹数据与企业的原发数据和增值数据，以及附着在这些数据上的各项权益都被视为一个整体，需要通过国际公法和国内法律来进行规制和管理。

对外，国家的数据权力表现为数据主权。所谓数据主权，是指一国对国家主权范围内所有数据所享有的排他性权力的总和。随着数据资源在经济全球化过程中扮演的角色愈发重要和国际社会对国家主权认识的不断深化，数据主权概念正在被越来越多的主权国家和国际组织所接纳，并日益成为国际数据资源交流协作的重要准则。

对内，国家的数据权力体现在公共数据的治理和私有数据的保护上。国家作为公权力的行使主体，一方面掌握了经济运行和社会治理过程中产生的大量公共数据，代表社会拥有对公共数据的所有权以及附加权利，并负有对公共数据进行“合理使用”以及使社会大众公平受益的责任，以促进经济社会发展、增进公众福祉；另一方面，国家还肩负着对所有数据资源的市场化配置使用进行合理引导、监管治理和安全保护的责任，进行数据要素市场的开发培育，引导建立健康稳定的数据流动秩序，以国家意志的形式实现数据要素的开发利用和安全保护的平衡协调。公共数据为国家所有，如治理或使用不当，亦有可能产生“公地悲剧”，不仅可导致公共数据资源的滥用和浪费，还有可能危害社会利益和国家安全。为了有效避免这一风险，在维护国家主权和数据安全的前提下，构建科学合理、安全有序的数据要素开发利用机制就显得愈发关键和重要。

## 三、我国数据要素确权的探索实践

为促进数据要素流通，中共中央、国务院相继出台了一系列战略规划、行动纲要、指导意见和实施方案，形成了较为完备的制度体系。各地方也围绕数据资源开发利用开展了一系列有益的实践探索，极大加深了对数据要素确权的认知及促进了确权规则的确立。

### （一）顶层设计不断完善

早在2004年，《中共中央办公厅　国务院办公厅关于加强信息资源开发利用工作的若干意见》就提出，以信息化带动工业化、以工业化促进信息化，充分发挥信息资源开发利用在信息化建设中的重要作用，推进经济结构调整和经济增长方式转变，实现经济社会全面协调可持续发展。

2006年，《国家电子政务总体框架》提出，政务信息资源开发利用是推进电子政务建设的主线，是深化电子政务应用取得实效的关键。2015年以来，以《促进大数据发展行动纲要》为代表，国家陆续出台了一系列促进大数据技术及其产业发展的政策文件，提出坚持创新驱动发展，加快大数据部署，深化大数据应用，已成为稳增长、促改革、调结构、惠民生和推动政府治理能力现代化的内在需要和必然选择。

2016年，“十三五”规划正式提出实施“国家大数据战略”，旨在全面推进我国大数据发展和应用，加快建设数据强国，推动数据资源开放共享，释放技术红利、制度红利和创新红利，促进经济转型升级。2020年，《中共中央　国务院关于构建更加完善的要素市场化配置体制机制的意见》提出，加快培育数据要素市场，探索建立统一规范的数据管理制度，提高数据质量和规范性，丰富数据产品。

2022年1月，国务院办公厅印发的《要素市场化配置综合改革试点总体方案》明确指出，要全面贯彻新发展理念，加快构建新发展格局，充分发挥市场在资源配置中的决定性作用，为完善要素市场制度、建设高标准市场体系积极探索新路径，为推动经济社会高质量发展提供强劲动力。

2022年12月，《中共中央　国务院关于构建数据基础制度更好发挥数据要素作用的意见》印发，提出构建数据基础制度体系、统筹数据资源整合共享和开发利用。该文件的印发，标志着我国对数据要素确权以及市场化配置的认识愈发深刻，统筹推进数据基础制度建设、加强数据资源整合共享的举措日趋完善，意义重大，影响深远。

## （二）法律体系持续健全

近年来，随着互联网和信息技术的发展，我国在网络和数据领域的立法日趋完善，《中华人民共和国网络安全法》（简称《网络安全法》）《数据安全法》、《中华人民共和国个人信息保护法》（简称《个人信息保护法》）等基础性、综合性、全局性法律陆续颁布，数据领域立法的“四梁八柱”基本形成，为推动数据要素市场化发展，推动构建数据分类分级、重要数据保护、数据安全审查等基础性制度提供了法律保障。在相关法律制定的过程中，高度重视数据确权及数据安全保护问题。

关于个人数据，《民法典》在“人格权编”中设有“隐私权和个人信息保护”专章，规定“个人信息是以电子或者其他方式记录的能够单独或者与其他信息结合识别特定自然人的各种信息”，“未经自然人同意，不得向他人非法提供其个人信息”，重点强调对个人信息的保护，突出对个人信息人格权的保护。《网络安全法》《个人信息保护法》明确个人享有对个人数据的处分权利，在个人数据被处理的过程中，信息主体具有知情同意权、复制权、删除权、更正权、撤销权、可携带权等围绕人身权益保护而形成的权利。个人数据具有人格权和财产权双重属性，我国法律对个人数据人格权的保护有明确的规定，但对于个人数据的财产权，由于存在一定争议，暂时予以规避。

关于企业数据，企业间关于数据的纠纷多通过《中华人民共和国反不正当竞争法》（简称《反不正当竞争法》）予以解决，一般将截取其他企业“增值数据”的行为视为不正当竞争。在司法实践中，知识产权规则也是处理企业间数据纠纷的重要路径。

关于公共数据，我国法律的主要宗旨是促进开发利用。如《数据安全法》第四十一条规定“国家机关应当遵循公正、公平、便民的原则，按照规定及时、准确地公开政务数据。依法不予公开的除外”。当然，政府对公共数据的处理也应遵循“最小必要”原则，不得超过法定职责所需。《数据安全法》《个人信息保护法》都有国家机关在履行法定职责的范围内依照法律、行政法规规定的条件和程序进行公共数据处理的规定。相关法律在明确不同主体的数据权利的同时，高度重视数据安全问题。如《数据安全法》提出建立数据分类分级保护和数据交易管理制度，规范数据交易行为，培育数据交易市场等具体规定，要求从安全保障角度对数据要素市场进行顶层制度设计。

为落实国家法律要求、促进地区数字经济发展，天津、山西、吉林、山东、贵州、广东、浙江、上海等地也出台了大数据促进条例或数字经济促进条例。如《上海市数据条例》明确数据交易民事主体享有“数据财产权”，提出建立数据交易价格的“自定+评估”原则，推动建立公共数据授权运营机制。《深圳经济特区数据条例》提出“数据权益”，提出可以“告知-同意”为前提，对个人数据进行处理。相关立法和实践在培育数据要素市场、促进数据要素流通方面发挥了重要作用，推动我国数据要素资源开发和交易应用不断深入。

### （三）治理体系逐渐形成

在数据领域，安全与发展是一体之两翼、驱动之双轮。在促进数据要素资源开发利用的同时，国家高度重视数据安全管理及违法违规行为的治理工作。在网络和数据安全相关法律法规陆续出台的背景下，国家综合运用技术、制度、监管等手段，形成了相对完备的数据要素资源开发、市场秩序维护和数据安全监管治理体系。

法律层面，除《数据安全法》《个人信息保护法》等综合性数据法律之外，相关部门推出或正在研究《汽车数据安全管理若干规定（试行）》《数据出境安全评估办法》《网络数据安全管理条例（征求意见稿）》等一系列特定领域数据安全管理规定，对具体场景的数据安全做出规定，为推动行业数据要素开发和安全监管提供更为细致、明确的法律指引。

在机制建设方面，《数据安全法》出台以来，我国基本建立了国家安全机构统筹协调、行业部门和地方政府具体负责的数据安全管理体系，初步形成了包括数据分类分级管理、出境安全评估、数据安全能力认证、网络安全审查、数据安全应急管理等在内的数据安全工作机制。

在治理实践方面，为整治非法收集个人信息，近年来，中央网信办、工信部等多部委持续开展非法买卖个人信息、侵犯公民隐私、电信网络诈骗、网络黑产专项治理行动，对违法收集个人信息、侵犯个人隐私、非法倒卖数据等行为予以严厉打击，有效震慑了数据领域违法犯罪行为，有力维护了数据要素市场秩序和人民群众的个人信息安全。特别是2023年3月，《党和国家机构改革方案》明确提出组建国家数据局，具体负责协调推进数据基础制度建设，统筹数据资源整合共享和开发利用，统筹推进数字中国、数字经济、数字社会规划和建设等工作，突显数据资源体系建设在国家发展战略中的重要地位，将有效打破数据要素市场“九龙治水”的局面，充分激活数据要素潜能，发挥数字经济对经济社会的基础性作用，促进数据要素市场规范有序发展。

### （四）地方探索愈发深入

在国家政策的指引下，北京、上海、深圳、贵阳、海南等地纷纷搭建平台、培育主体、出台政策，深入推进数据资源开发利用。

2020年，北京出台《北京市促进数字经济创新发展行动纲要（2020—2022年）》，提出以自贸区建设为新起点，大力推进数字产业化、产业数字化，充分发挥数字经济在高质量发展中的赋能作用、在扩大开放中的引领作用，加快形成国内国际双循环相互促进的新发展格局。2023年颁布的《北京市数字经济促进条例》，明确提出要加强数据资源安全保护和开发利用，促进公共数据开放共享，加快数据要素市场培育，推动数据要素有序流动，提高数据要素配置效率，探索建立数据要素收益分配机制。

上海印发《上海市大数据发展实施意见》《上海市数据条例》，聚焦建设国家大数据综合试验区，创新提出“交易机构+创新基地+产业基金+发展联盟+研究中心”五位一体大数据产业链生态发展布局，积极谋划推动大数据和数字经济发展。同时成立上海数据交易所、上海市大数据技术与应用创新中心等机构，围绕打造全球数据要素配置的重要枢纽节点的目标，探索提供高效便捷、合规安全的数据交易服务，打造涵盖数据确权、价值评估、数据交付等环节的全链条产业生态。

深圳提出率先建成数字政府引领城市，率先建成数字底座标杆城市，推进《深圳经济特区数据条例》相关配套制度建设，完成数据要素市场化配置改革试点工作，培育数据要素市场，实现数据交易活跃度和数据服务业规模全国领先。

贵阳先后出台《贵阳市政府数据共享开放条例》《贵阳市大数据安全管理条例》《贵阳市健康医疗大数据应用发展条例》等地方性法规，发布《贵阳大数据交易观山湖公约》。贵阳成立全国第一家大数据交易所，首批数据交易是京东云平台购买了腾讯的“数据产品”。此后，武汉、哈尔滨、江苏、青岛、上海、西安、广州、安徽、成都、浙江、沈阳等地纷纷建立大数据交易中心或交易所，提供数据交易相关的各项服务。成立近十年来，贵阳大数据交易所探索制定了数据要素流通交易评估、成本评估、价格评估、价值评估、安全评估和合规性审查管理等一系列数据要素确权、流通核心制度规范，在一定程度上解决了“数据确权难”“数据定价难”“数据监管难”等难题。

海南探索建设“数据产品超市”，以数据“产品化”为核心，推动构建集数据“共享开放、开发利用、流通交易、安全应用”于一体的数据要素综合交易服务体系（关于海南建设“数据产品超市”，促进数据要素开发利用的介绍详见本章专栏）。

上述各地的探索实践，为国家和地方探索数据资源化、资产化、资本化路径，培育和发展数据要素市场提供了有益参考和经验借鉴。

# 第三节 数据要素市场化配置的机制建设——数据流动与交易

## 一、数据要素市场化配置的必要性

市场化是优化生产要素配置效率的重要实现方式。“使市场在资源配置中起决定性作用”是资源配置的发展方向，劳动、土地、资本等传统生产要素都在发展中建立了优化配置的市场机制和市场体系。市场经济条件下，生产要素通过市场来配置；数字经济时代，数据成为生产要素，数据要素市场也必定成为要素市场体系的重要组成部分（何玉长，王伟，2021）。数据要素的交易、共享，必然要依靠市场手段、遵循市场规律，才能在社会生产过程中最大限度地实现旧价值转移和新价值创造。从理论上讲，数据要素市场化就是要发挥市场规律在资源配置过程中的决定性作用，推动数据要素整体的科学合理配置。实际上，当前的数据要素市场化程度不仅落后于传统要素，也滞后于市场经济和数字经济的发展。推进数据要素市场化配置是数字经济发展所需，也是要素市场化配置改革的必然趋势。

### （一）不确定时代下重塑大国竞争优势的需要

当前，世界正处于百年未有之大变局，俄乌冲突等对世界政治、经济秩序造成了巨大影响。国际环境瞬息万变，如何实现国家发展，应对国际局势变化，成为各国关心的热点话题。在充满不确定性的时代，发展数字经济已成为新的风向标，推动数据要素发展、争夺国际数据治理规则制定权和话语权，已经成为各国竞相抢占的重要发展点。西方发达国家发布实施《欧洲数据战略》《美国联邦大数据研发战略计划》等战略规划，加速构建“数据跨境合作同盟”，进一步加剧全球数据博弈的趋势。随着数据在经济发展中的作用愈发突出，数字经济也成为我国推动经济转型升级的重点领域。中共二十大报告提出，要加快发展数字经济，促进数字经济和实体经济深度融合，打造具有国际竞争力的数字产业集群。通过探索适应中国数字经济发展的数据要素市场化配置，充分激活数据要素潜能，增强经济发展新动能，将有助于促进数字经济的可持续发展，构筑国家竞争新优势。

数据市场规模作为衡量数字实力的重要指标，将数据市场规模做大做强成为大国数字竞争的重要方式。有研究显示，美国在全球数据市场中居于领导地位，在数据专业人员数量、数据公司数量、数据市场交易值和数据市场价值占GDP比重这四项指标上，美国都是全球第一。中国是全球范围内数据市场增长最快的国家之一，但从市场总体规模来看，目前与全球排名第一的美国还存在一定的差距。我国正通过一系列制度创新，构建畅通高效的数据要素市场，最大限度地释放国内庞大的数据资源优势，以扩大数据市场规模和提高全球竞争力。

## （二）充分释放数据要素价值、做大做强数字经济的需要

市场化是促进数据要素流动和开发利用的必然方向。健全的市场制度，有助于优化资源配置，最大限度地释放数据要素价值。数据市场的发育本质上是数据市场主体的逐步形成及其交易规则与交易行为规范化的过程（唐要家，唐春晖，2020）。从要素的流转机制来看，数据要素的运动实际上是数据的资源化过程，而数据资源化的目的，在于形成可供社会化生产利用的产品和服务。数据要素市场化就是为数据要素和数据资源参与社会化生产、进行社会化配置释放经济价值，构建健全的共享、流通和使用秩序，逐步形成规范化交易规则和交易行为的过程。其主要目标是使数据成为促进数字经济发展、赋能经济社会进步的基础性资源。市场化配置可通过价格机制和竞争机制调节数据要素的供需关系，使数据能够得到更加有效的分配和利用。机制健全的数据市场能够优化数据要素资源配置，提升数据要素流转效率，促进数据要素价值释放；相反，数据市场机制不健全，将阻碍数字经济发展。

经过多年的发展，我国已成为数字经济大国。据中国信息通信研究院测算，2022年我国数字经济规模提升至50万亿元左右。国家工业信息安全发展研究中心发布的《中国数据要素市场发展研究报告（2020—2021）》显示，“十三五”期间，我国各要素市场规模实现不同程度的增长，以数据采集、数据储存、数据加工、数据流通等环节为核心的数据要素市场增长尤为迅速。国家工业信息安全发展研究中心测算数据显示，“十三五”期间数据要素市场规模复合增速超过30%；预计

“十四五”期间，数据要素市场规模将突破1749亿元，整体上数据要素市场进入高速发展阶段。海量的规模数据，隐含着巨大的数据价值和经济红利，亟须进一步培育数据市场、创新数据交易流通机制、优化数字经济营商环境，为抢占数字经济制高点提供强劲动能。

### （三）全面深化要素市场化配置改革、赋能经济高质量发展的需要

将数据作为生产要素纳入经济运行范畴，按照市场化规律构建科学高效的数据要素流转机制，一方面，可驱动数据要素广泛参与社会生产活动，发挥数据要素对生产效率的倍增作用，帮助传统行业更好地获取所需数据，促进产业数字化转型，增强传统行业增长动能；另一方面，以数据为“黏合剂”，推动各类产业加快数字化、网络化、智能化发展，可激发各领域数据主体的积极性，加大资源投入，强化对数据资源的共享互通、开发利用，加快数据产业化进程。此外，在数字经济竞速的浪潮中，建立高效运行的数据要素市场化流通体系，将有助于进一步鼓励数据的有序流动与创新利用，推动数字经济和实体经济深度融合。

随着数据要素市场化配置进程的深入推进，数字经济在国民经济中的地位更加稳固、支撑作用更加明显。中国信息通信研究院发布的《中国数字经济发展报告（2022年）》显示，2021年中国数字经济规模达到45.5万亿元，同比名义增长16.2%，占GDP比重达到39.8%。数字经济连续多年年均增速显著高于同期GDP平均增速，已成为支撑经济高质量发展的关键力量。中国电子信息产业发展研究院发布的《中国数字经济发展现状与趋势洞察》显示，中国已经成为数据量最大、数据类型最丰富的国家之一。预计到2025年，中国数据总量全球占比将接近30%。

## 二、数据要素市场化配置的运行机制

市场经济的优势在于市场在资源配置中起决定性作用，能够以价格波动、利益竞争、供求变化为基础影响生产要素分配，提高资源配置的效率，并由此形成可以调节市场运行的供求机制、价格机制和竞争机制。市场规律和市场机制直接决定了生产要素的配置方式和效率，能够促进生产要素的自由流动，使优质资源进入合适的生产领域，进而提高社会生产效率，促进经济发展。步入数字经济时代，在市

场经济高度发达的背景下，数据要素的配置依然要发挥市场的决定性作用，供需关系、价格波动、市场竞争等市场机制依然是影响数据要素市场化配置的底层逻辑。

### （一）以价值规律为基础的价格动态调整机制

价格机制是市场机制的核心，价格机制的形成与竞争机制、供求机制密切相关，是价值规律的直接表现形式。在传统要素市场中，要素蕴含的价值及其转化形态价值的大小、供求关系、供需双方的心理预期是影响价格的主要因素。由于数据具有非实体性、非排他性、非均质性等特征，数据要素不能简单地以数量大小、投入必要劳动时间多少来决定价格，而应从数据质量、应用场景匹配度和风险等更加综合的角度去考虑。

数据要素的价格确定从根本上也要遵循价值规律，或者说价值依然是影响价格的关键因素，只不过数据要素的价值受到多方面因素的影响。一是数据质量。这与生产数据产品或服务投入的必要劳动时间有关。一般而言，投入的必要劳动时间越多，数据质量越高，数据的价值就越高。二是应用场景匹配度。数据要素具有典型的异质性，其价值大小与应用场景密切相关。应用场景匹配度同时受到数源和投入必要劳动时间的影响。基于具体场景和明确数据需求的数源，投入大量劳动时间精心计算的数据产品或服务，应用场景匹配度高，数据所蕴含的价值就会高。三是风险。作为新型生产要素，数据本身兼具发展和安全的双重属性。判断某一数据产品或服务的价值，要看数据质量的好坏及与应用场景的匹配程度，还要考虑数据应用后暗含的风险因素。如数源本身就是通过非正当途径获取的，或者数据应用后存在对经济社会稳定和国家安全产生不良影响的风险，都会对数据的价值产生重要影响。以上因素决定了数据要素的价格形成是一个错综复杂的、动态调整的过程。这个过程，以价值为基础，以需求匹配为导向，一数一价、一品一价是常态。

### （二）信息不对称常态下的供需关系调整机制

供需关系是市场经济的重要关系，社会必要劳动时间直接影响供需关系，供需关系直接产生价格波动。一方面，数据要素的供需关系是市场经济总供需关系的一个重要方面，市场供需机制直接影响数据要素价格和数据要素市场运行。另一方面，数据要素参与社会化生产，也有助于提高其他生产要素的配置效率，从而促进宏观经济视野下的供需关系平衡。良性的供需关系能够缓解数据市场的供需矛盾，促进市场竞争，实现供需市场平衡和数据要素市场的可持续运行。

与传统要素相比，影响数据要素供需关系的因素更为多元。

一则，数据的供需关系十分复杂多变，不仅被供给数据的内容、数量、质量、形式等因素左右，还受数据需求的时间、需求精度、所处行业、具体场景等因素影响。同时，受数据要素价值后验等因素影响，供需双方的信息不对称成为数据要素交易流转的常态。

二则，数据要素交易通常依靠算法和平台来进行，算法的优劣、平台功能的强大与否直接影响数据要素供需双方的匹配程度和数据流转的效率。而实际情况是，当前数据要素流通的部分平台覆盖的领域不够宽、数据类型偏少、算法能力跟不上，针对供需双方的定制化、精细化服务能力不足，导致平台的中介枢纽作用发挥不充分，对供需双方的信息不对称问题解决不彻底。

三则，数据的边际成本近乎为零，其价格受到供给关系影响而波动，而不是线性的。前期需要大量的资本和技术投入，数据供给量偏少，价格却偏高；后期形成规模效应后，数据供给量可能短期内暴增，价格反而急剧下降。此外，数据的非排他性和可复制性，也会对数据要素供需关系产生一定的影响。不同于传统要素的使用必须以所有权为前提，数据要素一旦被复制拷贝，就实现了使用权的转移。在数据要素市场监管机制尚不健全的情况下，违规复制、非法获取数据的行为，将严重冲击数据要素市场秩序，破坏供需关系平衡。

### （三）梅特卡夫定律主导下的“寡头”竞争机制

竞争机制是市场经济进行资源配置的基础机制。竞争机制与价格机制、供需机制相互影响和作用，共同构成市场运行的基本逻辑。竞争机制引导生产要素和资源配置。

在数字经济条件下，数据要素通过竞争优化配置，企业在数据技术创新、产品开发、服务提升、市场拓展等方面展开竞争。竞争有助于降低数据交易成本、提升流转效率、规范数据要素市场。充分竞争是促进经济规模扩大和创新发展的驱动力，也会产生垄断等风险。

数据技术创新的特点是指数级迭代，数据要素的价值也遵循梅特卡夫定律，其收益会随着用户规模的扩大呈指数级增长。与其他要素市场相比，数据要素市场竞争形成垄断的风险更大、速度更快。也可以理解为，数据要素市场竞争中蕴含“消解竞争”的机制，放任数据市场竞争的后果是少数企业垄断。通常而言，数字经济领域企业的竞争一般会呈现从“雨后春笋”到“三足鼎立”再到“寡头垄断”的规律。从初始时期大量企业的混沌厮杀，到掌握一定技术和创新优势企业的脱颖而出，再到凭借强大资本和技术优势形成垄断，大肆劫掠、吞并后发企业，最终少数企业垄断市场。大量数据及上下游资源向少数企业集中，这些企业凭借垄断地位控制市场定价和资源供给，导致竞争“失灵”，市场陷入困境。

为避免数据要素市场形成寡头垄断，必须适当地以政府的“有形之手”加以干预，制止垄断企业滥用市场支配地位的行为，保持数据要素市场的良性竞争，规范数字要素市场秩序，以促进数据经济的健康可持续发展。

## 三、我国数据要素市场化配置的现实问题

中共十八大以来，我国深入实施网络强国战略、大数据战略，出台《中共中央　国务院关于构建更加完善的要素市场化配置体制机制的意见》《中共中央　国务院关于构建数据基础制度更好发挥数据要素作用的意见》等系列文件，数据要素市场化配置的顶层设计更加完善、探索不断深入。我国作为数字经济发展最为迅速的主要经济体之一，5G网络等数字化基础设施全球领先，移动支付、电子商务等数字经济发展迅速，同时还拥有庞大的数据规模和巨大的数据需求，在我国推行数据要素市场化配置具备得天独厚的有利条件和发展基础。但从数据要素市场化配置的具体实践来看，我国数据要素市场依然存在确权不清晰、市场不成熟、机制不健全、法律不完善、治理不到位等一系列具体问题，数据要素的交易流通不够顺畅，对国民经济的赋能作用也有待进一步加强。

### （一）法律层面的数据要素产权划分不够清晰

明晰的产权划分和充分的法律依据是数据要素交易流通的重要前提。如前所述，关于数据要素的确权问题在理论层面已深入讨论，并形成了多元主体、多权分置、动态调整的确权思路。但具体到立法领域，受认知分歧、数据要素确权立法复

杂等因素的影响，我国现行法律尚未对数据的权利类型做出明确规定。一是数据权属法律概念不明。数据确权，涉及生产者、控制者、处理者和使用者等多个主体，以及所有权、使用权、交易权、管理权、收益权等多种客体。无论是商业数据还是个人数据，现有法律体系均未对其权属主体和客体做出精准细分。当前法律多从物权法、知识产权法的角度来判定数据要素权益，并未从新型生产要素的角度制定配套的权属分配制度。二是数据权益划分不够清晰。作为一种新型财产权利，对不同数据主体享有的所有权、持有权、加工使用权、经营收益权划分不清，存在一定的争议。三是对作为生产要素的数据关注不足。随着《网络安全法》《数据安全法》《个人信息保护法》的陆续颁布，我国关于个人信息的法律保护力度不断加大，基于总体国家安全观的数据安全治理体系日趋完善，安全保障能力也不断提高，但国内法律对参与社会生产的数据要素及其权益保护关注不够，对数据要素的激励和安全保障也有待加强。四是受法律缺失影响，实践层面的数据确权和登记制度尚未有效建立，也未形成健全的配套服务体系。

### （二）数据要素市场的系统性和规范性有待加强

数据要素市场是数据产品和服务交易渠道与交易关系的总和，需要建立配套的数据要素交易规则、交易渠道、技术规范和监管规则，具备能够促进优化数据要素资源配置的各项功能，以保障数据要素市场的健康发展。现阶段，我国的数据要素市场刚刚起步，数据确权、流通、交易等配套制度还不健全，市场的一般规律在数据要素市场的转化应用还面临诸多问题。一是国内的统一市场尚未形成。近年来，多地都在积极探索数据要素交易的平台建设和市场建设，由于缺乏顶层设计和协调联动，一些地方的交易市场重复建设、交叉建设，导致各地的数据交易市场存在标准不同、规范不一、各自为战等问题，一定程度上限制了数据要素在全国范围内的交易流通，客观上阻碍了全国数据要素市场的形成。二是安全可信环境尚未建立。信用是市场经济运行的前提与基础，也是市场经济健康发展的基本保障。由于信用规则尚不完善，交易双方信任机制难以建立，大量违法交易、灰色交易、场外交易游走在监管之外，交易欺诈现象频现，不正当竞争、侵害个人隐私和企业利益的现象时有发生，严重影响了数据要素市场的健康发展。三是数据要素市场有效供给不足。由于运行方式不同，大部分数据资源分散在不同的利益主体手中，政府掌握了大量经济运行和社会民生的公共数据，企业汇集了大量居民消费和行业发展的数据。由于数据共享融通的机制尚不健全，政府的部门之间、政府与企业之间、企业与企业之间的数据共享存在壁垒，寡头企业利用市场支配地位形成了对数据的垄断性“霸权”。这些壁垒和“霸权”，成为影响数据共享融通的巨大的体制机制障碍，导致进入市场的数据供给数量不够，严重制约了数据要素的融合价值释放。四是标准化、规范化体系尚未建立。当下的数据市场，尚未形成数据要素作为商品或服务的统一标准，也没有成熟系统的市场化框架体系，数据交易登记结算体系尚不完备，难以形成大规模、常态化的交易行为。

### （三）数据要素的交易流转机制不够健全

健康有序的市场环境是促进数据要素交易流通、释放数据价值的重要外部条件。市场机制不健全、交易链条不成熟、标准规范不清晰等市场失序因素将阻碍数据要素参与社会生产，降低数据要素资源配置效率，扼杀数字经济发展动能。实践中，数据要素市场的开发刚处于起步阶段，数据要素确权、定价、价值评估、交易机制和安全保障等基础性制度还不健全，导致数据要素普遍存在不愿、不敢、不能交易等问题，极大限制了市场对数据要素资源及其收益的配置和分配，阻碍了数据要素市场的发展壮大。

这种阻碍主要表现在三个方面：一是数据资产的价值评估机制尚未形成。价值评估是市场交易的基础，是数据定价的前提条件。数据产品虚拟性和价值后验性特征，决定了数据要素的价值评估和定价标准因事而异，尚未形成公认的标准化的价值评估机制。二是数据要素的定价机制尚未明确。完善的数据交易市场应有成熟的价格形成机制作为支撑（刘吉超，2021）。数据要素的价格受数据内容、数据数量、数据质量、应用场景等多重因素影响，其定价更多基于具体场景的一事一议或过去的交易经验，由供需双方协商确定，而非运用市场化的定价机制。数据要素定价机制不明确直接导致收益分配存在不确定性和收益分配不公现象，阻碍了良性市场机制的建立。三是数据要素的交易链条不够完善。成熟的要素市场要有完整的产业链条和专业化的市场运作力量作为支撑。数据要素的收集、汇总、共享、清洗、建模、分析、加工等各个环节都需要有相应的专业服务供给，但现阶段推动数据要素流转的中介机构、标准规范、技术工具都不能有效满足高质量的数据要素交易需要，部分环节甚至存在断档和空白领域，产业配套有待进一步完善和优化。

### （四）数据要素市场的治理效能不够高效

确保形成合理的数据要素价格，保证数据要素的贡献得到市场机制科学的评价，关键在于提升数据要素市场治理效能。然而，由于数据要素的确权依据、价值评估机制、定价规则等一系列基础性理论问题悬而未决，数据要素市场的标准化、规范化体系尚未建立等，数据要素市场的治理效能偏低，监管效果有待提升。

一是管理体系建设滞后。现行主管部门的职责定位不够清晰，行业部门间的监管权力既分散又交叉，配套机制和制度建设也难以满足数据要素市场的发展需要，导致监管存在盲点和误区。而从更高的要求来看，数据要素市场监管的社会动员力度不够，尚未形成政府主导、社会协同、企业自律、公众参与的多元监管体系。

二是立法有待优化。我国关于数据要素的立法整体上起步较晚，没有针对数据交易和应用的专门性法律法规，对于哪些数据可以交易、可以处理后交易或禁止交易，并没有明确的法律依据。新的发展形势下，数据交易及配套的个人信息保护、数据跨境流动等方面的法律法规亟须健全（房毓菲，2016）。虽然部分地方围绕数据交易开展了先行探索，制定了地方性数据条例，但这些条例和规则还属于区域性、局部性的实践探索，未能就大数据交易中的共性问题和挑战给出全面、权威、有公信力的解决方案，全国性的顶层设计还有待进一步研究出台（刘吉超，2021）。

三是安全风险和问题多发。由于保护和监管不到位，数据要素在流通和交易的过程中面临诸多安全风险和问题，数据泄露和滥用问题多发，导致数据流通与安全保护矛盾日益突出。

四是国际话语权不强。由于理论研究和实践探索落后于发展需要，再加上具有世界影响力的领军人才培养不足，我国在数据要素领域的国际规则制定权和话语引领权整体落后于欧美发达国家。

## 四、推动数据要素市场化配置的路径选择

数据要素市场化配置是市场经济深化发展所面临的新课题。数据要素的市场化配置改革事关我国深化改革开放大局和经济高质量发展全局，需要作为一项系统

工程加强顶层设计。关于如何推动数据要素的市场化配置改革，有学者提出从数据要素维度、数据主体维度、数据载体维度和制度机制维度四个方面进行（陶卓等，2021），有研究认为数据要素的市场化配置包括数据要素市场定价、数据要素市场交易、数据要素市场竞争和数据要素市场制度等方面，还有观点认为数据要素的市场化配置路径设计需要充分发挥市场的决定性作用、政府的主导作用和企业的主体作用，形成相互促进、互为支撑的运行机制（陆志鹏，2021）。这些探讨，为我们推进数据要素市场化配置改革提供了很好的理论基础。2022年12月印发的《中共中央 国务院关于构建数据基础制度更好发挥数据要素作用的意见》提出，以基础制度构建，破解数据要素价值释放和市场化配置改革的基础性问题，直接从国家政策的高度对数据要素的市场化配置改革作出部署，为打破数据壁垒，突破数据鸿沟，实现数据要素市场化配置指明了实践方向。观照理论和实践，我们可以看出，推进数据要素市场化配置改革需结合我国国情和数字经济发展需要，遵循市场经济和数据要素发展规律，提出富有中国特色的系列综合改革举措，才能有效解决理论难题，回应现实关切。

### （一）以“保障权益、合规使用”为原则，加快构建数据产权制度

明确产权是市场交易的基础，也是发展数据要素市场的前提。《中共中央 国务院关于新时代加快完善社会主义市场经济体制的意见》提出，“健全归属清晰、权责明确、保护严格、流转顺畅的现代产权制度，加强产权激励”，目的就在于发挥产权在促进要素流动和受益分配中的基础性作用。针对我国在数据产权的界定方面存在的权责界定不够清晰、用益权规定不明等问题，需要根据《中共中央 国务院关于构建数据基础制度更好发挥数据要素作用的意见》部署，逐渐完善相关法律法规，探索建立以保障权益、合规使用为原则的数据产权制度，建立数据产权结构性分置制度，建立数据资源持有权、数据加工使用权、数据产品经营权“三权分置”的数据产权制度框架，在既定的数据所有权大框架下，更强调数据使用权，以促进数据使用权流通为核心目标，推行公共数据、企业数据、个人信息数据的确权授权机制，在国家数据分类分级保护制度下，建立健全数据要素各参与方合法权益保护制度，逐步形成具有中国特色的数据产权制度体系。必要时，可优先选取北京、上海、广东等数字经济发达省（市）开展数据资源统一登记确权先行先试。

## （二）以“合规高效、场内外结合”为原则，构建数据要素流通和交易制度

《中共中央　国务院关于构建数据基础制度更好发挥数据要素作用的意见》提出，建立合规高效、场内外结合的数据要素流通和交易制度。推动数据要素有序流动、建立促进数据流通和交易的保障机制是数据要素市场化配置改革的关键环节。当前，我国数据要素交易流通的安全可信环境、全国统一市场尚未建立，价值评估、市场定价等流通交易制度尚不健全，产业链条也不够完善，尤其是星罗棋布的“数据烟囱”“数据孤岛”“数据壁垒”，进一步加剧了数据要素开发与保护、发展与安全之间的矛盾，在很大程度上阻碍了数据要素的自由流通，制约了数据要素价值的转化和实现。

破解上述问题，必须进一步明确数据交易市场准入机制，建立合规高效、场内外结合的数据要素流通和交易制度，在数据来源可确认、使用范围可界定、流通过程可追溯、安全风险可防范的前提下，建立健全数据资产评估、数据质量评估认证、登记结算、交易撮合、争议仲裁、社会信用机制等市场运营体系（周倩，2022），构建科学有效的多层次市场交易体系，促进区域性数据交易所和行业性数据交易平台与国家级数据交易场所互联互通，打造全国统一开发的市场体系。可借鉴先行地区的成功经验，逐步探索推动构建数据交易登记、数据资产评估定价等基础性流通交易制度，多措并举丰富政府、企业数据资源和产品服务供给，围绕采、传、存、算、管、用等环节，创新数据技术研发和服务模式，补齐产业链短板，构建数据安全有序流动的良好产业生态。

## （三）以“体现效率、促进公平”为原则，构建数据要素收益分配制度

中共二十大报告强调，坚持按劳分配为主体、多种分配方式并存，构建初次分配、再分配、第三次分配协调配套的制度体系。因此，需要完善按要素分配政策制度。数据要素凝结了社会化劳动，不仅可以参与初次分配，而且可以在再分配和第三次分配中发挥调节作用。

当然，目前我国关于数据要素参与分配的探索还处于起步阶段，数据要素的确权及市场化改革等一系列基础性问题尚未解决，限制了数据要素的市场化配置效率，也制约了数据要素参与分配的改革进程。

构建以数据为关键要素的数字经济发展模式，需要构建体现效率、促进公平的数据要素收益分配制度，在初次分配阶段，按照“谁投入、谁贡献、谁受益”原则，推动数据要素收益向数据价值和使用价值创造者合理倾斜，在再分配、第三次分配阶段，重点关注公共利益和相对弱势群体，通过设立数据交易流通环节的直接税和服务税等制度，防止和应对在数据领域资本无序扩张形成市场垄断等各类风险挑战。同时，鼓励平台企业建立自我约束等机制，面向数源主体建立适当的收益分成机制，积极参与缩小数字鸿沟等公益性活动，帮助弱势群体提高数据权益获取和个人信息保护能力。

### （四）以“安全可控、弹性包容”为原则，构建数据要素治理制度

中共二十大报告提出，健全共建共治共享的社会治理制度，提升社会治理效能。数据要素与市场经济结合，产生了新的经济形态和生产关系，也形成新的安全风险和治理难题。数据泄露和滥用等问题，不仅给企业、个人带来不良影响，也对市场秩序产生冲击，甚至影响社会稳定和国家安全。在持续革新的数字技术环境和不断变换的数据要素市场中保持监管效能，找准数据流动和保护的平衡点，需要相关部门不断创新数据治理机制和政府治理方式，发挥社会力量多方参与的协调治理作用，构建政府、企业、社会多方协同的治理模式，以全过程安全、全流程监管和全领域覆盖，构建规范市场发展秩序，形成有效市场和有为政府相结合的数据要素治理格局。

## 第四节　数据要素市场化配置的体系保障——数据安全有序流动

数据和计算已成为全球博弈的新赛道，并成为新一轮科技革命争夺的制高点（吴志刚，2021）。越来越多的国家认识到，发展数字经济，培育数字市场是关键。在全球化逆转、贸易保护主义兴起、疫情和俄乌冲突等多重因素叠加影响下，大力发展数字经济、释放数据要素增长动能，成为新形势下我国推动经济高质量发展、推动国内大循环、促进国内国际双循环的重要引擎。与此同时，数据确权困

难、数据要素市场化配置改革面临诸多困难、数据安全隐患多发等一系列理论和现实问题悬而未决，数据领域的国际合作探索挑战重重，需准确认识数据天然的无形性、非竞争性和非排他性的本质特征，把握数据以信息内容为价值的经济属性（鄢浩宇，2023），从法治建设、政府监管、多元治理、安全保护、国际合作等方面着手，在确保安全可控的前提下，强化制度集成创新，统筹政府、企业、机构等多方力量，探索形成既能便利数据流动又能保障安全的机制，推动数据安全有序流动，构建良好的数字经济创新和发展秩序。

## 一、建立专业高效的数据法治保障体系

完善的法律法规和标准规范体系是推进要素市场化配置的基础。在中国推进数据要素市场化配置，需要顺应数字化发展趋势，立足于中国特色社会主义市场经济发展实践，在充分借鉴国内外数据市场培育成功经验的基础上，积极探索数据市场交易和监管制度建设，激发各数据主体参与数据市场的积极性，形成基础法律完备、市场规则清晰、法治监管有力的综合法治保障体系。

### （一）明确数据确权的法律规则

依法确权是推动数据要素市场法治化进程的关键，要根据数据确权理论和实践的不断深化，结合地方的成功探索和其他国家的有益经验，在“个人、企业、政府”三元权利和权力结构下，依法明确不同数据主体的所有权、持有权、使用权、经营权、收益权以及国家权力，在兼顾数据人格权保护的前提下，从法律层面对数据要素市场化配置各环节的权利归属、行为规范和责任划分予以明确规定，分类明确数据的权利主体、权利内容和责任边界，理顺所有权、有限使用权和无限使用权等交易类型中数据所有者、控制者、处理者和使用者的物质利益关系，探索动态调整的柔性确权机制（孔艳芳等，2021）。

### （二）构建数据交易的法律体系

为健全数据要素市场，有必要出台针对数据交易的专门性法律法规，进一步从法律上完善数据要素市场的顶层设计，明确采、传、存、算、管、用等环节数据主

体的权利和义务，探索建立数据所有权和用益权结构性分置和授权让渡的机制，完善数据确权、市场准入、分类分级管理、交易规范等相关法律法规，完善数据产权认定、转让、使用、保护等配套细则，依法建立数据价值评估、资产定价和收益分配规范体系，为数据要素市场化配置提供产权制度保障。

### （三）建立完善的法律配套细则

构建数据交易流通市场机制要加快制定国家层面的数据交易流通规则，充分考虑场内场外不同交易场景，明确数据流通的形式、条件、准则，规范数据交易产品服务体系，保障数据有效流转和高效配置。这需要在《数据安全法》《个人信息保护法》等基础性法律确定的制度架构下，根据细分领域数据要素市场发展需要，出台系列配套部门规章及相关细则，为产业发展提供更为细致和精准的规则指引。同时，鼓励有条件的地区围绕依法完善数据要素市场开展先行先试，积极探索制定地方性数字经济发展和数据要素市场管理条例。

### （四）形成严格规范的执法体系

根据数据要素市场发展需要，不断完善司法研判规则，明确数据市场执法规范，强化数据交易监管和安全保障。在依法保障个人隐私权和数据要素用益权的同时，严厉打击非法收集、买卖、使用、泄露个人信息等违法行为，依法打击数据欺诈、数据垄断和违规交易等不正当竞争行为，防范数据滥用和不当使用，构建具有中国特色、符合数据要素交易流通市场规律的司法和执法体系。

## 二、建立系统完备的数据要素监管体系

随着数字经济的快速发展，全球范围内的大规模数据泄露、大批量倒卖个人信息、数据篡改、恶意攻击等乱象频发，数据要素市场规范化、法治化建设面临一系列冲击和挑战。从理论上看，快速迭代的数字技术、持续出现的风险挑战、不断变化的市场规则，导致传统要素市场的监管模式难以适应复杂多变的数字要素市场发展需要。从实际来看，由于历史和体制等原因，我国对数据要素市场的监管依然存在“九龙治水”的现象，部门之间还存在监管权力分散、职能交叉、职责不够清晰

等问题。对数据要素市场统筹监管不足，一方面导致监管资源浪费，存在多级重复监管、多部门交叉监管等问题；另一方面，对于数据确权和数据要素市场的研究不够、规律认识不清，导致一些部门和地方的监管能力不足，对数据要素市场一些细分场景的监管规则缺失，形成数据要素交易的“灰色规则”和“灰色地带”，致使相关部门执法存在取证难、执法难、处罚难等问题。此外，还有舆论认为监管对相关市场主体的处罚过严，对安全与发展的关系权衡不够。这些现象和声音反映出政府需要进一步完善监管制度，建立良性监管体系。

### （一）树立审慎监管理念

当前，数据要素市场刚刚起步，各国对数据要素市场的监管还处于摸索研究的阶段。面对数据要素在交易流通、赋能经济高质量发展过程中出现的一系列新现象、新问题，需要坚持包容审慎的理念，创新监管规则，提升数据要素监管的灵活性、及时性和有效性。在守住安全底线的前提下，建立完善充分释放数据要素活力的体制机制，以柔性监管和创新监管包容数据要素市场创新发展，避免过度监管、无效监管扼杀数字产业创新。

### （二）强化部门协同监管

一方面，要按照《数据安全法》确定的数据治理框架，充分发挥国家安全机构的决策和议事协调作用，强化国家数据安全战略和重大方针政策顶层设计，进一步理顺数据统筹协调部门、政策制定部门、行业管理部门和数据管理部门之间的权责关系，形成各负其责、科学高效的协同监管系统。加强央地统筹，及时根据国家部委分工调整地方监管模式，建立全国统一的数据市场监管体系和执法规范，形成横向联动、上下贯通的全国一体化监管格局。另一方面，要以组建国家数据局为契机，尽快明确数据要素在流通中的权属认定、安全性、合规性、完整性以及可追溯性等方面的要求（张骏，孟群舒，2023），出台与数据要素流通相关的财政、税收、金融、投资等方面的政策，为数据要素释放更多经济潜能做好权属明晰、规则有序的设计（杨农，2021），构建数据要素流通监管的长效机制。

### （三）完善分类分级监管

分行业制定数据分类分级管理规则，明确数据分类分级管理的主体责任，并根据数据的所在领域和重要程度制定不同的监管规则。对于涉及国家安全、经济社会运行、重大公共利益、重要科技攻关及个人隐私等的重要数据，监管标准要严格，实施负面清单管理。对于触发安全审查的数据，要依法进行网络安全审查。对于企业生产和经济运行过程中产生的非敏感商业数据和公共数据，应尊重市场主体意愿，按照市场化规律促进开放共享，实施相对宽松的监管措施。数据的跨境流动，要严格按照数据出境安全评估、个人信息跨境处理活动安全认证规范、个人信息出境标准合同等要求进行。支持国内的自贸港、自贸区探索开展数据跨境传输监管创新工作。按照《中华人民共和国反垄断法》《反不正当竞争法》《数据安全法》等要求，加强数据要素市场监管和反垄断执法。

### （四）创新监管方式

监管方式的创新需要与时俱进，不断适应信息化发展趋势和数字经济的发展需要。相较于传统要素市场的培育，数据要素市场由于以数据为核心生产要素，在权利配置、交易制度、组织建设和治理监管上均存在诸多难点和困境，需要对监管的理念、标准、制度和治理手段等进行大胆创新，探索以技术管技术、以数据管数据的监管方式，逐步建立可追溯、可审计的数据交易登记管理制度，构建线上线下无缝衔接的数据要素市场全流程全生命周期监管体系。建立数据要素市场线上交易、审计、溯源、产权登记等平台系统，创新形成“互联网+监管”“信用+监管”“大数据+监管”等新型智慧监管方法，积极运用大数据、区块链、人工智能等科技手段和信用监管来强化数据交易流程治理，形成以数治数、以技治数、以信用治数的数据要素市场监管方法体系，提升涉及数据不当行为的监管效能和灵敏度（曾铮，王磊，2021）。

## 三、建立多方参与的数据协同治理体系

中共二十大报告提出，健全共建共治共享的社会治理制度，提升社会治理效能。共建共治共享意味着在新形势下必须以发展和创新发展的理念打造全社会共同

参与、各主体民主协商的共享发展和融合治理模式，以形成人人有责、人人尽责、人人享有的协同治理体系。数据要素市场秩序的建立和维系，必须贯彻共建共治共享理念，需要发挥各市场主体的积极性和主动性，鼓励市场自主自律，以市场秩序共建共治推动数据要素开放共享，探索推动形成政府引导、平台参与、企业和个人等多元主体协同的治理体系。

### （一）搭建公共治理平台

政府部门要转变治理理念和治理方式，秉承开放姿态、公平意识和共享思维，推动建立社会主体实质参与数据治理的制度化交流沟通渠道，搭建数据要素市场协同治理平台，加强与行业组织、企业、平台和个人之间的协同共治，逐步形成以政府治理为主导、市场自律为主体和公民监督为基础的数据监管协同治理体系，以更好地平衡数据资源的开发利用和安全防护，促进数字经济的健康稳定发展。

### （二）建立行业自律规范

要充分发挥行业组织、协会、数据交易所等机构的自律功能，将教育引导企业自律相关职责下沉，由行业组织和机构建立相应规范，开展企业自律引导教育，组织市场自律机制和问题研究，督促企业落实自律责任。相关部门要加强对行业组织、机构的监督指导和协同联动，更好地发挥行业组织的治理支撑作用，形成行业自律、政府监督的良性模式。同时，还可以发挥社会公众和公共舆论对数据要素市场建设运行的监督作用，利用舆论监督及时纠偏市场失序，确保数据资源的高效流通和合规利用。

### （三）鼓励企业主动自律

推进数据要素市场化配置改革，企业是关键。作为数据要素市场的主要参与者，企业控制着大量关乎公共利益和个人隐私的数据资源，其是否依法合规经营直接关乎数据要素市场秩序构建，影响数据流通效率。同时，作为数据要素市场的最大受惠者，数据企业应该落实主体责任，主动承担起保护数据安全的职责，在内部建立起实时监管、安全管理、风险排查和应急处理等一系列标准规范，设立数据安全管理和数据官制度，将数据要素交易流通、安全监管、跨境流动相关政策法规纳入内部培训内容，及时自纠自查，强化主体责任落实和企业自律，积极参与数据要素市场共建共治共享，从企业角度助力数据要素市场建设，守牢安全底线。

## 四、建立攻防兼备的数据风险防控体系

2013年7月，习近平总书记视察中国科学院时指出，大数据是工业社会的“自由”资源，谁掌握了数据，谁就掌握了主动权。随着数据资源在全球竞争中的战略地位愈发突出，各国对数据资源的争夺日趋激烈。在复杂多变的国际局势下，伴随着大量数据贸易的进行，国家间的数据窃取、攻击和霸权行为此起彼伏。日渐频繁、规模巨大的数据跨境流动中暗藏着巨大的安全风险，公民个人隐私、企业商业秘密、宏观经济动态乃至国家总体安全都可能受到侵害，为在赋能经济发展、促进经贸往来和维护国家安全等矛盾中取得平衡，从维护国家主权和安全的角度完善数据跨境流动风险防控体系，需要坚持“攻防兼备”的网络安全理念，全面提升技术管数用数能力，逐步建立数源可确认、流程可追溯、风险可防范的数据风险防范体系。

### （一）构建数据确权溯源技术体系

充分利用区块链、人工智能、隐私计算、零信任等信息技术，建立数据确权链上登记、流转跟踪和使用效果评价等技术体系，构建数据交易事前评估、事中监测、事后评价的安全管理机制，确保数据交易全流程可追溯、可审计。

### （二）完善数据安全技术保障体系

要加强数据安全技术保障体系建设，运用数据加密、安全认证等技术手段，保障数据不被入侵、不被篡改、不被破坏（刘旭然，2021）。同时落实《数据安全法》等相关要求，完善数据分类分级保护制度，建立数据安全审查、风险评估、监测预警和应急处置等基本制度，推动形成数据资源全生命周期安全保护体系。

### （三）提高数据安全主动防御能力

按照“关口前移，防患未然”的工作要求，建立统一高效的数据安全风险报告机制、情报共享机制、研判处置机制，储备一批主动防御和战略威慑力量，通过加

强大数据、人工智能等技术在网络空间态势感知、风险预警和战略威慑等领域的应用转化，提高网络空间数据风险的预知、预警、预置能力。

## 五、建立互利共赢的数据跨境合作体系

当前，全球数据治理与合作同时面临机遇和挑战。一方面，受地缘政治、全球数据跨境流动规则不健全等因素影响，单边主义、保护主义、霸权主义盛行，对全球数据安全构成严重威胁。另一方面，随着《全面与进步跨太平洋伙伴关系协定》、《区域全面经济伙伴关系协定》、《数字经济伙伴关系协定》（DEPA）、亚太经济合作组织项下的跨境隐私规则体系（CBPR）的建立，数据跨境流动规则的大国间博弈更加明显。在这样的背景下，参与全球数字治理，扩大国际数据交流与合作，需要落实《全球数据安全倡议》，以推动构建网络空间命运共同体为目标，积极参与国际数据跨境规则制定，不断扩大我国数据跨境合作的“朋友圈”。

### （一）积极对接和引领国际高标准规则

积极对接CPTPP、DEPA等数据领域经贸规则，推动国内数据安全、个人信息保护、数据处境评估等规则与国际接轨。加强与相关国家在数据贸易规则制定、国际纠纷协调等方面的交流对话，推进与友好国家的数据跨境规则互认和经贸规则对接工作，探索联合举办数据要素市场治理培训等活动。把数据跨境合作列为双边、多边谈判的重要议题，利用多边规则反对数据霸权和数据领域的贸易保护主义，推动与更多国家或地区在数据跨境流通上的规则互认、业务互通。

### （二）支持自贸区（港）开展数据跨境流动先行先试

以自贸区、自贸港高水平的数据开放及先行先试政策为依托，允许粤港澳大湾区、海南自由贸易港，在国家数据安全管理框架下，积极借鉴新加坡、我国香港等自贸港的有益经验，尝试建立“两头在外”的“境内关外”数据跨境特殊监管区，利用“安全沙箱”等监管机制，探索开展数据要素跨境流动立法和监管制度集成创新，加快推动数据跨境规则与国际衔接，探索建立数据跨境流动安全管理机制，提升我国自贸区（港）在全球数据资源配置中的话语权和引领力。

### （三）与“一带一路”沿线国家和地区共建高质量“数据丝绸之路”

优先选取与我国经贸往来密切、政治互信基础较好的“一带一路”沿线国家和地区签署数据领域合作协议，力争实现数据出境安全评估、标准合同、数据保护认证等方面的规则互认。同时利用好“世界互联网大会”“中国—阿拉伯国家博览会网上丝绸之路大会论坛”等平台和《“一带一路”数字经济国际合作倡议》，深化与“一带一路”沿线国家和地区在数据要素市场培育和跨境流动方面的交流合作，高质量建设“数据丝绸之路”，在更大范围和更深层次上实现数据共享、规则共建、风险共担和合作共赢。

专栏

## 海南建设“数据产品超市”促进数据要素开发利用[1]

2020年5月，海南省成为国务院办公厅确定的全国八个公共数据资源开发利用试点省之一，按要求构建公共数据资源开发利用与运营新模式，发挥示范引领和辐射带动作用，推动公共数据资源开发利用工作规范化、制度化。2020年12月，海南出台《海南省公共数据资源开发利用试点实施方案》，明确工作目标和重点工作任务。海南省大数据管理局借助公共数据资源开发利用试点工作契机，创新打造“海南省数据产品超市”，构建以“数据产品化”为核心，集数据“共享开放、开发利用、流通交易、安全应用”于一体的数据要素综合交易服务体系，形成数据开发利用与流通交易的制度集成创新“海南模式”，推动海南数据要素市场创新发展。

### 一、主要的做法

#### （一）抓数据权属理论创新

数据产品超市在全国率先探索数据要素“产品化”确权。一是数据产品确权。为破解公认的数据确权难题，理论上分析了数据要素具有关联对象的特点，率先提出了数据不具有完整的所有权，普遍的数据确权不可能；同时，通过数据“产品化”，在具体应用场景中对关联对象授权，使得数据产品可以获得完整的所有权，从而具备了开发利用、流通交易的条件。二是转变数据开放模式。为破解公共数据开放难题，从公共数据简单开放出去转变为将数据产品开发商引进公共数据安全域，将数据产品化再对外提供数据服务，从而使得价值密度高的数据可以为社会所利用。三是数据产品化集成服务。依托政府数据底座，打造集数据“共享开放、开发利用、流通交易、安全应用”于一体的数据产品超市。

[1]　资料来源：海南省大数据管理局。

### （二）抓合作运营模式创新

数据产品超市在全国率先探索公共数据资源授权运营模式，采用“政府+市场”方式建设运营。一是在建设模式上创新，数据产品超市不依赖传统财政投资，公开招标优选市场主体，市场化投资建设和运营，不仅节约上亿元财政资金，而且最大限度地激发了市场主体参与共建数据要素市场的积极性。二是在服务模式上创新，数据产品超市通过数据产品化和服务一体化，有效避开原始数据权属方面的争议，聚焦数据开发过程的合规性和安全性，解决目前公共数据资源开发利用破局难的问题。

### （三）抓“前店后厂”平台建设

建设“数据要素基础设施”，奠定数据要素开发利用、流通交易基础。数据产品超市基于海南省已建成的“七个一”大数据能力支撑底座，经过30余次的版本迭代升级，建设集数据“共享开放、开发利用、流通交易、安全应用”于一体的全站式开发服务平台，具备了数据供给、开发平台、交易场所和安全保障四大功能，打造海南省数据要素市场培育基础设施。一是“后厂”开展一体化数据加工。建成“六车间两中心”开发平台，对数据进行归集、清洗、加工、调度等，根据不同应用场景和客户特殊需求，提供精准高效的算力调度，确保在封闭、安全、自由的计算环境下进行数据开发利用并形成数据产品。二是“前店”实现多种类数据交易。建成“四大核心模块二十余项子功能”交易门户，满足数据授权流通、产品展示、需求发布及应答、全站式数据交易服务、多种类数据交易服务需求，提供轻松选购的服务体验，可以像逛超市一样方便快捷地先试用后购买数据产品与数据服务。

### （四）抓规则体系和制度保障

为从制度、机制上解决数据开发难，确权定价难，流通交易难等问题，海南省配套出台一系列规章制度，保障数据资源开发利用、流通交易合规、安全、有序。一是强化规则体系顶层设计，明确数据产品超市规则体系从交易管理、监督管理、开发生产、运营服务和安全管理5大方面进行管理规则编制，确保数据资源全生命周期安全可控、合规监管。二是制定涵盖数据要素流通全生命周期的规则管理体系。

根据数据产品超市的实际运营需求，先后出台了21个规章制度，让数据产品超市建设和运营工作有规可依、有章可循。

### （五）抓运营推广和数据应用

用市场化手段促进数据要素市场化配置。采取“四进三找”，即进企业、进厅局、进市县、进园区，找数据、找产品、找客户等宣传运营措施，深入一线挖掘用户需求，进行数据产品供需对接。一是宣传推广方面，通过“四进三找”“主题沙龙”等活动，做活超市人气，做大超市流量。截至2022年底，海南省大数据管理局进厅局40余次、进企业200余家，开展参观交流、主题沙龙、产品发布、行业展会等多样化活动，进行超200场座谈交流，收集用户需求1000余项。二是产品供给方面，数据产品超市致力于探索数据服务模式新机制，主动对接企业上架811个数据产品，在科技创新、财税金融、法律服务等23个领域提供丰富的数据产品和服务。三是场景应用方面，主动对接金融、征信等机构，助力海南本地企业开发“惠民贷”“智慧E贷”“海易信”“健康易通”等产品，在10余个领域开发特色数据应用，推动数据产品和服务的精准对接，推动海南特色数据要素市场高质量发展。

### （六）抓网络数据安全管理

数据产品超市为市场主体开展数据产品加工提供了数据安全审计、数据流通溯源、组件安全监测、数据安全网关、数据分级分类、数据脱敏加密等安全保障，特别是为中小微企业使用政务数据创造了安全、合规的环境。一是以体系建设确保数据有效监管。数据产品超市通过规范化的技防、物防、人防体系，形成集网络架构安全、数据接入安全、数据开发安全、数据流通安全、数据销毁安全、人员管理安全于一体的“六维安全”保障能力，全面支撑平台安全运营管理，防范敏感数据泄漏，确保在采集、传输、存储、处理、交换、销毁等环节实现数据全生命周期安全监管。二是从技术上实现数据留痕可溯。数据产品超市通过区块链、隐私计算等多种前沿技术，把企业“请进来、引进来”，以“可用不可见、可用不可得”的方式使用数据资源，实现数据利用来源可溯、去向可查、行为留痕、责任可究。

## 二、取得的成效

截至2022年底，海南省数据产品超市已建成“线上旗舰店+线下体验店”的综合运营服务体系，以数据产品超市为核心的海南自贸港数据要素市场已初具规模。

### （一）搭建“1+N+X”运营框架，形成省内、国内多元合作格局

数据产品超市通过构建“1+N+X”体系，形成了多点辐射、多样合作、多面发展的运营模式，立足全省统一平台和1个海口总店，对接省内各大产业园区、省外多家大数据交易所、各大数据提供商开设N个分店。省内已与海南生态软件园、海口复兴城互联网信息产业园、文昌国际航天城、三亚中科遥感研究所等园区达成多维度数据要素市场化合作，推动省内公共数据与社会数据深度融合和应用创新；省外联手贵阳、北京、深圳等地大数据交易所，在产业协作、数据流通、人才交流等方面建立合作关系。深耕行业数据应用与创新，联合金融、气象、卫星、旅游等行业龙头企业形成战略合作，打造“X”个行业版主，精准挖掘数据产品需求。

### （二）汇集千行百业数据资源，为数据要素市场培育提供重要保障

数据产品超市自开始运营以来，积极联动各方资源，培育以数据为关键要素的产业生态链。一是数据资源接入方面，在政务数据方面，对接上架了经济管理领域、社会事业与服务领域、社会治理领域、公共基础服务领域、非营利组织及科研机构领域等5个大领域、95个细分领域、189个场景、11272个数据目录、204156个数据项，累计1000亿+的数据量；在社会数据方面，聚焦社会消费服务领域、社会生产服务领域2个大领域、14个中领域、142个场景、378个数据目录、7087个数据项，累计10亿+的数据量。数据产品超市已接入千亿量级的政务数据和近十亿量级的社会数据。二是数据融合应用方面，数据产品超市吸引中国电信、中经社、重庆大司空、天眼查、船讯网、邓白氏、银联商务等专业市场主体深度参与，将政务数据和社会数据融合，建立起自贸港建设、人口、法人、社会信用、政策法规、产业发展、旅游服务等主题库，为海南自由贸易港数据要素市场培育提供了丰富的数据支撑。

### （三）构建全域全场景产品体系，让数据要素更好赋能政用、民用、商用

海南省数据产品超市着力开发和引进数据产品，截至2022年底，已上架811个数据产品，主要涵盖数据集、数据API、数据报告、算法模型、数据服务5个类别，培育出一批“优政、惠民、兴企”的拳头产品。一是政用方面，上架了气象大数据云平台、智慧城市操作系统、应急物资管理系统、智慧文旅解决方案等公共服务数据产品，通过数据产品提高数字化政务服务效能，打通政务服务利企便民的堵点、解决难点和破除痛点。二是民用方面，以菜篮子平价菜服务平台、临渔通平台、人脸比对系统为代表的高质量数据产品，打造高效便捷的新型数字生活。三是商用方面，数据产品超市以数据促进经济转型升级，打造了交行惠民贷、人才简历核验、防赌反诈服务、卫星数据分析系统等全产业数据服务产品，加快产业数字化转型和新兴数字产业发展。比如，数据产品超市与海南交行联合开发惠民贷产品，上线不到3个月，申请人数在常规客群的基础上新增2281人，人均贷款额度较常规惠民贷增幅175.82%，产品不仅优化了服务体验、提高了信贷效率，还激发了公共数据的商业价值，持续拉动了消费增长。

### （四）培育以数据为关键要素的产业生态链，共同培育数据要素市场

数据产品超市通过引入数据产品商、数据开发商、数据采购商、数据运营商、第三方服务商、科研智库、园区政府、监督管理方等多类型主体，推动数据“资源化、资产化、资本化”转变，打造以基础数据为资源要素的开放性价值链体系，构建多层次数据要素交易市场体系。截至2022年底，海南省数据产品超市已引入阿里云、中国银联、华控清交、招商银行、建设银行、科大讯飞等486家数据产品商入驻，有效释放了数据资源价值，初步形成了以数据产品超市为特色的海南自由贸易港数据要素市场。

参考文献：

常修泽，2009. 广义产权论：中国广领域多权能产权制度研究［M］. 北京：中国经济出版社.
孙文沣，2020. 服务数据流通的合规性研究［D］. 北京：北京邮电大学.
包晓丽，2021. 数据产权保护的法律路径［J］. 中国政法大学学报（3）.
曹明星，2022. 数字经济下的数据要素治理与数字税收改革：基于“信用价值集聚生产”创新经济理论的初步探讨［J］. 税务研究（11）.
曾铮，王磊，2021. 数据要素市场基础性制度：突出问题与构建思路［J］. 宏观经济研究（3）.
常修泽，2016. “广义产权论”三大要义与产权保护制度［J］. 战略与管理（6）.
常修泽，2020. 关于要素市场化配置改革再探讨［J］. 改革与战略，36（9）.
常修泽，2023. “全要素　多资源”：产权交易市场新构想：产权交易市场改革实践考察之后的思考［J］. 产权导刊（11）.
陈兵，马贤茹，2022. 数据要素权益配置类型化研究［J］. 科技与法律（中英文）（1）.
陈书晴，等，2022. 数据要素与多元市场主体融合机制研究［J］. 信息通信技术与政策（1）.
崔平，彭鸽，2022. 数据要素参与分配：价值、困境与路径［J］. 上海经济研究（6）.
杜庆昊，2020. 数据要素资本化的实现路径［J］. 中国金融（22）.
房毓菲，2016. 对推动数据要素交易健康有序发展的思考［J］. 中国发展观察（24）.
郭琎，王磊，2021. 科学认识数据要素的技术经济特征及市场属性［J］. 中国物价（5）.
何玉长，王伟，2021. 数据要素市场化的理论阐释［J］. 当代经济研究（4）.
金骋路，陈荣达，2022. 数据要素价值化及其衍生的金融属性：形成逻辑与未来挑战［J］. 数量经济技术经济研究（7）.
孔艳芳，等，2021. 数据要素市场化配置研究：内涵解构、运行机理与实践路径［J］. 经济学家（11）.
李海舰，赵丽，2021. 数据成为生产要素：特征、机制与价值形态演进［J］. 上海经济研究（8）.
李少波，2021. 加快数据要素市场建设［J］. 当代贵州（30）.
刘刚，孙毅，2022. 房地产基础数据要素资产化的理论基础、演进规律与价值实现［J］. 武汉金融（5）.
刘吉超，2021. 我国数据要素市场培育的实践探索：成效、问题与应对建议［J］. 价格理论与实践（12）.
刘旭然，2021. 加快培育发展数据要素市场［J］. 中国党政干部论坛（2）.

陆志鹏，2021. 数据要素市场化实现路径的思考［J］. 中国发展观察（14）.
彭云，2016. 大数据环境下数据确权问题研究［J］. 现代电信科技（5）.
申卫星，2020. 论数据用益权［J］. 中国社会科学（11）.
宋方青，邱子键，2022. 数据要素市场治理法治化：主体、权属与路径［J］. 上海经济研究（4）.
唐要家，唐春晖，2020. 数据要素经济增长倍增机制及治理体系［J］. 人文杂志（11）.
陶卓，等，2021.数据要素市场化配置典型模式的经验启示与未来展望［J］.经济体制改革（4）.
王春晖，方兴东，2023. 构建数据产权制度的核心要义［J］. 南京邮电大学学报（社会科学版）（1）.
王磊，2020. 关于健全数据要素收益分配机制的初步思考［J］. 中国经贸导刊（6）.
魏益华，杨璐维，2022. 数据要素市场化配置的产权制度之理论思考［J］. 经济体制改革（3）.
文禹衡，2019. 数据确权的范式嬗变、概念选择与归属主体［J］.东北师大学报（哲学社会科学版）（5）.
吴志刚，2021. 厘清数据要素内涵特征　提升数据治理硬核能力［J］. 数字经济（11）.
熊伟，等，2022.“十四五”时期数字要素市场构建的实施短板与创新路径［J］. 新疆社会科学（1）.
鄢浩宇，2023. 数据要素市场培育的制度需求与法治保障［J］. 中国矿业大学学报（社会科学版）（3）.
严宇，孟天广，2022. 数据要素的类型学、产权归属及其治理逻辑［J］. 西安交通大学学报（社会科学版）（2）.
杨铭鑫，等，2022. 数字经济背景下数据要素参与收入分配的制度进路研究［J］. 电子政务（2）.
杨农，2021. 数字经济下数据要素市场化配置研究［J］. 当代金融家（4）.
张昕蔚，蒋长流，2021. 数据的要素化过程及其与传统产业数字化的融合机制研究［J］. 上海经济研究（3）.
中国信息通信研究院，2020.“四化”协同，数字经济发展新阶段［J］. 信息化建设（7）.
周倩，2022. 释放数据要素潜能　推进数字经济高质量发展［J］. 中国电信业（5）.
柳峰，2021. 发展数据要素市场需要系统思维［N］. 河北日报，10-22（6）.
张骏，孟群舒，2023. 推进数字化转型，是一堂“必修课”［N］. 解放日报，03-07（3）.
高富平，2022. 以持有权开启数据要素化利用［EB/OL］.（11-13）［2024-01-15］. https://news.caijingmobile.com/article/detail/477893.

# 第十章

# 不可或缺的管理要素

第九章分析了数据要素，本章着重探讨“管理要素”——企业家市场。看到本章标题中的“不可或缺”，不知读者做何感想？事实上，写这四个字绝非“无的放矢”，而是事出有因，有意为之。

2020年，《中共中央　国务院关于构建更加完善的要素市场化配置体制机制的意见》发布，其中列出了劳动力、土地、资本、知识、技术、管理和数据七大要素，在论述现实中建立要素市场时，从实际出发，把知识与技术两要素合在一个市场，本书也是将二者合二为一论述的（见第八章）。然而，该意见列出七大要素，却只列出五大市场，即劳动力、土地、资本、知识技术（合二为一）、数据要素市场。唯独缺少管理要素市场。本章即深入探讨这个问题。

## 第一节　管理要素（企业家）是中国式现代化进程中最稀缺的经济资源

在当代经济社会活动中，企业家是参与市场经济活动的重要主体，从七大要素的稀缺度角度研究，企业家资源应该是中国经济发展过程中投入的各种“资源”中最宝贵的资源。

---

本章执笔人：常修泽（中国宏观经济研究院教授、博士生导师）。

1994年，笔者在国家哲学社会科学重点科研项目成果《现代企业创新论》[1]中，提出了“培育企业家阶层”（常修泽等，1994）497、“尊重并鼓励企业家创新精神”（常修泽等，1994）500的命题。该书“企业创新主体分析”一章中指出：“为了健全企业的创新机制，应当自觉地培育企业家阶层，切实地为这一阶层的形成和发展开辟道路。”（常修泽等，1994）497-498

30年过去了，企业家阶层作为参与市场经济活动的重要主体已经在中国出现，企业家精神作为改革开放精神的重要组成部分也受到关注，对这些成绩和进展应以一种能动的、远眺的眼光给予其足够的估量。但同时，毋庸讳言，现实生活中由于种种原因，在培育企业家群体，特别是激发和保护企业家精神方面存在不少矛盾，致使部分企业家的“预期”和“信心”出现问题，有些地方企业家“出走”情况比较严重[2]。

基于企业家崛起的历史必然及前景，为解决中共二十大之后企业家群体仍存在的社会预期问题，笔者认为，国家必须着力营造法治、透明、公平的体制政策环境和社会舆论环境，“保护企业家精神，支持企业家专心创新创业”[3]，尤其是要“稳定民营企业家信心”“引导形成良好社会预期”[4]。为此，本章拟从中共二十大后新的社会实践出发，对企业家要素市场化问题进行再探讨。

## 一、提出问题：“企业家”的定义是否需要澄清和重新界定?

讨论如何发挥企业家要素的作用，首先需要准确界定企业家的定义。

### （一）1994年《现代企业创新论》中的定义

1994年，笔者在《现代企业创新论》一书中对企业家内涵是这样界定的：“‘企业家’一词源于法文，原意为冒险家。在英语中，企业家（Entrepreneur）一词意指创建企业并承担经营管理职责的指挥者。准确地说，并不是一般的企业经理

[1] 此国家科研项目由常修泽主持且主笔完成，当时的研究生黄志亮、毛元斌、祝尔娟、高明华曾参加课题研究。

[2] 《财经》杂志2017年3月8日资料显示，美国2016财政年度政府共签发9974张EB-5（一种投资移民签证），其中7515张发给了来自中国的申请者，占总数的75.35%，申请者中有一部分就是企业家。

[3] 来源于《2016年中央经济工作会议公报》。

[4] 来源于《2016年中央经济工作会议公报》。

就能被称为企业家，只有那些有创新思想并有创新业绩的企业经理才能称得上企业家。”（常修泽等，1994）[487–488]

此后，笔者一直关注国内外学术界关于企业家定义的研究动态。根据现在掌握的资料，当前就如何把握企业家内涵，大体有较窄、较宽和较正统三种看法。

## （二）关于企业家定义的三种代表性观点及笔者看法

第一种，有的论者以美国学者布鲁克斯在《旗帜周刊》提出的“无限制的资本家”所具备的三个条件来把握企业家的内涵：

（1）他们“是技术专家，是商人（经营管理者），又是艺术家”；

（2）“他们喜欢新概念、新思想、新的思维方式，喜欢变革，喜欢破除传统的东西”；

（3）他们“不喜欢等级制，认为等级、职务头衔等是限制性的，已经过时”。[1]

按此观点，在实践中合乎此标准的企业家，虽然也有，但是凤毛麟角，以至于有人极端地认为“中国没有企业家”。

笔者认为，这种观点过于狭窄或过于严苛。应该承认，中国在传统的计划经济体制下，由于国家集国有企业所有权和经营权于一身，加之当时又没有民营企业和外资企业，确实没有企业家。

但现在情况已经发生了变化。经过数十年改革开放实践，中国要素市场化逐步深化（王小鲁等，2017）。2023年4月，笔者在粤港澳大湾区实际调研时感受到，一批企业家已登上经济舞台，在市场竞争中崛起并成长，其中从那些极具核心竞争力的企业中涌现出来的企业家更为优秀。

举个实例，此次在珠海调研时，笔者发现了一家创新实力较强而又低调的民营企业——珠海纳思达股份公司。该公司生产的打印设备通用耗材销量在通用耗材行业位居全球第一，打印设备整机销量排名全球前四，经营范围已覆盖全球150个国家和地区。从公司发展史看，该公司已经涌现出公司董事长等优秀企业家。虽然人数

[1] 原出处见戴维·布鲁克斯所写的文章《无限制资本家》，该文载于美国《旗帜周刊》（1997年7月14日），被《参考消息》1997年7月31日转载。20年前笔者曾研究过“无限制资本家”，参见：常修泽.二十一世纪初期中国企业创新探讨［J］.经济改革与发展，1998（9）.

不多，但是企业家存在是不争的事实。说“中国没有企业家”是不符合实际的。

第二种是比较宽泛的、社会上流行的定义。

一些论者把一般的企业（法人单位）经营管理者笼统地等同于企业家。按此定义，根据国家市场监督管理总局2023年第一季度例行新闻发布会发布的统计数据，中国有5282.6万户各类企业（法人单位），若按一家企业有一个企业家计算，中国有约5000万个企业家；若按两个计算，则有约1亿个企业家。这是一种含义过于宽泛的理解，但这种定义在社会上比较流行。

笔者认为，把一般的企业（法人单位）经营管理者笼统地定义为企业家，这种定义过于宽泛，甚至可能导致“企业家”的概念庸俗化。因为按照笔者的理解，应当说，在我们这个社会里，绝大部分人还是“风险恐惧”型的，那些偏好风险、发现风险、管理风险并从中获益的企业家还是较少的。认定中国的企业家是“关键少数”和“特殊人才”，这个判断才是对的。中国需要造就千千万万个企业家。

第三种是比较正统的熊彼特定义。

熊彼特于1912年出版的《经济发展理论》中首先提出了著名的“创新理论”，强调创新是“企业家对生产要素的新的组合”。创新作为企业家的内在规定性，点出了企业家的特质，这也是比较正统的定义。笔者1994年在《现代企业创新论》中下的定义——“只有那些有创新思想并有创新业绩的企业经理才能称得上企业家”就是基于这个认识提出的。

现在看，当初把“企业经理”与“企业家”区别开来，强调“只有那些有创新思想并有创新业绩的企业经理才能称得上企业家”，就其基本方面来说是能站得住脚的。但是，自1994年起，30年来，中国企业经理群体的现实告诉我们，仅有上述界定是不够的，随着理论和实践的发展，对企业家的判断需要增加新的维度和新的视角。

在中国，企业家要素作为一个重要的经济要素正在发挥不可替代的作用。习近平主席于2014年11月9日在亚太经合组织工商领导人峰会开幕式讲话中用“特别”二字强调了企业家的重要性：“我们全面深化改革，就要激发市场蕴藏的活力。市场活力来自于人，特别是来自于企业家，来自于企业家精神。”在世界出现新变局和中国改革开放发展亟待开创新格局的条件下，强调企业家要素具有重要的理论和现实意义。

## 二、工业文明演化的产物：企业管理者的“乐队指挥”职能

关于企业家的定义，首先应把握其角色定位。1994年，笔者定义其角色定位为“创建企业并承担管理经营职责的指挥者”。现在看，这个角色定位中的三个关键词——“创建企业”“管理经营”“指挥者”是较为准确的。但是30年来的实践表明，在中国转轨转型特殊的体制条件下，围绕这三个关键词所形成的关系是相当复杂的，需要进一步厘清。至少存在以下三组重要关系。

1. 关于“创建企业”：企业家与资本的关系

总的来说，企业家可以是出资人，也可以不是出资人（如职业经理人）。在现代市场经济中，一个企业的投资者可以参与（或部分参与）经营管理，也可以不参与经营管理（如风险投资）。因此，企业家与出资人之间并不是等价的。从中外实践来看，企业家中确有不少投资者（所持股份多少姑且不论），但投资者未必是企业家。

2. 关于“管理经营”：企业家与管理者的关系

总的来说，企业家源于管理经营者（参与企业战略规划与日常管理），但同时又必须高于普通管理经营者。企业家的能力、魅力、意志力等与企业的命运息息相关。从这个意义上来说，企业是“企业家的企业”。反过来说，普通管理经营者未必是企业家，即使是某些职业经理人，如不能承担更多的风险与创新责任，也算不上是企业家。

3. 关于“指挥者”：企业家与“被指挥”的企业的关系

从一定意义上说，企业家与“被指挥”的企业是一体两面。无论企业家以什么形式进入企业或者进入什么性质的企业，他必须“像乐队指挥一样”担当企业的总“指挥者”。西方经济学教科书上讨论的企业家，基本上是以成熟市场经济为背景的私营企业或股份制企业的企业家。对于中国来说，鉴于国有企业的存在，问题就比较复杂。判断企业主要负责人是不是企业家，要看其所处的制度环境和自身角色。如果国有企业主要负责人能真正担当起企业的总“指挥者”角色并具备下文所述企业家的三条特质，那么可以被称为企业家；反之，则很难被称为企业家。

## 三、创新、情操、“复合经济人”：当代企业家的三大特质

说到特质，必须看到，企业家群体是历史的、时代的。作为现代市场经济的主体之一，他们本身也是不断发展成长的。不同的界定反映出企业家群体不同发展阶段的时代印记与理论形态。

1996年1月，在笔者主笔的《现代企业创新论》出版一年多之后，笔者从“人本经济学”角度提出了“人本原则高于资本原则”的理论主张[1]，此后进一步提出“人本要素与资本要素（产权）协调共进论”（常修泽，2010）。

2001年，在为中共十六大提供的“专题研究报告”中，基于“人本原则高于资本原则”理论，笔者建议“把人的发展作为一个独立的、完整的指导性理念提出”（常修泽，2002）[2]。尔后正式出版《人本体制论——中国人的发展及体制安排研究》，探讨与“物本”“官本”都有原则区别的“人本”及其体制问题（常修泽，2008）。

后来，笔者对“能动的、全面的人，而不是僵化的、‘单向度’的人”进行了研究（包括探源）。所谓“单向度的人”，源自法兰克福学派代表人物马尔库塞的经典著作《单向度的人——发达工业社会意识形态研究》。按照马尔库塞的阐述，“单向度的人，即丧失否定、丧失批判和丧失超越能力的人”。（马尔库塞，2008，第205页）该书深刻指出：“发达工业文明的奴隶，是地位提高了的奴隶，但仍然是奴隶。因为决定奴役的‘既不是顺从，也不是艰苦劳动，而是处于纯粹工具的地位，人退化到物的境地’”[3]（马尔库塞，2008）28。

受马尔库塞观点的启示，笔者意识到，对企业家内涵的界定，不应该只从“创新”一个向度考虑，也应该从“能动的、全面的人”的向度考虑。

对企业家的定义，新的视角是什么？是关于“人”的多向度视角，即从“能

[1] 原话为：“在社会主义公有制经济中，我认为，应当遵循‘资本’原则和‘人本’原则这两条基本原则。”“人本原则……这是比效率原则更为深层的原则。”“近年来，有些企业提出‘以人为本’的思想，是很深刻、很精辟的。在企业组织制度设计时应能很好地体现这种‘人本’原则。”参见：常修泽. 积极推进企业制度创新［N］. 经济日报理论周刊，1996-01-08.

[2] 2001年先以内部报告形式上报中共十六大报告起草组。

[3] 从上文可以看出，在西方发达工业社会，“异化人”是怎样一种情形。该经典论述对西方“异化人”的揭示既深刻又生动。这一现象足以解释：为什么在1968年法国“五月风暴”中，年轻学生把《单向度的人》当作“圣经”来读并积极投身当中。

动的、全面的人”的向度考虑问题。基本思路：尝试把熊彼特“创新”标准的基本内核，与包括中华文化价值在内的人类文明的“情操”以及亚当·斯密“道德情操论+经济人”经典理论结合起来（常修泽，2013a）。

1. 创新

这是最基本的且无争议的特质定位。企业家是“新的技术力量的产物”。有创新则有企业家，无创新则无企业家。

但这里的创新，不能仅仅理解为“技术创新”。我们正处在一个大众创业万众创新的时代，把创新仅仅解释为技术创新是远远不够的。笔者在1994年出版的《现代企业创新论》中指出，创新包括：（1）制度创新（体制创新）；（2）技术创新（含工艺、产品等创新）；（3）市场创新（包括商业模式创新）；（4）管理创新（包括企业文化创新等）（常修泽等，1994）1。

2015年，中共十八届五中全会第一次提出“以创新为引领的五大新发展理念”，强调让创新贯穿党和国家一切工作，让创新在全社会蔚然成风。现在讲的创新是升级版的创新，定位是“四创加一等”（或称“4+$N$”模型），即理论创新、制度创新、科技创新、文化创新“等”。

这种全面的多元创新是企业家的宝贵特质。实际上中国当代知名企业家，不论是华为的任正非，还是福耀的曹德旺，抑或是腾讯的马化腾，都是多方面的创新能手（不仅仅是技术方面）。他们的创业事迹彰显了一代企业家在新形势下对中央提出的全面创新的时代精神的贯彻。

2. 情操

“情操”者，感情、操守也，它属于道德范畴。早在2500多年前，中国先哲就提出了仁、义、礼、智、信及“己所不欲，勿施于人”等一整套道德价值准则。孔子曾曰：“富与贵，是人之所欲也；不以其道得之，不处也。贫与贱，是人之所恶也；不以其道得之，不去也。”（《论语·里仁篇》）基于此价值准则，不少华商把“君子爱财，取之有道”作为经商的信条。

这种理念给中国人甚至整个人类带来深远影响。2000多年后，亚当·斯密在其《道德情操论》[1]中，阐释了正义、仁慈、克己等道德情操问题，进而揭示出人类

[1] 该书出版于1759年，比《国富论》出版早17年，而不是学术界有人“误传”的所谓先有《国富论》后有《道德情操论》。在斯密看来，有两个主要的问题需要回答：“第一，美德存在于何处？”“第二，是什么东西使人们喜欢这种品行而不喜欢另一种品行？”

社会赖以维系、和谐发展的道德基础。

在当代，某些企业家创办企业，其目标未必是单纯地获得巨额回报，而是要解决人类社会的某一具体问题，基于物质层面而超越物质层面。企业家如果不具备人文关怀与独立自由精神，就很难发现社会中存在的问题，也很难创新解决问题。从这个角度看，人文关怀与独立自由精神，是企业家和知识分子的共同精神特征。

基于上述研究，笔者深感在21世纪20年代的今天，界定企业家特质内涵，不应忽略人文关怀特别是"情操"问题。有情操则有企业家，无情操则无企业家。

强调这一点，对促进企业家群体树立正确的义利观、价值观，协调企业家群体与其他社会资源的关系，有特殊意义。这涉及企业家的价值定位，也是笔者30多年来在探索"人本经济学"的基础上，对企业家群体经验教训研究的体悟。

3."复合经济人"

这是企业家的职业定位。"经济人"（Economic Man）来自亚当·斯密的《国富论》，从原著来看，虽然亚当·斯密（1972）认为人的行为动机根源于经济诱因，出发点是争取个人利益，但其结果则是实现"利己"与"利他"的统一。如今在定义企业家时，不能只讲第一点（出发点——争取个人利益），也要讲第二点（结果——实现"利己"与"利他"的统一），要把这两点统一起来。笔者按事物本来面目称之为"复合经济人"，这是企业家的特质之一。

综上所述，笔者认为，将创新、情操、"复合经济人"这三条"融为一体"（简称"三合一"），才能使企业家定义更完整，更带有"文化的人""能动的人"和"全面的人"三种特性。在中国"创建企业并承担经营管理职责的指挥者"（包括国有企业领导人员、民营企业和外商投资企业等企业负责人、职业经理人群体）中，凡是符合上述三合一特质的，都可以称为"企业家"[1]。企业家是一种稀缺的社会资源。

[1]　关于企业家特质内涵的新定义，参见：常修泽. 企业家阶层新论［J］. 上海大学学报（社会科学版），2017，34（3）.

# 第二节　管理要素（企业家）市场在中国的不可或缺性

## 一、管理要素（企业家）的稀缺性与中国企业家的使命

当今世界处于急剧变化中。各个国家未来的领导层将可能在哪些人中产生？撇开具体的个人，仅就大趋势和大社群来说，经济人、科技人、文化人、社会人和政治人有机结合的精英群体，应该是培育各个国家未来领导层的土壤。

在世界信息化（包括智能化）、经济全球化（包括金融化）的时代，中国的企业家群体在改革开放和创新发展的伟业中，担负着新的重要使命。

### （一）企业家在中国深化改革大业中的“领先者”使命

中国企业就其资本关系来说，无非是国（有）、民（营）和外（资）三类[1]。无论是哪类企业的改革和发展，抑或是混合型企业的改革与发展，都需要企业家运筹帷幄，率先推进。从改革的深层结构来说，改革的实质在于用市场化来激活资本、土地、劳动力、技术、知识、管理和数据七大要素。在这里，管理要素的载体就是千千万万个企业家。没有企业家的“头羊效应”，深化改革难以取得实质性进展。

中国改革正处在历史性变革与制度性变革双重交叉的“爬坡”过程中。1992年，邓小平在南方谈话中指出：“恐怕再有三十年的时间，我们才会在各方面形成一整套更加成熟、更加定型的制度。”（邓小平，1993）372现在“三十年”已经过去，当初邓小平提出的“在各方面形成一整套更加成熟、更加定型的制度”实现了吗？我们为之奋斗的“国家治理体系和治理能力现代化总目标”以及一整套涉及社会主义经济、政治、文化、社会、生态的制度“更加成熟”了吗？“更加定型”了吗？当然，“三十年”也只是一个大体的预计，而且在过去的三十余年，改革的难

[1]　2021年三种所有制企业上缴国家税收比重为：民营企业上缴59.6%，国有企业上缴 24.7%，外资企业上缴15.7%。数据来源：经济观察网（https://www.eeo.com.cn/2022/1029/564590.shtml）。

度超乎想象，中国改革是一场“输不起的战争”，这是十分明确的。

笔者在《中国经济三型趋势论》（常修泽，2022）中指出：“中国改革从1978年12月迄今已近44年。经过‘上半场’的努力，商品市场这一块，已经放开97%，政府控制的攸关国计民生的重要部分只占3%。商品市场部分大体可以说‘轻舟已过万重山’。但是，要素市场的放开比较迟缓。首先，土地、资本领域放开不够，无论是土地的市场化，还是利率的市场化，都是短板；其次，人本要素领域，无论是知识的市场化，还是技术的市场化，无论是劳动力的市场化，还是企业家的市场化，更是短板中的短板。中国改革的‘战车’，不可避免地要开到要素的面前。这是改革自身逻辑的贯通使然。”文中特别提到了企业家市场化的“短板”问题。在中国这场深化改革的大业中，企业家肩负着“领先者”的使命。

### （二）企业家在下一步制度型开放中肩负着“开拓者”使命

当今世界有三大潮流：经济全球化潮流、全球新技术革命潮流和人本主义发展潮流。尽管近年世界出现了以贸易保护主义为标志的“逆全球化”潮流，但是，从人类文明发展的基本走势来看，全球化的浪潮是不可阻遏的。

在新阶段，中国参与全球化进程将出现新的特点。笔者在《中国经济三型趋势论》中指出：如果说，前四十年的对外开放更多是属于政策型的“五个流”开放（商品流、资金流、信息流、人员流、技术流）的话，那么新阶段的开放则要“进入制度型开放新境界。所谓制度型开放是指体制、规则、规制等方面的开放，尊重国际营商惯例，与国际规则接口。这并不意味着‘五个流’开放完结，而是说，要向制度型开放升级并与‘五个流’开放结合进行。这是开放领域的新追求”。

这样一种制度型开放，联系中国的现实，突出涉及以下五个问题：（1）国企改革问题；（2）市场准入、公平竞争，隐性壁垒问题；（3）保护知识产权问题；（4）劳工权益问题；（5）环境保护等企业社会责任。在下一步推进这类制度型开放过程中，企业家肩负着“开拓者”使命。

### （三）企业家在中国经济发展新格局中的“创新者”使命

笔者首次听闻“新发展格局”概念是在2020年4月10日中央财经委员会第七次会议上。2020年5月14日，中共中央政治局常务委员会会议提出“充分发挥我国超大规模市场优势和内需潜力，构建国内国际双循环相互促进的新发展格局”。2020年7月30日，中共中央政治局会议进一步明确“加快形成以国内大循环为主体、国内国际双循环相互促进的新发展格局”，特别是中共十九届五中全会鲜明提出，加快构建以国内大循环为主体、国内国际双循环相互促进的新发展格局。可以说新发展格局是国家重大战略决策，是“十四五”时期以及未来更长时期我国经济发展的主线。因此在当今世界，研究中国经济发展最深刻的命题是“新发展格局”。

但对于“新发展格局”的内涵，笔者以为，社会上可能存在一定程度的误解。

笔者认为，新发展格局实际存在两层含义，第一层含义即“双循环”——“以国内大循环为主体，国内国际循环相结合”。强调“双循环”是对的，其中重点之一，是要把国内大循环畅通起来，既然要畅通国内大循环，那就理所当然地要突出“需求”问题[1]。中央强调“双循环”特别是把国内大循环畅通起来，令人感到很亲切。把握“新发展格局”的这样一层含义，就是要按中央精神来构建“双循环”格局，这是必须首先肯定的。

但是，如果仅仅理解到第一层含义，笔者认为是不够的，还应该理解第二层含义。第二层含义是什么呢？就是“实现高水平的自立自强”，其实，这也是新发展格局的“最本质特征”之一。

既然最本质特征是“实现高水平的自立自强”，那么，结合当今某些重大危机爆发之后世界安全格局和秩序的变化，我们应关注什么？注意：中国所拥有的14亿人口及巨大市场空间，是中国“自立自强”——保持战略定力和战略回旋余地的宝贵资源。再深入一步：一个国家、一个民族要自立自强，其深厚的民众基础是什么？笔者认为，是“每个人都要自立自强”，因此“每个企业家都要自立自强”，这涉及企业家人格独立和创新精神问题。

在企业形态层面，谁是创新的重要主体？是企业家群体。中国著名企业家们在创新舞台上叱咤风云，但与此同时，也必须冷静地看到，中国在创新能力方面与一些发达国家相比还有很大的差距。世界知识产权组织2022年发表的《2022年全球创新指数报告》表明，瑞士、美国、瑞典、英国和荷兰是世界上最具创新性的经济体，中国排在第11位，与此同时印度和土耳其等其他新兴经济体也保持了一直以来

[1] 2016年，拙作《论需求管理与供给管理相结合的新方略》发表，文中主张把需求管理与供给管理相结合，而且应该把“需求侧”放在首位。这曾引起争议和批评。

的强劲表现，这两个国家的排名首次进入前40。

可见，中国在构建最具创新性的经济体方面“前有标兵，后有追兵（特别是印度）”。专家指出，中国不少核心技术、关键技术受制于人。最典型的是95%的高端芯片依赖进口；中国先进的汽车、高铁虽然实现了国产化，但汽车的大排量发动机、高铁的部分部件还是依赖进口；人工智能的关键部分也落后于人；等等。在这方面，中国企业家作为从企业内部对制度、技术、市场、管理等一整套体系发起攻势并进行创新的“指挥者”，担负着不可替代的组织创新的特殊使命。

企业家群体在要素型改革、制度型开放和“构建新发展格局”方面担负重要使命，那么，这一群体在现阶段的“处境”究竟如何？他们的“预期”和“信心”是怎样的呢？

## 二、问题导向：当前影响企业家“预期”和“信心”的突出问题

改革开放以来，伴随市场经济的发展，国家在培育企业家阶层方面做了大量工作，也取得了一定成效。但由于计划经济体制的深远影响以及“官本位”文化的长久浸润，加之某些人对企业家群体认识有误，一些地方不是用包容性改革思维而是用某种排斥性思维对待企业家，导致他们在“预期”和“信心”方面存在不少问题。

2017年1月10日，笔者在向国家提交的《关于激发和保护企业家精神的七点意见》（内部研究报告）中，指出了当时严重存在的五个突出问题。七年过去，根据笔者近三年（2022—2024年）在东北地区、山东、北京、天津、海南、贵州、新疆以及浙江、广东的最新调查研究，下述五个突出问题当前仍然不同程度存在（相比之下，浙江、广东的情况比北方省市要好一些，东部地区的情况比西部地区要好一些）。

### （一）对企业家阶层的社会尊重度不高

按照现代社会的“社群”理论，在中国社会的群体结构中，企业家群体是一个重要的社群，虽然人数不多，但他们是与先进生产力和先进文化相联系的社会力量。特别是在当今中国逐步融入世界经济体系的时代，企业家群体将发挥重要作

用。可惜现在企业家的社会尊重度并不高。甚至实践中一些人把企业家与“过去的资本家”相提并论，让企业家背负了本不该属于他们的负面评价。

2023年4月22日，笔者在深圳作了题为《中国经济三型趋势论和企业家命运》的学术报告后，在报告“留言区”竟有两位不同地区的朋友留下类似短言：“现在没有人真正理解和尊重民营企业家。”尽管这话说得比较尖锐，也比较绝对，但折射出社会对该群体尊重度较低的现实，在此背景下，遑论对企业家队伍的培育和保护。笔者认为，这是本源性问题，下面的问题都是由此继发和衍生而来的。

### （二）产权保护不到位

实践中侵害企业家财产权和其他权益的问题颇为复杂。

其中三类值得关注：（1）“司法”问题导致的产权被侵犯问题；（2）“执法”问题导致的产权被侵犯问题；（3）公务人员“腐败”导致的产权被侵犯问题（甚至出现利用公权力以刑事手段介入一些民事经济纠纷）。这里，“公权力”侵害企业特别是民营企业以及个人的合法产权和权益问题值得关注。

2004年以来，笔者先后亲历了顾雏军和张文中两位企业家的案件过程，其中，顾雏军案直到2023年12月仍未获得令人满意的结果[1]。人们呼吁要有依法保护企业家合法权益的法治环境。

### （三）“一碗水没端平”

按照社会主义市场经济的运行规则，应该实行“两平一同”的规则，即：（1）平等占有生产资料；（2）公平参与市场竞争；（3）同等受到法律保护。

然而，现在在这些层面上，存在不同程度的“所有制歧视”。在不同所有制企业家保护上存在权利不平等、机会不平等、规则不平等的情况。总体来说，对非公有制企业家的保护，弱于对公有制企业家的保护。不同所有制企业家尚未居于“同一条起跑线”上，未在“同一类跑道”比赛，也未实行“同一个游戏规则”。人们期望形成各类企业家公平竞争的市场环境。

[1] 关于顾雏军索赔案报道，见观察者网2023年4月26日文章《最高人民法院依法对顾雏军申请广东高院国家赔偿一案作出决定》。

### （四）政商关系和内部关系未理顺

政商关系是企业家群体遇到的最为棘手的关系，既存在政商之间“关系不清”的问题，也存在公权力服务不到位的问题（例如缺乏对创新型企业家完整的政策支持体系）。同时，在国企经理人员选择和配置上，受传统“官本位”体制的影响，“错把经理当官员”，尚未形成企业家市场选择和配置机制。企业内部关系也未理顺，如何妥善处理公司法人治理结构与党组织和职工的关系，尚有待探索。

### （五）缺乏社会容错和自我纠错“双机制”

不少企业家反映，“出头的椽子先烂”的现象较为普遍。调研发现，这一现象的成因很复杂，有外因，也有内因。一方面，整个社会尚缺乏一种激励企业家干事创业的氛围，尤其是对企业家在先行先试和企业创新中的错误和失败缺乏“容错机制”。另一方面，无论是国企还是民企都存在自身素质有待提高的问题，还有一些企业存在违规违法的问题。因此，亟须加强对企业家精神的培育和重新塑造。

对于上述问题，不应回避、讳疾忌医，而应有针对性地寻求有效的解决方略，稳定企业家的社会预期，促进企业家队伍健康成长。

## 三、“管理要素市场化”的若干思考

近来，笔者围绕“管理要素市场化”，特别是企业家市场问题进行了若干思考。

第一点思考：学术用语（概念）——写要素，用什么？写市场，用什么？

初步考虑：写“要素家族”时，用“管理要素”概念；写“市场创建”时，特用“企业家市场”概念，以突出“企业家市场”的作用。

第二点思考：在中共二十大后新的历史条件下，如何“使要素产权体系完整化”？

2003年5月，在为中共十六届三中全会《中共中央关于完善社会主义市场经济体制若干问题的决定》起草工作组提供的“基础性研究报告”——《论建立与社会主义市场经济相适应的现代产权制度》中，笔者建议有关方面“从广义上”把握

"产权"内涵：建议包括物权、债权、股权、知识产权以及劳动力产权和管理产权等，"从而使要素产权体系完整化"[1]。提出"要素产权体系完整化"一语已经20年（2003—2023年），令人感慨的是，在新的历史条件下，我们仍然面临如何"使要素产权体系完整化"的历史性命题。

在这里，进一步探讨什么是真正意义上的"要素产权体系完整化"。笔者的基本观点是"要素产权体系完整化"应该做到全要素的、无差异的、基于市场规则的。

其一，这个"要素产权体系完整化"应该是按照要素自身的全部逻辑，真正做到劳动力、土地、资本、知识、技术、管理、数据等"全要素"的自由流动，这是成体系的，不应是残缺的或者人为的遗漏。这是"内涵的完整化"。

其二，这种"要素产权体系完整化"不应仅仅是面对国际而言，也应该面对中国的所有地区，即这种"要素产权体系完整化"是无差异的，是基于一致性的市场规则的。此为"外延的完整化"。

其三，这种"要素产权体系完整化"，不应该仅仅停留在"知"上，而是要真正做到"行"。2023年4月，笔者前往贵州调研大数据要素交易情况，也参观了贵阳市修文县王阳明"龙场悟道处"。王阳明"龙场悟道"最重要的思想成果即"知行合一"学说的理论体系[2]。"知行合一"，即认识论与实践论的统一，这既是人文社会科学"更高境界的完整化"，也是现在讨论的"要素产权体系完整化"（而且是更高境界的完整化）。要克服当今社会普遍存在的种种"知行不一致"的行为弊端。此为"知行合一的完整化"。从"要素产权体系完整化"的要求来看，中国最缺的，就是"知行合一的完整化"。

第三点思考，"如来佛的手掌"与"孙悟空大闹天宫"对中国创建"企业家市场"有何启示?

小时候读《西游记》，对"孙悟空大闹天宫"非常喜爱；长大后再读，方知孙悟空后来被"如来佛的手掌"掌控。尽管孙悟空始终没有跳出"如来佛的手心"，但是，孙悟空依然是"金猴奋起千钧棒，玉宇澄清万里埃"（毛泽东《七律·和郭

[1] 《论建立与社会主义市场经济相适应的现代产权制度》先在《经济决策参考》内部刊登，后以"摘要本"形式公开发表在《宏观经济研究》2004年第1期，全文在《产权导刊》2004年第2期、第3期连载。

[2] 明代钱德洪编《王文成公年谱》载，"是年先生始论知行合一"。

沫若同志》），这着实给人诸多启迪。

那么“如来佛的手掌”与“孙悟空大闹天宫”，对中国“企业家市场”有何启示?

有关文件中，前面讲劳动力、土地、资本、知识、技术、管理、数据等“全要素”七个；而后面讲要素市场，则只有五个，即劳动力、土地、资本、知识技术、数据要素市场。除知识与技术被合在一起外，还缺管理要素市场或称“企业家市场”。而这个要素恰恰是企业创新的统领者，是中国最稀缺的要素。

从“如来佛的手掌”与“孙悟空大闹天宫”的相互关系中，可以寻求“企业家市场”的创建之路。

# 第三节　企业家市场的创建与完善

## 一、企业家市场不能回避：三年三度建议

从2020年到2022年中共二十大召开之前，为企业家市场的创建与完善，三年走了三步。

### （一）2020年：五条建议中提出增加管理要素（企业家）市场，从而使“要素市场体系完整化”

2020年7月17日，即在当年3月30日《中共中央　国务院关于构建更加完善的要素市场化配置体制机制的意见》发布三个多月后，中国（海南）改革发展研究院举行“在线改革形势分析会”，邀请国内专家学者开展讨论交流。主题是“面对新冠疫情冲击和复杂多变的外部环境，我国经济社会面临着的多方面挑战，如何以改革应对变局开拓新局，如何推进关键性基础性重大改革的突破，如何应对挑战并赢得国际合作竞争新优势”。在此次分析会上，笔者就要素市场化配置改革提出五点建议：（1）关于要素市场化配置改革的着眼点，应不仅着眼于经济改革和经济发展，还要着眼于人的发展和社会治理改革。（2）对于产权制度和要素市场化，不要“完全”将其看成是割裂的“两个板块”，而要在“很大范围内”将其看成是“形

神兼备”的有机整体一起推进。（3）不用“赋予”要素产权的说法，而采用“承认”“尊重”的说法，以更好地激发要素主体的活力。（4）明确增加管理要素（企业家）市场，从而使要素市场体系完整化。（5）在实践中可把要素市场化配置和公共资源市场化配置结合起来。

以上五点建议之一，就是“增加管理要素（企业家）市场，从而使要素市场体系完整化”。“目前已经明确开列五大市场：劳动力市场、土地市场、资本市场、技术市场、数据市场。但是没有正式把管理要素（企业家）列入市场体系之内，应补充完善。”（常修泽，2020）

### （二）2021年：提出如何“在中国特定条件下”创建企业家市场的具体方案

鉴于“回避企业家市场问题”未能解决，2021年，笔者完成了研究报告《新阶段如何推进要素市场化配置改革》。该报告写道：“现在有关文件已经明确开列上述五大市场，但是，没有正式把管理要素（企业家）市场列入市场体系之内，有点遗憾。怎么样才能发挥中国成千上万管理者的作用，非常重要。建议补上管理要素（企业家）这个市场。”

报告强调了补充管理要素（企业家）市场的特殊重要性，并含蓄表达了建立企业家市场不是“不迫切”的说法，指出：“党的十六大报告和党的十八届三中全会报告、十九届四中全会报告都列入管理要素。现在，中国完善管理市场是‘很迫切’的问题（不是‘不迫切’），而且面临着‘诸多新问题’（不是‘没有新问题’）。例如，不少人仍然‘错把经理当官员’，认为国有企业经理是任命的，不应该由市场来配置。”

报告最后提出了如何“在中国特定条件下”创建企业家市场的具体方案：

> “我们能不能理出个头绪来？例如，在中国特定条件下，国有企业的管理者可由组织来考核鉴别，某人适不适合当管理者，资格由有关组织来掌握，可以发‘资格证书’，没有资格证书的人就不能进入管理者市场，有资格证书的人可以进入管理者市场。民营企业的管理者更应该自由进入。经过市场平等竞争，由企业董事会来聘用，即在大框架内还是应该由市场来配置。”（常修泽，2021）

在讨论此问题时，蔡继明教授说：“国企与民企总该有区别吧？”这里笔者明确写了：“民营企业的管理者更应该自由进入”；即使是国有企业，“有资格证书的人”也可以堂堂正正进企业家市场。这是一种“在大框架内还是应该由市场来配置”的思路。

### （三）2022年：在“要素型改革”专论中，进一步完善“大框架下的企业家市场”

2022年4月，在中共二十大会议召开前半年，笔者完成了长篇研究报告《中国经济三型趋势论》，先在北京学习俱乐部报告，后作为论文在《上海大学学报（社会科学版）》发表。论文系统阐述了中国经济应然“民富型发展”“要素型改革”“制度型开放”三大趋势，其中在“要素型改革”部分，进一步论述了“第四个人本要素是管理要素：企业家管理市场。”

在这部分指出：“当前企业家面临的问题以及客观环境更为复杂。有关文件虽然提到‘管理要素’，但并未提及企业家管理市场，这是一个缺憾。当然，仔细研究起来，个中原因比较复杂，主要涉及国企经营者如何确定的问题。建议思路打开：首先，国企之外的民营企业家应该走向市场。其次，即使国企经营者，也可以在‘组织管住资格，严格市场把门’的前提下，建立大框架下的‘企业家管理市场’，然后由董事会从模拟市场上选拔经营者，这终究比‘一对一’的行政配置做法更具灵活性”。

论文最后指出：“从世界局势和国家战略的高度着眼，中国应该珍惜企业家这样一种‘稀缺的要素’，注重发挥这一群体在改革、开放、创新发展中的‘乐队指挥’才能，尤其要激发和保护企业家精神，企业家管理市场不可或缺。”（常修泽，2022）

## 二、关于激发企业家创新精神、完善企业家市场的五大方略

上文提出“注重发挥这一群体在改革、开放、创新发展中的‘乐队指挥’才能，尤其要激发和保护企业家精神”，那么，到底如何激发企业家创新精神、完善企业家市场呢？

2017年1月10日，笔者完成并上报了题为《关于激发和保护企业家精神的七点意见》的内部研究报告。同年9月，《中共中央 国务院关于营造企业家健康成长环境弘扬优秀企业家精神更好发挥企业家作用的意见》发布，这是中央首次以专门文件明确企业家的地位和价值。这里，依据中央文件精神和笔者对企业家成长规律的研究，重点提出以下五大方略。

## （一）方略一：从国家战略高度提高对企业家群体的社会尊重度

笔者1994年在《现代企业创新论》中指出："为了造就宏大的企业家队伍，必须对企业经营指挥者正其名、复其位、厚其薪。"今天，从提高社会尊重度的角度研究，对三十年前提出的"正其名、复其位、厚其薪"作新的、升级版的探求。

1.升级版的"正其名"

为了正其名，首先应在理论和观念上讲明"企业家是当代我国推动先进生产力发展的群体"。树立新时代的企业家群体新理念，营造培育与滋养新型企业家群体成长的社会氛围。

2.升级版的"复其位"

笔者曾讲过："复位就是让企业家在企业坐其位，行其权。"（常修泽等，1994）进入21世纪20年代，企业权力结构面临更复杂的关系，由于近年体制的某些原因，对于企业家在企业生产经营决策方面的权力被截留的，应该予以恢复；被侵害的，应该予以保护。

当前，企业家在企业"坐其位，行其权"方面，遇到两组关系：一是企业家与政治组织的关系；二是企业家与资本方的关系。前者比较复杂，笔者总的思想，还是从"如来佛的手掌"与"孙悟空大闹天宫"的相互关系中，来寻求"企业家的奋起"。

这里提请关注企业家与资本方的关系。实践中发生的企业家与资本方的矛盾值得研究。矛盾引发的某些事件反映了中国企业家群体所面临的"规则环境"问题，其关键词是"弱规则"。这可能是导致资本市场所谓"野蛮人"现象的根源之一。巧合的是，2016年，诺贝尔经济学奖颁给了两位研究契约理论的美国经济学家。对照中国的实际问题，契约理论是当下中国经济学的致命短板。笔者在专著《中国东北转型通论》中关于"现代契约精神'补课'"一节指出："由于计划经济体制和

‘整个社会联系体制的官僚化’，而使契约的自由精神、契约的平等精神、契约的信守精神和契约的救济精神相对薄弱。这个问题，如法国历史学家费尔南·布罗代尔在《世界史纲》中所说：可能与‘政府的权力太大’有关。”（常修泽，2020）

3.升级版的“厚其薪”

今天，虽然企业家的薪酬问题已不是突出问题，但企业家的资产和更大范围的财富问题已经上升为突出问题。从这个意义来看，升级版的“厚其薪”可提升到“厚其产”或“厚其财”的层面。应建立“四位一体”的财富机制，包括：（1）专心创造财富的机制；（2）安心享有财富的机制；（3）遂心支配财富的机制；（4）放心传承财富的机制。

通过以上内容，切实提高对企业家群体的社会地位的认知，尊重企业家的创新精神和价值观，使其心情舒畅地干事业。

## （二）方略二：切实保护企业家的产权、创新收益和其他合法权益

2016年8月25日，笔者完成并向国家有关部门上报了内部研究报告《关于完善产权保护制度》。同年11月27日，《中共中央　国务院关于完善产权保护制度依法保护产权的意见》发布，这是中华人民共和国成立以来第一个由中央颁布的系统性产权保护文件。八年过去，今天仍然面临保护企业家的产权、创新收益和其他合法权益的命题，针对该命题提出以下方案，以便为企业家提供“定心丸”和“定盘星”。

首先，要保护企业家的物权、债权、股权等基础性财产权。

在这方面，民营企业家与国企管理者的体制背景不同，因而产权保护的内涵不尽相同。但基本思路是增强各类企业家的财富安全感。当前，应采取有力的举措，冲破既得利益集团势力的阻挠、干扰和掣肘，甄别、纠正一批社会反映强烈的产权纠纷申诉案件。

其次，要保护企业家的创新专利。

笔者在《现代企业创新论》一书中指出：“专利是发明和其他技术进步的所有权。专利是一种垄断权，如果不给予发明者和技术进步的创造者以垄断权（同时意味着潜在的巨额收入），就不会以强有力的力量去刺激创新。”（常修泽，1994）[501]今天，笔者仍重视保护创新专利的问题，并进一步提出，随着制度创新、技术创新、市

场创新（如阿里巴巴商业模式类创新）和管理创新（包括各种管理创意）的推进，企业家的创新收益将呈现多样性和重合性，除技术专利之外，其他知识产权创新收益也应受到保护。

再次，保护企业家的“人本要素产权”。

企业家与其他自然人的明显不同在于，企业家具有独特的、不可替代的“人本要素产权”。人本要素产权的特性基于其潜在的经济价值和稀缺性。应该通过“管理产权”（采用“期股”或“期权”的形式）来实现企业家的人本要素产权的价值。

最后，保护企业家自主经营合法权利。

笔者调研发现，乱收费、乱摊派、乱评比等情况仍然存在，侵害企业家利益的事情仍有发生。因此，必须清理涉企收费、摊派事项和各类达标评比活动，铲除乱收费、乱摊派、乱评比等乱源。政府应率先垂范，行政执法的自由裁量权也必须规范。

### （三）方略三：以“两平一同”为核心，为企业家创造公平竞争的市场环境

笔者在2013年出版的《包容性改革论——中国新阶段全面改革的新思维》一书中指出，中国需要“包容国有与民营”，明确提出“国有民营都是共和国的‘亲儿子’”（常修泽，2013b）。2016年发布的《中共中央　国务院关于完善产权保护制度依法保护产权的意见》明确提出“权利平等、机会平等、规则平等”，这一基调同样适用于创造企业家公平竞争的环境。在实践中，创造各类企业家“权利平等、机会平等、规则平等”的市场环境，应紧紧抓住“两平一同”这个核心。

1. 平等使用生产要素

当代生产要素包括劳动力、资本、土地、知识、技术、管理、数据等要素，应该平等使用。现在，资本（主要是信贷）、土地等要素在使用方面尚不平等，必须尽快扭转这一局面。

2. 公平参与市场竞争

在这个问题上，现在垄断领域显性的和隐性的壁垒比较严重。要打破垄断，放宽市场准入。切实执行“两个凡是”：（1）凡是法律法规没有明确禁止的行业和领

域都应该允许、鼓励民间资本进入（“非禁即入”）；（2）凡是已向外资开放或承诺开放的领域都应该向国内民间资本开放。可率先从电力、电信、交通（包括铁路、民航等）、石油和天然气、市政公用领域等起步[1]。注意：放宽市场准入，不仅要强调“同一条起跑线”，而且应讲“同一类跑道”“同一个游戏规则”，真正做到“一碗水端平”。

3. 同等受到法律保护

《中共中央　国务院关于完善保护产权制度依法保护产权的意见》提出，保护产权的“两个不可侵犯”，即公有制经济财产权不可侵犯，非公有制经济财产权同样不可侵犯，这受到了社会各界的拥护和支持。除产权“两个不可侵犯”外，公有制经济企业家与非公有制经济企业家的其他权益同样“不可侵犯”，都应受到法律保护。

同时，有何机构和机制来监督违反“公平竞争”的现象？境外有“公平竞争委员会”或类似机构，境内呢？现在国家有国务院反垄断委员会，但其主要是针对行业垄断问题。那么，所有制领域呢？笔者建议，实施公平竞争从国家发展改革委和中央有关经济部委率先做起。

### （四）方略四：塑造新型政商关系，在“亲”“清”中补充“服”“扶”内容

建立新型政商关系对激发和保护企业家精神十分重要。对于新型政商关系，中央已经提出“亲”“清”二字。前者强调政府官员与企业家应该亲近，认认真真办事；后者强调官是官，商是商，清清白白做人。笔者建议，在“亲”“清”中应补充“服”“扶”内容：对微观经济活动，要“辅”不要“主”；对企业家，要“扶”不要“弗”；建立企业经理人员市场化选拔任用机制。

第一，要“辅”不要“主”。

老子在《道德经》中说：圣人“以辅万物之自然而不敢为”（“圣人”在这里可以看成“决策者”“管理者”）。这个“辅”字很有哲理，把握“辅”的奥妙，

[1]　相关论证参见：常修泽. 建议将“结构性破垄”列为“结构性改革”的优先领域［EB/OL］.（2016-11-12）［2023-06-16］. https://www.aisixiang.com/data/102085.html. 该文是笔者在2016新兴经济体智库年会上的演讲内容。

关键在于摆正位置，要“辅”不要“主”。

要认识到，无论是对国企，还是对民企，都不应搞政府干预。针对现在权力干预过多的问题，应以市场主体需求为导向，深入推进简政放权，放管结合，优化服务改革，并落到实处。

第二，要“扶”不要“弗”。

企业家作为创新者，他们敢想敢做，勇于征服未知的世界（新市场、新制度、新模式），特别盼望能得到理解和支持。

鉴于此，需要建立对企业家创新的“帮扶机制”。政府要“扶”不要“弗”，即不能袖手旁观。要健全涉企政策制定的企业家参与机制，完善涉企政策和信息公开机制，建立各级党政机关负责人及相关部门联系企业制度。除制度安排外，也需要采取一套完整的支持企业家创新的政策举措，即从完善对企业家的服务出发，强化实在的、有效的支持政策体系。

第三，建立企业经理人员市场化选拔任用机制。

这个问题实际上是关系企业家作用能否充分发挥的一个现实问题。主要涉及企业经理人员如何按市场化机制选拔任用的问题。

提出“党管人才”是正确的，党组织在国有企业领导人员选拔任用等方面负有重要责任。但是，对国有企业领导人员“具体怎样选拔任用”，怎么配置得更好，需要研究。现在在国企以及一些新型的农村合作社和城镇企业中，受传统“官本位”体制的影响，仍有“错把经理当官员”的情况，尚未形成企业家市场选择和配置机制。按照改革开放以来形成的规矩和相关法律，“董事会依法选择经营管理者、经营管理者依法行使用人权”（中共中央，国务院，2015）。

国企与民企不同。对于国有企业的企业家这样一种人才资源，在配置时可采取党组织“管资格”、企业家“参加竞聘”、董事会“择优选聘”的办法。在党组织“管住资格”（把门）的大框架内，企业家与企业双向选择：企业家可自由选择适合自己成长的企业，企业可自由选择自己需要的企业家。实行这种“有管理的市场化选择”机制，既有利于促进社会的“层际流动”，给社会各层的管理者提供上升通道，也有利于实现人才资源的优化配置。

### （五）方略五：进一步建立并完善法人治理结构，特别要处理好两个关系

按《中华人民共和国公司法》（简称《公司法》）规定，进一步建立并完善法人治理结构，须处理好两个关系：一是企业党组织建设与公司治理的关系，两者如何统一得更好，需要继续摸索；二是企业家与职工的关系。

首先，按《公司法》规定完善公司治理结构。

自中共十四大确立社会主义市场经济体制目标以来，随着企业（包括国企、外企和大部分民企以及混合所有制企业）所有权与经营权的分离，公司治理结构应运而生并逐步发展。一个由股东大会、董事会、监事会、经理层等组成的多层次的组织架构基本成型；与上述架构相联系的责权利划分、制衡关系和配套机制（决策、指挥、激励、约束机制）等规则也逐步明晰化，这是中国改革开放取得的成果，也是人类文明的重要内容。应按《公司法》规定，进一步建立并完善法人治理结构。

然后，寻求企业党组织建设与完善公司治理的统一。

从中国的国情出发，必须把加强企业党组织建设与完善公司治理统一起来。但在实践中，一些单位把这种“统一”理解为“党组织书记与董事长一身兼”模式。笔者在调研中了解到，目前有些国有企业的董事长并非中共党员，如坚持“党组织书记与董事长一身兼”，则意味着把民主党派和普通中共党员排斥在董事长之外，这是不利于“包容性改革”的（常修泽，2013a）。因此，“一身兼”模式可以在那些适合的企业操作，但不宜绝对化。企业党组织建设与完善公司治理如何统一得更好，需要继续实践探索。

最后，关注关于企业家与职工关系问题。

过去学界在研究经济创新时，有过创新主体“一元论”的观点，即只讲企业家主体，忽视其他主体的作用，这是不符合当今实际的。1994年，笔者在《现代企业创新论》中指出：“创新活动是企业家、‘内企业家’和劳动者的协作行为，因而作为创新主体，自然是多元的复数。”（常修泽等，1994）[487]正如一个乐队的演奏需要指挥一样，创新诸主体集合于企业家的“指挥棒”下是必须的，但是每个“演奏手”的作用都不能忽视。基于这种认识，在培育和保护企业家阶层时，应处理好企业家这个“总指挥”与“内企业家”（企业一般高管和中层）及职工等其他创新主体的关系，不可顾此失彼。

## 三、建立社会容错与企业家自觉纠错“双机制”，双方“相向而行”

本章最后，笔者想谈一下企业家与社会“相向而行”的问题，即建立社会容错与企业家自觉纠错“双机制”。

一方面，应建立社会对企业家的容错机制，为企业家创新营造良好的社会氛围。

笔者在2017年1月10日上报的《关于激发和保护企业家精神的七点意见》（内部研究报告）中，曾提出要营造敢为人先、宽容失败的良好氛围，以充分激发企业家精神。其中，完善对企业家的容错帮扶机制是一个切实的举措。

2017年9月25日发布的《中共中央　国务院关于营造企业家健康成长环境弘扬优秀企业家精神更好发挥企业家作用的意见》是一份重要的文件，在弘扬和保护企业家精神方面，一直发挥着重要的指导作用[1]。

企业家作为叱咤风云的创新者，在先行先试和企业创新（尤其在企业制度创新方面）过程中出现某些失误和失败是难免的。现实中，由于社会的包容性不够，企业家被一些人恶意打压，企业家队伍中出现“中箭受伤”者。

基于保护创新型企业家的战略考虑，《2016年政府工作报告》明确提出，要“营造敢为人先、宽容失败的良好氛围，充分激发企业家精神，调动全社会创业创新积极性，汇集成推动发展的磅礴力量”。笔者认为，为落实对企业家的容错帮扶机制，对不涉及违规决策、没有不当利益输送，按照有关规定可以容错的，应予以宽容。这就是笔者在十年前写作并出版《包容性改革论——中国新阶段全面改革的新思维》的“初心”。

至于对优秀企业家给予社会荣誉激励，拓宽企业家参与国家政治生活和管理社会公共事务的渠道，以及加强对企业家的正面宣传等，都是需要的，中国“要着力营造法治、透明、公平的体制政策环境和社会舆论环境”（习近平，2018）[312]，从而为企业家创新营造良好的社会氛围。

---

[1]　2017年9月29日，新华社《经济参考报》加按语全文公开了笔者2017年1月10日提交的《关于激发和保护企业家精神的七点意见》的“内部研究报告”，题目为《中国当代企业家肩负着历史的重任》，可供参考。

另一方面，还应建立企业家自我约束、自我净化、自我纠错机制。

与社会建立容错机制“相向而行”，企业家自身也要建立自我约束、自我净化、自我纠错的内在机制。而且笔者认为：社会越容错，企业家越应自觉。

可以这样比喻，企业家群体与制度环境是“鱼水”关系。没有“水”，“鱼”自然无法生存；但是，如果“鱼”自身“变坏”，也会葬身于“水”甚至污染整个水域。

2023年4月，笔者考察了位于贵州省遵义市播州区的“洗心书院”（一家以培训企业家为宗旨的基地）。该书院东临1935年红军长征中的重要会议——苟坝会议旧址，南临王阳明悟道的龙场龙洞，西临著名的茅台镇，融革命传统、古典文化和现代经济于一体，可谓“得地独厚”。

笔者详细了解了书院成长历程、师资、课程、藏书及优势。与书院院长及几位核心朋友深入切磋。特别是看到王阳明在贵州创立“心学”之名言“破山中贼易，破心中贼难”，再看到书院大堂中央三十二个鲜活的“心”字，颇为震撼。由此想到，在当今纷繁复杂的变局中，企业家朋友是否也该经常“洗洗心”，以真正做到“掏心掏肺做人”呢[1]？愿中国有更多的如此“培训企业家的洗心书院”。

由洗心书院说开去，应该强调，中国的企业家应加强自身修炼，特别是对仁义、诚信、家国情怀等品质的修养和锻炼。说心里话：企业家在品质方面如果出现问题，不仅影响自身形象，而且影响自己的企业乃至整个社会。只有从内外两个方面双管齐下——完善制度环境与提高企业家素质并重，企业家市场才能发展壮大，企业家精神也才能得到进一步激发[2]。

---

[1]　这段话由笔者于2023年4月20日在微信朋友圈以《南游记》之五先行发出。

[2]　关于保护企业家精神的方略的详细展开，参见：常修泽. 企业家阶层新论［J］. 上海大学学报（社会科学版），2017，34（3）. 常修泽. 激发和保护企业家精神［N］. 人民日报（理论版），2017-07-03.

参考文献：

常修泽，等，1994. 现代企业创新论：中国企业制度创新研究［M］. 天津：天津人民出版社.
常修泽，2008. 人本体制论：中国人的发展及体制安排研究［M］. 北京：中国经济出版社.
常修泽，2010. 产权人本共进论：常修泽谈国有制改革［M］. 北京：中国友谊出版公司.
常修泽，2013a. 包容性改革论：中国新阶段全面改革的新思维［M］. 北京：经济科学出版社.
常修泽，2020. 中国东北转型通论［M］. 沈阳：辽宁人民出版社.
邓小平，1993. 邓小平文选：第三卷［M］. 北京：人民出版社.
马尔库塞，2008. 单向度的人：发达工业社会意识形态研究［M］. 上海：上海译文出版社.
斯密，1972. 国富论［M］. 郭大力，王亚南，译. 北京：商务印书馆.
斯密，2003. 道德情操论［M］. 余涌，译. 北京：中国社会科学出版社.
王小鲁，等，2017. 中国分省份市场化指数报告（2016）［M］. 北京：社会科学文献出版社.
习近平，2018. 论坚持全面深化改革［M］. 北京：中央文献出版社.
常修泽，1998. 二十一世纪初期中国企业创新探讨［J］. 经济改革与发展（9）.
常修泽，2002. 中国建立社会主义市场经济体制进程的基本判断及思考［J］. 改革（4）.
常修泽，2022. 中国经济三型趋势论［J］. 上海大学学报（社会科学版），39（5）.
常修泽，1996. 积极推进企业制度创新［N］. 经济日报理论周刊，01-08.
常修泽，2013b. 国有与民营都该看成共和国的“亲儿子”［N］. 北京青年报，11-22.
常修泽，2020. 关于要素市场化配置改革的五点建议［EB/OL］.（07-21）［2023-05-25］. https://www.aisixiang.com/data/122196.html.
常修泽，2021.新阶段如何推进要素市场化配置改革［EB/OL］.（10-28）［2023-05-25］. https://www.aisixiang.com/data/129296.html.
中共中央，国务院，2015. 中共中央　国务院关于深化国有企业改革的指导意见［EB/OL］.（09-13）［2023-05-25］. https://www.gov.cn/zhengce/2015-09/13/content_2930440.htm.

# 第十一章

# 产权市场：全要素交易的综合型非标市场

“分论”篇前面诸章的执笔人按顺序分别论述了七大生产要素——劳动力、土地（衍生出自然资源环境）、资本、知识与技术（合并一章）、数据、管理要素的市场化配置改革，并结合各自研究专业，提出了诸要素市场的创建、发展与完善的意见。鉴于本书认为“要素配置实则是产权配置，要素价值实则是产权价值”（常修泽，2020），所以，以上诸要素的交易亦是各自的产权交易。

与推进理论相联系，在现实生活中，则需要建立相应的要素产权交易市场。基于理论探讨和实践需要，本书作者之一常修泽于2023年提出了《“全要素　多资源”：产权交易市场新构想》。本章拟结合各地产权市场（特别是上海市联合产权交易市场的实践），深入探讨这种“全要素、多资源”的综合型非标市场的系列问题，为“分论”篇“兜底”。

产权市场是我国要素和资源市场的重要组成部分。本章对产权交易、产权市场与非标市场进行了概念界定，并且围绕产权市场的发展历程和面临的战略机遇，具体阐述了统一大市场模式、要素集聚发展模式、与公共资源融合模式三类主要发展模式。本章提出以产权市场为代表的非标市场应紧抓当前的重大发展机遇，加快向全要素、多资源市场转型升级；依托产权市场推动非标与标准化市场协同发展、构建非标市场金融体系、促进优质科创资源集聚、打造绿色交易市场体系、探索多要素市场融合发展，并加强新型数字基础设施建设，共同助力高标准市场体系和全国统一大市场建设。

---

本章执笔人：周小全（上海联合产权交易所原董事长、经济学博士）。

# 第一节　产权市场相关理论

《中共中央　国务院关于深化国有企业改革的指导意见》明确“支持企业依法合规通过证券交易、产权交易等资本市场，以市场公允价格处置企业资产”，将证券市场与产权市场并列于我国资本市场体系中。产权市场是中国资本市场的重要组成部分，是非标准化和非连续交易的资本市场。产权市场在服务国有资本布局结构调整、发展混合所有制经济、提高国有资产配置效率、推动国有经济高质量发展等方面发挥了重要作用。产权市场的交易品种已基本覆盖了除上市公司流通股以外的其他大多数资本要素资源。从这个角度讲，产权市场是中国资本市场中的基础性市场，未来将进一步承担国内资本市场体系的基础承载功能。

## 一、产权交易、产权市场与非标市场的界定

产权交易、产权市场与非标市场既相互联系又相互区别。产权市场是实现产权交易和价值流转的场所，初期以服务企业国有产权交易为主，随着市场边界的拓宽，逐步向涵盖各类非标准生产要素及衍生权益交易的综合型非标市场转变。对三者概念和关系的清晰界定，是深入研究产权市场的前提和基础。

### （一）产权交易

2017年10月，中共十九大报告指出：“经济体制改革必须以完善产权制度和要素市场化配置为重点。”2022年10月，中共二十大报告也提出：要“完善产权保护、市场准入、公平竞争、社会信用等市场经济基础制度，优化营商环境”。产权是高于一般生产要素和资源的权利，是各种生产要素和资源的精髓和生命。产权是与财产和利益相关的权利，具有排他性、多层次性、边界性、可计量性。

产权交易是指在产权权属清晰的前提下，产权所有者通过出售、兼并、拍卖等方式，将其所拥有财产的占有权、使用权、收益权、处置权和让渡权等进行转让并

获得产权收益的行为，具体交易对象可涵盖产（股）权、债权、物权、公共资源、环境权益、知识产权、数据等有形和无形资产。

## （二）产权市场

产权市场是实现产权流转的重要场所，是要素市场建设的先行者，其主要功能是促成资本的集中与重组、发现资源价格、优化资源配置。产权市场的界定源自《中华人民共和国企业国有资产法》第五十四条中的“国有资产转让应当在依法设立的产权交易场所公开进行”，以及国务院国资委和财政部联合出台的《企业国有资产交易监督管理办法》中关于“产权转让原则上通过产权市场公开进行”的规定。产权市场的诞生和发展，是在实践中探索产权制度改革创新的成功典范，是以市场化方式代替行政手段进行要素资源配置的“中国式方案”。

在发展初期，产权市场是企业国有产权交易的公开、规范性场所，是服务国有企业布局结构调整、优化资源配置的主渠道。随着产权市场内涵的不断拓展，市场边界持续扩张，当前产权市场的业务范围已从最初的国有产权转让，逐步向股权、债权、物权、公共资源、知识产权、金融产权、环境能源、文体旅资源、数据等现代产权制度涉及的各类要素交易领域拓展，在服务国资国企改革、服务多层次资本市场建设、服务区域一体化发展等国家重大战略中成效显著。同时，随着科技和制度的不断创新，交易双方对交易质量的要求不断提升，交易品种和范围持续拓展，产权市场呈现出平台化、生态圈化的趋势，并逐步向全要素、多资源非标准化交易市场迈进。

## （三）非标市场

当前，我国已形成了包括标准化资本市场（简称标准化市场）和非标准化资本市场（简称非标市场）在内的多层次资本市场体系（图11.1）。一是标准化市场，如证券市场的主板、科创板、创业板等，以少数企业标准化产品的连续交易形成其市场规模（邓志雄，2020）。二是非标市场，以非标准生产要素及其衍生权益为交易对象，包括国有产股权交易市场、区域性股权交易市场、公共资源交易市场、碳排放权交易市场，以及其他非标资产交易平台（如金融产权、知识产权、数据要素、环境能源、农村产权、文体旅资源等各类交易服务平台）等。非标市场包含范围广泛，涵盖全要素资产交易，以交易标的非标准化、交易过程非连续性为突出特点（周小全，2022a）。

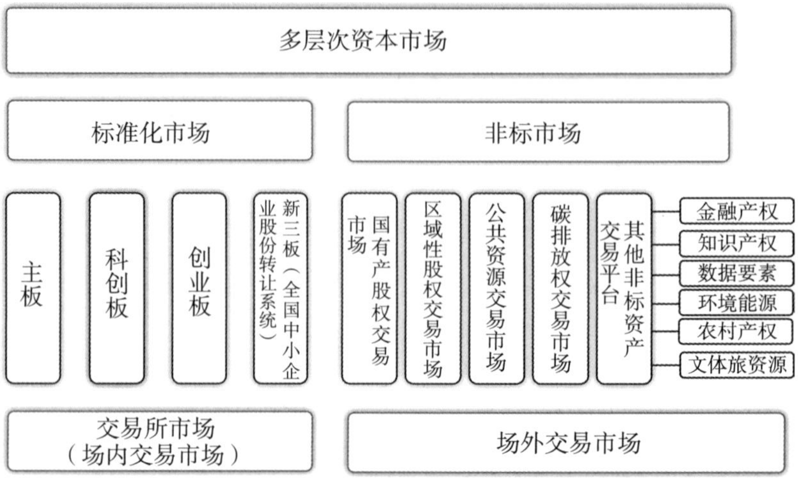


图11.1　我国多层次资本市场体系构成

标准化市场服务于上市的公众企业，非标市场服务于非上市企业及各类资源要素交易。若将交易标的是否细拆为标准化份额设为横轴，交易对象是否可在公众中连续交易设为纵轴，我国多层次资本市场中标准化市场和非标市场的关系如图11.2所示。第一象限和第四象限属标准化市场，其中第一象限为主板、科创板、创业板等，从事标准化股权的连续交易；第四象限为新三板创新层、基础层，从事标准化产品的非连续交易。第三象限为非标市场，从事非标准化产股权的非连续交易。第二象限则为非标权证，从事非标准化产品的连续性交易（邓志雄，胡彩娟，2018）。从四个象限的交易标的、交易方式来看，标准化市场和非标市场是互相补充、协同发展的两类资本市场，两者是平行关系。正如邓志雄（2020）基于和积原理提出：复合资本市场总体资源配置效率将在股票市场与产权市场两者的资源配置效率的差距扩大时下降，而在两者的资源配置效率差距缩小时提升，并在两者的资源配置效率相等时实现最大化。标准化市场和非标市场的双轮驱动，将有效提升多层次资本市场的运行效率。

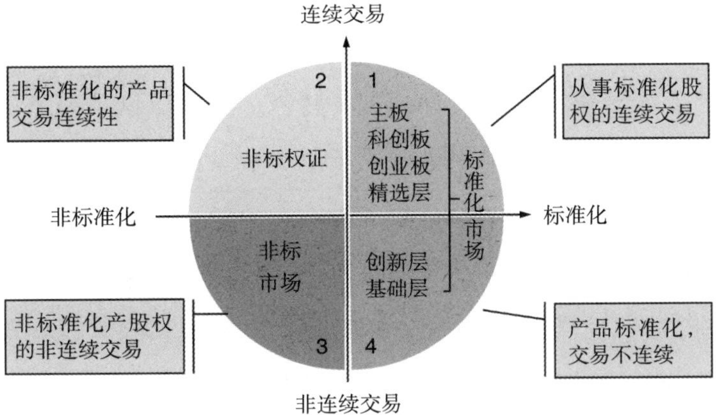


图11.2　我国多层次资本市场四象限图

## 二、产权市场在资本市场中的定位

产权市场具有资本集聚和产权流转功能，是多层次资本市场的重要组成部分，是标准化资本市场发展的基石。产权市场与证券市场一起，成为企业存量盘活、结构调整、资源优化配置和治理水平提升的“助推器”。

### （一）产权市场是资本市场的主要架构之一

2015年8月，《中共中央　国务院关于深化国有企业改革的指导意见》正式将产权市场与证券市场一同平行纳入资本市场范畴，产权市场的资本市场属性在国家顶层制度层面得以确立。2016年7月，国务院国资委会同财政部发布《企业国有资产交易监督管理办法》，进一步将企业增资业务和资产交易业务纳入产权市场交易，赋予产权市场产权流转、市场融资和资产配置三大功能，健全完善了产权市场的资本市场定位。2020年10月，国务院印发《关于进一步提高上市公司质量的意见》，提出支持优质企业上市，发挥全国中小企业股份转让系统、区域性股权市场和产权交易市场在培育企业上市中的积极作用。文中着重强调资本市场为拟上市企业尤其是广大高新技术、科创类企业进行资本赋能，而产权市场正在成为企业并购重组、科技成果产业化和要素资源流动的资本助推器。中共二十大报告强调，深化金融体制改革，健全资本市场功能，提高直接融资比重。国家层面一系列政策的出台，基本筑牢了产权市场作为多层次资本市场重要组成部分的制度基石，也为产权市场指明了转型发展的方向和目标。

资本集聚和产权流转是资本市场的重要特征。产权市场具有为非上市企业提供资本形成和资本流转服务的功能，是资产重组与资本进退的枢纽，是存量资产与增量资本嫁接的平台，是产业资本与科技资本结合的桥梁，是跨国并购与吸引外资的通道（王龙，2003）。一方面，产权市场具有一定的资本集聚功能，包括为标的公司融资和为出让方融资。另一方面，产权市场也具有较强的产权流转功能，与股票市场不同，其产权流转是一种“一次性”或“间断性”“半固定式”的流转。目前产权市场依法开展的业务集中体现为企业法人财产和有限责任公司股、债权交易，这些业务虽存在标准化程度、监管口径、信息透明度等浅层差异，但本质上，都代表着以企业盈利能力为基础的特定权益关系，都属于直接融资的基本模式，是资本市场的基础业务。从上述政策内涵和业务属性可以看出，产权市场作为非标市场的重要组成部分，是多层次资本市场生态圈的主要架构之一。

### （二）产权市场在多层次资本市场中发挥基石作用

我国资本市场由于起步晚、起点低，且考虑本国国情，选择了从标准化市场到非标市场的逆向发展路径，形成了与发达国家相反的倒金字塔结构。作为塔基的产权市场、区域性股权市场等非标市场的发展进度滞后、合格投资者少、市场容量小。这种头重脚轻的结构与一般资本市场的发展规律相反。

在坚持经济体制市场化改革的导向下，我国多层次资本市场体系正在逐步向正金字塔结构调整过渡。2013年以前，我国股票市场融资主体集中于大型成熟企业，与大量初创、小微企业旺盛的股权融资需求不匹配，资本市场呈现出不合理的倒金字塔结构。经过多年的推动和发展，2022年，我国境内A股上市公司突破5000家，新三板挂牌企业6580家，共有35个区域性股权市场，挂牌企业4.24万家。我国企业在资本市场中挂牌和上市数量的变化，展现了我国资本市场从以大型国有为主的企业竞相在沪深交易所上市的倒金字塔结构，转为以中小微企业到三四板市场挂牌为基石的正金字塔结构，包含产权市场、区域性股权市场等在内的非标市场作为我国多层次资本市场基石的作用正在日益凸显（图11.3）。

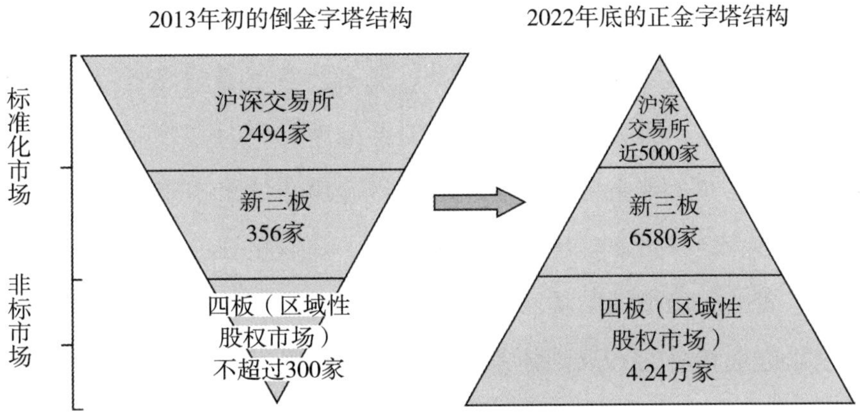


**图11.3　中国资本市场结构变化**

注：因其他非标市场数据获取难度较大，文中只以区域性股权市场挂牌企业数量为例制图。
数据来源：中国证券业协会、上海证券交易所、深圳证券交易所、北京证券交易所。

## 三、产权市场的运作模式

作为非标市场的主要组成部分，产权市场的典型特征是交易品种长尾属性明显，以大宗交易为主，很难产生系统性金融风险。产权市场有重要的作用：一是产权市场交易品种丰富，为社会资本创造了更多的投资机会，而不断完善的现代产权制度又为创新非标产权交易品种提供了保障，加上产权市场公开透明、拥有公平竞争的价格发现机制，使其能够真正普惠性赋能实体经济、全面性增加社会资本的投资机会。二是证券资本市场的标准化、拆细连续交易规则容易产生资金泡沫和系统性风险，一般应当采取强化监管、常态化整顿的态度；而产权市场的实体性交易特征[1]让市场监管部门可以采取降低监管成本、支持培育发展的态度，鼓励各地产权市场不断拓宽要素交易边界、挖掘市场内在潜力。

### （一）产权市场的运行特点

产权市场是国务院国资委和财政部共同选定的，规范进行企业国有产权交易的平台，通过2003年底出台的《企业国有产权转让管理暂行办法》予以明确，之后在实践中快速发展壮大并取得良好成效。归结起来，产权市场运行主要有四个特点：

[1]　产权市场不仅服务于国有经济领域，同时也服务于集体经济、民营经济和混合所有制经济的要素流转，以实现实体经济资源的优化配置。

一是产权市场始终紧紧围绕国家经济体制改革，不断运用市场机制拓展各类业务内容和服务领域，进而为实体经济发展服务；二是产权市场始终坚持创新业务品种、交易方式和服务模式，努力提高各类资产交易效率，同时有效降低企业交易成本，逐步发展成为各类非上市企业并购融资提供综合服务的资本市场；三是产权市场的交易制度，能够满足各类非标准化交易的要求，具有很强的包容性和适应性，同时也有效解决了我国资本市场结构不均衡的问题；四是产权市场的生存基础是规范运行，通过建立健全相关交易规则体系，不断完善市场运行制度体系建设，提高交易机构规范化运作水平。

## （二）产权市场的运行架构

产权市场的运行架构主要包括以下几个方面。第一，从机构设立来看，产权交易机构通常是由各地政府批准设立的具有国有企业或事业单位属性的交易机构，交易行为须受国家及相应地方的国资管理、财政、金融及其他相关部门的多重监管。产权交易机构从某种意义上讲是“社会公器”。第二，从服务对象来看，产权市场中有转让方和受让方。产权市场的转让方主要有各类非上市企业、政府机关及事业单位，这也是产权市场的业务边界；产权市场的受让方主要是一些专业投资者或企业家。第三，从交易标的来看，产权市场基本覆盖了除上市公司流通股以外的大多数在资本市场中可以交易的要素权益资源。同时，行政事业性资产转让、金融国有资产转让、司法拍卖资产、公用事业资产等多个领域，都已经在产权市场进行相关交易。目前，区域性股权市场和公共资源平台各项业务内容已陆续通过产权市场进行交易。第四，从业务功能来看，产权市场主要围绕各类交易标的开展组织交易、投资、融资、顾问、增信、权属界定、定价、结算等服务。第五，从交易制度来看，产权市场的交易制度具有很强的包容性和适应性，可以通过提供产品设计、方案策划、顾问咨询、组织交易等灵活、高效、深度服务，帮助各个行业领域以及各种发展阶段的非上市企业开展产股权交易、并购及融资等，并且充分利用交易机构的第三方平台支付结算等功能，有效解决各类资产交易领域中的“疑难杂症”，分散投资风险。第六，从机构形态来看，产权市场主要包括有形的物理场所和交易设施，无形的交易制度体系、交易操作系统、交易服务模式等。

## 四、产权市场的功能作用

推动非标市场，尤其是产权市场建设，是以市场化方式代替行政手段进行要素资源配置的新探索，有利于构建资源要素化、要素权益化、权益资产化、资产资本化的高标准、全要素交易市场体系。

### （一）构建统一大市场体系，提升资源配置效率

作为我国资本要素和资源市场的重要组成部分，产权市场是构建统一开放的资本、土地、劳动力、技术和数据等各类要素市场的有效路径，有利于通过严格的产权保护激发各类主体活力；有利于依托公平竞争的市场机制，促进各类要素价值发现和高效流转；有利于破除阻碍要素自由流动的体制机制障碍，扩大要素市场化配置范围，为全国统一大市场构建筑牢根基。

一是促进价格发现和流动性改善。产权市场通过公开发布投融资信息，进行项目推介和撮合，提供专业化的咨询服务，引入竞价机制，使市场交易不仅能够准确形成反映资产价值的价格，而且能使产权得到市场最佳价格。据中国产权协会统计，2021年，企业产权转让竞价率19.14%，增值率达50.16%；企业资产转让竞价率59.69%，增值率达38.80%。在自由和充分市场竞争中形成的价格，是引导资源要素配置到更高效率领域的先决条件，而产权市场规范的交易体系和交易程序，有效降低了社会资源的交易成本，提高了社会资源的利用效率。

二是优化法人治理结构，提升经营效率。产权市场是引入社会资本助力国企混改的“主战场”，是深化国企开放合作、改善公司治理情况、提升价值创造能力、提高国有资本配置效率的重要途径。据中国产权协会统计，2021年，我国产权市场完成各类所有制企业混改项目1594 宗，交易额2755.8 亿元。其中国有企业以股权转让和增资方式完成的混改项目，合计引入社会资本1074.7亿元。产权市场通过要素资源在企业国有资产、金融机构国有资产与活力型中小企业间的快速流动和高效配置，提升了国有资产的周转速度与产出效率，实现了经济整体结构的调整与竞争力的全面提升。

## （二）服务双循环新格局，打通要素循环管道

产权市场作为我国资本市场基础性的非标市场，将在服务双循环新格局、推动各类要素顺畅流转和统一市场构建中发挥积极作用。

一是推动要素流转，形成完整生态闭环。经过40年的发展实践，产权市场正在从原有的以国有资产流转为核心的制度性平台定位，逐步向以要素流转为核心的市场化平台定位转变。产权的“顺畅流转”是现代产权制度的核心，通过一定程序的产权交易（运作）能够促进原来发展不足的技术、数据等新型生产要素和关键生产要素实现价值增值和顺畅流转，从而推动产业链上游的基础研究和科技创新发展，能够持续获得要素市场的资金支持和变现收益，间接促进基础产业发展和高端人才培养，进而形成完整的大生态闭环。

二是加速要素跨区域流动和产业梯度转移。产权市场是由分布在全国各地的数百家具备从业资格的产权交易机构在相互竞争中逐渐演变形成的。它们加上交易机构上下游产业链上的各类中介服务组织，以及在产权市场外围开展同类业务的各类交易机构，共同构成了产权市场的大生态。通过跨区域的产权交易合作，引导资本、技术等要素资源按照价值规律和宏观调控导向进行跨区域流动，促进高、中、低级产业在各自的优势地区集聚，在更大范围内形成布局趋于合理的产业结构，推动全国平均生产效率的整体提升和比较优势产业的均衡发展。

## （三）支持中小企业发展，推动新旧动能转换

产权市场作为非标市场的重要组成部分，为我国科技型中小企业提供了一个相对安全、成本较低的投融资市场平台，改善了其生存和发展环境。

一是拓宽中小企业融资渠道，强化金融服务实体经济效能。面对质量、规模、风险程度不同的企业，产权市场依托其完善的规则制度体系、项目资源和市场投资人集聚功能、价值发现功能和信息披露功能等，在丰富我国多层次资本市场体系的同时，也在很大程度上满足了非上市企业的直接融资需求。据中国产权协会统计，2021年，产权市场金融资产类业务（包括不良金融资产交易和金融产品交易）实现全年交易额16.27万亿元，同比增长44.6 %。产权交易市场通过提供“双创”债券发行、非标债权类融资服务等，不断拓宽各类所有制企业的直接融资渠道，提高金融

服务实体经济的效能。

二是引导资本进入以推动中小企业科技成果转移、转化。产权市场有助于各类资本向战略性新兴产业集中，促进技术与资本结合、科创产业和科创资源供需对接，通过专利权、著作权和商标权等知识产权交易服务，促进科技成果转化变现，强化对中小、高新技术企业的资金支持。以上海产权和要素市场为例，2022年，知识产权国际运营平台深化实施“交易+运营”双轮驱动战略取得新成效，实现交易规模26.14亿元，同比增长7.48%[1]。产权市场通过将知识产权运营工作与科技创新、成果转化体系有机结合，推动创新链、资本链、产业链融合发展，为中小企业科技创新提供持续的动力支持。

## 第二节　产权市场的发展历程、战略机遇、发展方向和主要改革模式

产权市场的诞生和发展，是在实践中探索产权制度改革创新的成功典范，是以市场化方式代替行政手段进行要素资源配置的新探索，是推动多层次资本市场建设的中国式方案。当前，全国产权市场格局正处于大发展、大重组阶段，区域化整合趋势明显。产权行业龙头企业应主动作为，在政府和行业协会的指导和支持下，以服务国资国企改革战略为突破口，坚持市场化原则，促进产权市场功能和业务板块的集中集聚、资源共享、创新互补和规模化发展，用3~5年时间，初步建成全国统一的高标准全要素交易市场。

### 一、产权市场的发展历程

中共十九大报告指出，经济体制改革必须以完善产权制度和要素市场化配置为重点，实现产权有效激励、要素自由流动、价格反应灵活、竞争公平有序、企业优胜劣汰。

[1]　数据来源：2023年上海产权和要素市场经营工作报告。

纵观产权市场的发展历程，大致可分为三个阶段：第一阶段是定位为服务国有产权交易的公开、规范性场所[1]（何亚斌，2020）[24]。产权市场随着国企改革推进而产生、发展，是以国有资产流转为核心的制度性平台，以服务国资国企改革和国有资产保值增值为目标，此阶段交易模式相对单一，仅为单一的产股权交易市场。第二阶段是成为基础性、权益性的产权交易资本市场平台。2015年8月，《中共中央 国务院关于深化国有企业改革的指导意见》出台，正式将产权市场与证券市场并列纳入资本市场范畴。在这个阶段中，产权市场对标证券市场持续提升服务能级，通过与证券市场双轮驱动，不断健全多层次资本市场体系，成为以市场化手段进行要素资源配置，引领产业结构优化升级的重要平台。第三阶段是逐步向全要素、多资源交易的非标市场拓展，打造现代化全要素综合型非标市场平台。这一阶段，产权市场进一步发挥资本市场体系的基础枢纽功能，为境内外各类要素资源跨区域、跨行业、跨所有制市场化配置提供综合交易、综合服务和综合监管，也为向全要素、多资源市场化配置“一网交易”升级打下了坚实的发展基础。

## 二、产权市场的战略机遇和发展方向

我国有4000多万家非上市企业，对股权融资有很大需求。全国有200万亿元国有资产需要重新配置。但是，长期计划经济体制存在一定行政干预，使得资本、土地、劳动力、技术、数据等生产要素不能根据要素禀赋的边际贡献来确定其实际价值，以致各地交易机构互相割裂，信息资源较难共享，市场发展呈现重复竞争和碎片化的特征。如果任由市场“信马由缰”必将造成市场资源的巨大浪费。同时，由于不同地区发展阶段、发展需求、资源优势不同，依靠单一市场的单打独斗难以突破传统业务的束缚获取新的业务增长空间。只有发挥各地优势资源的互补效应，推动全国各类要素资源的大循环，才能真正发挥好产权市场优化要素资源配置的作用。

统一大市场并非要求全国市场整齐划一，而是在维护全国统一大市场的前提下，结合区域重大战略和区域协调发展战略，优先开展区域市场一体化建设。产权行业中的龙头企业应主动作为，在政府和行业协会的指导和支持下，以服务国资国

[1] 1988年5月11日，武汉市经济体制改革委员会向市财政局发出《关于同意成立武汉市企业兼并市场事务所的批复》，该事务所被全国产权界和国务院发展研究中心确认为我国最早成立的产权交易机构。

企改革战略为突破口，坚持市场化原则，以资本化扩展为手段，大力拓展市场空间。通过分阶段、分步骤逐步推进的方式，不断推进"产权要素市场整合共享—区域一体化多要素市场—跨区域多要素共同市场—全国统一大市场"的发展进程，最终形成全国统一的产权和要素大市场以及统一的多层次资本市场，消除阻碍产权要素资源自由流通的各类因素，助力构建双循环新发展格局和实现我国经济新一轮高质量发展。

### （一）第一阶段：各省市多要素市场整合共享，实现产权交易机构集团化、规模化

2022年，我国的产权交易所（中心）全国约有300家，纳入中国企业国有产权交易机构协会统计范围的70家交易机构合计交易总额为22万亿元[1]。除上海、北京、重庆、山东、广东、深圳等有规模较大的产权交易机构外，各省、市，甚至个别县级城市也有产权交易机构，但规模偏小，辐射能力有限，交易规则、信息发布、统计口径、监管措施等缺乏统一性、规范性和开放性，极大地影响了要素资源的配置效率。

为更好发挥产权市场在优化资源配置中的重要作用，各地产权市场开始积极探索整合不同层级、不同类别的要素资源，以进一步提高要素资源的组合配置效率，降低要素配置成本。如浙江整合了省、市、县三级国资交易机构，将全省国资交易统一纳入"浙交汇"数字化交易平台；山东则将公共资源交易中心的国有产权交易业务纳入山东产权交易中心，实现了国有产权交易领域的深度融合；广东（特别是深圳）等实现了更大范围要素资源的整合，在原有产权交易范围基础上实现了与公共资源、环境能源、商品要素资源等的融合发展。各地的探索实践，为产权市场进一步向集团化、规模化发展提供了可供参考的有益经验。

### （二）第二阶段：以重大区域发展战略为契机，形成区域性多要素市场

中央全面深化改革委员会第二十三次会议强调，要结合区域重大战略、区域协调发展战略实施，优先开展统一大市场建设工作，发挥示范引领作用。《中共中

[1]　数据来源：2022年7月18日"中国财富管理50人论坛"微信公众号发布的《戴相龙：在中国财富管理50人论坛·2022中期宏观峰会上的讲话》。

央 国务院关于加快建设全国统一大市场的意见》要求，结合区域重大战略、区域协调发展战略实施，在维护全国统一大市场前提下，优先开展区域市场一体化建设工作，建立健全区域合作机制，积极总结并复制推广典型经验和做法。这势必助推产权市场进一步加强区域整合和发展，推动包括长三角一体化在内的区域一体化发展机制不断完善。建议以长三角一体化发展、京津冀协同发展、粤港澳大湾区建设等国家战略的实施为契机，集聚周边多个产权市场，形成具有一定规模、交易业务统一的区域性产权和多要素市场。由于这些区域在地域、文化方面具有相通性，经济水平和整体对外开放程度较高，具备一定的改革和创新的“先行先试”优势，可率先通过制度、政策、产品的系列创新，及时形成可复制推广的经验，推进形成区域联动、合作共享的区域要素流动和集聚的新格局。

一是打造长三角区域性多要素产权交易共同市场，并以此带动形成区域联动的示范效应。可借助长三角区域一体化发展战略实施的契机，形成长三角一体化的区域性多要素产权交易共同市场，助力构建全国统一大市场。

第一，推进区域内产权和要素资源的整合与共享，打造形成长三角区域性多要素产权交易共同市场。在服务国资国企改革方面，推动长三角交易机构间广泛开展合作，以服务长三角重点区域发展为目标，助力构建具有区域带动力和国际竞争力的开放型产业体系，加强区域内国资国企与国内重点区域合作，实现互利共赢、协调发展。在全国碳排放权交易市场建设方面，积极推进长三角生态绿色一体化发展和高质量发展，探索区域内环境权益互联互通，提高区域环境协调治理能力，以充分发挥碳市场资源配置优化作用来创新长三角一体化合作模式，助力上海及长三角区域“双碳”目标实现。在公共资源交易方面，根据《国家发展改革委关于推动长江三角洲区域公共资源交易一体化发展的意见》，到2023年底，长三角区域公共资源交易一体化发展已取得明显进展，跨区域交易便利水平提高等。争取到2025年，长三角区域一体化的公共资源交易市场基本形成，布局合理、分工明确、优势互补的公共资源交易平台体系更加健全，跨区域交易更加活跃，等等。在数据要素市场建设方面，围绕“汇天下数据而通之，聚天下数据而用之”的目标，加强与长三角政务数据等的互联互通，推动数据跨区域交易流通，为区域合作实现数据资源自由流动提供范本；加强与长三角各个省市数据交易机构间的协同发展和互联互通，推进新型信息基础设施一体化建设，打通跨区域、跨行业、跨层级的算力资源，促进网络资源开放共享。

第二，以长三角一体化为“先行先试”的有益探索，带动其他重点区域联动发展。可以长三角区域一体化为基础，依托上海国际金融中心建设和全球资管中心建设中“先行先试”的政策优势，充分利用国内国际两个市场、两种资源，构建涵盖国有产权、金融资产、科创服务、环境能源、区域股权、公共资源、文体旅产权、农村产权等产权和要素交易的统一大市场、大平台，积累形成一批可复制推广的区域一体化发展典型经验，并不断发挥对其他代表性地区，如粤港澳大湾区、环渤海经济区等的示范和带动作用。

二是建立健全区域合作机制，积极探索跨区域一体化协同发展模式。《中共中央　国务院关于加快建设全国统一大市场的意见》提出，优先开展区域市场一体化建设工作，建立健全区域合作机制。应建立健全区域合作机制，加快人工智能、区块链技术在区域一体化中的应用，通过互联网平台构建覆盖各地区交易机构和生产要素的传导和交易机制，打造跨区域要素交易的专业化服务平台。通过打通各地要素市场的供需链条和交易网络，形成突破“菱形地区”和跨越“胡焕庸线”的大市场，从而让更多有价值的要素触达更远的客户和投资人，在当地发展出在全国有比较优势的新兴产业。如探索通过产权市场区域一体化交易平台将西部、西北部、东北部和西南部相对密集的土地、矿产、能源、原材料、劳动力要素与中部、东部相对密集的资本、技术、数据、管理要素充分融合，这是产权市场获取增量发展空间的重要战略举措，也能够助推形成跨区域的多要素市场。

### （三）第三阶段：发挥主要产权市场的“领头羊”作用，推进市场板块功能优化整合，打造全国统一的多要素产权大市场

随着“全牌照”产权交易机构数量的增加，产权行业已经初步形成北京、上海、重庆、广东、深圳、天津等省市交易机构引领，京津冀、长三角、粤港澳、成渝等区域市场格局，行业内竞争也将更趋白热化，同时也将出现行业集中度进一步提升、强者恒强的新格局。北京、上海等地的全国代表性产权交易机构可充分发挥“领头羊”作用，把握好建设全国统一大市场、要素市场化配置改革带来的重大战略机遇，以资本、资源、资产、知识产权为纽带，以市场化方式推动整合区域要素资源交易平台，为要素资源交易逐步实现由省市向区域乃至全国的整合共享、统一

覆盖奠定基础。

一是坚持联动发展，提升区域一体化产权市场的辐射能级，依市场化原则逐步形成规范、高效的全国统一大市场。产权行业应主动作为，在主管部门和行业协会的指导和支持下，以服务国资国企改革战略为突破口，以资本为纽带逐步整合各地分散割裂的要素资源市场，促进产权市场功能和业务板块的进一步集中集聚、互联互通和资源互补，初步建成全国统一的多层次产权市场。积极推动构建“产权市场命运共同体”，不断增强产权市场的辐射能级，按照先易后难、远近结合、稳妥有序的原则加大整合力度，努力形成交易规模大、运行效率高、监管力度大、区域协同性好的全国性全要素非标交易市场。推动区域内具有代表性的产权交易机构整合资本、资源、资产、知识、管理等方面的优势资源，探索组建产权市场集团化战略联盟，打造具备相当交易规模和增值能力，专业高效、治理规范的跨区域、综合性全要素市场化交易平台，并在此基础上推动各省、市产权交易机构共同建设全国统一的产权交易系统，进一步夯实构建全国性产权交易统一大市场的坚实基础。

二是推动市场设施高标准联通，打造高标准统一大市场的重要交易枢纽。《中共中央　国务院关于加快建设全国统一大市场的意见》提出，完善市场信息交互渠道，统一产权信息发布机制，实现全国产权交易市场联通。实现市场信息机制的互联互通，是构建高标准全国统一大市场的重要基础。产权市场应强化各类市场主体对信息渠道的互通共享，便利市场主体之间信息的互联互通。随着互联网、云计算、人工智能、区块链的飞速发展和市场需求的变化，产权市场将提供平台信息资源的共享模式，通过深化整合多地、各类型要素的交易平台进行交易流程全生命周期规范化管理；建立全面完善的风险防控体系，通过依法公开市场主体、投资项目、创新资源、产量产能等信息，不断提升各交易机构的服务品质和服务效率，同时竭力消除“信息孤岛”，推进交易平台信息网络体系的互联与互通。

## 三、产权市场的主要改革模式

要素市场化配置必然触及要素配置领域的体制机制改革，而其必经途径就是要素交易平台的实体化整合。相较而言，推动产权交易与各类要素资源交易的融合发展更符合要素市场化配置改革和统一大市场建设的发展方向：一是市场化运作有利于要素资源优化配置。通过市场化运作厘清政府和市场的职责边界，充分发挥价值规律、竞争规律、供求规律等在资源配置中的决定性作用。二是专业化运作有利于促进管办分离，降低制度性交易成本。产权市场与公共资源等要素交易的融合发展有利于推动公共资源交易中心等与行政监督部门脱钩，逐步向市场化交易机构转变。三是企业化运营有利于激发市场活力，持续优化营商环境。企业是市场经济活动中最活跃的主体，企业化运营的市场对扩大要素市场化配置范围、健全要素市场体系有着“天然的冲动”，有利于高标准市场体系建设、经济高质量发展及营商环境的持续优化。四是融合发展有利于深化整合共享，确保财政投入高效配置。产权市场与公共资源等各类要素交易平台的融合，有利于深化全市要素交易资源的整合共享，确保财政投入高效配置，提升市场运营效率。

近年来，产权市场积极探索推进要素资源整合，助力统一大市场的构建。根据产权市场与各类要素交易资源融合范围和程度的不同，可将产权市场的主要改革模式大致分为统一大市场模式、要素集聚发展模式和与公共资源融合模式。

### （一）统一大市场模式

2022年4月，《中共中央　国务院关于加快建设全国统一大市场的意见》发布，提出完善市场信息交互渠道、推动产权交易平台优化升级、打造统一的要素和资源市场等建设要点，在实现全国产权市场联通、建立统一的平台体系、推动要素市场培育发展和资源市场建设等方面，对产权市场发展提出了新要求。中共二十大报告也指出，构建全国统一大市场，深化要素市场化改革，建设高标准市场体系。目前，重庆、广州、深圳、山东等省市经融合发展已形成了产权市场与公共资源交易中心等平台。产权市场与公共资源交易中心虽存在一定共性，但也各具特色。产权市场是我国多层次资本市场的重要组成部分，是要素市场化配置改革的主阵地，参与者多为公司法人；而公共资源交易中心则为政务服务平台，是实行目录管理的政策性市场，参与者多为事业单位。产权市场与公共资源交易中心的融合拓宽了要素交易范围，但也存在一定局限性，并未覆盖全要素交易，距离统一大市场建设仍存在较大差距。进入新发展阶段，产权市场正将“目光”投向更广阔的市场。以上海产权和要素市场为例，“十四五”时期明确“一体两翼多平台”业务发展战略，即在强化国有产股权交易主业基础上，稳步夯实金融产权和知识产权“两翼”业务，大力推动公共资源、环境能源、区域性股权、非公产权、农村产权、文体旅资源等平台的发展。到2025年，上海产权和要素市场将与标准化市场交易场所相呼应，成为具有跨国影响力和辐射力的现代化全要素非标市场。

在统一大市场建设的指引下，未来产权市场将加快向四个方面的转变。一是由地区性的交易市场向全国性的交易市场转变。20多年来，产权市场积极探索跨区域协同发展，相继在长江流域、黄河流域、泛珠三角、西部等地区成立了产权交易共同市场，产权市场集团化、规模化进程加快。未来随着统一大市场建设的推进，产权市场将进一步向全国性的交易市场迈进。二是由多要素产权交易平台向全要素、多资源、全周期的交易服务平台转变。目前产权市场已经形成了多要素集聚的交易市场平台，在向统一大市场推进的过程中，未来产权市场将进一步聚焦企业并购交易、科技成果转化交易、数字版权交易、节能减排交易、数据资产交易、现代农业要素交易、现代物流要素交易等领域，逐渐形成全要素、多资源、全周期的全国性大市场格局。三是由单一所有制企业进场交易向各类所有制企业进场交易转变。未来产权市场在服务好国有经济结构调整和布局优化的同时，将进一步拓宽服务范围，服务对象进一步扩大至集体经济、民营经济、外资经济等各种所有制经济。四是由线下交易服务模式向线上线下融合的交易服务模式转变。在产权市场已经建立的市场化业务平台和公共资源交易“一网交易”基础上，进一步推动要素交易的全面电子化，以线上线下相结合的方式提升资源配置效率和效益。

### （二）要素集聚发展模式

现阶段全国公共资源交易中心进场项目以目录制管理为主，按照应进必进的原则，要求目录内项目强制进场，而交易目录外的项目进场交易动力不足，要素资源配置的种类也相对有限。为实现全要素、多资源统一大市场的目标，产权市场正在加快推动包括公共资源在内的各类要素交易资源的集中集聚。要素资源的集聚发展模式有利于发挥经济杠杆作用，通过市场化的利益调节机制激发要素交易的内生动力，强化要素交易协同，优化资源配置方向，降低经济成本。

从各省市产权市场要素交易范围的拓展路径来看，产权市场在整合《国务院办公厅关于印发整合建立统一的公共资源交易平台工作方案的通知》提出的工程建设项目招标投标、土地使用权和矿业权出让、国有产权交易、政府采购等交易品类的基础上，结合各省市自身发展实际逐步向环境能源、知识产权、数据等交易品类延伸拓展，持续提升资源组合配置效率。如广东省交易控股集团以资源要素市场化配置和流转的金融基础设施平台为基础，聚焦“资源与产权交易服务”和“信息技术服务”主业，按照“大产权、全要素、泛金融”的新业态理念，加速布局并完善、深耕公共资源交易、产权交易、金融资产交易、数据交易、技术交易、商品交易六大交易市场，推动产权交易与资源要素交易深度融合、高质量发展，已建成包括产权、股权、知识产权、金融资产、药品、水权、排污权、文化产权、珠宝玉石和钻石交易等在内的18个平台。广州交易集团在整合公共资源交易中心涵盖的工程建设项目招标投标、政府采购、土地使用权和矿业权出让、药品和医用耗材采购的基础上，依托其优势将交易范围拓展至国有产权、碳排放权、数据、文化产权、金融资产等多个领域，服务区域也拓展至华中、华南地区大部分省份。深圳交易集团主营业务涵盖了政府采购、工程建设项目招标投标、土地使用权和矿业权出让等公共资源交易，以及环境权益、金融资产、债权、数据等各类非标资产与权益要素类交易，同时提供金融、信息、拍卖、招标等交易配套服务。要素交易领域的持续拓宽进一步强调了产权市场在优化公共资源等各类要素资源市场化配置中的关键地位，以及在推动经济结构、产业结构和市场结构调整中的重要作用。

### （三）与公共资源融合模式

在产权市场的改革推进过程中，鉴于产权市场与公共资源交易平台具备共同特征（即均定位于资源配置的阳光平台，均具有信息披露、聚集资源、发现价值的功能，交易品种都是非标准化、非连续性的），在全要素统一大市场建设时期，产权市场开始逐步探索与公共资源交易平台的融合发展模式。据2019 年 5 月发布的《国务院办公厅转发国家发展改革委关于深化公共资源交易平台整合共享指导意见的通知》，产权市场与公共资源交易平台的融合发展渐成趋势。产权市场加速融入公共资源交易平台体系构建和资源整合共享中，为以市场化方式配置各类公共资源、推动公共资源交易全流程电子化、破除公共资源交易领域间的壁垒贡献了产权力量。据中国产权协会统计，目前产权交易机构参与的公共资源交易包括工程建设项目招标投标、土地使用权和矿业权出让、国有产权交易、政府采购等业务。2021年，产权市场成交各类公共资源交易项目1786万宗，同比增长5.2%；交易额3.3万亿元，同比增长38.7%[1]。

在产权市场与公共资源交易中心的融合发展过程中，山东、重庆等地结合自身特点形成了各自的发展模式。山东在2015年组建了山东省公共资源交易中心（挂省政府采购中心牌子），承接土地、建设工程招投标、医疗设备采购等目录内项目进场。山东产权交易中心则加挂山东省公共资源（国有产权）交易中心牌子，负责企业化运营国有产权交易业务，产权市场与公共资源交易中心在国有产权交易领域实现了深度融合。2021年5月6日，山东产权交易集团有限公司暨山东省公共资源（国有产权）交易中心成立，山东产权交易中心不再加挂其牌子。重庆则于2016年在重庆联合产权交易所集团（以下简称重庆联交所）原有组织架构基础上，对原重庆市工程建设招标投标交易中心、重庆市土地和矿业权交易中心、重庆市国有资产产权交易中心、重庆市政府采购交易中心、重庆市机电设备招投标交易中心等5个分散设立的平台进行了整合，将交易服务职能全部纳入重庆联交所。重庆联交所加挂重庆市公共资源交易中心牌子，通过“一个机构两块牌子”的做法，实现组织架构的一体化，并按照公司制企业的治理结构对公共资源交易设定价值目标和激励机制。

## 第三节　产权市场向全要素市场拓展的必要性和可行性

2022年4月，《中共中央　国务院关于加快建设全国统一大市场的意见》发布，第一次明确提出“打造统一的要素和资源市场”，并对构建要素资源统一大市场提出具体的政策要求。以产权市场为代表的非标市场应紧抓当前的重大发展机遇，加快向全要素、多资源市场升级转型，推动国内国际市场互联互通，以国内统一大市场为内核吸引海内外高端资源，在服务双循环新发展格局、推动各类要素资源顺畅流转和全国统一大市场建设中发挥积极作用。

[1]　数据来源：中国企业国有产权交易机构协会《2021年产权交易资本市场统计分析报告》。

# 一、产权市场向全要素市场拓展的必要性

产权市场作为我国要素和资源市场的重要组成部分，已经形成了独具中国特色的市场体系，在建设全国统一大市场战略中具有重要地位。在双循环背景下，我国将迎来经济结构调整、产业结构升级和市场结构重塑的黄金发展期，要积极发挥产权市场“顺畅流转”的制度优势，破除市场分割和壁垒，推动产权市场向多要素市场拓展，构建统一的要素和资源大市场。

## （一）构建要素资源交易统一大市场的内在要求

《中共中央　国务院关于加快建设全国统一大市场的意见》对加快建设全国统一大市场工作作出总体部署。中共二十大报告强调要构建全国统一大市场，深化要素市场化改革，建设高标准市场体系。应建设统一开放、竞争有序的市场体系；健全市场体系基础制度，坚持平等准入、公正监管、开放有序、诚信守法，形成高效规范、公平竞争的国内统一市场。

“不谋万世者，不足谋一时；不谋全局者，不足谋一域。”构建要素资源交易统一大市场要求产权交易市场在明确职能定位的基础上，立足全局高度，对区域间、行业间、各方面、各层次、各要素进行统筹规划，破除要素和资源市场化配置的壁垒。产权市场向多要素市场拓展，必须构筑统一的产权交易信息发布机制，实现全国产权交易市场互联互通。同时，营造跨区域一体化发展的多种模式，着力推动要素资源市场化改革，增加土地、劳动力、资本、技术和数据等要素市场化配置的广度、深度与高度；丰富交易品种，细化交易模式，优化交易架构，强化交易风控，促进产权交易市场成为建设全国统一大市场进程中的新支点、新抓手、新载体、新动力。

## （二）推动传统要素和新型要素交易双向赋能的现实需要

国务院办公厅印发的《要素市场化配置综合改革试点总体方案》指出，推动要素市场化配置改革向纵深发展。到2023年，力争在土地、劳动力、资本、技术等要素市场化配置关键环节上实现重要突破。要素市场化配置综合改革的加速推进为产权市场更好发挥资源配置枢纽功能开辟了新空间。产权市场向多要素市场拓展，将发掘传统要素的新交易领域以及新型要素的可交易特性，积极探索和发展多元化的

交易品种和业务类型。

大量新型要素产品纳入产权市场“一网交易”，产权市场将根据不同产品种类特征，围绕市场实际需求，依法依规创新交易方式，使多样化产品与多选择的交易方式相匹配，提高各种要素配置效率。例如，人力资源流动可以与产权市场信息发布机制相结合，充分发挥产权市场平台功能，推动其与人力资源市场人才流动政策体系衔接，为人力资源流转提供信息发布、撮合、转移等市场化配置服务。产权市场与土地市场的制度平台逐步接轨，与土地交易机构形成功能叠加优势，为交易各方提供推介、展示、咨询等服务。例如，上海联合产权交易所服务旧区改造和城市有机更新，创新产权市场与土地市场“场所联动”交易模式，2021年首宗“城市更新”项目以42.3亿元竞价成交，形成了良好的市场示范效应。知识产权的运营标的初步估值可由产权市场询价产生，将促进科技创新与资本对接，通过资本证券化的路径，实现科技成果产业化，为产业发展提质增效，推动实体经济加快进入创新驱动、内生增长的发展轨道。借助产权市场，数据要素的交易流转有助于充分挖掘数据价值，实现数据要素的资源化、资产化、资本化，更好发挥数据要素对其他要素的协同带动作用，促进经济发展质量、效率和动力提升，进而形成我国在国际竞争领域的新优势。

### （三）服务国内国际资源配置与交易的重要保障

“十四五”时期，我国将充分发挥超大规模市场优势和内需潜力，构建国内国际双循环相互促进的新发展格局。产权市场向多要素市场拓展，从土地、劳动力、资本、知识、技术、数据等领域入手，进一步发挥产权市场枢纽功能，实施深化整合共享，加强各生产要素的流通循环，这对于推动要素资源市场化配置、建设高标准市场体系有重要意义，也是服务国内国际资源配置与交易的重要保障。

产权市场向多要素市场拓展，将形成循环、流动、畅通的要素交易市场，服务国内国际资源配置与交易，整体提升产权市场能级与核心竞争力。一方面，构建要素交易大市场，要加强顶层设计，优化完善体制机制，延伸服务链条，拓展立体监管体系；建立健全统一的信息发布和市场交易规则，规范交易机构的运作行为，推动交易主体有序竞争。另一方面，打造境内与境外要素资源流通的跨境交易平台，通过与国际市场接轨，引入境外的要素资源，实现资源、要素在国内国际市场上的有效配置和相互融通。

### （四）区域经济合作与共同市场建设的关键举措

随着京津冀、长三角、粤港澳区域一体化发展等重大区域战略的持续推进，产权市场要主动作为，积极向多要素市场拓展，以服务国资国企改革战略为突破口，以资本为纽带，促进产权功能和业务板块的集中集聚、资源共享、创新互补和规模化发展，提升产权市场的辐射能级，以市场化原则逐步形成交易规模大、运行效率高、监管力度大的综合性、区域性一体化大市场。

近年来，按照中共中央、国务院印发的《长江三角洲区域一体化发展规划纲要》的要求，上海产权和要素市场牵头推动建立长三角共享共建、高标准的产权交易共同市场；建设长三角产权交易一体化云服务平台，实现联网合作和数据共享；推进金融产权、知识产权、环境能源、农村产权、体育产权等权属交易领域的长三角一体化合作。在此基础上，上海将充分发挥市场机制的作用，与苏浙皖三省产权交易机构加强业务合作、共同扩大交易规模和提升全国影响力。

## 二、产权市场向全要素市场拓展的可行性

打造统一的要素和资源市场是要素市场化配置和一体化发展的必由之路。近年来，全国产权市场高标准互联互通基础设施不断完善，市场制度体系优化健全，全要素“一网交易”市场化配置持续推进，多元共享的正向外部效应深入发挥，为产权市场向全资源、多要素市场拓展提供了坚实的基础和保障。

### （一）基础设施建设日趋完善，为多要素市场化配置“一网交易”提供有力保障

在统一要素和资源市场的建设中，产权市场要积极参与健全要素和资源市场化交易平台的建设工作，促进全国产权市场高标准互联互通基础设施的持续完善和要素与资源市场的顺畅流通。当前，产权市场正加快推进以要素市场“一网交易”为标准的基础设施建设，同时运用大数据、人工智能、区块链等技术，通过专业化、精准化、增值化以及全流程服务，不断强化“一网交易”功能辐射和能级提升，运

用市场化手段实现要素的价格发现，不断改善营商环境和释放改革红利；加快构建布局合理、功能完备、规范运营、符合产业发展及城市功能定位的支撑高标准要素市场体系的基础设施，为境内外各类要素资源跨区域、跨行业、跨所有制市场化配置提供综合服务。例如，目前上海产权和要素市场重点打造公共资源“一网交易”总门户，推动各类交易品种“进一网，能通办”，做实要素平台的综合交易、综合服务、综合监管功能，推动交易实现全流程电子化。与此同时，上海逐步将全市各类资源要素纳入产权市场，进行统一规范的市场化交易流转。2022年，上海公共资源交易成交总宗数904.16万宗，成交总金额13065.13亿元，交易金额同比增长17.28%。同时，上海持续推进“一网交易”系统建设，完善平台功能，目前已上线运行覆盖“一网三平台”的22个主要功能模块，全面提升了要素市场化配置的效率和能级。

### （二）体制机制日益优化，为形成多要素交易规范统一的制度体系奠定坚实基础

2003年12月31日，国务院国资委与财政部联合发布《企业国有产权转让管理暂行办法》，该办法于2004年2月1日正式实施。近20年来，国务院国资委及全国各级国资监管部门陆续出台一系列文件，在产权界定、产权配置、产权交易和产权保护等四个支柱性制度建设方面进行有益探索，为产权市场的规范发展奠定了制度基础。随着国企改革的不断深化，产权市场交易规模迅速增长，规范程度不断提高。目前，产权市场在要素交易平台深化整合共享的基础上，通过建立健全统一的信息发布规则和交易规则，统一管理、统一信息发布、统一规则标准、统一监管，切实确保要素市场交易主体的规范竞争和资源要素的顺畅流转。同时，产权市场主动对标证券市场，在市场定位、依法监管、业务拓展等方面不断创新，鼓励要素交易平台与各类金融机构、中介机构合作，形成涵盖产权界定、价值评估、流转交易、法律咨询等的综合服务体系。

要素和资源市场的类型虽然多样，但规范发展所需要的制度体系的基本原则具有普遍性。产权市场的制度建设在现有基础上将进一步探索、推进和完善。例如，“十四五”期间，产权和要素市场积极推进市场基础制度体系建设，持续优化受理审核、登记结算、市场服务、合规风控、信息保障五大体系，形成核心竞争优势，

为向多要素市场化交易平台拓展提供安全、高效、便捷的坚实保障。

### （三）市场化配置路径不断明晰，为多要素市场化运营、优化要素资源配置提供参考样本

多年来，产权市场主动破除发展障碍，改变传统运营模式，探索出一条政府强监管、市场化运作、企业化管理的新路，也为多要素市场化运营提供了重要的参考样本。目前，很多要素市场依靠政策性业务维持，市场化运作程度不高，可持续发展能力不强。多要素平台运营要以产权市场发展为蓝本，运营不能仅仅依靠财政资金维持，未来可积极尝试通过向服务对象提供增值服务来进一步提升综合服务能力，积极探索市场化交易体制机制，加快推进平台服务标准化、队伍专业化，让市场主体有更多获得感。

因此，在条件成熟的前提下，可以把各类要素交易平台运营权统一授予产权交易机构，充分利用产权市场已经形成的市场化资源配置能力为公共资源交易服务，同时让“管办分离”更彻底、政府监管更公正有力。由此，平台与监管部门不再存在任何行政隶属和资本纽带关系，也不行使任何行政管理职能，是真正独立的第三方机构。厘清政府和市场的权责边界，恰恰是使市场在资源配置中发挥决定性作用的重要基础条件。

### （四）多元共享机制逐步成熟，为多要素交易形成规模集聚效应提供创新路径

产权市场的平台多元、深化共享的机制正逐步成熟，已初步将各类分散的要素市场有机整合，构建统一的全要素产权市场体系。这既有利于市场功能的发挥，也有利于统一监管。随着产权市场的不断发展，股权、物权、债权、知识产权、金融资产、公共资源、数据资产等越来越多的交易品种被导入，国有与非公业务齐头并进，资金流、客户流、项目流在统一的市场体系中产生协同效应，不断循环、叠加、集聚，市场的活跃度以及配置资源的效率、市场能级将得到进一步提升。规模效应的形成将促使市场的系统性、功能性能够充分发挥，也将推动各要素市场高质量发展。中国产权协会数据显示，2021年，我国产权市场有5大类业务（产股权、金融资产、自然资源、环境权益和招标采购），26类子业务，共实现交易额22.11万

亿元。截至2021年底，全国70家产权交易机构共控股或参股249个具有独立法人地位的专业平台，发展包括产权交易投融资参与方、经纪机构、会计审计机构、法律服务机构、拍卖和招投标代理机构、资产评估机构、金融科技服务机构等在内的各类会员9.6万余家。产权市场逐步由单一化向全要素、全产业链、多元化转变，这有助于弥补单一市场的功能性短板，产生正向外部效应，进一步推动要素交易平台做优、做强、做大，形成集聚创新资源要素的强磁场、新引擎，通过信息、资源、技术和服务共享，不断降低要素交易的制度性成本。

## 第四节　依托产权市场推进全国统一大市场建设的路径研究

2022年底，中央经济工作会议提出强化企业创新主体地位，推动科技—产业—金融良性循环。贯彻落实党中央的重大决策部署，形成金融、产业与科技良性互动、互为促进的发展格局，产权市场必须加快推进要素资源统一大市场建设，积极培育金融+科技的科创型综合金融服务体系，推动非标市场与标准化市场协同发展。这将进一步推动产权和要素市场的区域整合和联合发展，为融入全球市场体系、对接全球资源要素、促进全球资源优化配置赋予新使命。

### 一、非标与标准化市场协同发展，助力建设全国统一大市场

在建设全国统一大市场的进程中，要使以产权市场为代表的非标市场与金融要素市场协同发展，发挥非标市场和标准化市场双轮驱动作用，这对于推动要素资源市场化配置、提升多层次资本市场服务能级、建设高标准市场体系、构建国内国际双循环相互促进的新发展格局有重要意义。

#### （一）优化完善现有金融市场体系结构，加快建设全国统一大市场

改革开放以来，以货币市场和资本市场为代表的传统金融市场在助推社会主义

市场经济体制完善、助力经济社会结构转型升级和深入推行各项经济金融改革政策等方面均发挥了巨大作用。随着中国经济迈向高质量发展阶段，现有的金融体系存在融资和机构结构失衡、资金期限和风险结构失衡、治理结构失衡、信息结构失衡等问题（周诚君，2020），并受到市场体系和机制不够完善、跨业态和跨市场运作体系仍不健全等条件的掣肘。以上海为例，上海目前已形成了集聚股票、债券、货币、外汇、商品期货、金融期货、黄金、保险、票据、信托等门类齐全的金融市场，以及产权交易所、股权交易中心等非标资本市场。但是，对标纽约、伦敦等国际金融中心，上海金融市场的整体开放程度和国际化水平相对不高，交易量主要来自国内，配置全球金融资源的能力还比较薄弱。同时，各个金融要素市场相对独立，尤其是标准化市场与非标市场之间尚未形成有效的联动机制。加快建设全国统一大市场，亟须在现有资本市场运作体系基础上，进一步深化市场体系改革、优化市场体系结构和实现市场运行的提质增效。

### （二）产权市场和证券市场加强对接合作，提升多层次资本市场服务能级

推进全国统一大市场建设，要构建起一个多层次、全方位和覆盖面更广的高标准金融要素市场体系，把产权市场和证券市场（非标市场与标准化市场）打造成一体化的“双轮驱动型”综合性资本市场服务平台，加强产权市场与证券市场在上市后备企业培育、投融资服务、并购重组、绿色金融等方面的合作。在发挥资金融通和投融资中介传统作用的同时，更多体现资源要素的充分流转和高效配置，并通过高水平开放引进国际金融资源参与“双循环”，实现金融服务实体的初心和使命，推动中国经济高质量发展。在此过程中，可将非标市场金融体系作为“突破口”，将现有的市场体系从传统的各类市场拓展成多元化金融和要素市场的融合平台，进一步打通境内和境外两个市场、链接起标准化市场和非标市场，以一体化的支付、登记、结算、清算、托管等基础设施体系串联贯通起各类独立、分散的金融市场，实现在岸和离岸市场并重发展。通过着力构建更为完善的多层次金融市场体系、多样化的跨境和离岸金融资产交易品种和完善的金融基础设施体系，补齐我国金融领域改革创新的短板，更好地提升多层次资本市场服务能级，服务上海国际金融中心建设等战略。

## 二、构建非标市场金融体系，融入双循环新发展格局

在国内国际双循环新发展格局下，国内金融市场体系将以打造高标准金融和要素市场体系为目标，以构建双循环金融体系为发展方向，实现新的跨越式发展。

### （一）双循环金融体系的总体模式

从市场主体看，双循环金融体系应同时涵盖标准化市场金融体系（以证券市场为代表）和非标市场金融体系（以产权市场为代表），两类市场可通过横向和纵向的业务渠道链接，实现数据共享、资源互通，发挥有效的“双轮驱动”作用，共同打造服务上海国际金融中心建设的重要基础设施（周小全，2022a）。

从横向链接看，标准化市场和非标市场各司其职，分别通过各类标准化及非标金融产品，为各类上市和非上市企业提供金融服务，积极拓展融资渠道。从纵向链接看，非标市场和标准化市场并重发展，产权市场将进一步聚焦重要行业、关键领域，发挥资本市场功能，探索形成核心存量资本混改、新兴领域增量资本混改，与证券市场“双轮驱动”，共同促进多层次资本市场健康发展。

从运行机制看，双循环金融体系应实现内部循环和外部循环的双循环回流机制。在国内循环方面，产权市场作为我国资本市场基础性非标市场，为5000多万家非上市企业的股权以及资本、土地、技术、数据等上百余种要素品类提供交易平台和流转渠道。按照国资国企改革的要求，我国经济在高质量发展过程中，涉及超过200万亿元国有资产的重新配置，而产权市场正在发挥多年来形成的制度、平台和资源优势，加速资本资源整合，服务于国有经济、民营经济和混合所有制经济的要素流转，实现实体经济资源的优化配置。

### （二）非标市场金融体系服务国内国际双循环战略的路径

在国内国际双循环方面，加快打造跨境金融服务的“集聚区”，丰富跨境金融产品体系，大力发展人民币计价的各类非标金融产品，形成较为畅通的跨境人民币循环回流机制。通过跨境、离岸业务的积极探索，构建国内国际的要素、产能、市场和规则链接，拓宽国际资本流入渠道，推动人民币国际化进程和上海国际金融

中心及全球资管中心建设。产权市场与以证券市场为代表的标准化金融市场双轮驱动，非标市场与标准化市场有效对接，共同构建服务国内国际双循环的“新高地”，提升多层次资本市场对外开放能级（周小全，2022b）。

在国内循环中，产权市场积极拓展相关非标金融资产业务，形成国内循环的中心节点，为实体经济拓展各类融资渠道，更好地满足实体经济的投融资需求。

一是提供混改和兼并重组服务。随着国有资本与非公资本双向深度融合，产权市场正在逐步搭建起服务国有与民营企业混改的桥梁，在国资国企混改、重点产业引导性投资、企业重组或破产重整等方面，鼓励产权市场提供资金和产业资源，提升实体经济活力和推动重点领域优先发展。未来产权市场将继续推动国有企业与非公企业在产业链、供应链的关键环节和中高端领域布局，不断强化资本市场的引领和辐射带动作用，将资金、资源有针对性地导入高科技产业领域，为高科技企业提供全产业链的衍生服务、增值服务，促进产融结合。

二是提供非标市场融资募资服务。通过拓展各类非标债权融资服务（如产权债、各类非标债权融资工具等），打造直接面向实体经济的新型债务融资工具，拓宽投融资主体范围。顺应“双碳”目标和能源结构转型升级要求，为各类再生资源提供现货电子交易、挂牌交易等多种金融服务方式，为新兴行业提供更为广泛的融资平台。在近年标准化市场出现信用违约现象和信用环境收紧的背景下，发挥非标市场在产权界定、企业征信评估、流转交易、法律咨询等综合服务体系的优势，在债务转让、违约处置等方面强化非标市场与标准化市场的联动，完善征信评估体系，加强对风险防范、信用分析、定价估值的精准判定，丰富监管手段，全面系统性地防范和化解各类金融风险。

三是为“专精特新”中小企业投融资服务。2022年，全国上市公司突破5000家，但这一数量不到我国全部企业数量的万分之一，众多处于成长发展阶段的中小企业每年有超过上万亿元规模的融资需求。产权市场根据中小企业发展阶段的不同需求，提供存量转让、增资扩股、私募进场等股权融资服务和评估、评级、信用增进等中间服务，以及质押融资、债券发行、融资租赁等债权融资服务，通过“直接融资+间接融资”方式整合各方资源，弥补证券市场因规模化、标准化、门槛高带来的不足。同时，为各类所有制公司“引战（战略投资者）改制”提供服务，为拟上市公司开展路演、询价等相关服务；协助有基础、有意愿的企业建立完善现代企业制度，促使企业快速成长，并最终实现与多层次资本市场的衔接，成为上市企业的“孵化器”和“蓄水池”。

四是为上市公司产股权并购、重组和转让提供新通道。加强产权市场和证券市场各板块联动，发挥产权市场交易公开透明、定价机制科学有效的平台优势，为上市公司寻找优质并购标的。上市公司可通过产权市场处置子公司股权，实现上市公司资产结构优化，提升上市公司质量，促进证券市场高质量发展。随着退市新规付诸实施，未来主动退市、并购重组、破产重整等上市公司多元化退出途径将进一步丰富，有进有出、优胜劣汰的资本市场新生态将逐步成形。这些退市企业虽不再满足证券市场的上市标准，但仍可通过产权市场实现产权与股权转让以及新一轮的增资扩股，谋求再次发展。随着证券市场改革的不断深入，产权市场和证券市场的联动会更加紧密，这将进一步补齐多层次资本市场体系短板。

在国际循环中，积极贯彻落实习近平总书记2020年11月12日在浦东开发开放30周年庆祝大会重要讲话中强调的“建设国际金融资产交易平台”，探索打造涵盖标准化市场和非标市场、兼容标准化产品和非标准化产品的国际金融资产交易平台，形成较为畅通的人民币回流管道机制，加快人民币国际化进程。

一是创设跨境债权类资产交易流转中心。创设以人民币计价、结算的跨境资产交易流转中心，在丰富离岸人民币资产投资、探索人民币资产国际定价、强化全球资源配置和交易功能等方面进行积极探索。推动各类资本要素市场机构和金融市场机构在跨境信贷资产交易、融资租赁资产跨境流转、PPP（政府和社会资本合作）资产跨境流转、非标并购债权等方面，开展深度合作和交流，进一步提升金融资源的流通能力和配置效率。

二是构建跨境股权类资产投融资中心。以跨境股权资产投融资平台为载体，在上海自贸试验区探索打造统筹在岸与离岸业务的非标金融资产交易枢纽，积极推进金融开放与创新政策先行先试。例如，在风险可控、稳步推进的前提下，探索在上海自贸区临港新片区设立离岸证券交易中心（“离岸板”），依托证券市场和区域性股权市场，吸引境外非居民企业利用离岸证券交易中心进行股权投资和融资活动；打造跨境国有资产交易平台，提升产权市场的国际化要素资源配置水平，将跨境产权交易平台打造成防止国有资产流失和实现国有资产保值增值的重要枢纽。

三是建设跨境碳金融、碳交易和碳定价中心，共同助力打造国际绿色金融枢纽。非标与标准化市场可发挥各自专业优势，共同推动国际碳交易中心、碳定价中心和碳金融中心的建设，提升国际绿色金融枢纽市场影响力。加快推进全国碳市场升级发展，从单一的履约市场，发展为具备现货、期货交易功能的金融性复合型市场。促进绿色金融发展，发挥各类金融机构和非标市场在绿色金融投融资体系和绿色投融资活动中的优势，推动低碳技术进步、引导减碳产业发展、探索负碳领域革新，共同建设有国际影响力的跨境碳交易市场，形成全球碳交易的“中国价格”。

## 三、促进优质科创资源集聚，服务实体经济推动创新发展

中共二十大报告强调，必须坚持科技是第一生产力、人才是第一资源、创新是第一动力，深入实施科教兴国战略、人才强国战略、创新驱动发展战略。当前，我国经济已由高速增长阶段转向高质量发展阶段，提升科技创新能力有着重要的战略意义。

### （一）发挥产权市场和证券市场的联动功能，为科创赋能注入“产权动力”

一是促进产权市场与证券市场双轮驱动，延伸、打通服务链条和通道。一方面，拓宽多元化投融资渠道，通过“直接融资+间接融资”，积极吸引国内国际众多风险投资、私募股权进场，引导社会资金支持广大中小企业尤其是科创企业的发展壮大。另一方面，通过信息共享、服务互通、机制互认等方式，为各类所有制企业“引战改制”提供服务，帮助有基础、有意愿的企业建立完善现代企业制度，并最终通过基础性资本市场平台体系向科创板及主板市场输送源源不断的新鲜血液。

二是打通多层次资本市场对接机制，进一步提升科创板效能。依托产权市场，建立区域性股权市场与国内证券市场各上市板块的对接机制，尤其是科创板、创业板的配套对接机制。以上海股权托管交易中心（简称“上海股交中心”）为例，一方面，上海股交中心N板、科创Q板可作为上交所科创板的“超级孵化器”，激励上海本地科创企业挂牌融资、提前规范、加速孵化，带动外地优质科创企业落沪，为上海建设具有全球影响力的科创中心，构建更为科学、合理的产业生态，并以这两个板块为依托，积极探索多层次资本市场对接的有效途径，形成层次分明、可上

可下、进退有序的市场格局。另一方面，发挥上海股交中心市场的“塔基”和“苗圃”作用，在科创企业初创期和成长期进行资本市场相关培训，培养企业规范治理意识，强化企业财务规范和提升公司治理水平，形成持续服务、孵化、培育和扶持优质企业上市的良好机制。

三是打造私募基金份额转让平台，完善非标资产管理和交易体系。2020年12月与2021年11月，中国证监会分别批复同意在北京和上海两地区域性股权市场开展私募股权和创业投资份额转让试点。打造安全高效的私募基金份额转让平台，为股权投资和创业投资提供综合服务，将积极促进私募基金与区域性股权市场融合发展，助力金融与产业资本循环畅通。同时，以私募基金份额转让平台为基础，不断引入“专精特新”中小企业并对其进行规范培育，进而将私募股权转让平台打造成服务实体经济和深化金融改革创新的重要抓手。

四是推动标准化债券业务试点，服务实体经济降低融资成本。债权融资是企业直接融资的主要方式之一，也是部分处于初创期、成长期的科创型中小微企业的重要融资渠道。与交易所债券市场、银行间债券市场相比，依托产权市场，在区域性股权市场发行私募债具有发行规模较小、期限相对较长、发行备案便捷、条款设置更加灵活等特点，与科创型企业的融资需求具有更高适配性。可通过发挥区域性股权市场和标准化资本市场的联动作用，支持科创型中小企业发行“绿色债券”“数字债券”“科创债券”等，拓展实体企业融资资金来源，建立健全国内多层次债券市场，服务实体经济，降低融资成本。

### （二）依托产权市场，加快科技成果转化，助力科创板建设

一是加快科技成果转化，提升科技服务质量水平。依托产权市场，服务创新型国家和具有全球影响力的科创中心建设。以上海产权和要素市场的知识产权交易板块为例，积极对接上交所科创板，聚焦知识产权交易服务、金融创新、海外布局及维权、重点产业运营及基础服务等核心功能，全方位服务地区发展和全球化投资并购及技术产权转移，积极为科创板上市企业和拟上市企业提供各类知识产权运营交易服务、知识产权风险排查及解决方案咨询服务，以及为相关企业的科创属性审核提供知识产权客观数据支撑等服务。同时，积极发挥国家知识产权运营公共服务平台国际运营（上海）平台作为国家知识产权运营公共服务体系的重要组成部分、上

海科创中心建设的重要基础设施作用，努力打造知识产权跨境交易的重要枢纽和国际知识产权金融创新的策源地。

二是发挥知识产权金融服务功能，为科创企业创新赋能。第一，在产权市场开展知识产权金融服务，以知识产权证券化融资等方式为相关企业拓展融资途径。积极探索知识产权资产证券化服务功能，制定更加精准、专业、有效的挂牌交易条件和交易服务流程。第二，引导企业进一步增强科创属性，优化资本布局。以各类知识产权金融创新业务为突破口，引导资本向中高端领域布局，加大集成电路、生物医药、人工智能、新能源汽车、新材料等新兴战略产业的资源投放力度，助推重点领域优先发展，助力提升实体经济活力。

## 四、打造绿色交易市场体系，助力"双碳"战略目标实现

中共二十大报告提出，推动经济社会发展绿色化、低碳化是实现高质量发展的关键环节。近年来，构建绿色交易市场体系的步伐不断加快，2021年7月16日，全国碳排放权交易市场上线交易启动仪式在北京、上海、武汉三地同时举办，全国碳市场正式开始上线交易。2023年2月4日，国家级绿色交易所启动仪式在北京举行。在"双碳"战略背景下，产权市场的角色定位要由国有资产处置的特许经营机构逐步向绿色交易的服务机构转变，着力打造绿色交易市场体系，为提升绿色产业投融资效率、降低交易成本提供最优的市场化解决方案。

### （一）完善交易制度规则，构建统一绿色交易标准体系

当前我国绿色交易市场存在各地经济结构、交易规则、计量方法等的不同导致的区域间的交易壁垒。产权市场作为推进我国绿色发展的基础设施，可依托其在要素交易领域已较为成熟的制度基础，围绕绿色交易全过程，完善初始分配、有偿使用、市场交易、纠纷解决、配套服务等方面的制度规则，研究制定绿色权益核定、定价、计量等技术规则和行业标准。通过逐步建立统一的绿色交易制度规则和标准体系，为全国碳市场、国家级绿色交易所等绿色交易市场的发展壮大提供保障。

### （二）强化市场功能，构建统一绿色交易服务平台

产权市场可以依托自身在国有产股权、公共资源、知识产权等各类要素交易领域的平台基础，积极推进区域共建、平台共用、多元共治、资源共享、数据互联的绿色交易服务平台建设。以数字化方式和大数据联通各类绿色权益交易领域的相关需求，构建集绿色数据报送、注册登记、交易服务等于一体的绿色交易服务系统，为市场交易主体、中介机构等提供开户、信息发布、交易撮合、结算交付、信息查询等全流程服务。同时，加快信息流通规范化和标准化，通过打造开放共享的绿色交易“一张网”，实时掌握绿色交易的动态信息，为监管部门提供决策支持平台，为公众提供公开透明的信息共享和监督平台。

### （三）聚焦重点领域，培育壮大绿色交易市场

在低碳绿色发展的大格局下，产权市场可围绕绿色权益和生态产品交易不断拓展绿色交易市场规模。在对“散乱污”企业进行关停、整顿、搬迁、整改等过程中，重点关注废旧物资的处置和价值再发现。在推动经济行业大发展和能源资源高效集约再利用中，重点关注大量再生资源在公开市场的交易，重点关注“专精特新”企业发展所需的环保技术研发与应用、知识产权成果转化，重点关注在绿色行业领域的企业投融资和并购等，聚焦包括碳排放权、排污权、用能权、用水权、森林草原碳汇权等在内的各类新型生态权益要素交易的新品种、新业态、新模式和新路径。

### （四）探索交易创新，推动绿色金融市场发展

一方面，发挥区域性股权市场作用，加大对绿色产业企业和项目在中长期股权融资尤其是创业资本融资等方面的支持力度，拓宽中小微企业直接融资渠道。要探索制度创新，强化区域性股权市场与全国性证券市场板块间的合作衔接，为中小微绿色企业提供“全生命周期”支持服务。另一方面，要加快市场创新，支持全国碳市场通过逐步增加品种、小范围试点等方式稳步发展现货和衍生品市场及发展国家核证自愿减排量交易，创新更多碳金融产品，为投资者提供多样化的风险管理市场化工具。加强绿色指数开发，探索建立绿色权益投融资基金，积极推进碳市场与绿

电市场、用能权市场、传统能源市场等其他相关市场的协调和衔接，支持研究与相关市场的价格传导机制，探索开发跨市场产品，为降低企业生产经营风险提供支持工具。

## 五、探索全要素市场融合发展，深化要素资源“一网交易”改革

以市场化方式整合各类要素交易市场资源，实现全要素、多资源“一网交易”，是提高要素市场化配置效率和高标准市场体系建设的必然选择。

### （一）促进物本和人本要素的双向推进

产权市场应从当前的借助国资国企改革的推动力，以进场交易制度安排支撑的交易量持续增长，转型为依托提升市场化功能创新力，实现服务于资源配置需求的持续发展（沈立群，2011）。在现有要素资源基础上，产权市场应发挥“强磁场”的集聚作用，持续拓宽要素边界，推动资本、土地、数据等物本要素，以及知识、技术、劳动力和管理（企业家）等人本要素（常修泽，2008）[10]进场交易，实现价值增值和顺畅流转，促进物本要素和人本要素的协同发展。同时，广泛引导社会资本有序投资，促进各类要素交易产品的高效、优化配置，进而建成循环、畅通的全要素、大产权、强资本、高流动性的统一大市场体系。

### （二）促进国有和非公资本的深度“联姻”

坚持融合发展，促进国有资本与非公资本深度“联姻”，发挥产权市场在信息汇集、资本集聚、要素资源优化配置，以及分散市场风险等方面的功能和作用，引导更多国有资本向战略性新兴产业集中。依托产权市场“平台+投行”的发展策略，持续完善“权益流转+融资服务”体系，引导非公资本以股权收购、出资入股、认购可转债、股权置换等方式参与国企混改；支持国有资本以资本为纽带探索以多元化方式入股非公企业，并通过设立股权投资共同基金等方式参与企业改制重组；支持国有企业通过海外并购、投融资合作、离岸金融等方式提升国有资本在全球资源中的配置能力。

### （三）做强“一网交易”一体化服务体系

在产权市场现有服务体系基础上，加快构建集业务、市场、运营、数据服务等于一体的“一网交易”服务体系，突出交易市场服务和综合监管功能，构建面向各要素交易领域市场主体、服务机构、合作机构、监管机构等服务对象的市场生态体系；持续优化交易流程，提升服务质量，提供“一站式、全业务”便捷交易服务；强化“一网交易”统一门户功能，持续推进各类要素资源纳入“一网交易”平台，不断提高电子化、透明化水平，为市场主体提供“一次登录、全网办理”服务。

### （四）完善“一网交易”制度体系构建

完善“一网交易”制度体系构建，持续推进产权界定、产权配置、产权交易和产权保护四大制度建设，重点关注土地、劳动力、技术、数据等市场交易管理制度建设，探索构建技术、数据要素交易和产权保护机制，加快推进产权市场要素交易全覆盖，为提高要素资源配置效率和公平性提供制度基础。深化交易资源整合共享，在共享场所、设施等物理资源的同时，加快推进交易、主体、信用等信息资源的互联互通。创新监管体制机制，探索引进更多市场化机制和手段，着力推进阳光交易和效率公平。

## 六、加强新型数字基础设施建设，推进非标市场数字化转型

中共二十大报告指出，要加快发展数字经济，促进数字经济和实体经济深度融合，打造具有国际竞争力的数字产业集群。未来，产权市场应顺应形势变化及早布局和应对，夯实数字底座，打造数字化产权交易生态圈。

### （一）夯实数字底座，构建多层次金融市场体系

夯实非标交易市场的数字底座，加快应用大数据、人工智能、云计算、区块链等新兴技术，打造要素资源交易的线上“枢纽节点”和线下支撑服务体系。通过一体化的支付、登记、结算、清算、托管等，链接标准化和非标市场、境内和境外市场，构建更加完善的多层次金融市场体系和金融基础设施体系，努力将“数字化非标

交易市场”打造成国内城市建设的重大基础设施和数字经济的重要组成部分。

### （二）探索线上线下融合模式，持续完善市场服务体系

以信息技术拓展市场边界，优化交易功能，着力构建统一开放、科学便捷的集信息发布、交易报价、交易监测和交易结果公示等于一体的全流程交易服务体系。推进智能风控、智能审核和智能合约等人工智能应用场景落地。探索建立非标交易市场大数据库，加强市场数据挖掘和分析研判，提升市场预测和服务能力。

### （三）推动跨平台合作，构建数字化产权交易生态圈

2023年2月，中共中央、国务院发布《数字中国建设整体布局规划》，为构建数字化产权交易生态圈提供了政策指引。一方面，推动产权交易市场数字化转型，将产权市场的运营主体拓展到产业互联网交易平台、行业互联网交易平台、企业自助互联网交易平台和各类增值服务共享平台。另一方面，产权市场要在线上线下均实现跨平台合作，在线上实现交易平台与金融服务平台、确权登记平台、数据监测平台、资金结算平台以及各类综合和专业要素平台之间数据后台资源共享；在线下则将交易机构之间硬件设施、团队力量、业务资源以及各种延伸服务能力在合理分配收益的基础上实现共享，构建基于合作黏性、务实、敏捷的创新生态圈。

参考文献：

常修泽，等，1995. 产权交易理论与运作［M］. 北京：经济日报出版社.

常修泽，2008. 人本体制论：中国人的发展及体制安排研究［M］. 北京：中国经济出版社.

常修泽，2009. 广义产权论：中国广领域多权能产权制度研究［M］. 北京：中国经济出版社.

何亚斌，2020. 产权经济学理论在中国的市场实践［M］. 北京：中国金融出版社.

常修泽，2020. 关于要素市场化配置改革再探讨［J］. 改革与战略，36（9）.

常修泽，2023. “全要素　多资源”：产权交易市场新构想——产权交易市场改革实践考察之后的思考［J］. 产权导刊（11）.

邓志雄，胡彩娟，2018. 把产权市场打造成为推进资本混合的主要平台［J］. 产权导刊（3）.

邓志雄，2020. 从和积原理看复合资本市场发展［J］. 产权导刊（10）.

何亚斌，2024. “配置全要素、交易多资源”的一个样本：对重庆联合产权交易所集团的调

研［J］. 产权导刊（2）.

沈立群，2011. 产权市场的创新、转型与持续发展［J］. 上海国资（2）.

王龙，2003. 发展区域性产权市场促进资本自由流动［J］. 产权导刊（12）.

周诚君，2020. 以高标准金融市场体系助力构建新发展格局［J］. 人民论坛·学术前沿（23）.

周小全，2022a. 非标市场与标准化市场协同发展　加快推进上海国际金融中心建设［J］. 产权导刊（4）.

周小全，2022b. 加快构建非标市场金融体系［J］. 中国金融（10）.

# 第三篇

# 深论

前两篇分别为『总论』和『分论』。在『分论』篇诸章阐述各个要素的市场化配置过程中，本书发现两个深层问题，即要素市场化配置过程中的『反垄断』问题和法律保障问题，故设本篇『深论』作为本书『压轴』篇。

# 第十二章

# 要素市场化配置的核心：公平竞争与反垄断

近年来我国经济增长呈现疲软态势，资本驱动带来的经济增长动力明显不足，劳动力市场“人口红利”逐渐消失。生产要素不仅是生产环节的首要投入，也贯穿于分配、流通和消费三个环节中。如何提高要素配置效率，是寻求我国经济长期增长新动能的重要议题。然而，我国当前要素市场发育相对滞后，低效的要素资源配置、扭曲的要素价格体系以及要素市场垄断行为等，使得要素市场化配置改革举步维艰。2020年《中共中央　国务院关于构建更加完善的要素市场化配置体制机制的意见》明确提出，要“充分发挥市场配置资源的决定性作用，畅通要素流动渠道，保障不同市场主体平等获取生产要素，推动要素配置依据市场规则、市场价格、市场竞争实现效益最大化和效率最优化”。可以看出，助推要素市场化配置改革是我国结构性改革的题中应有之义。本章尝试从公平竞争和反垄断两个角度着手，主要以土地、资本和劳动力要素为例，来研究要素市场化配置的核心问题。

## 第一节　要素市场竞争和垄断的理论逻辑

### 一、要素市场竞争的内核是契约关系

市场经济的要义是契约经济，市场选择的基础是契约精神，市场化的本质是经

本章执笔人：高明华（北京师范大学公司治理与企业发展研究中心主任、教授、博士生导师）、李扬（北京师范大学经济与工商管理学院博士生）、邵梦影（北京师范大学经济与工商管理学院博士生）。

济关系的契约化。要素市场是各类要素契约交易的平台，平等的契约交易有利于实现要素的自由流动和合理配置。公正有效的契约交易规则和制度安排，可以规范契约主体的行为，保证要素资源的有效配置。契约双方义务与权利对等，要素供给者在市场提供土地、资本、劳动力等要素，并获取相应的租金、利息或报酬；要素需求者在市场整合各类要素的使用权，使其转化为生产力（包括经营所获利润），并按照约定向要素供给者支付相应“佣金”、工资或利息，可见契约是保障要素市场运转的核心和基础。

要素契约交易的双方主体对应着产品市场的交易双方，要素市场的供给者也是产品市场的需求者，要素市场的需求者也是产品市场的供给者。由于交易双方的最大化目标和需求不同，必然存在利益冲突，加之信息不对称问题客观存在，订立契约在交易中的重要性便十分突出。基于交易成本理论，契约治理是通过正式的契约制度框架，以契约书中对交易双方权利和义务明确具体的规定为基础，来处理交易过程中所面临的问题，降低交易成本。因此，较为完备的契约条款和制度能够限制不同利益主体在交易过程中的机会主义行为，协调各方的契约关系，降低交易成本和交易风险，实现市场有序竞争和发展。

现有研究对契约在市场竞争中的重要地位也多有探讨。市场和企业都是实现要素自由竞争与合理配置的载体，而企业本身就是一系列产权交易契约的集合，包括来自投资人的资本、来自经理人的企业家才能、来自职工的劳动力，以及政府提供的公共环境（李全伦，2006）。以《劳动合同法》这一显性法律契约为例，市场化的契约能够保证劳资关系和谐，改善维权环境，促进企业价值增值以及劳动力成本结构中五险一金比例的提升（沈永建等，2017）。涉农市场中，农业土地市场、农业劳动力市场与农业资本市场都是一个个相应的要素契约集合（何一鸣等，2014）。与此同时，契约选择会基于要素品质和比例结构的差异有所调整，以降低交易风险和交易费用（罗必良，何一鸣，2015）。在农地流转治理结构中，关系型治理影响了农地资源的充分配置，阻碍了要素市场化转型，而农地产权的确立和明晰会促进关系治理向契约治理结构转型（崔益邻等，2022）。

要素市场竞争是社会经济发展的动能，是提高资源配置效率的引擎。要素市场竞争的有序开展需要基于各类要素产权的清晰界定，而契约是实现产权交易市场完整性的制度约束。在我国行政性规制较为突出的制度背景下，契约的引入通常能够提高行政效率，减少政府对企业的过度干预，明确政企权责划分（郭金良，2018）。

## 二、要素市场的进入与退出

以契约为核心的要素市场公平竞争的基础是要素的自由流动，即要素市场的进入和退出，这是要素主体基于契约和合规的自主行为。但我国要素市场分割程度明显高于产品市场，市场分割导致的进出壁垒限制了要素资源的自由流动和配置，尤其是存在信贷配给的资本市场以及受户籍和社会保障制度所限的劳动力市场（刘志彪，孔令池，2021）。要素市场分割包括以自然条件差异为主要影响的自然性分割、以技术水平不同为主要影响的技术性分割，以及以制度和政策因素为主要影响的制度性分割。其中最主要的是因行政性制度而产生的要素市场分割，这也是本章探究的重点。不同属性要素市场分割具有异质性，要素市场分割的直接表现是要素流动限制和要素进出壁垒，最终导致要素资源错配、失配和配置效率低下，还会产生寻租和腐败问题，形成畸形的政商关系。试对以下三大要素做些分析。

（1）从土地要素看，我国特殊的土地使用权和所有权分离制度使得土地的使用权成为交易市场上的一种要素。集体建设用地本身从物理属性来说与国有建设用地同质，二者的差异主要来源于法律法规的限制，而土地市场分割就主要来自城乡和区域的不统一（陆军，蔡思远，2021）。国家所有和集体所有的土地由于产权性质不同，在市场上的价值存在差异。集体建设用地的流转和用途受政策和法规的限制很大，这使得城乡区域建设用地出现较大分割；要素使用者进入国有建设用地市场的门槛大大低于进入集体建设用地市场的门槛，而集体建设用地的所有者也无法实现其所拥有的土地要素的充分价值；农地经营权在公开市场的流转受限影响着农民生产率的提高（冒佩华等，2015）。

（2）从资本要素看，我国金融抑制现象仍然存在，由此带来的资本摩擦会导致要素分配产生扭曲（Midrigan V， Xu D Y，2014）。我国资本市场多轨并行，市场分割导致的资本要素流动壁垒抑制了市场竞争效率。效率相对更高的民营企业和外资企业通常由于在资本市场中的弱势地位而面临更高的进入门槛，要素配置扭曲进一步导致效率损失（盖庆恩等，2015）。

（3）从劳动力要素看，我国劳动力市场同样存在分割，其根源主要在于：一是我国的城镇劳动力市场对农村劳动力的开放程度仍然有限，形成了城乡劳动力市场分割；二是由于行政制度的限制，体制内外劳动力的转移受到一定限制，形成体制内劳动力与体制外劳动力市场的分割；三是不同产业之间劳动力的迁移存在障碍，第二产业劳动力配置明显不足（任韬等，2018）。市场分割下的壁垒使得劳动力要素不能充分发挥其人力资本价值，难以实现在供需市场下的自由流动，导致人力资源配置扭曲，劳动力市场竞争效率降低，产生“用工荒”与“就业难”并存等问题。

企业在要素市场的进入与退出是市场竞争和选择机制作用下资源配置优化的体现，要素市场分割下的市场壁垒阻碍了各类资源和要素优化配置，而现行政策性因素与行政性因素是我国市场分割的根源（银温泉，才婉茹，2001）。基于我国的集体建设用地使用制度，农地的流转和抵押受到严格限制；基于现行户籍制度和社保制度，劳动力无法实现自由迁移；基于财税体制下的地方政府过度干预和地方保护主义，地区封锁与经济割据使得要素的进入和退出产生壁垒；基于政企一体背景下国有企业拥有隐形行政保护，通过一定的行政规制权力，国有企业在市场竞争中获取了更多的优惠条件。行政性和制度性的障碍使得企业进入和退出市场面临着不同的壁垒，也导致了竞争中的市场失效。

## 三、要素市场竞争中的失效与非市场失效

要素的市场化配置基本等同于市场决定资源配置。在市场决定资源配置的模式中，市场通过价格、市场规则、供求关系、风险等方式的组合实现竞争中的选择、激励和约束，在等价交换机制、信息机制、竞争机制、风险承担和利益分享机制的作用下，能够最有效地配置资源（洪银兴，2018）。经过世界范围内的、历史长河中的普遍检验，市场化配置是当前最为重要、应用最为广泛的要素价值实现形式。

然而，市场机制也并非万能，市场有其自身的缺陷。即使完全尊重市场机制的作用，对其运行不加任何干涉，在某些情形当中，市场也无法有效配置资源，即出现市场失效。学术界普遍认可的导致市场失效的原因主要包括：一是垄断，即市场不都是完全竞争的，要素垄断将会抬高要素使用的成本，甚至无法获得需要的要

素。后文将会专门讨论垄断问题，此处不再赘述。二是外部性，即某一消费或生产活动对其他消费或生产活动产生了不包含在市场价格中的影响，包括正外部性和负外部性影响。前者意味着要素生产者正常利益的转移，这会影响要素生产者的积极性；后者则是要素生产者对他人利益造成了损害，这不仅会导致要素生产者盲目生产，还会带来其他社会问题。三是公共品，即对具有非竞争性和非排他性行业的供给不能通过市场机制来实现，如良好的商业环境、公共设施、教育等。四是不完全信息，即个体不能掌握交易对方的全部信息或行动，因而与新古典模型“完备市场”和“竞争性市场”的假设产生矛盾（王阳，2019）。由于上述原因，市场可能产生多方面的失效，如Hausmann和Rodrik（2006）归纳的协调失效和信息外溢。协调失效是指个体收益受其他市场主体行为的复杂性影响而难以协调，信息外溢涉及新产品产生过程中的成本构成。

具体到我国而言，改革开放以来，我国经济实现了长期高速增长，但到目前为止，我国的要素市场仍存在与产品市场化进程不同步、改革不彻底、发育不充分、体系不完善等诸多问题（潘红波等，2021），由此产生的要素市场失效将会带来多种不良后果，包括抑制企业发展、阻碍产业生产率及国际竞争力的提升、打击企业创新投入的积极性、降低创新效率等（罗德明等，2012；余东华等，2018；戴魁早，刘友金，2016；白俊红，卞元超，2016）。

市场失效是现代经济学视角下市场经济和现代化社会组织运行的一种内在特征，难以彻底消除，因此需要寻找治理手段，以对市场机制的不足形成补充。主流的治理手段包括市场治理和政府治理两个层面，市场治理认为市场将采取自发活动实现“帕累托改进”，而政府治理则支持政府这一“有形之手”在市场这一“无形之手”失效时及时干预。近年来，又有学者提出以数据缓和信息不对称（张丽霞，2021）、区块链内生信任（郭广珍等，2022）等新兴方法。实践中，政府治理，即政府通过立法、行政管理、制定产业政策等方式对市场经济活动进行干预，这始终是被广泛采纳的一种做法。

长期以来，对于政府是否应干预市场，以及应在多大程度上干预市场，经济学界始终没有达成一致意见。市场失效尽管客观存在，政府适度干预尽管可以在一定程度上弥补市场失效，但政府干预超过一定程度就产生非市场失效，即政府失效。政府失效主要体现在以下几个方面：（1）低效率和决策失误。当政府作为主体之一参与市场活动，但同样难以获得充足信息；即使能够掌握足够的信息，因为政府的代理人是政府官员，这种委托代理关系缺乏有效激励，容易造成人浮于事的低效率和决策上的失误。（2）资源错配和执行受阻。公共政策目标由政府制定，而政府和官员本身并非超脱于公共目标所包含的公共利益之外，其制定的政策目标可能偏离社会利益最大化的目的。同时，政策执行过程中的资金、信息、传达、监督等条件的限制，都可能导致执行不力，进而导致政府失效。（3）腐败行为。政府官员可能因自利心而凭借特权地位为自身牟取利益，如贪污、受贿、创租、寻租等，这些也会造成政府失效（王颜红，2019；朱富强，2021；何荔，林永茂，2002）。非市场失效还可以进一步划分为政府失效和政治失效（Besley T，2006）。现实中，非市场失效同市场失效一样广泛存在，因此，政府干预必须限于一定的合适区间内，或者说，只限于市场失效的范围内。

## 四、要素市场的“合理”垄断与反垄断基本要素

垄断是一种典型的市场结构，指一个或少数几个企业或经济组织排他性地控制要素市场和产品市场，可分为卖方垄断和买方垄断。

提及垄断，人们的态度往往是消极和抵制的。关于垄断，有一种常见的错误观点，即认为所有要素均应采取市场机制，所有垄断都是不利的，因此主张打击垄断企业，防止垄断。

实际上，不能对所有垄断一概而论。一方面，基于中国国情和客观经济规律的作用，部分要素及涉及的行业不能或难以进行充分竞争，此时由国家进行垄断便是“合理”和可取的。“合理”垄断包括以下几种情形：（1）那些关系国计民生的基础性行业，如电力、燃气、水利等，本身作为准公共品供大众消费，同时也是其他行业进行生产的要素。对于这类行业，只有在国家独家经营时，才能“集中力量办大事”，形成规模经济，使社会效益最大化，这种模式被称为“自然垄断”，自然垄断行业的经营主体为国有企业。（2）对于本身为不可再生资源的要素，如矿产，一旦开放经营，极可能成为暴利品，导致资源过度开采，不利于自然资源的保护和经济社会的可持续发展，因此也只能由国家垄断经营，这种模式被称为“稀缺资源垄断”（高明华，2013；高明华等，2014；高明华等，2020）。（1）和（2）

两种垄断基本上是对所涉及要素和行业的全面垄断，但应注意，应该剔除其中存在的一些竞争性环节的行业，如输电设备、输气设备等行业，对这些行业进行垄断则是不合理的。除（1）（2）两种“合理”垄断外，还有一些要素和行业总体上是竞争的，但因为地缘或安全因素，有必要进行部分的“合理”垄断。（3）部分要素的自然配置不平衡，比如新兴的数据要素，当前几个较大的数据交易平台与不同地区的资源呈现倒挂趋势，中部、东部数据要素市场相对发达，但缺乏土地资源，而西部地区基础资源丰富，数据产业和要素市场却欠发达（张丽霞，2021）。这种情况下，需要政府以垄断的形式对短缺的资源进行空间调配。（4）部分要素涉及国家的机密和安全，如高科技行业的关键技术、企业和消费者相关数据等，全面开放获取和利用不利于国家和消费者的安全及国际、地区竞争力的提升，也需要通过垄断进行限制。（5）企业正常经营下，由于管理和技术水平高、竞争力强而成为某种要素供给的支配性企业，该要素也就成为一定时期内具有一定垄断性质的要素。上述情形共同构成了要素市场竞争中的“合理”垄断。

另一方面，反垄断反的不应是垄断和垄断企业本身。“合理”垄断可能存在多个方面的好处：第一，“合理”垄断比自由竞争更有利于资源配置。垄断是规模经济的一种体现，表明一个或少数几个主体在要素市场中占据了优势地位，有利于企业甚至国家竞争力的提高。Romer（1990）在其内生增长理论中也指出，垄断创造的超额利润可以为创新提供资金。第二，在企业经营多元化、跨国化的时代，企业获得垄断地位是十分困难的，对于企业而言这是一种生产经营的激励（陈璐琪等，2001）。第三，政府对部分要素的垄断所导致的高价短缺可能带来其他替代性要素的广泛使用，同时政府将获得的垄断收益进行投资，能够进一步提升社会整体福利。从这个角度来说，要素垄断能够促进经济增长（高彦彦，2012）。因此，反垄断反的不应是垄断企业的垄断地位和市场份额，而是这些企业利用垄断权力阻碍竞争、封锁市场的垄断行为。另外，背离市场规律、具有歧视性的行政垄断，亦应纳入反垄断范围。

因此，需要明确反垄断所涉及的主体和基本要素。反垄断过程至少涉及以下几个方面：（1）以法律为代表的规制体系。是非判断需要参照物，只有明确规定“可为”与“不可为”的界区，交易主体的行为才会受到限制，才不会出现“不可为而为之”的错误。在规则明晰的情况下，利用自身市场地位打压竞争对手、限制交易的行为出现的概率将会大大降低。因此，需要有一定范围内（如国家、国际联盟）的行为标准，一般由反垄断法来明确反垄断的目标，维护经济效率、消费者福利、公平的竞争秩序和资源配置效率，以及多元化与民主等（熊鸿儒，韩伟，2022），并明确构成垄断的具体情形。（2）监督和发现垄断的力量。虽然反垄断主要是一种国家责任，但政府不应是垄断监管的唯一来源。一方面，政府无法获知市场的全部信息，其监管难免存在“漏网之鱼”；另一方面，在现有的反垄断良好实践中，如欧盟的反垄断案例中，受侵害企业和行业协会均对反垄断部门形成了支持和配合，可以作为经验进行借鉴（华化成，2014）。（3）处罚垄断行为的判决和执法机构。垄断的认定既需要专业机构和人员确保正确性，又需要依靠有效的强制力来保证执行效果。在实际运作过程中，还需考量司法、行政等运作成本（李剑，2014）。

## 第二节　要素市场竞争和垄断中的反市场倾向

### 一、要素市场的非契约意识

契约意识是要素市场竞争的核心，是市场经济有效运行的基础。当前我国要素市场仍存在非契约意识下的反市场倾向。

土地要素交易中的非契约意识主要体现在政府对土地的供给主要建立在考虑企业对土地要素的需求，而非民众的真实需求上。土地的定价权实际上掌握在政府手中，并非源于市场机制。由于土地要素的特殊性，政府成为土地要素的供给者，民众无法直接参与土地市场的供需调整，也无法有效约束企业的生产（冯广京，2016）。此时的企业从政府那里获取土地，政府也需要土地财政的支持，若企业追求项目扩张，就会忽视公众的实际需求，而过度聚焦于实现自身利益的最大化，即便在供给溢出和产能过剩的情况下，仍会投入土地要素进行生产，造成资源错配和供求失衡。而高地价更是助推了企业对土地要素的过度追捧，高成本下的高定价进一步抑制了需求，供需平衡严重失效。近几年我国房地产行业的过度投资和泡沫化就说明了这个问题。

资本要素交易中的非契约意识主要体现在金融机构经常对不同区域和产权的企业施以信贷歧视和信贷配给。金融机构并非以项目本身的预期收益和可行性为主要考量，而是经常以企业的产权性质和规模为主要的评判标准。由于民营企业，尤其是中小企业贷款金额少，边际成本和交易风险较大，为避免损失，金融机构往往不愿意向民营企业提供金融支持，造成民营企业融资门槛高、融资难、融资贵等问题持续得不到解决，而体量大和背景强的国有企业成为融资机构最为青睐的支持对象。地方政府之间的地方保护主义行为也是非契约意识的一种表现，区域资本市场间的分割，对本区域以外企业可能存在的信贷政策歧视，都在一定程度上导致了不公平竞争。此外，企业对资本要素的获取往往与高管的社会关系网络密不可分（张樱，2016），一些债权人会将债务人的政治关联和社会关系看作高信用的替代条件，优先将资金提供给国有企业或与银行有紧密关系网络的企业，而非进行多层次、多元化的融资评估。

劳动力要素的非契约意识在经理人市场中表现得非常明显。我国职业经理人的市场化选聘机制尚不完善。职业经理人制度是依托契约对专业的经理人进行市场化的考评和选聘，并以契约化的管理模式对其进行培养、激励和约束。但在我国，企业对经理人的选聘仍以非市场化的内部提拔为主。据统计，2021年我国上市公司总经理中只有10.5%来自外部选聘[1]。尤其在国有企业（包括中央企业）中，经理人大都来自直接的行政任命，缺乏以契约为基础的规范化的经理人选聘机制。并且随着人力资本专用性的加强，企业与经理人双方都容易产生“敲竹杠”行为，这会进一步导致专用性人力资本投资不足，而这需要通过薪酬合约来解决（李晓颖，张凤林，2010）。

非契约意识的产生通常是由于契约的不完全性和交易双方的信息不对称。一方面，在契约交易过程中，契约主体是有限理性的，契约订立时，环境的不确定性使得契约主体无法完全地预见未来的所有可能性，也无法将所有的可能性都写进契约中，契约的不完全性就体现在契约主体容易产生机会主义行为和关系专用性投资。同时，由于交易双方利益不同，契约交易主体无法完全监督对方的行为，机会主义

[1]　数据来源：北京师范大学公司治理与企业发展研究中心“中国上市公司治理分类指数数据库”之“企业家能力指数数据库”。

的驱使会使掌握更多信息的一方在一定程度上偏离契约目标，进而产生逆向选择、道德风险和“套牢”危机等。另一方面，我国契约交易的社会环境尚不完善，行政性的规制和壁垒较多，市场主体正常的交易行为经常受到政府的干预，行政对市场交易的干扰不可避免地会导致非契约意识产生。加之我国对契约保护的相关立法尚不健全，对市场经济中不遵守契约行为的司法处罚力度较小，这就进一步强化了市场交易中的非契约意识。

## 二、要素市场的不公平竞争

在要素市场的非契约意识下，由要素市场分割和资源错配衍生出一系列的不公平竞争行为。地方政府中的地方保护主义和行政性的规制使得要素市场不仅难以形成全国性统一市场，而且存在不同程度和形式的市场壁垒，如繁杂的审批手续、限制性的行政许可、地域性的信贷歧视等。地区分割和壁垒尽管使本地企业在要素市场竞争中获取了更大的先行优势，但却扭曲了生产要素的配置，助长了区域间的不公平竞争，最终也会反噬本地企业，如创新萎缩、可持续发展乏力等，而且还助长本地企业的寻租动机，企业会通过支付更多的租金成本以试图建立政企关系，寻求政策支持，以低成本来获取对稀缺要素资源的优先配置（余明桂等，2010），破坏市场生态。

在土地市场上，政府作为土地要素的供给者，不完全竞争下的土地要素市场供需几乎完全依赖于政府的调控和决策（冯广京，2016）。政府不仅承担着评判土地要素市场供需结构的责任，而且决定着土地需求者是否能够进入土地要素市场。相比于市场机制的自动调节，“看得见的手”能够发挥的调控和配置作用往往有限。因此，土地资源也会因为供需信号的偏差而出现配置低效和错配现象。并且那些受产业政策保护和拥有政治资源的企业，还会在政府的补贴下持续获取土地资源，并可能进行低效生产。相比之下，那些没有政策优惠和政治纽带的企业，可能因此难以获取土地要素进行生产。

在资本市场上，由于信贷配给和市场准入条件等非契约意识的存在，国有企业和规模较大的民营企业，往往会依托其体制、规模，以及通过寻租获得政策倾斜优势，以较低的门槛得到融资期限较长、融资规模较大的金融支持。而一些更需要金融支持的中小企业和新兴企业则面临着更大的融资约束和更高的信贷门槛。银行预算的软约束又加剧了资本要素市场的不公平竞争。这些恶性循环使得两类企业之间的发展差距持续加大，中小企业和新兴企业的发展空间被压缩，生命周期持续性得不到提高。

在劳动力市场上，企业经理人的非市场化选聘，使得具有同等人力资本价值的劳动力可能面临不同的选拔和晋升机会，加剧了劳动力要素市场的不公平竞争；国有企业对经理人的行政任命制也使得经理人市场竞争机制失灵；城乡和体制型的劳动力市场分割，使得农村劳动力在城市面临更大的挑战，而体制门槛将非体制内的劳动力排除在外。种种壁垒使得劳动力在市场竞争中面临差异化的不公平的机会和选择。

此外，要素市场的不公平竞争还体现在要素价格的扭曲上。价格是市场竞争的指示器，不同程度上的价格扭曲反映了市场竞争的无序和失效。从土地要素看，在我国“分税制”改革下，地方政府与中央政府财权税权分离，地方政府为缓解财政赤字压力而实行土地财政；同时，地方政府由于处在国有土地所有者、供给者和垄断者“三位一体”的特殊地位，而掌握着对土地要素的定价权。由于土地的供给和价格都是相对刚性的，市场的均衡主要依靠需求变化来实现。然而企业对土地这一生产要素的需求已远远超出民众对土地生产品的真实需求。土地价格扭曲在一定程度上反映了土地市场的不公平竞争。

从资本要素看，我国现行资本市场化改革尚不完善，政府的利率管制和信贷干预政策是资本要素价格扭曲的重要原因。政府出于促进地区经济发展和招商引资的考虑，通过低息等信贷优惠降低部分符合条件的企业获取资本要素的成本，尽管这在一定程度上有利于企业的生存和发展，但也易于造成企业过度使用资本，依托资本价格扭曲获取超额利润（江飞涛等，2012），加剧资本要素市场的不公平竞争。而一旦企业经营不当，面临退市风险，政府为防止大量沉没成本的流失，以及出于社会稳定的考虑，会进一步通过补贴和干预支持这些僵尸企业的存续，从而阻碍市场的有效退出（邹涛，李沙沙，2021）。这些都在很大程度上脱离了市场经济的正常运行机制，与公平竞争背道而驰。

要素市场不公平竞争的出现，一方面是由于我国对公平竞争的审查和约束机制尚不完善，一些促进公平竞争的措施没有真正得到落实，公平竞争秩序难以得到切实保障；另一方面，是由于以一些地方政府为代表的行政主体公平竞争意识薄弱，往往会通过限制性政策和规制性壁垒来实现地方保护。

## 三、要素市场中的非公正反垄断

针对滥用垄断权力、阻碍市场竞争等垄断行为，各国均采取措施加以限制，即实行领域的反垄断。反垄断主要以反垄断法为规制，关于反垄断的讨论大多基于反垄断法来展开，而反垄断法这一法律条款从诞生以来就备受争议，加之中国的具体国情，使得政府是否应该反垄断、如何反垄断成为学术研究的热点话题。这里主要讨论中国国情下要素市场反垄断法存在的非公正问题，包括主体非公正、程序非公正和结论非公正。

反垄断法的主体非公正，即法律并非适用于所有市场参与主体，或对于不同适用主体有不同的适用性，主要表现为国有企业和民营企业、本国企业和外资企业的适用性区别。第一，对于国有企业和民营企业，我国的反垄断法以欧盟竞争法为立法蓝本，但也吸收了美国反托拉斯法的部分特征，采用“除外”的立法技术，将自然垄断形式排除在禁止的垄断范围之外，这给予了自然垄断企业优势地位。其实，如前所述，自然垄断行业并非整个行业都具有自然垄断属性，其中的一些环节是具有充分竞争性质的（高明华，2013；高明华等，2014；高明华等，2020）[1]。自然垄断行业大部分由国有企业负责经营，这导致国有企业和民营企业在反垄断层面的非公正地位（朱凌珂，2022；白让让，王光伟，2012）。第二，对于本国企业和外资企业，在使用反垄断法时，东道国往往倾向于保护本国企业而对外资企业更为严格。例如，欧盟和美国曾以反垄断为由对对方企业进行罚款，欧盟处罚苹果、高通、谷歌等企业，美国则对德银进行处罚。可以看出，反垄断法实质上成为贸易摩

[1] 与垄断相关的问题比较复杂，常修泽教授将垄断分为“三种类型、六种情况”。第一类是自然垄断，分为两种情况：一种是真正的自然垄断，比如铁路；另一种是变异了的自然垄断，比如原本是竞争性的但打着自然垄断的旗号，还有随着技术的进步打破了壁垒的垄断。第二类是法定垄断，分为两种情况：一种是真正的法定垄断，比如烟草；另一种是滥用行政权力的垄断。第三类是经济性垄断，也分为两种情况：一种是中小企业间的适度的集中，提高产业集中度；另一种是厂商之间、企业与政府之间合谋、串谋、勾结、商量后垄断市场，这是非法的。针对以上六种情况，提出“结构性破垄”，即“三个不破”“三个必须破”。详细参见：常修泽. 论新阶段垄断领域改革与民营经济发展：在河北行政学院的学术报告［J］. 改革与战略，2016，32（6）.

擦的工具，具有了反自由竞争的性质（周燕，2018），这也是非公正的体现。

反垄断法的程序非公正，即反垄断判决和执法的程序不严格，形式较为随意。一些垄断案件并未经过司法审判，而是由国家发展改革委或省物价局开出罚单，罚款归入中央财政，并未补偿参与竞争的企业和消费者。而在对一些企业的反垄断调查中，有关部门以专家谈话的形式向企业提起“诉讼”，又在信息不公开的情况下以企业做出承诺为由取消法律干预（周燕，2018；白让让，王光伟，2012）。

反垄断法的结论非公正，即相似情况的垄断案件可能具有不同的判决和处罚结果。垄断具有复杂性，法律规定难以穷尽所有垄断的表现形式和控制标准，反垄断法因此呈现出一定的模糊性和不确定性，具体个案需进行具体分析，这使得执法过程具有了弹性和灵活性（游钰，2013）。反垄断执法人员具有较高的自由裁量权，其主观认知、参照案例、条文理解等的不同都可能影响最终对垄断的认定和处罚。这就使得相似情况的不同个案可能出现反垄断层面的反差，体现出结论的非公正性。

## 四、要素市场中的行政垄断及对“合理”垄断的背离

除了由技术领先形成的市场垄断、出于规模经济和社会效益考量形成的自然垄断及其他“合理”垄断形式外，要素市场中还存在着行政垄断。行政垄断是指政府通过行政权力设置进入门槛，仅特许极少数企业在行业中经营所形成的垄断。行政垄断本质上是反市场行为，甚至是违法行为，它与政府所采取的“合理”垄断存在显著区别。其一，垄断来源不合理。相比于由技术或成本优势形成的垄断，行政垄断领域的企业主要依赖政府政策或政府赋予垄断资源来获得垄断地位，凭借行政强制力的存在而具备了额外的甚至非法的市场势力，这是政府滥用行政权力的表现（孙晋，蒋蔚，2017）。其二，所处行业不合理。与“合理”垄断行业不存在或不应存在市场竞争，只适合由一家或少数几家企业经营的情形不同，行政垄断在本应充分竞争的行业和领域采取了限制竞争行为，是对竞争的非正当限制（邓志松，2014）。由于行政垄断和“合理”垄断的实施主体均是政府及其控制下的国有企业，有时难以区分，引发了行政垄断是“滥用”还是“使用”行政权力、行政垄断是否应同自然垄断一样具有法律上的除外地位、如何界定行政垄断和自然垄断的边界等一系列问题（陈林，朱卫平，2012）。但从结果角度来看，行政垄断无疑导致

了市场竞争减少、价格上升和要素质量的下降，这对要素使用者十分不利。

即使在“合理”垄断中，也存在着诸多不合理的因素。

首先，有些垄断行业偏离了其原有使命。表现在三个方面：第一，偏离社会目标而追求经济效益。对于要素市场而言，自然垄断行业在制度设计上的主要任务是保障社会生产需求，但事实上，许多企业偏离了目标定位，反倒追求盈利（朱凌珂，2022）。第二，未发挥集中力量办大事的优势。垄断行业的经营者大多是国有企业，它们使用或参照行政体制的经营管理方式，没有发挥出规模经济应有的优势，反倒因占据垄断地位而出现安于现状、创新不足和效率低下的问题。第三，政策安排背离现实需求。以土地要素为例，垄断的一个重要原因是要素在空间上实现了合理配置，但2003年以来，为追求东西部平衡发展，建设用地指标向人口大量流出的中西部和中小城市倾斜，东南沿海地区指标收紧，无地可用。这种配置加剧了要素配置的空间不合理（卢现祥，2020）。

其次，“合理”垄断行业未根据时代和形势变化做出相应调整。有些垄断是在特定的时代背景下形成的，受技术进步、市场规模扩大等因素的影响，行业整体形势发生变化，垄断行业已经成为非垄断或竞争性行业。此时，如果不进行与时俱进的行业调整，仍然通过采取严格的管制措施维持垄断，那么“合理”垄断就会变成不合理垄断（高明华，2013；高明华等，2020）。

最后，把本属于不合理垄断的行业或要素作为“合理”垄断的行业或要素，可能会导致新的社会问题。比如金融行业，金融行业是提供资本要素的，但金融行业的经营主体多为国有企业，国有企业持有稀缺的要素，拥有“空旷”的市场，背靠政府的扶持，于是各类银行，尤其是国有商业银行倾向于认为国有企业有政府兜底，更愿意把资金贷给国有企业。国有企业和民营企业的贷款难度存在差异，一些国有企业甚至将所得贷款向民营企业再次放贷来套利，这造成了国有企业和民营企业融资的不平等地位。长此以往，缺少财政补贴和融资渠道的民营企业可能因此收到扭曲的激励信号，不再紧盯市场，而是紧盯政府，追随政策性目标。这对维持合理的投资水平和企业创新是不利的。由于国有企业把持大量要素，为实现经济高速增长，可能会采取依靠资源投入的粗放式发展模式。在过去的几十年间，我国也确实采用了这样一种经济增长模式，这与当前对高质量和可持续发展的要求是不相适应的。另外，对于“合理”垄断行业中的具有充分竞争属性的环节没有实现竞争性，也是对“合理”垄断的扩大化，应该划入不合理垄断范畴（高明华，2013），否则这会导致要素成本的进一步提升、要素创新迟缓和效率降低。

# 第三节　要素市场竞争与垄断的未来发展走向

## 一、以契约为核心，建立公平、公正、公开的要素市场交易体系

契约是现代市场经济的灵魂，不信守契约或对契约的随意破坏和行政干预，意味着市场经济的不健全不完善，体现在要素市场上，就会造成市场扭曲以及创租和寻租泛滥。而要保证契约的履行，需要建立公平、公正、公开的要素市场交易体系。

所谓公平的要素市场交易体系是指要素市场上的交易主体不分彼此，一视同仁，相互之间均以契约来连接，而契约的形成又是基于市场主体之间的公平谈判。因此，需要充分利用市场的谈判机制，高度重视契约在市场交易过程中的基础性作用，高度重视市场在要素配置过程中的决定性作用，消除区域性、行政性的市场分割，摒弃狭隘的地方保护主义行为，建设全国统一的要素市场。政府要通过优化市场制度和营商环境，促进要素的公平竞争和交易，而不是干预市场主体的独立交易行为。在土地要素市场改革方面，要推动多元化农村建设用地的交易许可，减小城乡土地市场分割差异；在资本要素市场改革方面，要消除金融机构的信贷软约束和歧视问题，以减少不公平竞争；在劳动力要素市场改革方面，要最大可能减少市场分割，消除隐形壁垒及各种显性的限制性政策，建立全国统一的社会保障制度，通过减少劳动力的迁移限制，降低劳动力流动成本，引导劳动力自由流动和有效配置。

所谓公正的要素市场交易体系，是指对要素市场的监督要本着不偏倚、非歧视的市场原则，避免主观性。基于契约的要素交易的前提是要素产权完整和明晰，因此要注重对要素市场不同交易主体产权的平等保护，减少甚至避免因产权保护不平等而引致的不公平竞争和“搭便车”问题。要建立统一的市场监管规则，统筹各区

域市场的监管体系，强化市场监督和提升执行效率，以优化交易环境。要进一步完善公平竞争审查机制，对于违反要素市场公平竞争秩序的行为，要依法公正处置。政府作为市场秩序的维护者，不应参与要素市场交易，而应以中立立场，通过立法立规，为要素市场的平等交易保驾护航。

所谓公开的要素市场交易体系，是指要通过公开的要素交易平台，建立透明的要素价格形成机制，通过要素价格的市场化，促进各市场主体在要素市场的有效竞争，促进要素在不同区域市场的自由流通和有效配置。在土地要素方面，要搭建土地交易信息服务平台，充分发挥土地市场竞争活力，确保土地价格体系真实反映市场需求；在资本要素方面，要完善多层次资本市场，并融入国际体系，遵循国际规范，促进利率市场化改革，使利率能够真实反映资本供求变化；在劳动力要素方面，要尊重劳动力产权，促进劳动力市场信息的公开化，消除劳动力价格扭曲带来的人力资本低效或无效配置。

## 二、立足不同要素属性，规范不同要素市场的进入和退出机制

随着社会和市场的发展，要素也越来越呈现出多样性，除了传统的土地、资本和劳动力以外，技术、信息、数据等要素形态，在经济发展中也越来越凸显其重要性。各种要素的属性不尽相同，不同要素市场的进入和退出机制也有各自的特殊性，这里仍以土地、资本和劳动力为例进行简单分析。

对于土地要素，我国的土地具有公有属性，随着社会的发展，土地要素公有的局限性也愈加突出，主要表现为不能反映土地要素需求，以及土地利用效率较低。因此，应该进一步推动土地市场化改革，减少政府对土地供给的垄断，打破土地市场壁垒，消除过度行政性规制下的土地配置结构失衡，完善土地市场准入正负面清单制度，在保护土地产权的基础上，确保同权同价。建立健全城乡统一的建设用地市场机制，细化土地用途规制，打造多元化多层次的土地市场交易方式，打破土地市场城乡和区域分割格局，盘活农村建设用地价值，促进城乡和区域土地市场联动协调发展，提升土地利用效率。

对于资本要素，目前利率、汇率的市场化程度仍然偏低，资本市场的分割和歧视还普遍存在，对此，要建立多元化的融资支持体系，打通信贷配给和预算软约束

等无形壁垒，消除对不同所有制和不同规模企业的信贷歧视，以多元化、多层次的融资评价体系为支撑，保障不同市场主体进入资本市场的同等权利，促进资本要素市场化配置，引导企业公平竞争。要矫正资本的价格扭曲问题，推进利率市场化改革，通过市场配置资本，减少企业寻租行为，减少对经营不良企业退出资本市场的干预和阻碍，引导企业通过良性竞争提高生存能力和竞争力。

对于劳动力要素，目前城乡分割仍普遍存在，经理人市场未能建立。对此，要加强城乡市场和区域市场统一建设，促进城乡要素充分互动，打破城乡要素流动障碍。市场要面向不同层次的劳动力全方位开放，降低劳动力市场的信息不对称性，促进劳动力要素的跨行业跨区域多方向流动。充分发掘不同类型劳动力的潜能，使其发挥各自的人力资本价值，助推“人力资本红利”成为经济增长新引擎。要推动职业化、透明化和竞争性的经理人市场的建立：职业化旨在提升人力资本专用性，增加经理人职业转移的机会成本；透明化旨在促进全社会多维度监督；竞争性旨在形成经理人替代机制，促使其尽职尽责（高明华，2022）。

总体而言，要完善市场准入负面清单和退出机制，建立和落实统一的公平公开的市场准入制度，着力消除不同要素市场下的体制性和政策性壁垒，打破地方保护主义和行业垄断，健全要素市场进入和退出机制，形成要素平等竞争的市场。

## 三、明确“合理”垄断区间，对不同要素主体实施反垄断平等待遇

如前所述，并非所有垄断都是合理的，反垄断虽然不能反“合理”垄断，但为了避免把“合理”垄断扩大化，必须要把“合理”垄断严格控制在一定范围内。从自然属性来看，只有两种垄断是合理的：一是自然垄断，二是稀缺资源垄断（高明华，2013，2022；高明华等，2014）。

自然垄断行业具有规模报酬递增和成本递减的特征，且产品或服务是公众基本所需，如电力、管道燃气、铁路运输等，因此其产品或服务应该按边际成本来定价。为了既最大限度地提高社会福利，又保证企业不至于亏损，市场经济发达国家一般采用平均成本定价。按此定价方法，企业不赔不赚（或只能赚“小钱”），通过收支平衡来保证实现社会福利的最大化。然而如果国家以外的其他经济主体进

入，则势必要追求利润最大化，从而很可能导致产品或服务的价格大幅度上升，进而影响公众福利的提高。显然，对这类企业，应该由国家独资经营，或者由国家绝对控股经营，并主要以公共绩效同时辅之以财务绩效（以成本控制为主要指标）进行评价。

不可再生的稀缺资源，如石油、稀土等矿产资源，为防止资源过度浪费乃至耗竭，保证资源利用的可持续性，也必须由国家通过独资或绝对控股来经营。不过，一方面，为防止稀缺资源的过度消费，其定价应由市场决定，这意味着企业能赚钱；另一方面，为防止企业因能够赚钱而过度开发稀缺资源，必须对国内稀缺资源开发征收高额资源税。也就是说，这类企业赚的钱必须全部上缴国家财政，然后通过国家财政支出回馈公众。对于这类企业，如果允许非国有主体参股进入，则其势必追求最大化利润，并谋取利润向所有股东分配，最终造成稀缺资源的过度开发，从而难以保证社会经济的可持续发展。

以上两类基于要素自然属性的“合理”垄断都是由国家垄断，由国有企业负责经营，由国家垄断的目的是保障公众福利的最大化。

但是，应该重申，上述两个“合理”垄断行业中的一些环节具有充分竞争的性质，如其中设备、设施的生产和销售，这部分应该独立出来，进行竞争性生产和销售。如果也把它们纳入“合理”垄断中，一方面会滋生腐败，另一方面也会影响效率，降低公众福利。

从企业自身发展和竞争力来看，在竞争性市场中，一些企业因自身的强大竞争力（比如技术领先、规模经济显著）而成为行业中的支配性厂商，这种企业尽管具有较强甚至很强的垄断势力，但只要不是通过不正当竞争获取这种地位的，成为支配性厂商后也没有通过不正当竞争排挤其他企业，那也应该归入“合理”垄断。

另外，对于自然垄断和稀缺资源垄断，判断其是否归入“合理”垄断应该是动态变化的，而不是一成不变的。比如，随着信息技术的发展，通信行业的信息要素已经不再具有自然垄断性质，应该归入竞争性要素范畴；随着技术发展，一些稀缺要素中的替代性要素被研发出来并付诸大规模生产，此时这些稀缺要素尽管从供给侧看还是稀缺的，但从需求侧看，已经变得可有可无，从而其“稀缺性”也就不会影响经济社会的可持续发展了，也就不能再归为“合理”垄断。

对于“合理”垄断，政府应该通过法律规则明确其范围。不仅要明确“合理”垄断的范围和依据，也要对“合理”垄断行为做出清晰界定，还要明确随着技术的变化进行动态调整的条件。对“合理”垄断区间以外的要素市场，要坚持市场在资源配置中的决定性作用，消除市场壁垒和不公平竞争，特别要消除显性或隐性的行政垄断，对于地方政府来说，要把地区市场化程度和地区开放性纳入考核标准，以免因过度追求以GDP为核心的政绩考核而产生地方保护主义和不合理的市场准入限制。

政府还应该出台并严格落实对行政垄断的监督制度，要对监督制度落实情况的相关信息进行及时公开披露。还应将市场监督和社会监督纳入行政垄断监督框架中，政府与市场共同发挥作用，双头并举。

反垄断应是针对不合理垄断而展开的。既不能把反垄断扩大化，严禁把反垄断扩大到“合理”垄断领域；也不能把“合理”垄断扩大化，以避免产生腐败或降低效率；还要注重反垄断的公平公正性，不能针对不同主体而进行歧视性反垄断，尤其要坚持国有企业和民营企业在反垄断审查上的平等原则。另外，也要避免将反垄断作为排除国际市场竞争的工具。

## 四、以法代政（政策），建立稳定、可持续的法律制度

我国要素市场不够健全和完善，目前要素市场治理主要以政策为依托，而政策的稳定性和持续性较弱，受人为因素影响较大。因此，以政策为主要依托的要素市场的竞争和反垄断过程中会不可避免地出现许多问题，尤其是容易形成创租、寻租和腐败，对此必须借助法律体系，以稳定的法律代替相对不稳定的政策，以对要素的市场化配置形成有力支撑。

第一，健全反垄断法律体系，做到有法可依。既要以相关实体法的调整保障要素市场平稳运行，强化契约意识；又要以反垄断和反不正当竞争法（程序法）规范市场秩序和交易行为，明晰不正当竞争、行政垄断、市场垄断、“合理”垄断及其中适用竞争的环节各自的范围，最大可能降低法律中的模糊性和不确定性。

第二，完善反垄断执法程序，健全监督及查处机制，做到执法必严。建立法院与反垄断执法机构的联合监督和审查机制，提高司法效率和加大执法力度；规范市场监督行为、发现垄断行为的专业人员和队伍，依托相关平台依法进行监督；通过行业协会、企业联盟等形成行业内企业的自我约束机制，强化自我约束的激励机

制；必要时引入第三方监督机构，形成对违法行为的全社会监督；完善执法流程，实行公开、透明的审查和判决制度，增强司法结果的公信力和说服力。

第三，建立反垄断诉讼机制，加大对各类违法违规行为的处罚力度，做到违法必究。既要在法律中对各类要素市场中违法行为的法律后果进行明确规定，又要提高违法代价，如将信用体系与法律规范有机结合，实现失信惩戒与市场准入挂钩，使要素市场参与主体不敢违法。另外，建议把集体诉讼延伸到民法范畴，通过民间集体诉讼加大对非法垄断行为的威慑力。

第四，把政策作为法律的补充。以法律代替政策并不意味着完全放弃采用政策手段。政策是根据某一具体的环境、行业、事件制定的在一定时期内推行的规范，具有阶段性和灵活性。其优势是出台快、有针对性，且能够及时产生作用；缺陷是时效较短、可能存在矛盾。相对而言，法律所具有的长期性、稳定性、逻辑自洽的优点则能够弥补政策的缺陷。结合中国现状，应以法律为准绳，以政策为辅助，形成良性的互动机制，共同助推要素市场的发育和完善。

参考文献：

高明华，等，2020. 深入推进国有经济战略性调整研究：基于国有企业分类改革的视角［M］. 北京：中国经济出版社.

王阳，2019. 经济转型与就业优先政策［M］. 北京：中国工人出版社.

王颜红，2019. 多维视域下发展中国家产业政策研究［M］. 长春：吉林人民出版社.

高彦彦，2012. 要素垄断与中国经济增长［C］. 首届政府管制论坛论文集.

白俊红，卞元超，2016. 要素市场扭曲与中国创新生产的效率损失［J］. 中国工业经济（11）.

白让让，王光伟，2012. 结构重组、规制滞后与纵向圈定：中国电信、联通“反垄断”案例的若干思考［J］. 中国工业经济（10）.

陈林，朱卫平，2012. 行政垄断的内涵与外延：关于学术界三大理论分歧的评述［J］. 经济学动态（7）.

陈璐琪，等，2001. 关于经济规模效益与若干垄断行为在现阶段合理存在的一些思考［J］. 商业研究（8）.

崔益邻，等，2022. 关系治理还是契约治理：农地流转治理结构的转型逻辑与区域差异研究［J］. 中国土地科学，36（3）.

戴魁早，刘友金，2016．要素市场扭曲与创新效率：对中国高技术产业发展的经验分析［J］．经济研究（7）．
邓志松，2014．行政垄断与相邻概念的区别与联系［J］．中国价格监管与反垄断（11）．
冯广京，2016．土地领域供给侧结构性改革的重心和方向［J］．中国土地科学，30（11）．
范叙春，2022．要素市场运行机制研究［J］．合作经济与科技（10）．
郭广珍，等，2022．区块链信任、市场失灵治理与高质量发展［J］．财经问题研究（8）．
郭金良，2018．契约视角下企业国有资产法律监管研究［J］．法学论坛，33（2）．
高明华，2013．论国有企业分类改革和分类治理［J］．行政管理改革（12）．
高明华，等，2014．国有企业分类改革与分类治理：基于七家国有企业的调研［J］．经济社会体制比较（2）．
高明华，2022．完善我国的独立董事制度［J］．中国金融（5）．
盖庆恩，等，2015．要素市场扭曲、垄断势力与全要素生产率［J］．经济研究（5）．
何荔，林永茂，2002．政府失灵及其矫正［J］．学习与探索（3）．
何一鸣，等，2014．农业要素市场组织的契约关联逻辑［J］．浙江社会科学（7）．
洪银兴，2018．完善产权制度和要素市场化配置机制研究［J］．中国工业经济（6）．
江飞涛，等，2012．地区竞争、体制扭曲与产能过剩的形成机理［J］．中国工业经济（6）．
罗必良，何一鸣，2015．博弈均衡、要素品质与契约选择：关于佃农理论的进一步思考［J］．经济研究（8）．
罗德明，等，2012．要素市场扭曲、资源错置与生产率［J］．经济研究（3）．
刘华涛，李俊利，2020．自然垄断行业政府管制引入合作治理的困境及其化解［J］．兰州学刊（2）．
李剑，2014．中国反垄断法实施中的体系冲突与化解［J］．中国法学（6）．
陆军，蔡思远，2021．多元要素市场分割与城市化质量：基于结构式估计的文献综述［J］．经济体制改革（6）．
李全伦，2006．企业性质新论：要素产权与企业产权之交易契约的履行过程［J］．中国工业经济（8）．
卢现祥，2020．论产权制度、要素市场与高质量发展［J］．经济纵横（1）．
李晓颖，张凤林，2010．专用性人力资本投资与工资合约：引入不对称信息的敲竹杠模型［J］．经济评论（3）．
刘志彪，孔令池，2021．从分割走向整合：推进国内统一大市场建设的阻力与对策［J］．中国工业经济（8）．
冒佩华，等，2015．农地经营权流转与农民劳动生产率提高：理论与实证［J］．经济研究（11）．
潘红波，等，2021．产业政策与要素市场失灵：基于有为政府的视角［J］．财会月刊（24）．

任韬，等，2018. 中国经济增长过程中的生产要素配置扭曲［J］. 数理统计与管理，37（5）.
孙晋，蒋蔚，2017. 行政指导型垄断的若干基本问题［J］. 法学杂志，38（4）.
沈永建，等，2017. 显性契约、职工维权与劳动力成本上升：《劳动合同法》的作用［J］. 中国工业经济（2）.
熊鸿儒，韩伟，2022. 全球数字经济反垄断的新动向及启示［J］. 改革（7）.
余东华，等，2018. 要素价格扭曲如何影响制造业国际竞争力［J］. 中国工业经济（2）.
余明桂，等，2010. 政治联系、寻租与地方政府财政补贴有效性［J］. 经济研究（3）.
银温泉，才婉茹，2001. 我国地方市场分割的成因和治理［J］. 经济研究（6）.
游钰，2013. 论反垄断执法的司法审查［J］. 中国法学（6）.
朱富强，2021. 市场失灵视域下的政府功能［J］. 人文杂志（5）.
朱凌珂，2022. 论自然垄断行业侵犯消费者权益行为的成因与治理［J］. 学术研究（4）.
张丽霞，2021. 我国数据要素市场竞争治理的困境及完善路径［J］. 西南金融（8）.
邹涛，李沙沙，2021. 要素价格扭曲阻碍了企业有效市场退出吗？——来自中国制造业企业的微观证据［J］. 产业经济研究（6）.
张樱，2016. 高管社会资本对银行贷款契约的影响：基于社会资本微观层面的实证研究［J］. 山西财经大学学报，38（7）.
周燕，2018. 政府应该反垄断吗：一个基础理论层面上的探讨［J］. 学术研究（11）.
华化成，2014. 反垄断维权不应仅靠政府“冲锋陷阵”［N］. 新华每日电讯，08-21（7）.
Besley T，2006. Principled agents? The political economy of good government［M］. London: Oxford University Press on Demand.
Midrigan V，Xu D Y，2014. Finance and misallocation：evidence from plant-level data［J］. American economic review，4（2）.
Romer P M，1990. Endogenous technological change［J］. Journal of political economy（5）.
Hausmann R，Rodrik D，2006. Doomed to choose: industrial policy as predicament［EB/OL］.（07-10）［2023-04-08］. https://drodrik.scholar.harvard.edu/publications/doomed-choose-industrial-policy-predicament.

# 第十三章

# 要素市场化配置改革的法律规制与法治保障

生产要素的配置遵循各种规则，包括市场自发生成的规则。以及人为设置的规则。无论是在商品生产阶段，还是在狭义概念上的商品流通过程，抑或是在经济剩余按照利润、利息、地租等形式在不同要素所有者之间的分配，规则的作用，尤其是现代社会法治规则在市场要素配置中所起到的作用，都是极为重要的，甚至从某种程度上说，是决定性的。前述有关要素的配置、流通以及最终价值实现，都需要法律规则的框架来保障安全稳定运行。但同时也要看到，在全社会的市场环境、生产效率和边际成本发生剧烈变化的时期，法律规则因其稳定性带来的滞后性又会给要素的合理配置带来反向阻碍作用。因此，法律实施层面对于要素合理流动的“嗅觉”与信息的准确反馈，以及立法层面积极回应上述变化的能力和制度安排，则是在市场化配置资源中最大化发挥法律作用的必要保障。

要素配置无论是市场化的，还是行政主导的非市场化的，都需要有一套明确的规则来厘清配置原则和方法，安排配置过程和顺序，并保障要素配置达到预期的效果。要素配置不仅需要强调其市场化导向，更重要的是增强市场化配置规则的确定性、稳定性。因此，形成具备市场化导向、稳定可预期的法律制度，使各种要素的市场化配置获得规则保障，是深入考察要素市场化配置、研究要素市场化配置改革的重要课题之一。

纵观世界法律规则的历史，宪法性文件中与要素配置有关的规范，是构成要素市场基本规则最重要的内容。宪法性文件中有关要素配置的条款，通常并不会占据

---

本章执笔人：李淳（海南中改国浩自由贸易港法律研究中心主任、研究员）、孙正君（海南中改国浩自由贸易港法律研究中心研究员）。

太大篇幅，尤其是直接相关的条款只有寥寥数语，所涉及的不过是构建要素配置制度所遵循的规范，其中大量篇幅阐述的是各类国家公权力的行使规则，实质上是制定要素配置的规则体系。法律规范与要素配置之间存在着紧密的联系。

## 第一节　要素配置法律制度的历史演进

我们探讨的要素配置问题，本身是一个经济问题，然而宪法或者法律规则体系本质上反映的是统治阶级意志，是政治、经济的杂糅体，其文本本身并不当然以规定经济要素为目的。从是否具备现代性的角度，宪法可以分为传统宪法和现代宪法，前者更加突出政治性，只规范与政治权力直接相关的问题，对于经济则极少涉及。后者则是在前者基础上随着资本主义诞生逐步形成的，并在社会主义国家中随着政治经济的演变，进而出现经济制度的不同安排。现代宪法在继承了传统宪法大量政治性条款的基础上，增加了更多有关经济要素配置的条款，真正在法律这一社会基础制度与经济活动之间建立起直接联系，打破了“法律-政治-经济”的多层结构，形成了“法律-经济”的直接结构。换句话说，关注要素的“经济性”，是现代宪法的基本特征之一。

### 一、以宪法为代表的要素配置制度的基本演进

德国1919年颁布的《魏玛宪法》中首次列入有关国家经济制度的条款。我国宪法对于经济要素的规范作用经历了漫长变革过程。晚清时期最早一批“睁眼看世界”的改革者曾在很长一段时间内将宪法体系与经济富强直接联系在一起，形成“变法—图强”的简单逻辑结构。但其后的实践所反馈的结果表明，不解决政治性问题的法律秩序是无法实现其解决经济性问题的重要目的的。在宪法秩序下要素配置一旦在政治上取得了大多数人的拥护，有利于大多数人的境况改善，那么反过来在经济上发挥出来的作用便会反哺政治。

中华人民共和国成立后，我国的宪法建设进入新的阶段，首先通过了具有临时

宪法作用的《中国人民政治协商会议共同纲领》，其中第二十六条规定了经济建设的根本方针。在此基础上，1954年我国制定了《宪法》，将新中国成立初期党的主要方针政策进行了法律上的再确认，并且明确我国实行社会主义计划经济体制。因此，当时的经济要素配置都在这一宪法条款所形成的法律秩序之下有序开展。同时，1954年的《宪法》又明确了多元化的生产资料所有制，既承认和保护国有制（全民所有制），也承认和保护集体所有制（当时的合作社制度）、个人所有制和资本家所有制。而上述基本经济制度随着政治生活的变化被进行了修改：1975年制定的《宪法》，在所有制方面仅承认和保护国有制和集体所有制，在法律秩序上完全否定了私有制的存在；1978年制定的《宪法》仍然延续了这一安排；1982年制定的《宪法》，将以阶级斗争为纲改为“以经济建设为中心”。随后，根据改革开放的实践，在1999年的宪法修正案中规定，国家在社会主义初级阶段坚持公有制为主体、多种所有制经济共同发展的基本经济制度。

从我国宪法历史变迁中有关经济要素的条文变化不难看出，在宪法体系中，涉及要素的制度有两类。一类是所有权制度，即法律体系承认和保护何种所有权。此类又分为两种不同的表现形式，一种是直接的所有权确认制度，如《宪法》第九条规定：“矿藏、水流、森林、山岭、草原、荒地、滩涂等自然资源，都属于国家所有，即全民所有；由法律规定属于集体所有的森林和山岭、草原、荒地、滩涂除外。”这里确立了自然资源的所有权归国家的基本制度，这属于法律对要素做的最直接分配。另一种是所有权的法律保护，如《宪法》第十三条规定，公民的合法的私有财产不受侵犯。国家依照法律规定保护公民的私有财产权和继承权。国家为了公共利益的需要，可以依照法律规定对公民的私有财产实行征收或者征用并给予补偿。上述条文明确了对私有财产的法律保护基本原则，而在此基础上，如何取得私有财产，私有财产如何使用流通，则留给具体部门的法律法规来予以规范。另一类是分配制度。法律秩序基于其政治性的根本需要，必须对分配制度做出符合其基本价值诉求的规定。尽管分配制度本身不直接涉及要素的流动问题，但是其必然会影响要素流动，因为分配是结果，而要素流动下经济活动往往也是结果导向型。因此，分配制度，这里指广义的分配制度，既包含宪法性的基本分配制度，也包含财税法、物权法、慈善法等二次、三次乃至多次分配的法律制度，会对整体要素的流动起到重要的作用。例如，《宪法》第六条规定，国家在社会主义初级阶段，坚持公有制为主体、多种所有制经济共同发展的基本经济制度，坚持按劳分配为主体、多种分配方式并存的分配制度。

## 二、我国宪法中对基本经济制度规定的变化与预测

考察宪法的历史演变，尤其是上述所有权制度与分配制度的变化，可以比较清晰地看到要素配置在现有宪法秩序下的变化脉络以及走向。

1975年及1978年《宪法》所秉承的所有权制度，正如前文所简述，有其特殊的历史背景和继承脉络。从所有制类型来看，这两个时期的宪法只确认了全民所有制和劳动群众集体所有制，针对的是长期以来我国城乡二元化的基本社会结构。这一结构的所有制的根源就是当时宪法中的要素配置法律秩序。与上述所有制结构相对应的，是以城市工业为主体的国营经济，和以农村农业生产为主体的农村人民公社经济。这两类经济中，宪法明确规定了全民所有制，亦即国营经济在国民经济中具有领导地位，应当发挥领导力量。因此，当时的经济结构和经济活动中要素配置的特点，根据其法律秩序就可以判断出来。

1982年《宪法》在经济体制方面所做的根本性法律秩序调整，具有其深刻的社会政治变革因素。在体系继承方面，跳出前述两个版本《宪法》的框架，反而参考了1954年《宪法》的很多内容，如保护个体经济的合法权益，又如在坚持公有制为主体的基本经济制度的基础上，充分肯定了市场对经济发展的积极作用等。具体到所有制方面，将原来全民所有制和劳动群众集体所有制统一作为公有制的两种形式，并对农村人民公社经济进行了改动，改为“合作社经济”。一方面重申了国营经济的主导地位，另一方面用以“社员权”为基础的农村合作社这一集体经济形式替代了原有的“人民公社”。这一修改所对应的，实际上是农村在土地这一重要要素配置与使用上所出现的变化。与此同时，两类新的经济制度开始出现在法律秩序中，其一是“个体经济”，不仅出现了这一名词，而且明确其功能定位为“公有制经济的补充”；其二是外资经济，这也从法律秩序层面宣示着开放的到来。

其后于1988年、1999年的两次宪法修正，都是在这个框架基础上，对不同经济制度作了细分，并调整了法律秩序中各类制度的功能定位。如对非公有制经济的分类，从原有的两类进一步明确划分为“个体经济、私营经济和外资经济”，并且将

这三类经济最终明确为“非公有制经济”。对非公有制经济的定位，也从“公有制经济的补充”变为“社会主义市场经济的重要组成部分”。与此同时出现的，则是改革开放后市场经济逐步繁荣的经济现象，法律秩序对基本经济制度的确认，直接体现在要素市场化配置所带来的经济效率的释放上。

此后，1982年《宪法》又于2004年、2018年作了两次修正。2018年的修正主要是纳入部分国家重要法律体制调整的内容，而2004年的修正，让经济基本制度出现了重要的变化。一是对于非公有制经济，国家将承担两项义务，其一是支持、鼓励、引导，其二是依法实行监督管理。二是对合法私有财产的保护不再进行列举，而是明确了一切“公民的合法的私有财产不受侵犯”，“国家为了公共利益的需要，可以依照法律规定对公民的私有财产实行征收或者征用并给予补偿”。这是合法私有财产的保护制度首次完整地呈现在现有法律秩序体系之内。

从我国宪法体系中有关经济的重要制度的变化演进历史来看，法律秩序中有关要素配置的规则，有其必然的发展规律。根据历史，对于未来可能的变化趋势，尤其是变化原则，在一定程度上可以进行预测。首先，未来的发展必将是在继承现有制度基础上的发展。在不发生重大政治基础变化的前提下，现有的要素配置法律基础将得到完整的继承，目前所确立的所有权制度、分配制度，以及基于上述制度形成的要素配置基本框架，不会发生显著的改变。市场经济和公有制经济、非公有制经济共同存在的基本逻辑不会改变，由此形成的要素配置基本结构在相当长一段时间内仍将继续维持。其次，具体规则层面会随着国家政治经济生活发展情况和国际形势变化而不断微调。在市场经济体制与两种所有制结构相结合的基本框架不变的情况下，对于其中各细分种类，以及各种类的具体法律定位、保护措施、功能安排等具体问题，则会根据形势的变化进行调整。在要素配置方面，法律秩序上将反映出一定幅度的可变性。最后，在经济发展中日渐兴起的新型要素将被吸纳进法律秩序所规定的基本经济制度之中。随着科学技术的不断发展，新的要素在经济活动中所起的作用不断增大，如数据、生物基因、人工智能等要素，一旦对经济活动和社会政治生活产生重大影响，法律秩序将及时吸纳上述要素，并可能根据其调整基本经济制度，乃至创设新的产权制度和保护制度。

## 第二节　当前我国要素市场化配置法律体系的评价

宪法体系中有关经济要素的条款的频繁变动，是“经济性”宪法所具备的突出特征，是经济社会快速发展的必然结果。如果我们用经济的视角去审视法律体系，就可以看到法律规则体系所形成的法律秩序与现实经济生活之间鲜活的联系。由我们的法律秩序所认可的经济模式，经历了从新中国成立之初的“初级市场经济”到“计划经济”、从“计划经济与有限市场经济”共存的短暂双轨制阶段到当前的“市场经济”的变革轨迹，可以看出经济学视角下的法律秩序评价原则，与从制度研究层面出发的法律秩序评价原则略有不同。

### 一、要素市场化配置法律制度的基本评价原则

经济学对于世界的解读，起点是经济的原初动力。经济学家认为：经济发展的内在动力，是人们追求幸福生活的天然本性。对于经济发展中要素配置的评价，首先要考察和解决的也是经济发展的基本动机问题。因此，对于要素配置规则首要的评价因素，即第一个维度是效率，即要素配置的法律秩序，是否最大限度促进了经济效率的实现和提升。

现代资本主义的兴起和依附于资本主义发展而形成的各个阶级，对于财富的态度与传统时期大相径庭，最大的变化在于鼓励财富的创造。生产力依附科技进步而不断地大幅提升，资本主义诞生以来的短暂时间里，人类创造的财富远高于其诞生前的数百年的总和。因此，在快速地、大量地创造出财富后，如何稳定地保障财富创造的原动力，以及如何对已经创造出的财富进行管理，乃至于向前后两端延伸开去，对于创造财富的方式、使用财富的方式进行优化，建立起一套符合经济学逻辑的法律秩序，是亚当·斯密等经济学家早已意识到但没有能够展开讨论的话题。

新的问题是，什么样的法律秩序，才符合经济效率的需求？这个问题，还涉及立法权行使的基本逻辑。法律如何被创设？抛开复杂的立法权理论体系，回归本质

去回答：法律并不是创设制度，而是对于实践中自然生成规则的发现与总结。新生的资本主义及其生产关系比之前任何一种生产关系都更具效率，市场经济、商品经济已经完成了自我证明，留给立法者的事情就是将市场经济中最关键的规则予以总结归纳，再通过立法程序上升为法律。例如公民财产权的保护，因为人是重要的经济要素之一，所以只有将财产权作为人与生俱来的天然权利加以保护，才能够解决基本动力问题，进而在生产端和消费端实现效率最大化。

评价要素配置规则的第二个维度是安全。当解决好动力问题之后，随之而来的是如何长久地保持动力这个问题。而效率与安全往往处在一个层面，在不同时间阶段涉及的问题，很难完全将两者隔离开去进行单独的评价。在宪法所规定的基本经济制度中，通常用同一条文去一并解决效率与安全的问题。以《宪法》第十三条所规定的“公民的合法的私有财产不受侵犯”为例，可以从两个方面来观察安全与效率问题。其一，确认了公民对于要素占有的合法性。我国法律秩序中，保护公民合法的私有财产，初衷是保护公民对于要素的合法占有。由此，以公民个人所衍生的个体经济，乃至以公司、合伙企业形态呈现的民营经济具备了坚实可靠的法律秩序的底层逻辑。尽管这一逻辑在宪法政治性层面仍然有一定的理论冲突需要弥合，但在宪法修正的说明中，已经对上述经济性安排的合法性进行了阐述，即“进一步明确国家对全体公民的合法的私有财产都给予保护，保护范围既包括生活资料，又包括生产资料”。其二，该条文明确了公民的“经济自由”，为人、生产资料等广泛的要素参与市场经济创造财富提供了最大的空间。经济主体合法占有要素，仅仅是勾勒了经济生活的一个起点，而经济活动实现要素循环下的再生产，还需要保护特定的经济运行制度，赋予这些制度下的经济参与者“自由权利”。合法占有的要素如果不能自由地投入生产，那么要素就不能成为“要素”了。而经济自由的含义又是极为广泛的，不仅限于对合法占有的生产要素在法律秩序范围内自由地使用、收益和处置，也包含更为广泛的人身权利自由、契约自由、迁徙自由等，所有这些都构成要素自由有序流动的基本保障。

评价要素配置规则的第三个维度是正义原则。将经济研究从理论层面转向社会实践时，就不得不考虑正义问题。正义与效率在很多情况下存在着对立统一关系，历史无数次证明，社会发展中失去对正义性的必要关注，效率最终也会被清算并回到低效或者无效状态。因此，法律秩序中考虑要素配置的正义性，应该以牺牲一部分当前效率为代价，换取整体经济效率在更加长久的时间内维持较好水平。这一目的的实现，在法律秩序中则主要是通过分配制度来进行调解的。经济性法律秩序的初衷是通过要素合理配置的制度构架，让要素在经济活动中发挥出最大潜力，但财富被创造出来后，作为经济参与者的人，难免出现贫富分化。这时，就需要国家在法律秩序中，通过税收、慈善、社会保障、转移支付等法律规范，强制将财富进行二次、三次乃至更多次的再分配，对公民合法财产保护层面做出一定的、法律规范内的妥协，在长期利益与短期利益之间取得平衡。但需要认识到，人性是法律秩序、经济活动所面对的最为复杂，且至今都没有准确答案的深奥问题。在实践探索过程中曾经尝试过绝对的正义，但“均贫富”的“大锅饭”最终导致的结果是“没饭吃”，这反而造成了最大的不正义。如何在要素配置效率、安全和正义三个原则中，获得长期主义视角下合理的平衡，是一个永远需要根据情况变化不断调整答案的深奥问题。

## 二、重点要素配置法律规则中的“非市场化”问题及评价

根据以上分析，可以看出法律秩序中对于要素配置的安排，其考虑因素是复杂多元的，不仅限于经济因素，也包含政治、社会等方面的考量。以政治经济学视角来看，这些“非经济”因素，实际上是更为宏观层面的“经济因素”。因此，对于制度安排层面，在市场经济的总体框架中出现“非市场化”安排，也在情理之中。对当前我国法律体系内非市场化规则的主要类型和背后所依据的逻辑进行分析，有助于我们更全面地了解要素配置的法律体系的全貌。

第一类较为典型的非市场化制度安排，是所有权垄断。如《宪法》第九条规定：矿藏、水流、森林、山岭、草原、荒地、滩涂等自然资源，都属于国家所有，即全民所有；由法律规定属于集体所有的森林和山岭、草原、荒地、滩涂除外。第十条规定：城市的土地属于国家所有。农村和城市郊区的土地，除由法律规定属于国家所有的以外，属于集体所有；宅基地和自留地、自留山，也属于集体所有。上述两条条款中，涉及经济要素中极为重要的几类要素，例如土地，一切经济活动几乎都需要依附于土地，而土地资源不仅为第一产业提供主要产出，也是第二、第三产业的空间基础。又如矿藏，是工业生产中最为基础的原材料，在要素中占据重要

地位。再如水流，作为要素具有双重属性，一方面水资源本身就是生产要素，经济活动的存在依附于水资源；另一方面，水流所包含的河道、海洋本身又是重要的物流承载空间，而水运因其成本低廉在经济活动中也成为极为重要的要素。这些极为重要的自然资源、国土空间的所有权，以宪法形式被国家垄断，其要素配置背后的逻辑值得探究。

首先，我们必须重新回到法律体系的政治性角度来审视这个问题。《宪法》第六条规定：中华人民共和国的社会主义经济制度的基础是生产资料的社会主义公有制，即全民所有制和劳动群众集体所有制。该条文具有政治性和经济性双重属性，不仅是对公有制在经济领域的确认，更是制定本法的政权性质在经济方面的直接体现。因此，所有权垄断是构成公有制经济制度的要素基础。

其次，从要素配置的效率、安全来考虑，上述所有权垄断也具有一定的积极意义。正如《宪法》第九条第二款所明确的，国家保障自然资源的合理利用，保护珍贵的动物和植物，禁止任何组织或者个人用任何手段侵占或者破坏自然资源。在要素的使用上，制度制定时还需要考虑个体追求效率所带来的边际成本，而统一由国家承担上述成本，反而更有利于要素的合理利用。

第二类典型的非市场化制度安排，并不直接见于宪法，但在其他法律体系，尤其是行政法规和日常政策中却频繁出现，即定价权管制，表现形式是以法律或者政策文件，对某项要素的价格进行直接限制，或者对其定价方式做出规定，进而间接实施价格管制。但定价权管制在《价格法》的相关规范中也有所体现，如《价格法》第十八条规定：“下列商品和服务价格，政府在必要时可以实行政府指导价或者政府定价：（一）与国民经济发展和人民生活关系重大的极少数商品价格；（二）资源稀缺的少数商品价格；（三）自然垄断经营的商品价格；（四）重要的公用事业价格；（五）重要的公益性服务价格。”由此可见，定价权管制是基于所有权垄断或者行政权力强制而获得的定价方面的单方权力，仅在直接定价或者通过管理价格形成方式来影响最终价格方面略有区别。而根据上述法律规范划定的管制原则来看，定价权管制的内部逻辑主要有以下几点：其一，公共利益考量。如粮食每年收购限价，其管制一方面要保证粮食生产在丰年荒年之间维持稳定，另一方面也要保证国家粮食安全和粮价基本维持稳定。其二，稀缺性调控。如土地供给，尽管稀缺性有天然垄断后供给受限的因素，但总体上作为不可再生资源，其稀缺性和独占性决定了价格管制存在的逻辑。其三，调控的必要。如《价格法》第十八条第一项所述，与国民经济生活关系重大，实际上是强调的是在重大经济调控中应当存在价格管制（如利率）作为影响资本要素配置的重要内容，利率工具的管理和价格调控，是宏观调控的重要手段。

第三类典型的非市场化制度安排，是对某些要素的禁止流通或者限制流通。此类情况通常分为两类，第一类是管理型禁止流通，典型的即违禁品类，例如武器弹药、管制药品、毒品等。此类“商品”中部分是不构成要素的，但在不同使用场景中，仍然对经济活动有一定的作用。例如芬太尼等阿片类药品，作为止痛药和麻醉辅助药品，在正常医疗场景中是可以合理使用的。又如武器弹药，对保卫国家安全、维护社会治安有重要意义。第二类是经济型禁止流通，如我国历史上，汉代实施“盐铁专营”时期，对于私盐的市场流通就通过刑法予以禁止。又如当前国际贸易中，某国针对另一国所实施的“贸易禁令”，也是典型的经济型禁止流通。禁止流通本身与市场经济和商品流动的基本属性是相悖的，但其存在的理由，大部分和价格管制的理由相似，即考虑公共利益和社会管理需要。

除了上述三类在法律秩序规则层面显而易见的非市场化因素之外，还应当注意到法律实施层面可能存在的地方利益保护，以及司法不统一的问题，这些也会对要素配置的基本规则产生明显的“非市场化”影响。对于上述非市场化的规则，一方面其存在确实具备必要性，通过限制可以实现对公共利益的维护，以及有效地实施经济调控；另一方面，也需要建立“经济性条款”的合法性审查，确保其制定和实施符合宪法法律要求，从而保障要素配置总体法律规则得以实现。

## 第三节　我国要素市场化配置法律体系的变革趋势

随着我国改革开放的不断深入，经济发展对于要素配置的要求，以及经济活动过程中逐步出现创造性，这将进一步促进要素配置法律体系的自我革新。在这个变化过程中，一些应然恒久不变的原则和价值取向，是值得始终坚持的。

## 一、市场化改革法律体系的基本原则与价值取向

从市场经济基本要求出发形成的要素配置法律体系应当具备的基本要素，实际上也体现出经济性宪法以及相关法律所构成的法治体系应当具备的特点。这些特点在更为宏观的层面上，是善法之治所应当具备的品质。

第一项原则是规则的制定应当体现“长期主义”。在长期主义指导下形成的规则稳定性，一方面是稳定的政治治理所期盼的，另一方面也是对经济活动最有利的规则特征。经济活动的周期性，尤其是长周期性的特征，天然要求其所依赖的规则体系在较长的时间范围内维持稳定统一。稳定的规则，有助于所有经济活动参与者在较长的时间内对风险做出预判、规避，并能够从财务的角度对未来中长期投入做出合乎理性的安排。要素配置规则的稳定，能够稳定经济活动预期，同时也有利于固有的经济活动参与者和新进的参与者深入了解现实体系内的交易规则，对经济活动安全有序的开展，有重要的意义。从我国法律体系的情况来看，在1982年《宪法》制定之后，法律体系中的基本原则，尤其是经济规则得到了一以贯之的继承和发展。尽管在宪法所确立的基本经济制度基础上，通过借鉴、修订和总结、实践，大量的民事商事交易规则和相关的法律规范产生，但囿于其中的基本原则并无变化。考虑到历史上所形成的民商事规则薄弱的情况，四十多年来立法方面的大量成果并不是对长期主义的违背，而仅仅是社会经济发展倒逼规则层面“恶补欠账”的现象而已。

第二项原则是规则的制定应当体现“创新主义”。创新主义是另一项规则制定中需要秉承的原则。创新主义要求规则具有自我更新以适应经济生活中所出现的各种新情况、新变化的能力。从字面上看，创新主义与长期主义似乎存在着矛盾，但实际上更多的是协调共存。长期主义所关注的，是规则内所蕴含的基本原则、基本制度、基本价值，因此其稳定性决定了法律体系的基本方向。而创新主义，是在技术层面和实践层面，需要克服法律规则特有的滞后性，积极回应经济生活的各种变化，始终保持规则在实用层面的鲜活生命力。由此可见，两者并不互相矛盾，相反，它们之间具有强烈的互相依赖关系。从我国的立法实践来看，规则始终保持着比较旺盛的生命力。从宪法规则层面，不断修正之举就反映了国家对现实的关照。而其他部门法律，也不断地进行着修订、进化。从原有的《民法通则》到现在的

《民法典》、《物权法》（已编入《民法典》物权编）、《公司法》等基本经济制度所必需的法律体系，都经历了从无到有的过程。在具体的交易规则层面，也不断地吸收着立法者对于市场的新发现，如接纳保理规则，又如在资本市场确立私募基金的管理规则，在资源环境领域颁布“碳中和”“碳交易”规则等。

第三项原则是规则的制定应当体现“市场主义”。这一原则本身就是我国宪法规则中所确立的社会主义市场经济体制所要求的。在规则制定和立法技术层面，强调市场主义，主要体现以下三点考虑。其一，规则制定符合市场经济基本规律，这应当成为惯例和常例，而应将非市场化的安排作为特例。在规则上设立任何非市场化条款，都应当严格地论证其存在的必要性，并充分考虑上述规则对市场经济基本制度所带来的负面影响，在长期利益与短期利益中做出合理的取舍判断，在效率、安全、公平三位一体的价值体系中，需要充分说明非市场化规则背后的逻辑考量。其二，在规则创新和修正过程中，要充分关注市场，关注经济活动中的新变化，充分研究、吸收和确认有利于市场经济发展的新变化。这一点实际上在1982年《宪法》以及其后多次的修正中，都得到了充分的体现。其三，市场主义也是规则制定中的一种方法论，因为立法本身并不是在象牙塔中以法律精英的智慧去创设社会运行的规则，而是熟知社会运行情况的立法者，在深入实践后把合理的规则整理出来并总结为法律的过程。

第四项原则是立法内核应当体现“契约主义”。身份法向契约法的过渡，是现代宪法政治和市场经济繁荣过程中的制度保障。关于契约主义对市场经济的意义，历来的中西方学者都对其进行了详尽的阐述，产生了大量的著作。究其根本，契约主义在要素配置法律规则中的体现无外乎以下几个层次：第一，契约主义对于规则的稳定与可预期做出保证。契约主义的首要含义是尊重契约，而规则制定、修改与实施中的可预期性，是尊重契约的重要体现；第二，契约主义强调参与市场主体的平等性，契约是平等主体之间约定形成的共同行动纲领，在订约、守约、履约和救济过程中，身份的平等既体现了参与经济活动的平等，也保证了法律救济中保护的平等性；第三，契约主义的哲学内核包含长期主义，而长期主义在经济活动中所体现的价值是显而易见的。

基于上述基本原则所建立的理想化的要素配置规则体系，还应当体现以下三项价值取向。第一，法律规则的可预期性。稳定的规则所提供的对于未来风险的可预期性，是经济性规则为良法的重要判断准则。但稳定并不当然否定规则的变化和修正，而是意味着规则中的根本原则不应随意变更，同时修正的程序需要透明。第二，法律保障的可获得性。这一点主要并不是针对规则制定而言，而是针对规则的实施过程。良好的规则，需要在实施时具有便利性和可获得性。但这一点在不同法律传统中有所区别，强调居民自治的法律文化地区，更愿意把微小的争讼交给以道德和自治准则为依据的社会组织来解决，而具有争讼传统的地区则更倾向于诉讼（或者仲裁）。总体而言，能够便利地获得规则保护对实现规则体系下的要素配置有重要的意义。第三，法律体系的开放包容。这是市场经济天然扩张所指向的经济全球化的必然要求。世界上最开放的地区，往往是自由市场经济最深入人心的地区，在此可以观察到更加开放包容的法律体系，从立法上、从法律实施上、在“司法主权”概念上往往具有更为宽泛的解释和更高的容忍度。开放包容的规则体系有利于要素配置的合理化、全球化。

## 二、要素市场化配置法治保障体系的改革方向

改革开放从无到有、从点到面，再到不断深化的过程，也是我国恢复和重新建立法治化规则体系，确立“依法治国”基本原则的过程。两者相互伴随、相互促进，形成了互为条件、互为前提的伴生状态。这种伴生状态的形成，恰好体现了要素市场化配置改革和法治化之间的内在关系。改革开放的核心是逐步建立起以市场为主导的要素流动规则，而“依法治国”的基本原则，正是以国家强制力为保障，向所有市场参与者允诺的稳定的要素所有权规则、要素流通规则以及与上述活动有关的行为准则。随着改革开放的不断深化，对法治体系的要求，也从最初的简单粗放、具有强烈本土特征的原则性规则，逐步向精细化、类型化，与世界通行规则更为协调的方向发展。以商事主体立法来看，从改革开放初期的“双轨制”之下有限的私有经济主体，到民营经济主体正式被法律所确认，再到逐步开放“三资企业”所表征的向世界大市场的开放，直至以《公司法》取代“三资企业法”所体现的国内国外统一市场规则的变化，可以清晰地把握改革开放全过程中，要素配置规则的发展脉络，并且对未来的应然方向做出判断。

要素配置法律体系的改革方向无疑是市场化的，而把握和评价经济性规则的市场化方向是否正确，是否能够通过要素配置给市场经济带来积极影响，可以借鉴世

界银行宜商环境（Business Enabling Environment，BEE）评估体系所列举的评估要素，再参照做出基本的判断。

世界银行发布的BEE评估体系，是在世行原有的营商环境评价指标体系下连续发布的《营商环境报告》基础上，于2022年2月更新的评估体系。该体系将原有的十项评估要素，包括开办企业，办理施工许可、登记财产，获得电力，雇佣劳动力，获得信贷，跨境贸易，纳税，执行合同，办理破产以及保护少数投资者，更新为新的十项评估要素，包括企业准入、获得经营场所、市政公用服务接入、劳动力、金融服务、国际贸易、税收、争端解决、市场竞争以及办理破产。从这些要素设置和排序来看，该体系关注的环节贯穿了企业这一经济主体从设立到消亡的全生命周期，重点关注了经济活动的制度环境，以及制度实施情况，不仅考察要素配置的应然状态，实然状态即要素配置规则在实践中的执行情况，也是评价的重要因素。

从BEE评估体系所呈现的特点，可以窥见世行对于经济性规则评价的新趋势。其一，关注的主体开始转向全部的私营经济。评估体系由原先主要关注本地中小企业，开始转为关注所有私营经济主体，且不是仅仅以市场主体的规模来判断评估。关注的重点是不同规模的私营经济主体在统一规则之下是否能够公平地参与市场经济活动。其二，对于政府监管和公共产品供给给予同样的关注。该体系一方面关注政府监管给私营经济主体带来的额外成本和不便利，另一方面也关注政府提供的公共产品带来的益处，对政府管理和社会治理给经济主体的影响，进行了更为综合的评价，并且对政府在经济活动中所扮演的角色，进行了多维度的观察和评价。其三，更加关注地域差异。该体系改变了原有的采样传统，不再把目光仅仅停留在每个国家最为发达的某几个城市或者区域，而是增加了评价数据来源的多元性，关注一国之内的地域差异。

我国在2018年以来深入开展“放管服”改革的过程中，提出“对标世行，国际可比”的自主营商环境评价体系的建设原则。综合世行BEE评估体系所列出的关注重点，对我国要素配置法律规则的建设有以下几点启示。

第一，提升法治化水平是要素配置的关注重点。提升要素配置的法治化水平，营造和形成更为完善的法治化营商环境，增强市场经济行为的稳定性、可预期性，是提高要素配置效率的基本法律保障。从BEE评估体系的启示来看，一方面，我们在规则建设中要进一步明确“市场主义”的总体改革方向，深化“放管服”改革，合理安排政府管制、公共产品供给与自由市场经济之间的关系。另一方面，要突出法治建设中平等保护的原则，在要素配置与流动中真正做到对各类市场主体的平等保护，保障经济活动中的“契约主义”得到落实。

第二，提升公共服务的科技化水平是保障要素配置效率的重要手段。政府提供的公共产品和公共服务的透明度、便利化和效率，与要素配置和流动的效率直接相关。以数字化、互联网为依托的政府公共服务改革，能够在很大程度上提升公共产品和公共服务的质量和效率，从而帮助市场经济的参与者在要素配置和流动中取得更有效的结果。

第三，关注可持续发展是要素配置法律体系建设的重要考量。优化营商环境、推动要素配置的市场化，要与经济社会的可持续发展相统一。我国已经将“绿色低碳”作为经济社会发展的一项基本原则，并提出了“双碳”重大战略目标。从要素配置的规则制定方面来看，就是要把市场经济中的短期利益与未来可持续发展的长期利益进行有机结合，从而实现市场经济高质量、可持续的发展。

法律秩序的出现，远远早于市场经济和要素市场的诞生。但不论经济体制的类型如何，法律秩序都在经济发展和生产活动中扮演着极为重要的角色。法律秩序所带来的确定性、威慑力以及可预期性，为经济活动的开展，尤其是客观上需要较长时间周期才能够完成的要素流动循环，提供了基本的制度保障。但形成适应市场经济条件下要素合理配置与流动的“良法之治”，还需要不断地研究市场经济和要素配置的内核特征，并且深入地思考良好的法律秩序的评价标准，综合利用社会学、经济学和法学，来平衡配置短期利益、长期利益及个体利益、集体利益、阶层利益、国家利益、边际成本、边际收益等社会经济综合因素。这一问题的答案，绝非用简单的法经济学分析方法就能够给出，而是会根据社会经济的发展状况、科技水平的跃升、地域民族文化习惯与群体心理状况等因素的变化而不断改变。其中，将会带来最为显著变化的因素无疑是科技的进步。无论是量子力学等基础科学的进步，还是人工智能、Web 3.0等应用技术的飞跃，都将深刻地改变要素配置法律秩序的面貌。科技本身不仅将成为重要的要素，也将为要素配置的秩序带来挑战。唯有始终直面变化，深入社会经济实践，才能最终形成有利于市场经济和要素合理配置的基本法律秩序。

参考文献：

桂宇石，2005. 中国宪法经济制度［M］. 武汉：武汉大学出版社.

卡梅伦，尼尔，2009. 世界经济简史：从旧石器时代到20世纪末［M］. 4版. 潘宁，等，译. 上海：上海译文出版社.

许崇德，2014. 宪法［M］. 5版. 北京：中国人民大学出版社.

王培英，2007. 中国宪法文献通编［M］. 修订版. 北京：中国民主法制出版社.

常修泽，2017. 中国混合所有制经济论纲［J］. 学术界（10）.

World Bank，2022. Business enabling environment concept note［EB/OL］.（12-19）［2023-05-15］. https://thedocs.worldbank.org/en/doc/2250b12dfe798507f7b42064378cc616-0540012022/original/BEE-Concept-Note-December-2022.pdf.

# 附录 appendix

## 附录一 "全要素 多资源"：产权交易市场新构想

### ——产权交易市场改革实践考察之后的思考[1]

《产权导刊》编者按：

相关资料记载，1987年11月，在中共十三大改革精神的激励下，常修泽教授在全国高校社会主义经济理论与实践研讨会（杭州会议）上，曾提出《建立企业产权市场和经营权市场的构想》。此文于1988年2月16日内部刊登于《对策研究》。同年4月13日在《天津日报》公开发表后，新华社《经济参考报》随即在4月22日标题套红刊发。在相关部门的创新推动下，1988年5月，产权交易市场在中国应运而生。

现在，经济改革又到一个新的"历史关口"。产权交易市场该向何处去？2023年8月，常修泽教授在东北转型系列调研期间，专门对黑龙江交易集团进行了考察，结合此前对广东深圳、上海、重庆、山东、浙江、湖北以及海南等地产权交易市场的实际调查或了解，其萌生了"第二个构想"——"全要素、多资源"的产权交易市场新构想。该文从调研和实践出发，归于理论的探索和未来的判断，基于产权交易市场的现状，提供了新的思路。现将常教授文章全文刊发，以飨读者。

在中国下一步将深化要素市场化配置改革、建设高标准市场体系的新背景下，

[1] 本文执笔人：常修泽（中国宏观经济研究院教授、博士生导师）。文章首发于《产权导刊》2023年第11期，有改动。笔者在调研和写作过程中，得到黑龙江交易集团有限公司王立峰董事长和徐松之、邢筱菲等同志，以及产权界何亚斌、周小全等多位朋友的帮助，在此表示感谢。

如何按照“大交易逻辑”开拓要素和资源市场的新格局？此问题是这场“要素市场化配置改革”遇到的理论和实践问题之一。2023年8月，笔者在东北转型系列调研过程中，对黑龙江交易集团进行了专题考察，同时结合此前对其他省市改革情况的了解，萌生了一个“全要素、多资源”产权交易市场新构想。现将考察要点和引发的思考报告如下。

## 一、六年之变：“三个扩增”与“三个提升”

六年前（即2017年7月4日），笔者曾应邀前往哈尔滨，考察过位于哈尔滨新区的黑龙江联合产权交易所，与时任董事长孙光远、总经理常玉春等业界朋友交流，留下深刻印象。

那次考察半年后（即2018年1月），笔者得知在黑龙江联合产权交易所的基础上，黑龙江交易集团有限公司（简称“交易集团”）应运而生。

如今，黑龙江交易集团有限公司情况如何？2023年8月9日、10日，笔者与哈尔滨籍朋友、海南师范大学教授裴广一一起，先到位于长江路的交易集团总部，后特意到位于哈尔滨新区的交易集团所属哈尔滨股权交易中心、黑龙江自然和生态资源交易中心、黑龙江国资国企改革发展研究院等有关机构体验。其间，与交易集团董事长王立峰和董事会秘书徐松之（图1），以及黑龙江国资国企改革发展研究院邢筱菲等一起交流、研讨。

图1　笔者在黑龙江交易集团有限公司调研交流

（左二为笔者常修泽，右二为王立峰，左一为裴广一，右一为徐松之）

经过实地考察，与六年前自己所见到的黑龙江联合产权交易所（简称“黑龙江联交所”）相比，明显感到有“三个扩增”。

一是，交易业务范围有所扩增。

六年前，黑龙江联交所还只是业务比较单一的产权交易机构（主要开展的是国有资产交易业务）。现在，作为全省一体化的要素资源交易集团，交易集团拥有7个二级子公司和15个三级子公司，形成了体系比较健全、主业相对集中、功能也较完备的产业结构布局。现在的交易集团业务板块如图2所示。

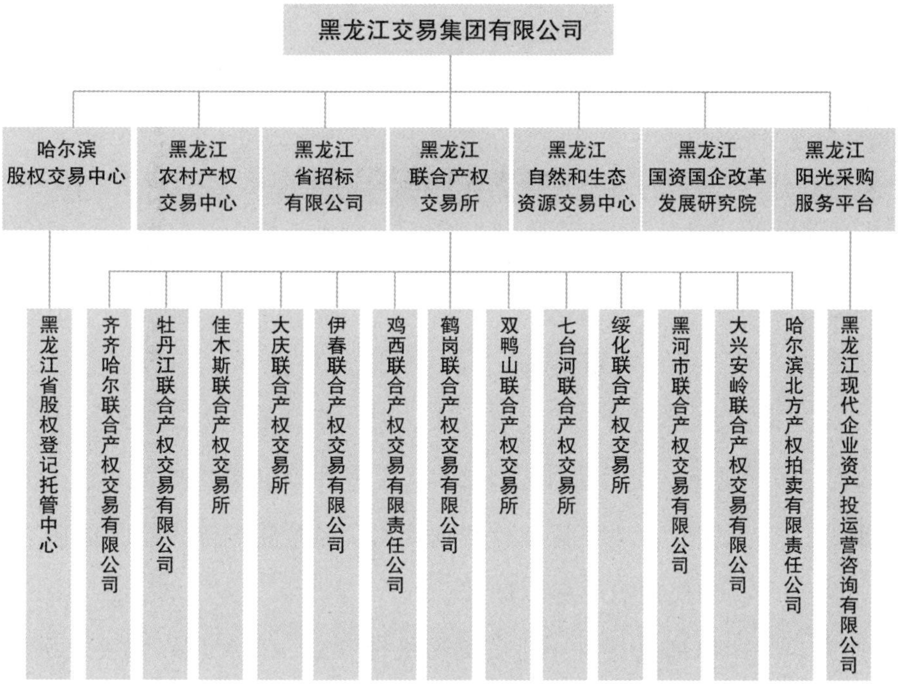


图2 黑龙江交易集团有限公司业务板块

以上可概括为“四位一体”，即：①要素交易，涵盖国有资产、农村产权、自然资源、碳排放权等交易；②招标采购，包括阳光采购、招标代理、直采商城等；③融资服务，包括资本市场“四板”融资、资金融通等；④研究咨询，包括国资国企改革研究、博士后科研应用，旨在为要素流转和招标采购两大核心业务提供智力支撑，也为社会上更大范围的国资国企改革提供咨询服务。

二是，服务辐射地域有所扩增。

六年前，虽然黑龙江联交所也有十二个地市子公司，但业务主要集中在省级，地市级的业务极少。现在交易集团服务范围已经辐射全省十二个地市、一个地区及所属县区，特别是农村产权交易业务，覆盖省内95个县区，覆盖率达79.17%。

三是，集团资产规模有所扩增。

六年前（根据2016年12月报表），黑龙江联交所资产总额为5.37亿元，净资产为1.29亿元。现在（根据2023年7月报表），交易集团资产总额为7.14亿元，净资产为4.07亿元。

除了“量”的“三个扩增”外，在“质”的方面也有“三个提升”。

一是，市场化战略定位有所提升。

六年前，黑龙江联交所虽然也承担市场交易业务，但是受行政体制和惯性影响较大，市场化意识还不够强。这次一进入交易集团总部，赫然映入眼帘的就是交易集团三大职能标识牌：政府管理经济的市场工具，优化资源配置的要素市场，落实源头防腐的阳光平台。

这三大职能虽有政府管理的作用机制，但凸显的是交易集团的“市场”功能，特别是“优化资源配置的要素市场”功能与使命。而这正是下一步要素市场化配置改革所呼唤的。

二是，管理素质与水平有所提升。

笔者上次来时，黑龙江联交所只有46人，其中硕士研究生及以上学历10人，占总人数的21.74%。现在，交易集团已有204人，其中硕士研究生及以上学历58人，占总人数的28.43%。同时，业务管理、预算管理、风险管理等也有所加强。

三是，经营手段现代化水平有所提升。

笔者在交易集团总部及其所属几个交易机构看到，平台均以数字化手段赋能，实现了“五个线上”（线上发布、线上报名、线上竞价、线上结算、线上监督），既提高了效率，又彰显了透明度。

随着上述扩增和提升，交易集团发展取得不小成效。据统计，2018—2022年，交易集团经营总额年均增长62.21%，营业收入年均增长39.79%，利润总额年均增长70.59%。其间遭遇三年疫情还取得如此成果，实属不易。

## 二、核心功能之一：产权交易向“广义产权”格局拓展

这次考察中，笔者曾进入交易集团的产权交易业务办公区，了解业务开展情

况，感到有明显拓展。

产权交易拓展一：由一般“狭义产权”（物权、债权、股权等）向“天地环资产权”拓展。

2017年调研时，黑龙江联交所主要交易的是人们熟知的企业国有资产、行政事业资产等。六年后，交易集团已经向“广领域产权”进军。其表现之一，就是现在交易的对象，除狭义产权外，还“广到天”“广到地”［即生态环境产权和地上地下的各种自然资源产权——“广领域产权”（常修泽，2009）[3]］。

新增的“黑龙江自然和生态资源交易中心”是其标志之一。2023年8月10日，笔者专程到松花江北岸，考察了这家交易机构。请注意机构名称中间的这个“和”字，它清晰表明迄今为止交易的，一是自然资源，二是生态资源。前者“广到地”，后者“广到天”。

在此看到“广到地”的“自然资源”，不只是地面的种种资源，也包括地上地下种种资源，如土地资源、矿产资源、林业资源、草原资源、水资源、冰雪资源等。在这里，笔者了解到一些交易案例。如，在矿产资源方面：2022年5月，七台河铁西煤矿一井区采矿权及相关设施资产出让项目挂牌成交，成交额31381.02万元。该项目成功交易，破解了积累多年的历史遗留采矿权“重新出让”问题。

除“广到地”外，笔者更关注“广到天”，即“生态环境产权”，包括碳排放权、排污权、农林碳汇等。如，今年（即2023年）2月黑河市热电有限责任公司委托的二氧化硫、氮氧化物排污权转让项目，成交额181万元。吸引人的还有“碳汇交易”：中国龙江森林工业集团“碳汇转让项目”，以每吨60元的价格，由此交易中心“撮合”，促成有关单位实现“碳中和”。

产权交易拓展二：由单一“初始所有权”向“多权能体系”拓展。

笔者观点：“产权不是一朵花，而是一束花”，是一个“权利体系——以所有权为基础的各种行为性权利的总合”（常修泽，2009）[7]。

交易集团于2018年9月成立的黑龙江农村产权交易中心，这是黑龙江省唯一的省级农村综合产权交易机构。其“综合”在哪里？即其不仅涉及“初始所有权”的交易，如农村集体经营性资产，而且涉及农村耕地承包权的经营权、“四荒”使用权交易。注意：这里农村耕地流转交易的不是“土地初始的集体所有权”，甚至也不是“农户土地的承包权”，而是“农户土地承包权的经营权”，是三权分置改革后的

“第三级”流转交易。

按照笔者的分析，2022年10月，肇东市东风林场资源转让项目，也不是林业资源的“初始所有权”，而是林业资源的“特许经营权”——包括林辅用地经营权、林木及所占用地的经营权。

由此可见：在中国自然资源归国家所有和农村土地归集体所有的情况下，随着国有资产“两权分离”和农村土地“三权分置”改革的推进，中国产权交易市场必须顺应改革大潮，由单一“初始所有权”向“多权能体系”拓展，把产权体系的“一束花”拆成“一朵朵花”交易，这样，中国产权交易市场才能演出威武雄壮的活剧。

产权交易拓展三：由“物本要素产权”开始尝试向“人本要素产权”拓展。

就在笔者去考察的当月（即2023年8月），交易集团与国投人力资源服务有限公司签订合作协议，双方将探索“建立市场化、专业化、产业化的龙江人力资源服务平台”，为高质量发展提供人才支撑，这就代表着开始触及“人本要素产权”交易问题。

总之，既有“广领域”（“广到天”“广到地”“广到人”），又有“多权能”（初始所有权与派生权），还有“四制度联动”（产权界定、产权配置、产权交易和产权保护联动），该交易集团将产权交易初步拓展为一个“广领域、多权能、四联动”的广义产权交易体系。

## 三、核心功能之二：向“公共资源市场”推进

2020年7月，笔者与中国企业国有产权交易机构协会党委原副书记何亚斌先生应深圳交易集团有限公司董事长陈戈先生邀请，前往深圳调研（图3）。在应邀所作的报告中，笔者建议产权界“把握七大要素、建立六大市场（知识与技术合二为一）”，同时还要“+拓展公共资源市场”。建议“在行政资源方面：把招标采购纳入产权市场交易范围”。

图3 笔者在深圳交易集团有限公司调研合影

（左四为深圳交易集团有限公司董事长陈戈，右三为深圳交易集团有限公司总裁刘庆云，右四为常修泽，左三为何亚斌）

实际上，黑龙江交易集团有限公司在2019年10月就设立了黑龙江阳光采购服务平台，为企事业单位、金融机构采购物资、工程建设项目和社会服务等提供专业化的市场服务。

特别是，在2021年11月，重组整合了省内最大的招标公司。该公司前身为“设备成套局”，乃是我国首批30家获国家部委批准的专职招标机构之一，改制为“招标公司”后，主营业务为国内招标采购业务、工程招标业务、政府采购业务、工程建设项目全过程咨询服务、招投标业务咨询、工程造价咨询及设计服务等。这在增量变革上迈出了可喜的一步。

随着交易集团总部业务扩大，近几年，交易集团充分利用现在各地市子公司的平台，与地市政府深度合作，推动与当地公共资源市场进行业务整合。部分地市已经取得了实质性进展。

## 四、“全要素　多资源”产权交易市场新构想：五条建议

第一条，建议更新体制“基因”：确立“大市场交易”理念。

从理论角度分析，笔者认为，传统经济理论把市场经济看成是“与社会主义水火不容”的东西，骨子里是“反市场”的，而且“反”得斩钉截铁。有言为证：“一旦社会占有了生产资料，商品生产就将被消除。”后来虽然开了一“小口”，承认“消费品是商品”，但仍然咬定“生产资料不是商品”“生产要素更不是商

品”。这种理论所造成的体制“基因”，影响根深蒂固。

从实践角度分析，笔者曾提及中国东北计划经济体制有“三最”——“引进最早、退出最晚、影响最深”（常修泽，2020）[132]，虽经过二十年振兴，但至今市场化指数仍然偏低。

王小鲁等的《中国分省份市场化指数报告（2021）》显示：黑龙江的“市场分配资源的比重”排第23位；“非国有经济在工业企业营业收入中所占比例”排第24位，特别是“非国有经济占城镇就业人数的比例”，排第27位。辽宁、吉林两省也不理想，甚至有的指标比黑龙江还低。

从这个意义上来说，无论是黑龙江省，还是整个东北（甚至关内一些省），都面临体制“基因再造”的历史使命。必须认识“基因再造”这一时代使命的严峻性。

第二条，建议分步骤迈向“全要素、多资源”大交易格局。

要改变中国经济“基因缺陷”这一状况，需要按“大市场逻辑”拓展新局，如何具体开创？这里提出如下“前进1、2、3”设想。

前进1：“全要素”。

“全要素”是指人类共识的劳动力、资本、土地、知识、技术、管理、数据等七大生产要素。需弄清要素与产权的内在联系。笔者曾指出“有产权的不都是要素，但凡是要素都有产权”，并进而在《关于要素市场化配置改革再探讨》中提出“产权要素三全论”，即“范围全覆盖，过程全贯通，生命全周期”。结论是“要素配置实则是产权配置，要素价值实则是产权价值”，二者内化于一体。

鉴于目前国内地方产权交易市场不少还处在“不完全要素”阶段，下一步需要向“全要素”前进。

前进2：“全要素”+公共资源。

此次考察的黑龙江交易集团有限公司，大体是这种情况。黑龙江的同志在借鉴重庆、广东、深圳等地经验的基础上，已经稳步走向建成“全要素+公共资源”的一体化交易体系。

前进3：“全要素”+公共资源+科创+金融。

2023年9月8日，上海市政府发布消息，同意上海市国资委组建上海交易集团有限公司。拟组建的上海交易集团有限公司，将以上海联合产权交易所为基础，组建全要素交易市场。它似是目前范围最宽的“一体化”交易体系。它不仅包括“全要素+公共资源”，而且还重点将“科技要素非连续性、非标准化的金融交易”纳入其间。

根据笔者上述“前进1、2、3”设想，在交易市场现实运行中，一段时间内不可避免地会出现“宽、中、窄三型并存”的局面。作为目标，笔者还是主张前进3，即“全要素+公共资源+科创+金融”。当然，从理论上说，金融与资本有关，也属于要素范畴。

至于眼下各地产权交易市场称谓，是称大概念的“交易市场”，还是称“要素与资源交易市场”，还是继续称“产权（或要素）交易市场”，笔者持开放包容态度。且问题的关键不在于名称，而在于实质。只要在实质上做到“全要素、多资源”就可以。

如何具体做到“全要素、多资源”呢？需要分别深入研究。

第三条，“全要素”市场化：建议沿着“三线”继续创新拓展。

目前，各地产权交易市场都面临向全方位“全要素交易市场”转型的任务，可按“物本型”“人本型”“人与物混合型”三类要素，分线拓展。

第一条线，“物本型要素”：土地与资本。

在土地资源方面，市场化配置的范围不仅应包括“地上”的土地和“地下”的矿产及各种资源，还应扩展到河流、森林、山岭、荒地等自然资源。

在资本方面，目前可选择适合的“非标资本市场”展开业务（注意把握“非连续性”，以及“非标资本市场”交易主体企业股东人数不超过200位等相关规定）。

第二条线，“人本型要素”：“四种资源”。

为从根本上调动“人本要素资源”的积极性和创造性，应致力于挖掘“四类人本要素产权”（即知识产权、技术产权、管理产权、劳动力产权）的潜能。同时，可进行人本要素的“身价系统赋能”实验，并探讨将“身价”与银行授信相结合的金融安排。

按照笔者研究，随着“四类人本要素产权”价值的实现，终有一天，“人本要素资源的总价值”将会超过“物本要素资源的总价值”。对此，产权界要有前瞻性。

第三条线，“人与物混合型要素”：数据。

数据是极具前景的生产要素。数字经济将以其旺盛的生命力改变人类的经济生活。“全要素”市场化必须将数据要素列入其间。笔者曾在2020年7月到深圳南方数据交易所调研，2023年4月又对贵阳大数据交易所进行调研，其市场经验可资借鉴。

第四条，建议积极探索“多资源”市场化改革。

这里，笔者没有用“全资源”，而用“多资源”概念，是考虑到此问题的复杂性。因其领域宽广，只能举例说明。

例如，在社会资源方面，可否全面推进各类“公共工程承包权”配置市场化？另外，公用设施“维护管理权”，包括供水、供气、公共交通、污水处理、垃圾处理等行业的“特许经营权”，也可纳入市场化范围，引入竞争机制。

再如，在行政资源方面，政府采购可更大程度地纳入市场化。还有像行政系统闲置房屋以及公用车辆等服务资源的配置，也应进入市场化体系。

第五条，建议相应推进交易集团内部的产权结构和机制变革。

现在省属交易集团的内部产权结构基本是“单一的国有独资”模式。按照国企改革的思路，可改成国有资本控股的混合所有制模式。如果集团总部本身一时难以展开，集团所属二、三级子公司应率先“混改”。

随着交易集团内部的产权结构改革，人事制度也应相应改革。尤其在交易业务已经“全要素”市场化，其中包括“企业家市场（管理市场）”的前提下，交易集团内部在董事会治理下，是否应引入“企业家市场制度”，招聘“职业经理人”呢？随着人事制度改革，相应地，管理者薪酬制度也应该进行改革。

中国产权交易市场从1988年5月创建以来，三十五年筚路蓝缕，“从无到有、从小到大”，如今已成为中国社会主义市场经济的重要组成部分，现在正处在“由低到高、由窄到广”的历史性“爬坡”阶段，任重而道远。相信具有改革传统的“产权人”能再接再厉，不懈探索，开创“全要素、多资源”产权交易新格局。

参考文献：

常修泽，2009. 广义产权论：中国广领域多权能产权制度研究［M］. 北京：中国经济出版社.
常修泽，2020. 中国东北转型通论［M］. 沈阳：辽宁人民出版社.

# 附录二　要素市场化对经济增长作用的实证研究[1]

各类要素的投入，对推动经济增长起到了重要作用，那么要素的市场化配置，究竟对经济水平的提升起到多大的作用，这需要通过量化分析开展实证研究。本文尝试将我国31个省（区、市）作为样本，采用近年来各要素的市场化指数作为解释变量，建立短面板模型，对要素市场化程度提升经济水平的作用进行估计。

结论表明，要素市场化程度的提升，可以独立对经济水平提升产生贡献。通俗地说，即要素市场化不仅有助于扩大要素投入规模来实现经济增长，在要素投入规模不变（模型中被控制住）的情况下，要素市场化也可以通过促进要素的科学配置来提升要素的产出效率。

具体到各不同要素，模型的结果表明，近年来资本要素市场化因素对我国各省（区、市）经济水平提升的解释力度最强，技术与劳动力要素次之。数据要素作为较新的概念，对我国经济水平的提升效果也被证明是显著的。而土地和管理要素由于缺乏较好的量化指标，有待进一步验证。

## 一、资本要素市场化对经济增长的作用

金融业发展能对地区经济增长起到一定促进作用，这为目前主流学界所公认。金融业的主要职责是市场化地配置资本要素，因此，金融业发展不仅体现在金融机构的壮大和资产规模的提升，也表现在资本要素能够自由流动，要素配置机制市场化等多个深层方面。根据上述分析和假设，本文设计如下计量模型［公式（1）］，来分析资本要素市场化配置水平对经济发展水平的作用。

$$\ln 人均GDP_{it} = \beta_1 资本要素市场化程度_{it} + \beta_2 \ln 金融机构营业网点数_{it} + \beta_3 \ln 地区本外币贷款余额_{it} + \omega_i + \varepsilon_{it} \quad (1)$$

[1]　本文节选自由黄剑辉主持、中国民生银行研究院完成的2021年研究报告《要素市场化配置改革研究报告》。

其中，被解释变量选用地区人均GDP，衡量地区经济的发展程度，并取自然对数。核心解释变量“资本要素市场化程度”指标，选用王小鲁教授“金融业的市场化”指标数据替代。同时，选择两个变量作为控制变量：一是金融机构营业网点数，反映地区金融机构规模；二是地区本外币贷款余额，反映地区金融业发展水平或资金规模，均取自然对数。

选取上述指标2008年、2010年、2012年、2014年、2016年全国31省（区、市）的年度数据，构成随机效应短面板模型，采用GLS回归方法。

计量回归结果如下：

$$\ln\text{人均GDP}_{it}=0.0642889\times\text{资本要素市场化程度}_{it}-0.5644676\times\ln\text{金融机构营业网点数}_{it}+0.6010571\times\ln\text{地区本外币贷款余额}_{it}+9.275175 \quad (2)$$

其中，资本要素市场化程度的系数在99%显著性水平的置信区间内，表明在控制住金融业发展规模的情况下，资本要素市场化程度依然会显著地影响一个地区的经济发展水平，且资本要素市场化程度指标每提高1，人均GDP将提高0.0642889个百分点。

## 二、劳动力要素市场化对经济增长的作用

劳动力要素配置市场化对经济发展起到关键作用。不少研究发现，劳动力市场分割、身份地域歧视等会导致劳动力的配置效率降低。有限的劳动力不能到最能发挥其价值的经济部门就业，不利于我国经济增长。除此之外，一个地区劳动力供给水平、就业水平、人口结构等因素均会影响当地劳动力对经济增长的贡献率。

根据上述分析和假设，本文设计如下计量模型［公式（3）］，分析劳动力要素市场化配置水平对经济发展水平的作用。

$$\ln\text{人均GDP}_{it}=\beta_1\text{劳动力要素市场化程度}_{it}+\beta_2\ln\text{常住人口数}_{it}+\beta_3\text{城镇登记失业率}_{it}+\beta_4\text{城镇人口占比}_{it}+\omega_i+\varepsilon_{it} \quad (3)$$

其中，被解释变量选用地区人均GDP，衡量地区经济发展水平，并取自然对数。核心解释变量“劳动力要素市场化程度”指标选用王小鲁教授“人力资源供应条件”指标数据替代。同时，选择如下三个变量作为控制变量：一是常住人口数，反映地区劳动力供应水平，取自然对数；二是城镇登记失业率，反映地区就业水

平；三是城镇人口占比，反映地区人口结构及劳动力供应质量。

选取上述指标2008年、2010年、2012年、2014年、2016年全国31省（区、市）的年度数据，构成随机效应短面板模型，采用GLS回归方法。

计量回归结果如下：

$$\ln 人均GDP_{it}=0.11383\times 劳动力要素市场化程度_{it}-0.0063488\times \ln 常住人口数_{it}-0.2573693\times 城镇登记失业率_{it}+0.0430277\times 城镇人口占比_{it}+9.091103 \quad (4)$$

其中，劳动力要素市场化程度的系数在95%显著性水平的置信区间内，表明在控制住人口规模（模型结果不显著）、失业率和城镇化等因素后，劳动力要素市场化程度依然会显著地影响一个地区的经济发展水平，且劳动力要素市场化程度指标每提高1，人均GDP将提高0.11383个百分点。

## 三、技术要素市场化对经济增长的作用

技术进步是西方主流宏观经济理论中经济增长的基础。在长技术周期的尾部，技术进步趋于放缓，叠加我国“追赶效应”逐渐减弱的环境下，如何激发科技创新活力对实现高质量发展战略目标显得更加重要。其中，技术要素配置的市场化改革就是重要途径之一。除此之外，一个地区R&D（Research and Experimental Development，研究与试验发展，简称研发）水平和技术交易市场发展水平也会影响技术要素对经济增长的贡献。据上述分析和假设，本文设计如下计量模型［（公式5）］，来分析技术要素市场化配置水平对经济增长的作用。

$$\ln 人均GDP_{it}=\beta_1 技术要素市场化程度_{it}+\beta_2 \ln 规模以上工业企业R\&D人员全时当量_{it}+\beta_3 \ln 技术市场成交金额占比_{it}+\omega_i+\varepsilon_{it} \quad (5)$$

其中，被解释变量选用地区人均GDP，衡量地区经济增长速度，并取自然对数。核心解释变量“技术要素市场化程度”指标选用王小鲁教授“技术成果市场化”指标数据替代。同时，选择如下两个变量作为控制变量：一是规模以上工业企业R&D人员全时当量，反映地区R&D水平；二是技术市场成交金额占比，反映地区技术交易市场发展水平，均取自然对数。

选取上述变量2008年、2010年、2012年、2014年、2016年全国31省（区、市）的年度数据，构成随机效应短面板模型，采用GLS回归方法。

计量回归结果如下：

$\ln$人均$GDP_{it}=0.0414252\times$技术要素市场化程度$_{it}+0.2728798\times\ln$规模以上工业企业R&D人员全时当量$_{it}+0.0696237\times\ln$技术市场成交金额占比$_{it}+6.74237$ （6）

其中，技术要素市场化程度的系数在99%显著性水平的置信区间内，表明在控制技术要素投入、技术市场规模等因素后，技术要素市场化程度依然会显著地影响一个地区的经济发展水平，且技术要素市场化程度指标每提高1，人均GDP将提高0.0414252个百分点。

## 四、资本、劳动力、技术要素联立分析

我们将资本、劳动力和技术三个要素市场化指标联立［公式（7）］，考察三者对经济增长贡献率的大小差别[1]。

$\ln$人均$GDP_{it}=\beta_1$资本要素市场化程度$_{it}+\beta_2$劳动力要素市场化程度$_{it}+\beta_3$技术要素市场化程度$_{it}+\omega_i+\varepsilon_{it}$ （7）

同样选取2008年、2010年、2012年、2014年、2016年全国31省（区、市）的年度数据，构成随机效应短面板模型，采用GLS回归方法。

计量回归结果如下：

$\ln$人均$GDP_{it}=0.2346761\times$资本要素市场化程度$_{it}+0.0134801\times$劳动力要素市场化程度$_{it}+0.0419523\times$技术要素市场化程度$_{it}+8.970259$ （8）

其中，资本、劳动力和技术要素市场化程度的系数分别在99%、95%和99%显著性水平的置信区间内。由公式（8）可知，上述三个要素的市场化程度均与我国人均GDP增长呈正相关关系，且所得相关系数与前文要素模型中相关系数较为接近，可得到如下三个结论：

一是资本要素市场化对经济增长边际贡献较大，可见目前我国经济增长仍以资本投入为主要驱动力。但需明确的是，资本要素并非孤立于其他要素存在，经过市场配置的资金会投入技术、劳动力、土地和数据等其他要素中，以技术进步、劳动效率提升、土地增值和信息量扩容等具体形式表现，共同推动我国经济高质量增长。

[1] 由于土地和数据两要素数据结构不同，这里仅对资本、劳动力和技术三要素进行联立考察。

二是技术要素市场化对经济增长边际贡献次之。未来我国应进一步加大技术创新力度，优化技术要素的市场化交易和配置机制，提高技术要素对经济增长的贡献水平。

三是劳动力要素市场化对经济增长的边际贡献较小，可见户籍制度、异地社保无法互通等藩篱阻碍了我国统一劳动力市场的顺利建设，劳动力无法高效快捷流动，实现自由配置。未来应进一步促进劳动力要素配置机制的市场化改革，打破阻碍劳动力自由流动的藩篱，推动区域一体化建设，提升劳动力供给质量和水平，抵消人口红利效应式微的负面效应，提高劳动力对经济增长的贡献水平。

此外，应区别要素市场化程度对经济增长的贡献和要素对经济增长的贡献两个概念，我们在实证过程中，均控制了要素投入规模，表明要素市场化程度的提升可以单独对经济增长产生贡献，通俗地说，即要素市场化不仅有助于扩大要素投入规模，以此来实现经济增长，在要素投入规模不变的情况下，也可以通过促进要素的科学配置来提升要素的产出效率。

## 五、数据要素市场化对经济增长的作用

近年来，随着“互联网+”兴起，互联网、云计算、区块链等数字信息产业不断推动我国经济形态由工业经济向信息、知识经济升级。数据逐渐成为除资本、劳动力、技术和土地等传统生产要素外的一大要素。本文设计如下计量模型［公式（9）］，来分析数据要素市场化配置水平对经济增长的作用。

$$\ln 人均GDP_{it}=\beta_1 数据要素市场化程度_{it}+\beta_2\ln 其他服务业营业收入_{it}+\beta_3\ln 第一产业产值_{it}+\beta_4\ln 第二产业产值_{it}+\omega_i+\varepsilon_{it} \quad (9)$$

其中，被解释变量选用地区人均GDP，衡量地区经济增长速度，并取自然对数。核心解释变量“数据要素市场化程度”指标选用中国电子信息产业发展研究院的“中国数字经济发展指数”，来衡量地区数据要素市场化配置水平。同时，选用除信息传输、软件和信息技术服务业之外的其他服务业营业收入、第一产业产值、第二产业产值等三个指标作为控制变量，来衡量地区非数字经济产业发展水平，并取自然对数。

选取上述指标2016—2018年连续3年全国31省（区、市）的年度数据，构成随

机效应短面板模型，采用GLS回归方法。

计量回归结果如下：

$$\ln 人均GDP_{it} = 0.0050063 \times 数据要素市场化程度_{it} + 0.2177555 \times \ln 其他服务业营业收入_{it} - 0.1772331 \times \ln 第一产业产值_{it} + 0.1758253 \times \ln 第二产业产值_{it} + 8.990254 \quad (10)$$

其中，数据要素市场化程度的系数在99%显著性水平的置信区间内，表明数据要素市场化程度与我国人均GDP呈正相关关系，且数据要素市场化程度指标每提高1，人均GDP将提高0.0050063个百分点。

此外，还发现第三产业发展对我国人均GDP提高的作用最大，第二产业次之。而第一产业由于边际效率较低，其产值与人均GDP增加呈负相关，但这不能否定农业发展的重要性。

## 六、土地要素与管理要素市场化对经济增长的作用

土地要素和管理要素作为重要的生产要素，其市场化配置水平对我国经济可持续发展至关重要。

对于土地要素，本文尝试采用土地要素市场招拍挂、协议转让两种交易形式的数量占比、价差等多个变量来衡量土地要素的市场化程度，并对其与经济增长的关系做了定量分析，但回归结果在统计学上并不显著。这表明，目前主流学者提出的土地要素市场化指标暂不能很好地刻画其对经济增长的推动作用。

这主要有两方面原因：一是土地要素市场化是一个较为复杂的问题，不仅涉及土地二级市场交易，还包含一级市场和集体所有土地交易等多方面问题。同时，也不能简单认为招拍挂或协议转让中哪一种交易形式更市场化，要根据实际情况具体分析。二是目前公开资料中度量省级土地市场交易指标、数据较为匮乏，不成体系。未来还望相关政府统计部门查缺补漏，提升相应统计指标体系完整度，为学术研究、企业战略分析决策提供参考依据。

对于管理要素市场化，由于概念较新，目前尚无合适的量化指标，因此暂时无法进行实证分析。

# 附录三　全球数字贸易规则发展趋势研究报告

## ——基于USMCA、GDPR、CPTPP、DEPA和RCEP的研究[1]

随着全球数字贸易快速发展，数字贸易规则已成为国际经贸规则体系变革和全球数字治理的重要内容。在WTO多边框架推进困难、乏力的情况下，区域贸易协定（RTAs）成为制定规则的主要平台。有研究显示，截至目前共有119个已经签署的区域贸易协定中包含数字贸易相关规则，签约国有110个。全球各主要经济体正积极通过对外缔结区域贸易协定，输出符合自身诉求的相关规则，将各自的数字治理方式向全球推广并努力使之成为全球数字治理范本。全球数字贸易规则大致形成了美、欧、新、中等四种代表性模式，各模式均以一些重要区域协定及法规为标志性代表，以凸显各自特色。“美式”模板以《跨太平洋伙伴关系协定》（TPP）[2]、《美墨加协定》（USMCA）和《美日数字贸易协定》（UJDTA）为代表；“欧式”数字贸易规则的典型代表包括《通用数据保护条例》（GDPR）、《日本-欧盟经济伙伴关系协定》、欧盟-韩国FTA等；新加坡主导缔结的新加坡-智利-新西兰《数字经济伙伴关系协定》（DEPA）和《新加坡-澳大利亚数字经济协定》（SADEA）代表了“新式”数字贸易规则；《区域全面经济伙伴关系协定》（RCEP）则是“中式”数字贸易规则的标志性协定。全球数字贸易规则“四足鼎立”的格局大致形成。同时，WTO、OECD、二十国集团（G20）、七国集团（G7）、亚太经济合作组织（APEC）等平台也积极制定出台相关规则，全球数字贸易规则的发展呈现出“多足多平台”特征。

本文以“四大模式”为基点，着眼于具有典型意义的协定、法规，重点分析其核心焦点议题及主要特征，并在此基础上研判全球数字贸易规则的发展趋势，为我国未来数字贸易发展、规则构建提出相关对策建议。具体研究对象包括：2020年7

---

[1]　本文执笔人：陈弦（海南大学国际商学院副教授）。指导人、审稿人：王晓红（中国国际经济交流中心科研信息部副部长、教授）。

[2]　2017年底，日本接替退出TPP的美国，成为TPP的主导国，并将TPP更名为CPTPP。

月1日正式生效的《美墨加协定》、2018年5月欧盟出台的《通用数据保护条例》、2018年12月正式生效的《全面与进步跨太平洋伙伴关系协定》、2020年6月签署的新加坡–智利–新西兰《数字经济伙伴关系协定》，以及2022年1月在我国正式生效的《区域全面经济伙伴关系协定》。[1]

## 一、USMCA中的数据跨境流动自由化

2020年7月1日，USMCA正式生效，取代了已实施二十多年的《北美自由贸易协定》。USMCA是美国首个将“数字贸易”独立成章的自贸协定，囊括了目前全球数字贸易规则中诉求最强、水平最高的措施规范。其核心议题包括“跨境数据自由流动”“数字产品非歧视性待遇”“数据存储非强制本地化”“数字知识产权保护”等方面；禁止将关税和其他歧视性措施应用于以电子方式分发的数字产品，确保数据可以跨境传输，并最大限度地减少数据存储和处理的限制、保护消费者在数字贸易中的隐私权、限制政府要求披露源代码和算法的能力、加强应对网络安全挑战的合作、促进对政府生成的公共数据的开放访问等。这些充分彰显了美国在数字贸易方面“开放、自由”的价值取向。

USMCA是贴合美国自身利益的制度设计。美国是全球数字经济和数字贸易第一大国，USMCA开放、自由的规则设计旨在有效保护本国数字供应商的竞争力，减少数字贸易限制，为数字贸易发展创造更加自由、宽松与稳定的制度环境；此外，USMCA也表现出很强的强制性特点，与先前美国签署的自贸协定相比，USMCA非常强调各缔约方的责任和规则的执行力，最大限度减少例外和豁免条款的使用，这从侧面说明，USMCA代表了“美式”模板数字贸易规则的最高标准。

第一，推动“跨境数据自由流动”是USMCA中显示度最高的条款，也是全球数字贸易该项规则的最高标准。跨境数据自由流动可以称得上是美国数字贸易政策的最关键诉求。由于美国在可数字化的产品及服务产业方面具有明显比较优势，因此确保数据跨境接收转移畅通对美国大部分经济部门来说至关重要。美国早在2007年的美国–韩国FTA中就明确指出双方应该承认数据流动的重要性，但没有提出强制性要求。TPP第14.11条“电子方式的跨境信息传输”明确提出了要促进“跨境数据自

[1] 各协定文本参见商务部网站。

由流动”，但同时也做出了“考虑各方监管需求”的例外规定，致使其实际影响力大打折扣。USMCA第19.11条删除了TPP中的例外规定，极大提升了“跨境数据自由流动”条款的约束力。

第二，扩大数字产品的非歧视性待遇，强化美国优势。数字产品，特别是视听产品是美国数字文化产品输出的重头，美国在贸易谈判中一直致力于消除针对视听产业的歧视性措施。21世纪早期签署的自贸协定，例如美国-新加坡FTA（2003）、美国-澳大利亚FTA（2004）、美国-韩国FTA（2007），就明确要求缔约方不可对来自另一缔约方的数字产品及数字产品的提供者实施歧视性待遇。但这些条例排除了音像广播类内容在非歧视性待遇上的适用性。TPP把例外范围缩减为“广播”内容，USMCA则更进一步取消了“广播例外”的规定。这意味着对来自缔约方的广播服务产品及服务提供者，缔约方必须给予国民待遇，这是美国在消除“文化例外”原则方面的重要突破。

第三，强调“数据存储非强制本地化”，放宽市场准入限制。美国在TPP第14.13.2条就对“数据存储非强制本地化”做出过规定：缔约方不得将使用该缔约方领土内的计算设施或将设施置于其领土之内作为另一缔约方的服务提供者在其领土内从事经营的前提条件。但是TPP包含了“缔约方监管例外”和“合法公共政策目标例外”条款。在USMCA框架下，美国再次重申“数据存储非强制本地化”诉求，并剔除了TPP中的例外条款。这项规则设计与美国在数字基础设施和数字产品上所具有的垄断优势密不可分。美国的云存储设备居于世界领先水平，拥有亚马逊和微软等强势的云服务供应商，这些企业能向境外提供强大的数据储存和处理服务。如果将云计算服务的市场准入与强制使用当地基础设施存储的限制政策联系起来，将严重损害美国企业和消费者的利益。

第四，“源代码”“算法”“密钥”等数字知识产权保护。“源代码”是美国知识产权的重要组成部分，为保证源代码所有权的完整性，美国一直坚持“源代码非强制本地化”立场，提出“任何缔约方不得将要求转移或获得另一缔约方所拥有的软件源代码作为在其领土内进口、分配、销售或使用该软件及包含该软件的产品的条件”。USMCA第19.16.1条把“源代码非强制本地化”的适用范畴进行了延伸，将“源代码中的算法”和“基础设施软件”也纳入其中。由于加密技术可以用来有效保护数据隐私和先进技术知识产权不被窥探，USMCA在规则中特别强调加密保护，禁止缔约方将获得加密密钥作为向外国技术开放国内市场的先决条件。

第五，强调隐私保护，对个人信息保护做出更为具体的规定，更加具有指导意义和可操作性。USMCA明确指出在建立保护个人信息的法律框架时，应考虑《APEC隐私框架》以及OECD于2013年发布的《关于隐私保护和个人数据跨境流动的指南》等提出的各项原则和指导思想，同时提出个人信息保护的关键原则为限制收集、选择、数据质量、目的规范、使用限制、安全保障、透明度、个人参与和责任，并规定各方应努力采取非歧视性做法，保护数字贸易用户不受其管辖范围内发生的个人信息保护违规行为的影响。

第六，USMCA纳入了“互联网中介责任认定”和“政府数据公开”等新规则。“互联网中介责任认定”条款明确豁免了网络平台提供者在内容提供者涉及人权以及隐私等非知识产权侵权中承担的连带责任，这对于平台的生存发展有重要意义。USMCA是全球首个要求推动政府数据公开的贸易协定，尽管未作强制性规定，但其明确要求缔约方认识到“便利化公众获取和使用政府信息的重要性”。

总的来看，USMCA用专章形式对数字贸易的规则标准进行了规范，在跨境数据自由流动、数字产品非歧视性待遇等“市场开放性”规则方面，代表着全球最高标准，体现出很强的美式“开放、自由”的商业价值取向；它是符合美国利益的制度设计，为美国具有全球竞争优势的数字产品和数字服务创新提供了坚实的基础。

USMCA数字贸易主要议题及规则如表1所示。

**表1　USMCA数字贸易主要议题及规则**

| 主要议题 | 具体章节 | 规则文本表述 |
| --- | --- | --- |
| 关税 | 第19.3条 | 任何一方不得就一方人员与另一方人员之间通过电子方式传输的数字产品的进口或出口或与之相关的进口或出口征收关税或其他费用 |
| 数字产品的非歧视性待遇 | 第19.4条 | 对于在另一方领土上创建、制作、出版、签约、委托或首次以商业条款提供的数字产品，或作者、表演者、制作人、开发者或所有者为另一方人士的数字产品，任何一方不得给予更优惠的待遇 |
| 电子认证和电子签名 | 第19.6条 | 1. 除法律规定的情况外，一方不得仅凭电子形式的签名而否认签名的法律效力。<br>4. 各方应鼓励使用可交互操作的电子认证 |

（续表）

| 主要议题 | 具体章节 | 规则文本表述 |
| --- | --- | --- |
| 个人信息保护 | 第19.8条 | 2. 各方应采取或维持法律框架，规定保护数字贸易用户的个人信息。在制定这一法律框架时，各缔约方应考虑相关国际机构的原则和指导方针，如亚太经合组织的隐私框架和经合组织理事会关于隐私保护和个人数据跨境流动指导方针的建议（2013年）。<br>3. 缔约方认识到，根据第2款，关键原则包括：限制收集、选择、数据质量、目的规范、使用限制、安全保障措施、透明度、个人的参与、问责制。各方还认识到，必须确保遵守保护个人信息的措施，并确保对个人信息跨境流动的任何限制都是必要的并与所涉风险相称 |
| 无纸化交易 | 第19.9条 | 各方应努力接受以电子方式提交的贸易管理文件，将其视为该文件的纸质版本的法律等效物 |
| 通过电子手段跨境传输信息 | 第19.11条 | 1. 任何一方均不得禁止或限制通过电子方式跨境转移信息（包括个人信息）。<br>2. 若为了达成合法的公共政策目标，则本条款不妨碍缔约方采取或维持与第1点相悖的措施，条件是：<br>（a）采取的措施不会构成任意或不合理的歧视，也不会成为变相的贸易限制手段；<br>（b）采取的措施对信息传输的限制将控制在实现目标所必需的合理范围之内 |
| 计算机设备所在地 | 第19.12条 | 任何一方不得要求受保人在其管辖区域内使用或定位计算机设备，以此作为在该管辖区域内开展业务的条件 |
| 源代码（数字知识产权保护） | 第19.16条 | 1. 当某一软件或与此有关的产品在一国范围内进口、分销、销售或使用时，其他各方不得要求传输或访问属于该国人员的软件源代码，也不得访问源代码中使用的算法 |
| 交互式计算机服务 | 第19.17条 | 1. 各缔约方已意识到促进交互式计算机服务的重要性，包括为中小型企业提供服务，这对数字贸易的发展至关重要。<br>2. 为此，除了本条款第4点的规定外，任何一方不得将交互式计算机供应商或用户视为决定损害责任的信息内容提供商，除非供应商或用户已经全部或部分创造或开发了相关信息，包括信息存储、处理、传输、分配或服务带来的损害等。<br>3. 任何一方均不得因以下原因（略）向交互式计算机服务的供应商或用户追究责任 |

（续表）

| 主要议题 | 具体章节 | 规则文本表述 |
| --- | --- | --- |
| 开放政府数据 | 第19.18条 | 1. 各缔约方意识到，促进公众获取和使用政府信息有助于经济和社会发展、有助于提高竞争力和创新力。<br>2. 在向社会公开包括数据在内的政府信息时，应当确保信息以机器可读、对外开放的形式得以公开，并确保相关信息可以进行在线搜索、检索、使用、重用和再发布。<br>3. 各方应努力开展合作，以确定各方扩大获取和使用政府公开信息（包括数据在内）的方式，以增加和创造商业机会，特别是为中小型企业提供商机 |

资料来源：根据USMCA文本整理。

## 二、GDPR体现了欧盟在确保隐私安全情况下推进数据有序自由流动的“欧式”数据监管立场

2018年5月正式开始实施的欧盟出台的GDPR旨在推进数据安全有序自由流动，为欧洲快速发展的数字企业提供更为广阔的数据市场。由于历史文化的原因，欧盟在数据监管上一直相当重视数据隐私保护，近年来出台了许多数据管理和隐私保护方面的法律，包括《电子私隐指令》（2002/58/EC）、《611/2013监管条例》、GDPR以及2022年5月获正式批准通过的《数据治理法案》。这些法规体现了欧盟在促进数字经济发展进程中，始终努力寻求数据有序自由流动和隐私保护之间的平衡，也表明了“隐私保护”在“欧式”模板的数字贸易规则中具有不可侵犯的核心地位。

GDPR是一项有关数据保护的统一协调规制，被认为是有史以来欧盟最严苛的数据保护法例。GDPR主要着眼于保护欧盟居民的个人数据及隐私，而《数据治理法案》则是针对非个人数据的保护。GDPR的出台旨在为个人数据在欧盟境内外自由流动设定安全标准和保障机制，是欧洲数字经济发展过程中的一项重要法规制度，具有较强的欧式特色。

GDPR分别设专章对“数据主体权利”与“个人数据向第三国或国际组织的传输”，即数据跨境流动进行规定，创造了适用于数字经济时代的数据流动和信息保护法律，旨在平衡公民个人信息保护和鼓励支持数字经济发展。GDPR从国家（地区）层面到跨国公司层面，再到个别例外层面，为各类数据传输制定了明确规则。

同时，规定大规模、经常性的数据跨境传输适用“充分性认定”“适当保障措施”两种规则，并将符合规则的条件认定权力赋予欧盟权力机构。

在GDPR中首次出现了反映自身特性、不需要成员国单独审批的“单套规制”，强化欧盟与成员国间、成员国相互之间跨境数据流动规制协调性的“一站式服务机制”与“领导机构”，体现跨境数据流动和数据保护配套惩罚措施与欧洲数据保护委员会等核心内容。这些内容分别着力于欧盟跨境数据流动规制的整体架构、协调机制与规制效果，是GDPR中的亮点，充分体现了欧盟构建数字单一市场的特征。

GDPR表明欧盟对个人数据保护和数据跨境流动的规制升级。该条例确定了个人数据处理需遵循“合法、公平、透明”的总体规则，强化了数据主体的相关权利和个人数据安全保护。尽管GDPR体现了欧盟促进数据安全有序自由流动的诉求，但跨境流动规制在欧洲社会也面临着巨大挑战。如前所述，隐私保护是欧洲文化中不可侵犯的“核”。如何寻找“自由”与“隐私保护”之间的平衡点一直是重大关切所在，也是美欧之间的数字贸易规则分歧、博弈的焦点所在；美国坚决反对限制跨境数据自由流动的枷锁，欧盟则十分强调隐私保护。但需要补充说明的是，2022年3月25日，欧盟宣布与美国就恢复跨大西洋数据流动达成原则性协议，这可谓是迈出了具有重大意义的一步。

GDPR在个人数据保护和跨境数据流动方面的主要议题及规则如表2所示。

**表2 GDPR在个人数据保护和跨境数据流动方面的主要议题及规则**

| 主要议题 | 具体章节 | 规则文本表述 |
| --- | --- | --- |
| 与个人数据处理相关的原则 | 第2章第5条 | 以合法、公平与透明原则处理个人数据；以明确、清晰、合法的目的收集个人数据；最小限度使用数据原则；准确性原则；存储限制原则；完整与保密原则；解释性责任原则：控制方应该负责并能够解释其对上述六条原则的责任 |
| 强化数据主体相关的知情权 | 第3章第12条 | 数据主体行使权利的透明度、交流和模式；控制者应当以一种简单透明、明晰且容易获取的方式，通过清楚明确的语言，采取合适措施提供第 13 条和第 14 条所提到的任何信息，以及第 15 条到第 22 条和第 34 条所提及的关于数据主体处理过程中的沟通信息（尤其是关于儿童的任何信息）。控制者应当提供书面材料，在其他情况下，若有必要，可以采用电子方式。如果数据主体能够通过其他方式得到认证，那么在数据主体的要求下，能够以口头方式提供信息 |

（续表）

| 主要议题 | 具体章节 | 规则文本表述 |
| --- | --- | --- |
| 数据主体的相关权利得到更多尊重 | 第3章<br>第13条 | 控制者应当在获取个人信息时，向数据主体提供以下信息：<br>（a）控制者的身份和详细联系方式，适当时还要提供代表人的身份和详细联系方式；<br>（b）适当时提供数据保护局的详细联系方式；<br>（c）个人信息处理的目的以及处理的法律基础，等等 |
| | 第3章<br>第15条 | 数据主体应当有权从管理者处确认关于该主体的个人数据是否正在被处理，以及有权在该种情况下访问个人数据和获得以下信息：<br>（a）处理的目的；<br>（b）有关个人数据的类别；<br>（c）个人数据已被或者将会被泄露给的接受者或接受者类别，特别是第三国或国际组织的接受者，等等 |
| 个人数据安全的保护 | 第4章<br>第32条 | 考虑目前的工艺水平，实施成本，处理过程的性质、范围、目的，以及自然人自由和权利所面对的不同可能性和严重性风险，控制者、处理者应当执行适当的技术和组织措施来保证合理应对风险的安全级别，尤其要酌定考虑以下因素：<br>（a）个人数据的匿名化和加密；<br>（b）确保处理系统和服务现行的保密性、完整性、可用性以及可恢复性；<br>（c）在发生物理事故或技术事故的情况下，恢复可用性以及及时获取个人信息的能力，等等 |
| | 第4章<br>第33条 | 在个人数据泄露的情况下，控制者应毫不延误地，且在可行的情况下，应至少在获知之时起72小时以内，依据第6章第55条通知监督机构，除非个人数据的泄露不会产生危及自然人权利和自由的风险。如果通知迟于72小时，须附述迟延原因 |
| | 第4章<br>第37条 | 指派数据保护专员 |
| 个人数据向第三国或国际组织的传输（跨境流动） | 第5章<br>第44条 | 传输的一般原则：任何正在处理中的个人资料的转让，或在转往第三国或国际组织后拟处理的个人资料的转让，只有在符合本条例其他条文的规定下，才可进行，而本章所定的条件，包括将个人资料由第三国或国际组织转往另一第三国或另一国际组织的条件，均须由控制者和处理者遵守。为确保本章所保证的自然人的保护级别不受到损害，本章的所有规定都应执行 |
| | 第5章<br>第45条 | 基于充分决定的数据传输：<br>1. 对第三方或国际组织进行个人数据的传输，发生在如下情形时，不需要任何的授权：当欧洲委员会已确定了的要求信息的第三国或其中某一地区或一个或多个特定的地区，或国际组织，有足够级别的保护。<br>2. 当对保护级别的充分性进行评估的时候，欧洲委员会将会特别考虑以下因素：法律条文，第三国或有关国际组织做出的国际承诺，等等 |

资料来源：根据GDPR文本整理。

## 三、CPTPP框架下的数字贸易体制

2017年底，美国退出TPP之后，日本接替美国成为TPP主导国并将其更名为《全面与进步跨太平洋伙伴关系协定》（CPTPP），该协定于2018年12月正式生效。日本也是全球数字经济和数字贸易发展水平最高的经济体之一，其数字贸易政策与美国较为类似。因此，日本主导的CPTPP中的数字贸易规则具有较强的“美式”模板特征，倡导开放、自由、便利化的数字贸易体制以及全方位的个人权益保护。

第一，强制禁止对电子传输征收关税。CPTPP明确表述：任何缔约方不得对一缔约方与另一缔约方之间的电子传输，包括以电子方式传输的内容征收关税。这一条规则的强制性非常高，体现了CPTPP对促进数字贸易自由化的大力支持。

第二，给予数字产品非歧视性待遇。CPTPP明确规定，缔约方给予另一缔约方数字产品的待遇不低于给予其他同类数字产品的待遇。这种非歧视性待遇既包含最惠国待遇，也包含国民待遇。但相较于《美墨加协定》不允许例外的规定，CPTPP列出三个例外条件：不得与知识产权章节存在冲突，不适用于补贴或赠款，不适用于广播。

第三，保障跨境数据自由流动。CPTPP明确规定，允许为进行商业行为而通过电子方式跨境传输信息，并且不得将计算设施本地化作为在境内进行商业行为的条件。CPTPP对跨境数据自由流动的例外情形容忍度较低，仅允许有条件、有限度的例外，同时提出更严格的限制条件：不得构成任意或不合理的歧视，或对贸易构成变相限制，不得施加超出实现目标所需的限制。

第四，允许网络自由接入并禁止强制共享源代码。CPTPP允许消费者在遵守合理网络管理规定的前提下，自由选择接入和使用互联网上可获得的服务和应用；允许将不损害网络的终端设备接入互联网并拥有获得网络管理信息的权利。同时，CPTPP还重视对软件源代码知识产权的保护，要求缔约方不得将转移软件源代码作为在其境内销售或使用该软件的条件。

第五，强调个人信息保护和保护在线消费者权益。CPTPP认识到保护电子商务用户个人信息的经济和社会效益，以及其对增强电子商务消费者信心的重要性，因此限制对个人数据的滥用；保护在线消费者免受诈骗和商业欺诈行为的侵害；要求各国制定政策，以鞭策缔约国提高保护个人数据的水平。这些规则为数据自由流动提供制度保障，促进数字贸易发展。但是，相较于《美墨加协定》，CPTPP对消

费者保护仅做了倡议性和原则性的规定，而没有明确具体的实施方案和侵权惩罚措施。

第六，数字贸易便利化方面的规定，包括电子签名和电子认证、无纸贸易等。

总的来说，CPTPP是一个义务水平比较高的协定，在电子传输免关税这一规则上的强制性很突出；在数据跨境流动、数字产品非歧视性待遇以及计算设施本地化等方面都表现出很强的开放性和自由化倾向；在数字贸易便利化以及消费者信任等方面也做出了相关规定。此外，在争端解决方面，体现出一定的包容性，对马来西亚、越南等发展中国家的争端解决做出了特别规定。

CPTPP数字贸易主要议题及规则如表3所示。

表3　CPTPP数字贸易主要议题及规则

| 主要议题 | 所在章节 | 具体条文内容 |
|---|---|---|
| 海关关税 | 第14.3条 | 1. 任何缔约方不得对一缔约方与另一缔约方之间的电子传输，包括以电子方式传输的内容征收关税。<br>2. 为进一步明确，第1款不得阻止一缔约方对以电子方式传输的内容征收国内税、规费或其他费用，只要此类国内税、规费或其他费用以符合本协定的方式征收 |
| 数字产品的非歧视性待遇 | 第14.4条 | 1. 任何缔约方给予在另一缔约方领土内创造、生产、出版、订约、代理或首次商业化提供的数字产品的待遇，或给予作者、表演者、生产者、开发者或所有者为另一缔约方的数字产品的待遇，不得低于其给予其他同类数字产品的待遇。<br>2. 第1款不适用于与第18章（知识产权）中的权利和义务出现任何不一致的情况。<br>3. 缔约方理解，本条不适用于一缔约方提供的补贴或赠款，包括政府支持的贷款、担保和保险。<br>4. 本条不适用于广播 |
| 电子认证和电子签名 | 第14.6 条 | 1. 除非其法律项下另有规定，否则一缔约方不得仅根据一签名是电子方式而否认该签名的法律效力。<br>4. 缔约方应鼓励使用可交互操作的电子认证 |
| 在线消费者保护 | 第14.7条 | 1. 缔约方认识到采取和维持透明和有效的措施以保护消费者在从事电子交易时免受如第16.6.2条（消费者保护）中所指的诈骗和商业欺诈行为侵害的重要性。<br>2. 每一缔约方应采用或维持消费者保护法，以禁止对从事在线商业活动的消费者造成损害或潜在损害的诈骗和商业欺诈行为 |

（续表）

| 主要议题 | 所在章节 | 具体条文内容 |
|---|---|---|
| 个人信息保护 | 第14.8条 | 2. 每一缔约方应采用或维持规定保护电子商务用户个人信息的法律框架。在制定其个人信息保护的法律框架时，每一缔约方应考虑相关国际机构的原则和指南。<br>3. 每一缔约方在保护电子商务用户免受其管辖范围内发生的个人信息保护侵害方面应努力采取非歧视性做法 |
| 无纸贸易 | 第14.9条 | 每一缔约方应努力：<br>（a）以电子方式向公众提供贸易管理文件；<br>（b）接受以电子方式提交的贸易管理文件作为与这些文件的纸质版具有同等法律效力的文件 |
| 通过电子方式跨境传输信息 | 第14.11条 | 1. 缔约方认识到每一缔约方对通过电子方式传输信息可设有各自的监管要求。<br>2. 每一缔约方应允许通过电子方式跨境传输信息，包括个人信息，如这一活动用于涵盖的人开展业务。<br>3. 本条中任何内容不得阻止一缔约方为实现合法公共政策目标而采取或维持与第2款不一致的措施 |
| 计算设施的位置 | 第14.13条 | 1. 缔约方认识到每一缔约方对于计算设施的使用可设有各自的监管要求，包括寻求保证通信安全性和机密性的要求。<br>2. 任何缔约方不得要求涵盖的人在该缔约方领土内将使用或设置计算设施作为在其领土内开展业务的条件。<br>3. 本条中任何内容不得阻止一缔约方为实现合法公共政策目标而采取或维持与第2款不一致的措施 |
| 源代码 | 第14.17条 | 1. 任何缔约方不得将要求转移或获得另一缔约方所拥有的软件源代码作为在其领土内进口、分销、销售或使用该软件或含有该软件的产品的条件。<br>2. 就本条而言，需遵守第1款的软件限于大众市场软件或含有该软件的产品，不包括用于关键基础设施的软件。<br>3. 本条中任何内容不得阻止：<br>（a）在商业谈判合同中包含或实施与源代码的提供相关的条款和条件；<br>（b）一缔约方要求对软件源代码做出使该软件符合与本协定不相抵触的法律或法规所必需的修改。<br>4. 本条不得理解为影响与专利申请或已授予专利相关的要求，包括司法机关对专利争端发布的任何命令，但需防范未经一缔约方法律或实践授权的披露行为 |

（续表）

| 主要议题 | 所在章节 | 具体条文内容 |
|---|---|---|
| 争端解决 | 第14.18条 | 1. 对于现行措施，在本协定对马来西亚生效之日后2年期限内，对于其在第14.4条（数字产品的非歧视性待遇）和第14.11条（通过电子方式跨境传输信息）下的义务，马来西亚不受第28章（争端解决）下的争端解决约束。<br>2. 对于现行措施，在本协定对越南生效之日后2年期限内，对于其在第14.4条（数字产品的非歧视性待遇）、第14.11条（通过电子方式跨境传输信息）和第14.13条（计算设施的位置）下的义务，越南不受第 28 章（争端解决）下的争端解决约束 |

资料来源：根据CPTPP文本整理。

## 四、DEPA“新式”数字贸易规则独具创新性和灵活性

DEPA由新加坡主导，于2020年在新加坡、智利、新西兰三国之间签署，是一份数字贸易专门协定，体现出很强的创新性、包容性和灵活性。

第一，数字贸易便利化议题是最重要的议题之一。对亚太地区众多经济体而言，数字贸易便利化与其经济利益密切相关。新加坡作为DEPA主导国，认为数字贸易便利化就是要促进端到端的无缝衔接，无纸化贸易、电子发票、电子支付等议题在DEPA中都有明确规定，DEPA旨在简化贸易程序和手续，降低贸易成本，提高交易效率，监督维护支付系统的安全性。

第二，在数字产品和数字贸易自由化议题上标准更高。DEPA认为有必要对数字经济中的贸易壁垒做出规定，相应地更新全球规则，促进贸易自由化。DEPA不仅要求缔约成员国给予其他成员国数字产品非歧视性待遇，还纳入了数字知识产品保护的相关规则；将电子传输免关税规定为“永久性义务”；提出了推进数据跨境流动自由化和数据存储非强制本地化的义务。

第三，强调增加中小企业在数字经济中的贸易和投资机会。DEPA认识到中小企业在保持数字经济活力和增强产业竞争力方面的基础地位以及在私营部门中不可或缺的作用，设专章提出各缔约方应推动各方中小企业就数字经济开展密切合作，增强中小企业在数字经济中的贸易和投资机会的合作，并鼓励开展数字中小企业对话。

第四，创新性地涵盖了新兴技术领域和具有包容性特征的议题。金融科技合作、人工智能、数据创新、数字包容性等议题是先前数字贸易协定中未曾涵盖的议

题，这可谓是DEPA中的亮点和具有创新性的规则。数字包容性议题，强调缔约方应承认数字包容性对保证所有人和所有企业参与数字经济、作出贡献并从中获益的重要性；强调消除障碍以扩大和便利获得数字经济机会的重要性；强调加强文化和人与人的联系，就数字包容性相关事项进行合作，促进妇女、农村人口、低收入群体和原住民参与数字经济。促进包容和可持续经济增长，以帮助数字经济的利益得以更广泛地分享，这体现了DEPA消弭“数字鸿沟”的宏观愿景。

第五，协定的框架形式具有开放性和灵活性。协定采用主题模块的形式，包含16个模块，其中实质性模块10个，流程性模块6个。各实质性模块相互独立，有利于日后有意愿加入DEPA的经济体结合自身数字经济发展水平与利益诉求自主选择相对应的模块进行谈判。这种主题模块框架设计可以极大促使缔约方之间尽快在关键领域达成共识，提高谈判效率，实现利益最大化；同时还能很好体现出开放性和兼容性。DEPA条款不仅符合发达国家的利益诉求，也为发展中国家提供了选择空间。

DEPA是一项集开放性、包容性、创新性和灵活性于一体的新型数字贸易协定。无论是从形式上，还是从内容上，都体现出较明显的前瞻性和兼容性。

DEPA主要议题及规则如表4所示。

表4　DEPA主要议题及规则

| 主要议题 | 具体章节 | 规则文本表述 |
| --- | --- | --- |
| 无纸化贸易 | 第2.2条 | 1. 每一缔约方应通过其规定的程序，使公众可获得所有现行可获得的贸易管理文件的电子版本。<br>2. 每一缔约方应以英文或WTO任何其他官方语言提供第1款中所指贸易管理文件的电子版本，并应努力提供机器可读格式的电子版本 |
| 电子发票 | 第2.5条 | 1. 缔约方认识到电子发票的重要性，电子发票可以提高商业交易的效率、准确性和可靠性。缔约方还认识到，保证各自管辖范围内用于电子发票的系统与其他缔约方管辖范围内用于电子发票的系统可交互操作的益处。<br>2. 缔约方应保证在其管辖范围内实施与电子发票相关的措施旨在支持跨境交互操作性。为此，每一缔约方应根据现有的国际标准、准则或建议制定与电子发票相关的措施。<br>3. 缔约方认识到促进全球采用交互电子发票系统的经济重要性。为此，缔约方应就促进采用交互电子发票系统分享最佳实践和开展合作 |

（续表）

| 主要议题 | 具体章节 | 规则文本表述 |
|---|---|---|
| 电子支付 | 第2.7条 | 注意到电子支付，特别是由新支付服务提供者提供的电子支付迅速增长，缔约方同意通过促进国际公认标准的采用和使用、促进支付基础设施的可交互操作性和联通性以及鼓励支付生态系统中有益创新和竞争，以支持发展高效、安全和可靠的跨境电子支付 |
| 关税 | 第3.2条 | 1. 任何缔约方不得对一缔约方的人与另一缔约方的人之间的电子传输及以电子方式传输的内容征收关税。<br>2. 为进一步明确，第1款不得阻止一缔约方对以电子方式传输的内容征收国内税、规费或其他费用，只要此类国内税、规费或费用以符合本协定的方式征收 |
| 数字产品非歧视性待遇 | 第3.3条 | 任何缔约方给予在另一缔约方领土内创建、生产、出版、签约、代理或首次以商业化条件提供的数字产品的待遇，或给予作者、表演者、生产者、开发者或所有者为另一缔约方人士的数字产品的待遇，不得低于其给予其他同类数字产品的待遇 |
| 个人信息保护 | 第4.2条 | 1. 缔约方认识到保护数字经济参与者个人信息的经济和社会效益，以及此种保护在增强对数字经济和贸易发展的信心方面的重要性。<br>2. 每一缔约方应采用或维持为电子商务和数字贸易用户的个人信息提供保护的法律框架。在制定保护个人信息的法律框架时，每一缔约方应考虑相关国际机构的原则和指南。<br>8. 缔约方应鼓励企业采用数据保护可信任标志，以帮助验证其符合个人数据保护标准和最佳做法 |
| 通过电子方式跨境传输信息 | 第4.3条 | 1. 缔约方认识到每一缔约方对于通过电子方式传输信息可能有各自的监管要求。<br>2. 每一缔约方应允许通过电子方式跨境传输信息，包括个人信息，如这一活动用于涵盖的人开展业务 |
| 计算设施位置 | 第4.4条 | 1. 缔约方认识到每一缔约方对于计算设施的使用可设有各自的监管要求，包括寻求保证通信安全性和机密性的要求。<br>2. 任何缔约方不得将要求涵盖的人使用该缔约方领土内的计算设施或者将设施设于该缔约方领土内，作为在该缔约方领土内进行商业行为的条件 |
| 网上安全和保障 | 第5.2条 | 1. 安全可靠的网络环境对数字经济起到支撑作用。<br>2. 采取多方利益攸关的方式解决网络安全和保障问题的重要性。<br>3. 缔约方应努力合作，以推动形成影响网络安全和保障的全球问题的合作解决方案 |
| 在线消费者保护 | 第6.3条 | 3. 每一缔约方应制定或维持法律或法规，禁止对从事在线商业活动的消费者造成损害或可能造成损害的欺诈、误导或欺骗性行为。此类法律或法规可能包括一般合同法或过失法，并可能具有民事或刑事性质 |

（续表）

| 主要议题 | 具体章节 | 规则文本表述 |
| --- | --- | --- |
| 数字身份 | 第7.1条 | 1. 认识到缔约方在个人或企业数字身份方面的合作将增强区域和全球互联互通，并认识到每一缔约方对数字身份可能有不同的实现工具和法律方式，每一缔约方应努力促进其各自数字身份制度之间的可交互操作性 |
| 金融科技合作 | 第8.1条 | 缔约方应促进其金融科技（FinTech）产业间合作。<br>（a）促进金融科技部门中企业间合作；<br>（b）促进商业或金融部门金融科技解决方案的制定；<br>（c）鼓励缔约方在符合各自法律法规的情况下，开展金融科技部门中的创业或创业人才合作 |
| 人工智能 | 第8.2条 | 2. 缔约方认识到为可信、安全和负责任使用人工智能技术而制定道德和治理框架具有经济和社会重要性。考虑到数字经济的跨境性质，缔约方进一步承认不断增进共同谅解并最终保证此类框架的国际一致性的益处，从而尽可能便利在缔约方各自管辖范围之间接受和使用人工智能技术。<br>3. 缔约方应努力促进采用支持可信、安全和负责任使用人工智能技术的道德和治理框架。<br>4. 在采用人工智能治理框架时，缔约方应努力考虑国际公共原则或指导方针，包括可解释性、透明度、公平性和以人为本的价值 |
| 数据创新 | 第9.4条 | 1. 跨境数据流动和数据共享能够实现数据驱动的创新。缔约方进一步认识到，企业根据缔约方各自法律法规共享包括个人信息在内的数据，可以进一步增强创新。<br>2. 缔约方还认识到数据共享机制，例如可信数据共享框架和开放许可协议，可便利数据共享并促进其在数字环境中的使用，从而：<br>（a）促进创新和创造；<br>（b）便利信息、知识、技术、文化和艺术的传播；<br>（c）促进竞争和培育开放高效的市场。<br>3. 缔约方应努力在数据共享项目和机制、数据新用途的概念验证（包括数据沙盒）方面开展合作，以促进数据驱动的创新 |
| 开放政府数据 | 第9.5条 | 1. 缔约方认识到，便利公众获得和使用政府信息可促进经济和社会发展、竞争力提高和创新。<br>2. 在一缔约方向公众提供政府信息（包括数据）时，应努力保证以开放数据方式提供此类信息。<br>3. 应努力合作确定缔约方可扩大获取和使用公开数据的方式，以期增加和创造商业机会 |
| 增强中小企业在数字经济中的贸易和投资机会的合作 | 第10.2条 | 为促进缔约方之间开展更强有力的合作以增加中小企业在数字经济中的贸易和投资机会，缔约方应：<br>（a）继续与其他缔约方合作，就利用数字工具和技术帮助中小企业获得资金和信贷、中小企业参与政府采购机会以及有助于中小企业适应数字经济的其他领域交流信息和最佳实践；<br>（b）鼓励缔约方中小企业参与有助于中小企业与国际供应商、买家和其他潜在商业伙伴联系的平台 |

（续表）

| 主要议题 | 具体章节 | 规则文本表述 |
|---|---|---|
| 数字中小企业对话 | 第10.4条 | 1. 缔约方应开展数字中小企业对话。对话可包括来自每一缔约方的私营部门、非政府组织、学术专家和其他利益攸关方。在开展对话过程中缔约方可与其他利害关系方开展合作 |
| 数字包容性 | 第11.1条 | 1. 缔约方承认数字包容性对于保证所有人和所有企业参与数字经济、作出贡献并从中获益的重要性。<br>2. 缔约方认识到通过消除障碍以扩大和便利数字经济机会获得的重要性。此点可包括加强文化和人与人的联系，包括原住民之间的联系，以及改善妇女、农村人口和低收入社会经济群体的参与机会。<br>3. 缔约方应就数字包容性相关事项进行合作，包括妇女、农村人口、低收入社会经济群体和原住民参与数字经济。合作可包括：<br>（a）分享在数字包容性方面的经验和最佳实践，包括专家交流；<br>（b）促进包容和可持续经济增长，以帮助保证数字经济的利益得以更广泛分享；<br>（c）应对获得数字经济机会的障碍；<br>（d）制订计划以促进所有群体参与数字经济；<br>（e）分享与数字经济参与相关的分类数据收集、指数使用和数据分析的方法和程序；<br>（f）缔约方共同议定的其他领域 |

资料来源：根据DEPA文本整理。

## 五、RCEP是现阶段我国参与国际数字贸易治理的最高标准，具有包容发展特征

RCEP是一个现代、全面、高质量、互惠的大型区域贸易协定。其中的“电子商务”章是亚太区域内达成的涵盖范围最广、成员最多的多边电子商务规则，囊括了数字贸易规则中的重要议题，是现阶段我国参与国际数字贸易治理的最高标准。

RCEP“电子商务”章从贸易便利化、为电子商务创造有利环境、促进跨境电子商务等三大方面提出了13条规定，涉及无纸化贸易、电子认证和电子签名、线上消费者保护、线上个人信息保护、国内监管框架、海关关税、透明度、计算设施位置、跨境信息传输、争端解决等，为区域内电子商务发展提供了有力的制度保障。

第一，RCEP高标准、全方位的数字贸易规则为区域内数字贸易企业、商业发展创造了更加自由便利的条件。除传统的数字贸易便利化规则，如无纸化贸易、电子签名、电子认证等外，RCEP还包括跨境数据自由流动、不得要求计算设施本地化等

促进电子商务发展的高水平规则。RCEP明确规定，不得阻止投资者或服务提供者为进行商业行为而通过电子方式跨境传输信息。缔约方不得将使用其境内计算设施或将设施置于境内作为投资者或服务提供者在其领土内进行商业活动的条件，这有助于降低市场准入门槛，为数字贸易发展提供新动能。RCEP还对电子商务的营商环境做出规定：各缔约方应采取相关法律，保护线上消费者免受欺诈和误导行为的损害以及保护线上个人信息；应该尽量避免对电子交易施加不必要的监管负担；不应对电子传输征收关税；利用现有合作机制，开展网络安全相关的合作。

第二，RCEP体现出很明显的包容性特征。协定照顾到不同国家国情，给予柬埔寨、老挝、缅甸等不发达成员国特殊待遇，满足了这些国家能力建设和发展的实际需求。柬埔寨、老挝和缅甸三个不发达国家适用5年过渡期的条款较多，包括无纸化贸易、承认电子签名法律效力、制定电子商务消费者保护相关法律法规、建立保护电子商务用户个人信息的法律框架、提供对非应邀电子信息提供者的追索权等。对于不得要求计算设施本地化、不得阻止电子信息跨境传输这两大电子商务核心条款，在给予上述三国 5 年过渡期的基础上，如有必要可再延长3年。对于建立监管电子交易的法律框架，给予柬埔寨5年过渡期；对于不得要求计算设施本地化，给予越南5年过渡期；对于提供对非应邀电子信息提供者的追索权，给予文莱3年过渡期。此外，在数据跨境自由流动和计算设施本地化等水平较高议题上也做出例外规定，充分显示出包容性。

第三，RCEP具有较强的发展性和灵活性。首先，RCEP对数字产品的待遇、源代码、金融服务中跨境数据流动和计算设施的位置以及反竞争实践、线上争端解决等电子商务发展事项，专门设“电子商务对话”条款，强调缔约方通过对话促进发展的重要性。其次，从RCEP第12.3.10条“国内监管框架”可以看出，RCEP将监管权利赋予各成员国，各成员国应基于电子商务国际公约和示范法，采取或维持国内监管。因此，各成员国自身的监管空间很大，体现了RCEP较强的包容性和发展性。最后，RCEP建立了对于分歧的灵活解决机制，为区域电子商务可持续发展提供了保障。RCEP要求缔约方首先进行善意的磋商，尽最大努力达成共同满意的解决方案，如磋商未能解决分歧，则提交至 RCEP联合委员会。

第四，RCEP为各成员国电子商务的使用创造信任和有信心的环境，体现出较强的合作精神。RCEP提出了丰富的合作内容：一是共同帮助中小企业使用电子商务；

二是以研究和培训活动、能力建设、提供技术援助等方式，帮助构建和实施电子商务法律框架；三是分享信息、经验和最佳实践，共同应对挑战；四是鼓励商业部门开发增强问责和消费者信心的方法和实践；五是积极参加地区和多边论坛。

总体来说，RCEP的包容性、发展性特征比较突出。在某些义务水平上，例如电子传输免征关税，不及CPTPP的强制免征规定严格；数字产品待遇、源代码、金融服务中跨境数据流动和计算设施的位置等没有专门条款，仅在“电子商务会话”条款下提及。

RCEP主要数字贸易议题及规则如表5所示。

表5 RCEP主要数字贸易议题及规则

| 主要议题 | 具体章节 | 规则文本表述 |
| --- | --- | --- |
| 无纸化贸易 | 第12.2.5条 | 1. 致力于实施旨在使用无纸化贸易的倡议；（柬埔寨、老挝、缅甸5年过渡期）<br>2. 努力接受以电子形式提交的贸易管理文件，与纸质版贸易管理文件具有同等法律效力；<br>3. 努力使电子形式的贸易管理文件可公开获得 |
| 电子认证和电子签名 | 第12.2.6条 | 1. 除非其法律和法规另有规定，一缔约方不得仅以签名为电子方式而否认该签名的法律效力。（柬埔寨、老挝、缅甸5年过渡期）<br>2. 考虑到电子认证的国际规范，每一缔约方应当：<br>（a）允许电子交易的参与方就其电子交易确定适当的电子认证技术和实施模式；<br>（b）不对电子认证技术和电子交易实施模式的认可进行限制；<br>（c）允许电子交易的参与方有机会证明其进行的电子交易遵守与电子认证相关的法律和法规 |
| 线上消费者保护 | 第12.3.7条 | 2. 每一缔约方应当采取或维持法律或者法规，以保护使用电子商务的消费者免受欺诈和误导行为的损害或潜在损害。（柬埔寨、老挝、缅甸5年过渡期） |
| 国内监管 | 第12.3.10条 | 1. 每一缔约方应当在考虑《联合国国际贸易法委员会电子商务示范法（1996 年）》、2005 年 11 月 23 日订于纽约的《联合国国际合同使用电子通信公约》，或其他适用于电子商务的国际公约和示范法基础上，采取或维持监管电子交易的法律框架；<br>2. 每一缔约方应当努力避免对电子交易施加任何不必要的监管负担 |
| 电子传输海关关税 | 第12.3.11条 | 1. 每一缔约方应当维持其目前不对缔约方之间的电子传输征收关税的现行做法 |

（续表）

| 主要议题 | 具体章节 | 规则文本表述 |
| --- | --- | --- |
| 计算设施位置 | 第12.4.14条 | 2. 缔约方不得将要求涵盖的人使用该缔约方领土内的计算设施或者将设施置于该缔约方领土之内，作为在该缔约方领土内进行商业行为的条件。（柬埔寨、老挝、缅甸5年过渡期，如有必要可延长3年；越南5年过渡期） |
| 通过电子方式跨境传输信息 | 第12.4.15条 | 1. 缔约方认识到每一缔约方对于通过电子方式传输信息可能有各自的监管要求。<br>2. 一缔约方不得阻止涵盖的人为进行商业行为而通过电子方式跨境传输信息。（柬埔寨、老挝、缅甸5年过渡期，如有必要可延长3年；越南5年过渡期） |
| 电子商务对话 | 第12.5.16条 | 1. 缔约方认识到对话，包括在适当时与利益相关方对话，对于促进电子商务发展和使用的价值。在进行此类对话时，缔约方应当考虑以下事项：<br>（1）根据第十二章第四条（合作）进行的合作；<br>（2）当前和正在显现的问题，如数字产品待遇、源代码、金融服务中跨境数据流动和计算设施的位置；<br>（3）与电子商务发展和使用相关的其他事项，例如反竞争实践、线上争端解决和电子商务相关技能促进，包括专业人员的临时跨境流动 |
| 争端解决 | 第12.5.17条 | 1. 如缔约方就本章的解释和适用存在任何分歧，有关缔约方应当首先善意地进行磋商，尽最大努力达成共同满意的解决方案。<br>2. 如第1款所提及的磋商未能解决分歧，参与磋商的任何缔约方可根据第十八章第三条（RCEP联合委员会的职能），将该事项提交至 RCEP 联合委员会 |

资料来源：根据RCEP文本整理。

## 六、全球数字贸易规则发展的主要趋势研判

基于对以上几大具有典型意义的协定、法规的研究，对全球数字贸易规则主要发展趋势做如下分析和判断。

（1）数据要素在国与国之间的自由流动是个大趋势，与隐私保护之间的平衡将是数字贸易规则博弈的焦点和难点。美、欧、新、中四大模式均提倡推进跨境数据自由流动，自由化程度不断提高。但是，各国由于发展阶段不同，数字经济竞争力存在较大差异，在“流动”与“保护”之间势必采取不同的立场，博弈、趋同将是一个长期的过程。

（2）数字产品和数字服务贸易的自由化趋势将不断加强。随着全球数字经济的发展壮大以及产业数字化转型逐步扩展、深化，数字产品和数字服务在各国经济总产出中所占比重将持续快速增长，各国的数字贸易依存度将大幅提高。可以看到，“电子传输永久免关税”议题在几大代表性协定中基本已成共识，数字产品非歧视性待遇、透明度议题也做出了不同程度的规定。数字贸易的各种壁垒将逐渐减少，自由化程度将越来越高。

（3）数字贸易规则的内容将不断扩展。纵观相关自由贸易协定（FTA）中数字贸易规则的演进，可以看出第一代FTA，如中澳FTA、中韩FTA，主要关注电子签名、无纸化贸易等“贸易便利化议题”；CPTPP、USMCA等谈判重点聚焦于数据要素自由流动、数字产品和服务贸易自由化等制度安排，包括数据跨境流动、数字技术的非强制转让权、数字产品的版权保护、数字产品非歧视性待遇、电子传输免关税等方面；DEPA作为一项专门的数字经济协定，涉及数字包容性增长、消弭数字鸿沟、新兴科技发展等众多新兴议题，如中小企业、加强合作、人工智能、金融科技、数字身份证明等，这些内容都是先前协定所没有涉及的。可以研判，随着数字技术的发展，未来数字贸易规则的内容还将不断扩展升级。

（4）亚太地区将成为全球数字贸易规则多边博弈的最前沿。无论是数字经济高度发达的美国还是数字建设蓬勃发展的中国，都对DEPA表现出极大的关注。这一方面是由于亚太地区数字贸易高速发展，另一方面则反映出中美两个数字经济大国争夺亚太数字贸易治理规则主导权的激烈博弈。DEPA的发起国新加坡、智利、新西兰均为中小经济体，在某些领域有着共同利益，容易“抱团”制定规则，因此亚太地区数字贸易规则可能形成多边博弈的格局。

## 七、相关政策建议

结合未来全球数字贸易规则发展的趋势研判以及中国已正式申请加入CPTPP、DEPA等更高标准经贸协定的背景，在此提出以下相关政策建议。

（1）对标高标准国际数字贸易规则，加强顶层设计，促进深层次改革。CPTPP、DEPA等协定规则，议题深度更深、覆盖范围更广、要求标准更高，例如对市场准入、数字产品非歧视性待遇、数据要素跨境自由流动等议题都做了严格规定。我国需要加强顶层设计、各部门协调，促进深层次改革，打通国内国际市场连通的堵点，解决难点；进一步优化营商环境，激发市场主体活力，为对接国际规则做好自身功课。

（2）进一步推动高水平开放，深化规则、规制、标准等制度性开放。数字贸易自由化，数据要素的自由流动是全球数字贸易治理的大势所趋；同时，CPTPP、DEPA等高标准协定中均包含竞争政策、国企改革、中小企业合作、国内监管等“边境后”高水平规则，因此我国应深化制度性开放，着力构建开放型经济新体制。

（3）全面研究评估协定规则，梳理风险，将外部冲击降至最低，保障开放安全。对CPTPP、DEPA等协定标准进行全面研究评估，梳理加入协定可能需要做出的承诺，科学设置底线、红线，明确需要采取的改革措施和修改的法律法规，将外部冲击降到最低。

（4）充分发挥自贸试验区和海南自贸港制度创新的优势，先行先试，进行相关高水平议题的压力测试和风险测试。建议利用海南自贸港封关运作各项压力测试契机，开展数据跨境自由安全有序流动、计算设施非本地限制等数字贸易规则试点，以健全各项准备及法律法规保障。

（5）加强相关企业培训和人才培养，掌握高标准数字贸易规则的主要内容，为商业、企业获得全球数字贸易快速发展红利创造有利条件。

参考文献：

姚旭，2019. 欧盟跨境数据流动治理：平衡自由流动与规制保护［M］. 上海：上海人民出版社.
周念利，陈寰琦，2019. 基于《美墨加协定》分析数字贸易规则“美式模板”的深化及扩展［J］. 国际贸易问题（9）.

# 附录四　深化要素市场化改革需厘清的若干理论问题[1]

**摘要：** 建设高标准市场体系需大格局观：一是把握全面深化改革的总体格局，二是把握“体系”内的三个子系统格局，根本途径在于推进要素市场化配置改革、完善要素市场制度。深化要素市场化改革需要厘清若干理论问题，包括要素发展与人类文明相因应；其配置改革源于经济改革、经济发展和人的自身发展三大逻辑；有产权的不都是要素，但凡是要素都有产权，要把握“要素产权三全论”（范围全覆盖、过程全贯通、生命全周期）。实际操作中，健全要素市场建议实行“要素三放论”：人本要素要“放手”，物本要素要“放活”，数据要素要“放量”，从而推动七大要素畅通流动，使各类资源高效配置，市场潜力充分释放。

**关键词：** 高标准市场体系；要素市场制度；“要素三放论”

作为“构建高水平社会主义市场经济体制”的重要组成部分，中国要素市场化配置改革已进入纵深发展阶段。从党的二十大报告提出“构建全国统一大市场，深化要素市场化改革，建设高标准市场体系”，到2024年党的二十届三中全会审议通过的《中共中央关于进一步全面深化改革　推进中国式现代化的决定》（简称《决定》）提出“完善要素市场制度和规则，推动生产要素畅通流动、各类资源高效配置、市场潜力充分释放”，其中贯穿一个改革亮点——建设高标准市场体系重在完善要素市场制度。本文拟结合笔者以往发表的《关于要素市场化配置改革再探讨》（常修泽，2020），对这一重要问题作进一步分析论述。

---

[1]　本文执笔人为常修泽，文章刊发于《人民论坛》2024年第15期。该文系笔者于党的二十届三中全会召开后对要素市场化改革所做的进一步理论探讨。

## 一、“建设高标准市场体系”需大格局观

以大格局观看待“建设高标准市场体系”，笔者认为，应从两个层面把握：

第一个层面，党的二十届三中全会提出的“进一步全面深化改革、推进中国式现代化”这一总体性大格局。

从这一层面来看，建设高标准市场体系是“构建高水平社会主义市场经济体制”的题中应有之义，而“高水平社会主义市场经济体制是中国式现代化的重要保障”。

正是紧紧围绕推进中国式现代化，在进一步全面深化改革的总目标中，《决定》强调了“七个聚焦”，其中，第一个“聚焦”，就是“聚焦构建高水平社会主义市场经济体制”，但需要注意的是：这句话后面并不是“。”而是“，”，在“，”之后，紧跟着就是2013年《中共中央关于全面深化改革若干重大问题的决定》首次提出、十多年来一再坚持并完善的著名论断——“充分发挥市场在资源配置中的决定性作用，更好发挥政府作用”等。可以看到，《决定》“七个聚焦”的第一个“聚焦”，就高屋建瓴地明确提到“充分发挥市场在资源配置中的决定性作用”，这无疑为我们研究“建设高标准市场体系”提供了坚实的理论基础和体制支撑，其中释放的信号是不可忽视的。个别人注意到党的二十届三中全会公报中没有此句，《决定》第二部分“构建高水平社会主义市场经济体制”及“60条标题”中也没有此句，就认为如何如何，是不全面的。至于有观点认为“我国发挥市场决定性作用的任务已经基本完成了”，更与中国的实际不符。我们应该全面准确把握、融会贯通。

第二个层面，“建设高标准市场体系”本身的大格局。

笔者曾在党的二十大召开前完成的一篇研究报告《中国经济三型趋势论》中提出：如果说市场体系大厦有三大要件，那么三大要件是什么？第一，“经济主体是根基”。中国现在（指2022年）有多少经济主体？1.6亿，基础很雄厚，产权必须保护好（这是基础制度）。第二，“要素市场是钢筋”。市场体系里固然有商品市场，但“最硬核”的东西是要素市场，这是中国市场体系的支撑。第三，“三大机制是水泥”。三大机制，即市场经济的供需机制、价格机制、竞争机制，贯穿于整

个市场体系之中。（常修泽，2022）

如果把“建设高标准市场体系”看作一个大体系的话，应全面把握其内在的三个子系统：

第一个子系统：构建全国统一大市场。需要注意：这里有个“统”字，但不是指“统购统销”中的“统”，而是“统一”的“统”。这应是“建设高标准市场体系”的前提，其中包括六大要点，即：市场基础制度方面的“规则统一”“监管公平统一”“设施高标准联通”，强化反垄断和反不正当竞争，规范地方招商引资法规制度，建立健全统一规范、信息共享的招标投标和公共资源交易平台体系，提升市场综合监管能力和水平，健全国家标准体系等。

第二个子系统：完善要素市场制度，推进生产要素畅通流动、各种资源高效配置、市场潜力充分释放。这是“建设高标准市场体系”的“根本路径”（也是“市场体系的支撑”）。重点包括：建设城乡统一的建设用地市场，以及更大范围地“深化土地制度改革”；完善促进资本市场规范发展基础制度；培育全国一体化技术和数据市场；健全劳动力、资本、土地、知识、技术、管理、数据等由市场评价贡献、按贡献决定报酬的机制；等等。

第三个子系统：完善市场经济基础制度。包括完善产权保护、信息披露、市场准入、破产退出、信用监管等几大制度。值得一提的是，《决定》提到“两平一同”，即“保证各种所有制经济依法平等使用生产要素、公平参与市场竞争、同等受到法律保护，促进各种所有制经济优势互补、共同发展”；进而提出“一平三同”，即“依法平等长久保护各种所有制经济产权”，“对侵犯各种所有制经济产权和合法利益的行为实行同责同罪同罚”。这不仅体现了市场体系的平等性，而且体现并贯穿了所有制体系的平等性和法治的公平性，是“建设高标准市场体系”的制度基础。

总之，建设高标准市场体系，深度融入全国统一大市场，根本途径在于推进要素市场化配置改革，进而完善要素市场制度，提升生产要素配置效率。

## 二、深化要素市场化改革需要厘清的三个理论问题

党的二十大报告明确指出：“构建全国统一大市场，深化要素市场化改革，

建设高标准市场体系。”党的二十届三中全会通过的《决定》也提出：“完善要素市场制度和规则，推动生产要素畅通流动、各类资源高效配置、市场潜力充分释放。”其中“两高”，即“高标准”“高效配置”是关键词。高标准也好，高效配置也好，“高”在哪里？笔者认为，“高”在深度融入全国统一大市场，深化要素市场化改革，完善要素市场制度，使价格机制真正引导生产要素的配置。

实际上，近几年中央已经开始在做铺垫。例如，2020年3月印发《中共中央 国务院关于构建更加完善的要素市场化配置体制机制的意见》；2021年12月，为深入贯彻落实上述意见，国务院办公厅又专门印发《要素市场化配置综合改革试点总体方案》，这标志着生产要素市场化配置改革有向纵深发展的趋势。

若深入研究，这里有三方面的理论问题需要进一步探究，即：是什么？为什么？怎么把握？

## （一）是什么？要素的内涵及发展演进：七要素论

《决定》提到的“要素市场制度”中的“要素”，内涵是什么？笔者认为，如果简单用一句话来界定“要素”的内涵，可以说，它是经济过程中投入的各种资源。

从大历史观维度把握要素体系的发展过程，可以发现其发展是与人类文明相因应的，大体经历了四个演进阶段，笔者在《关于要素市场化配置改革再探讨》一文中曾进行过探讨。

第一阶段，劳动、土地二要素。这与农耕文明相因应。英国古典经济学家威廉·配第提出“二要素论”：一是劳动，二是土地，并提出“劳动是财富之父”“土地是财富之母”的著名论断。

第二阶段，增加资本要素。与工业文明相因应，1815年，法国经济学家萨伊提出“资本”是工业社会最重要的生产要素，特别是在《资本论》中，马克思不仅论述了资本要素，而且揭示了“资本本质”（1993年党的十四届三中全会《中共中央关于建立社会主义市场经济体制若干问题的决定》提出：“允许属于个人的资本等生产要素参与收益分配。”）。

第三阶段，增加技术、知识、管理要素。19世纪下半叶，马克思在《资本论》（1867年）中就提出“科技是生产力”、管理是“乐队指挥”的思想；1890年，马歇尔也在《经济学原理》中提出管理要素（企业家精神）是继土地、劳动力、资本之后的第四大生产要素。在中国，1997年，党的十五大报告增列“技术”（含知识）要素，提出“允许和鼓励资本、技术等生产要素参与收益分配”；2002年，党的十六大报告又增列“管理”要素，提出“确立劳动、资本、技术和管理等生产要素按贡献参与分配的原则”；2013年，党的十八届三中全会从“技术”要素中单独列出“知识”要素，提出“健全资本、知识、技术、管理等由要素市场决定的报酬机制”。

第四阶段，新增数据要素。随着信息革命、数字文明的迅速发展，数据作为一种重要的资产资源而不断展现出特殊影响力，成为数字时代的新型生产要素。2017年12月，习近平总书记在中共中央政治局第二次集体学习时指出，要构建以数据为关键要素的数字经济。

经过以上四个阶段，2019年，党的十九届四中全会《中共中央关于坚持和完善中国特色社会主义制度、推进国家治理体系和治理能力现代化若干重大问题的决定》指出，“健全劳动、资本、土地、知识、技术、管理、数据等生产要素由市场评价贡献、按贡献决定报酬的机制”，这是第一次全面系统提出“七要素”论。2024年，《决定》重申了“七要素”，并指出：“完善要素市场制度和规则，推动生产要素畅通流动、各类资源高效配置、市场潜力充分释放。”

根据上述要素各自不同的特性和功能，笔者把这七个要素分为三类：第一类是人本要素，包括劳动力、知识、技术、管理；第二类是物本要素，包括资本、土地；第三类是人-物混合要素，即数据（常修泽，2024a，2024b）。将七个要素分成三类，有助于在创建要素市场时，更好地分类施策，精准改革。

### （二）为什么？深化要素市场化改革的客观必然性

论述其客观必然性，有三个逻辑：

一是改革的自身逻辑：深化经济体制改革的必然趋势和战略选择。

深化经济体制改革的目标是构建高水平社会主义市场经济体制，其趋势是要素市场化改革。而改革进展如何，要看市场化程度数据。经过改革开放40多年的努力，中国的商品市场化程度已经达到97%，这意味着中国的商品市场绝大多数是按供需、价格、竞争这三大机制来调节的。而当前，要素市场化程度还未达到理想程度，有的还存在明显的“短板”。按此逻辑，要素市场化必将成为改革的必然趋势和战略选择。

二是发展的逻辑：破解中国经济发展“难点和堵点”的需要。

中国经济发展遇到一系列困难和掣肘因素，包括遇到一些“难点”和“堵点”。如何扭转困难局面、找到出路，是一个关键问题。虽然中国的发展潜力很大，但现在这些潜力还没有被充分挖掘出来。“堵点”堵在哪里？“难点”难在哪里？这些都指向要素尚未市场化。这就意味着，打通“堵点”、破解“难点”，成为挖掘体制潜力的“攻坚点”。从这一角度研究，要打开发展新格局、推动高质量发展，必须推进要素市场化改革。

三是人的自身发展逻辑：推动人的全面发展、保障社会公平的制度必需。

上文提到的七个生产要素中，有四个要素跟“人”有关。实现“每个人的自由发展”，是马克思、恩格斯在《共产党宣言》中提出的根本价值目标，也是“新社会的本质”。对于这一目标，笔者在专著《人本体制论——中国人的发展及体制安排研究》中提出：在社会主义初级阶段，由于受发展阶段的限制，虽然还难以完全“实现”，但是“促进”人的全面发展，则是我们现阶段的使命（常修泽，2008）[4]。正是本着从“人”出发的原则，党的十九大报告明确提出，要“保护人民人身权、财产权、人格权”，这为我们研究要素市场化改革提供了新的视角。因为在七要素中，有四种“人本要素”，即劳动力、知识、技术、管理直接与人有关。这些人本要素只有实现市场化配置，才能够体现自己的“身价”。因此，从人的发展的角度研究，为调动和发挥每个人的积极性和创造性，建立促进社会公平的体制机制，也需要推进要素市场化改革。

### （三）怎么把握（要素与产权关系）？“三全论”：全覆盖、全贯通、全周期

推进要素市场化改革，会遇到“产权与要素的关系”问题。到底怎么把握二者内在关系？笔者曾提出一个“产权对要素三全论”：一是范围全覆盖，二是过程全贯通，三是生命全周期。

其一，范围全覆盖。笔者在2003年《论建立与社会主义市场经济相适应的现代产权制度》研究报告中提出，产权内涵“需要从广义上把握并进一步拓展”，建

议除物权、债权、股权和技术产权外，还应将“劳动者的劳动力产权和管理者的管理产权纳入产权范围”，从而“使要素产权体系完整化”（常修泽，2004）。这也是在广义上对“产权”这一概念的初步探索。随着对产权研究的不断加深，笔者于2009年正式出版了《广义产权论——中国广领域多权能产权制度研究》。“广义产权论”突破了“狭义产权论”，强调广领域每一种要素都有自己的产权，产权对要素“范围全覆盖”。如天上的“环境产权”（包括碳产权），土地及地上地下的各类自然资源产权（包括土地资源、矿产资源、水资源、森林资源、草原资源、海洋资源等），以及天地之间各种“人本要素产权”（包括劳动力产权、知识技术产权、管理产权）等，其范围囊括了天、地、人，形成“天地人产权论”（常修泽，2020）。

其二，过程全贯通。每一种生产要素都是运动的，而要素运动的四个过程都贯穿着产权：要素的识别确立过程，贯穿着产权界定；要素的使用生产过程，贯穿着产权配置；要素的流通运转过程，贯穿着产权交易（流转）；要素的消耗保护过程，贯穿着产权保护。中央提出的“完善产权制度”，在很大程度上关系如何完善各类要素的产权界定、产权配置、产权交易、产权保护。总之，产权对要素是“过程全贯通”的。《决定》提出的“完善产权制度，依法平等长久保护各种所有制经济产权，建立高效的知识产权综合管理体制”，体现了以公平为核心的原则，旨在保障经济主体的权利平等、机会平等、规则平等，有利于各种所有制经济依法平等使用生产要素、公平参与市场竞争、同等受到法律保护。

其三，生命全周期。从本质上看问题：产权是生产要素的“生命”，贯穿其生命的全周期。具体来讲：劳权是劳动力要素的生命，地权是土地要素的生命，资权是资本要素（股票、债券、非标资本品）的生命，知权、技权是知识与技术要素的生命，数权是数据要素的生命，管权是管理要素的生命，等等。产权是每一种要素的生命或灵魂。

综上所述，“世上有产权的不都是要素，但凡是要素都有产权”；要素是“形”，产权是“神”。这种产权，是生产要素自身内在而非外部赋予的，产权潜藏于生产要素之中，构成生产要素的内在属性。

把握以上三个方面的理论问题，有助于下一步将理论与实践结合，切实推进要素市场化配置改革。

## 三、推向实践：健全要素市场与相关两系统结合而行

前面重点分析理论，下面推向实践，进入操作层面。

### （一）健全要素市场：建议实行“要素三放论”

所谓“要素三放论”，是2024年6月笔者在中国县域经济发展大会上提出来的，三句话：人本要素要“放手”，物本要素要“放活”，数据要素要“放量”。

其一，人本要素要“放手”。

正如上文提到的，人本要素包括劳动力、知识、技术、管理四种，但在建立健全要素市场时，可以把知识、技术两个要素合并在一个市场（知识与技术市场）进行。

一是关于劳动力市场。在生产要素中，劳动力要素最具创造性和能动性，在各要素的优化配置中具有重要地位。劳动力市场建设的重点应瞄准户籍制度改革、农民工进城后的真正市民化(包括公共服务均等化)，以及劳动者技能技术评价等问题。

此次党的二十届三中全会针对这些问题做出了一些具体细化的安排规定。如在户籍改革和公共服务等方面，《决定》提出了“推行由常住地登记户口提供基本公共服务制度，推动符合条件的农业转移人口社会保险、住房保障、随迁子女义务教育等享有同迁入地户籍人口同等权利，加快农业转移人口市民化”以及“同步推进户籍、用人、档案等服务改革，优化创业促进就业政策环境”等决定。其根本指向在于增强基本公共服务的均衡性和可及性，完善促进机会公平制度机制，畅通社会流动渠道。

针对普通劳动者技能技术培训和职务评价晋升制度，党的二十届三中全会也提出了“完善高校毕业生、农民工、退役军人等重点群体就业支持体系，健全终身职业技能培训制度”等。值得重视的是，随着新质生产力的发展，一线劳动者的技能技术培训和职务评价应得到更多关注，特别是非公有制经济组织、社会组织、自由职业专业技术人员的职称申报渠道需要进一步拓宽，以便让劳动者“放手”大干。

二是关于知识与技术市场。在2009年出版的拙著《广义产权论——中国广领域多权能产权制度研究》一书中，笔者曾就职务发明的成果产权分割问题进行过探

讨，明确提出“职务发明的成果产权可分为两部分，一部分为该单位所有，另一部分由技术人员持有”，建议“应将这部分‘知识’产权的一部分分配给具体创造该‘知识’产权的技术人员”（常修泽，2009）。2020年，中共中央、国务院发布的《关于构建更加完善的要素市场化配置体制机制的意见》提出：“健全职务科技成果产权制度。深化科技成果使用权、处置权和收益权改革，开展赋予科研人员职务科技成果所有权或长期使用权试点。”《决定》则进一步提出：“允许科技人员在科技成果转化收益分配上有更大自主权，建立职务科技成果资产单列管理制度，深化职务科技成果赋权改革。”这不仅意味着知识技术成果的正当流转和高效转化，也意味着人本要素将“放手”拼搏，从而使“人本产权”的价值得到进一步释放。

三是关于管理要素。《决定》对管理要素十分重视，不仅在“七要素”中重申了管理要素，而且在“构建高水平社会主义市场经济体制”部分强调了“弘扬企业家精神”，指出：“完善中国特色现代企业制度，弘扬企业家精神，支持和引导各类企业提高资源要素利用效率和经营管理水平、履行社会责任，加快建设更多世界一流企业。”可见，管理要素（企业家）对于“各类企业提高资源要素利用效率和经营管理水平”十分重要。至于如何具体让管理者“放手”运作，需要在实践中摸索。

其二，物本要素要“放活”。

一是土地市场。重点是“三块地”，即：农村集体建设用地、农地、宅基地。

对于农村集体建设用地，改革的重点由过去政府征地、政府招拍挂改为农民集体招拍挂，农民直接进入土地市场，这是一个利益的大调整。

农地制度改革，主要是实行所有权、农户承包权以及经营权“三权分置”改革。笔者在山东枣庄调研时发现，农地在“流转到大户或者流转到企业集团”之后，需要继续流转。

宅基地的历史沿革颇为复杂，所有权是集体的，资格权是宅基地住户的。一直以来，宅基地只有使用权可以流转，而农民在集体土地上建造的房屋不能进行市场交易，特别是农民进城之后，产生了宅基地大量荒置带来的要素资源浪费问题。

因此，“三块地”市场如何“放活”，成为一个重要的改革课题。放活后，除获得劳动收入外，农民还可从中获得一部分财产性收入，这将促进共同富裕扎实推进。

二是资本市场。标准的资本市场包括股票、债券、基金、信托等，《决定》五次直接提及“资本市场”，例如“健全投资和融资相协调的资本市场功能”“建立增强资本市场内在稳定性长效机制”等，还有多处内容涉及这一领域。

在中国，除了标准的资本市场外，还有非标资本市场，即产权交易市场。自1988年产生以来，产权交易市场由小到大，在全国已经发展到200多家，值得关注。目前，产权交易市场面临着新的转型发展任务。2023年，笔者在调研基础上，发表了《“全要素 多资源”：产权交易市场新构想——广权交易市场改革实践考察之后的思考》（常修泽，2023），旨在拓展中国产权交易市场的格局。

其三，人-物混合要素——数据要素要“放量”。

数据是一种全新的、极具发展前景的生产要素。2024年1月1日开始施行的《企业数据资源相关会计处理暂行规定》，拟将数据资产计入资产负债表。《决定》也明确提出：“培育全国一体化技术和数据市场。”2023年笔者实地调研了贵阳大数据交易所，感触颇深。数据要素的使用管理有两条不能逾越的红线：一是“国家安全”红线，二是“公民隐私”红线。

在确保安全有序的前提之下，应按照公共数据、商业数据的不同类型进行“双轨运作”：公共数据应及时准确透明，以满足人民群众日益增长的“知情权”需要。至于“海量”的商业数据，应在产权界定清晰的基础上，按市场经济规律“放量”运行，并从“海量”数据中，用算力算法提炼出有价值的“金丹”。

## （二）健全要素市场与相关两方面紧密结合、相伴而行

本文一开始讲过，“建设高标准市场体系”包括三个内在子系统，即：构建全国统一大市场、完善要素市场制度、完善市场经济基础制度。因此，在创建和健全要素市场过程中，与前后相关的两个方面紧密结合十分重要。

第一，要与“构建全国统一大市场”相结合。如《决定》在这一部分提到的“建立健全统一规范、信息共享的招标投标和政府、事业单位、国有企业采购等公共资源交易平台体系，实现项目全流程公开管理”等，就值得重视。把此前由行政控制的“招标投标”和“公共资源”也纳入“交易平台体系”，对人们颇有启迪。由此拓展，诸如政府采购、工程招标、探矿权、人才市场等，也都可以纳入产权交易市场范围。这无疑将会有利于拓展要素市场化的空间，把市场化提升到一个新的高度。

第二，要与“完善市场经济基础制度”相结合。尤其在“完善产权制度”方

面，形成更加有效的产权制度，从而在整个社会打造一个透明稳定可预期的产权制度环境。

从实际情况来看，目前容易忽视的产权主要表现在两大方面：

一是自然资源资产产权。需要注意，《决定》明确提出："健全自然资源资产产权制度和管理制度体系，完善全民所有自然资源资产所有权委托代理机制。"同时，自然资源部也部署在全国范围开展全民所有自然资源资产清查工作：2026年6月前对全国自然资源资产产权（包括土地、矿产、森林、草原、湿地、水、海洋等7类自然资源资产）进行摸底清查，界定清楚产权归属，以解决界定不清、产权受损和保护不力的问题。

二是人力资本产权（包括管理产权、知识产权、技术产权等）。随着科技革命、新质生产力发展和人的自身发展，人本要素产权将成为重要资源和资本。例如，知识创新者应有知识产权，技术创新者应有技术产权，企业家应有管理产权，一线的劳动者应有劳动力产权，等等。这些"人本产权"的落实和实现，必将进一步激发人的创造动能，促进人的自由全面发展。当然，这只是一个理论工作者的"应然"研究，"实然"如何还要看具体实践。

参考文献：

常修泽，2008. 人本体制论：中国人的发展及体制安排研究［M］. 北京：中国经济出版社.

常修泽，2009. 广义产权论：中国广领域多权能产权制度研究［M］. 北京：中国经济出版社.

常修泽，2004. 论建立与社会主义市场经济相适应的现代产权制度［J］. 宏观经济研究（1）.

常修泽，2020. 关于要素市场化配置改革再探讨［J］. 改革与战略，36（9）.

常修泽，2020. 广义产权论：为天地人共同体立命的探索［J］. 上海大学学报（社会科学版），37（3）.

常修泽，2022. 中国经济三型趋势论［J］. 上海大学学报（社会科学版），39（5）.

常修泽，2023. "全要素 多资源"：产权交易市场新构想——产权交易市场改革实践考察之后的思考［J］. 产权导刊（11）.

常修泽，2024a. 要素市场化改革：三个总体性"怎么办"——在天津产权交易中心的报告［J］. 产权导刊（7）.

常修泽，2024b. 从县域经济发展论要素市场化改革［J］. 浙江日报07–08（6）.

# Contents

## Part Ⅰ: General Introduction

# Part Ⅱ: Specific Discussions

# Part Ⅲ: In-Depth Discussions

# 后记 postscript

各位读者，当您读完本书之后，掩卷思之，不知有何感想。

是不是觉得本书应了杜甫诗中所言“社稷经纶地，风云际会期”呢？微观地说，本书是与广东经济出版社及本书研究写作团队、诸友“风云际会”的结晶；宏观地说，本书又何尝不是与时代（改革开放大时代）和“社稷”（国家）“风云际会”的结晶呢？

本书渗透了笔者 30 多年关于要素市场化配置改革的探索，但作为一部学术专著，其更是整个研究写作团队集体探索的科研成果。

从缘起到出版，本书大体经过五个阶段：

**第一阶段，项目缘起与酝酿阶段。**

2020年，笔者在《改革与战略》杂志上发表了一篇题为《关于要素市场化配置改革再探讨》的论文，这篇论文引起了学界和媒体的关注和转发。同年10月29日，笔者应邀在中国（海南）改革发展研究院“中国改革国际论坛”上作了主题为“专论要素型改革”的发言，与会的广东经济出版社王成刚副总编辑及几位编辑对此非常重视，希望笔者基于多年的研究成果，写一部专著。笔者提出出书事大，需再仔细酝酿和商量。随后，双方对此做了预判和酝酿。这应是本书诞生的“前奏曲”。

**第二阶段，商定立题与制定提纲阶段。**

转年，即2021年，双方进一步交流，出版社对笔者提出的“要素市场化研究大纲”十分重视，认为较为全面呈现了当前及未来一段时期要素市场化配置改革的全貌。经讨论，确定本书意向性题目，并确定由笔者主持本书的写作任务。

随后笔者依据前期的成果，制定了较为详细的共14章（含附录）的写作纲要，交出版社。

**第三阶段，组织队伍、落实责任与分块研讨阶段。**

笔者考虑到要素市场化配置改革涵盖的领域广，其中不同要素（土地、劳动力、资本、知识技术、管理、数据等）市场化的历程和路径既有共同性，又有特殊性和专业性，以一己之力难以支撑，遂提出在更大范围和更高层次上组织研究写作团队。

考虑到专业需要，最终确定本书的研究写作团队由14人组成，成员名单及分工如下（按章顺序排列）：

常修泽　中国宏观经济研究院教授、博士生导师（全书总体设计、统稿修订，撰写本书前言、第一章、第三章、第十章、附录一、附录四和后记）；

蔡继明　清华大学政治经济学研究中心主任、社会科学学院教授、博士生导师，第十四届全国人大财政经济委员会委员（全书统稿修订，撰写第二章、第五章，英文目录修订）；

曾红颖　国家发展和改革委员会社会发展研究所研究员（撰写第四章）；

范宪伟　国家发展和改革委员会社会发展研究所副研究员（撰写第四章）；

贾彦　上海交易集团研究院院长、首席研究员（撰写第六章）；

刘申燕　上海交易集团研究院高级研究员（撰写第六章）；

黄剑辉　华夏新供给经济学研究院首席经济学家、教授，中国民营经济研究会副会长（撰写第七章，提供附录二）；

杨国明　电子科技大学中山学院经贸学院副院长、副教授（撰写第八章）；

葛自发　国家互联网应急中心副处长、研究员，传播学博士（撰写第九章）；

周小全　上海联合产权交易所原董事长，经济学博士（撰写第十一章）；

高明华　北京师范大学公司治理与企业发展研究中心主任、教授、博士生导师，中国公司治理50人论坛学术委员会执行主任兼秘书长（撰写第十二章）；

李淳　国浩律师事务所创始合伙人、海南中改国浩自由贸易港法律研究中心主任、研究员（撰写第十三章）；

孙正君　国浩律师（上海）事务所合伙人、海南中改国浩自由贸易港法律研究中心研究员（撰写第十三章）；

陈弦　海南大学国际商学院副教授（撰写附录三）。

2022年5—6月，本书研究写作团队利用两个月充分讨论磋商，在确定本书写作大纲基础上，细化各章的研究主题、重点难点和写作体例。

**第四阶段，分头撰写书稿和分章初改阶段。**

敲定提纲后，2022年6月至2023年6月，研究写作团队各位成员分头研究和执笔写作。2023年6—9月，书稿电子版陆续收齐。笔者特意邀请蔡继明教授一起审阅并提出修改意见，其间在东北山区仔细阅稿，并与蔡继明教授网上商议。

**第五阶段，全书统纂、精心打磨与定稿阶段。**

从2023年国庆节开始，在各章修订稿的基础上，由出版社编辑审读。

为确保本书质量，同年11月，出版社印成纸质毛坯版书稿。2023年12月至2024年3月，蔡继明教授与笔者做最后的统纂，精心打磨，斟酌书稿。

在统稿修订过程中，笔者依据团队议定的写作大纲，既坚持全书总体基调的一致性，又尊重各章编写者的独立性品格，采取“兼收并蓄”的做法。

2024年3月中旬，笔者完成统稿修订，出版社此时也完成审稿。3月15—17日，出版社冯颖编辑专程来海南当面与笔者交换意见，就书中所涉及的篇章安排、重要观点、思想逻辑、资料引用等多方面问题仔细磋商。尔后由笔者定稿，交付出版社。

在本书大纲酝酿和写作过程中，还得到学界专家、老师和朋友的诸多帮助支持，其中特别鸣谢：著名经济学家、中国社会科学院学部委员张卓元先生，中国宏观经济研究院原常务副院长林兆木先生，教育部社会科学司原司长奚广庆教授，清华大学中国经济研究中心主任魏杰教授，中国改革基金会国民经济研究所副所长、研究员王小鲁先生，中国产权协会专家、湖北产权市场创始人何亚斌先生，等等。

此外，本书作者之一黄剑辉除了写作所承担的章节，在出版过程中还给予了大力支持。

在本书从构思到定题，再到书稿修改、出版的过程中，广东经济出版社总编辑冯常虎、副总编辑王成刚和责任编辑冯颖等人付出了很大努力。定稿后，出版社又将目录译成英文，便于中外交流，在此一并致谢。

尽管作者反复修订、斟酌，但书中难免仍有不足之处，敬请各位读者批评指正。

常修泽

一稿于2023年11月14日于海南专家公寓书房

二稿于2024年3月16日于海南中改院国际学术交流中心